Felix Moritz

Gebäude für die Zwecke der Landwirtschaft und der Lebensmittelversorgung

Felix Moritz

Gebäude für die Zwecke der Landwirtschaft und der Lebensmittelversorgung

ISBN/EAN: 9783743640658

Hergestellt in Europa, USA, Kanada, Australien, Japan

Cover: Foto ©Andreas Hilbeck / pixelio.de

Weitere Bücher finden Sie auf **www.hansebooks.com**

Gesamtanordnung und Gliederung des »Handbuches der Architektur« (zugleich Verzeichnis der bereits erschienenen Bände, bezw. Hefte) sind am Schlusse des vorliegenden Heftes zu finden.

Jeder Band, bezw. Halb-Band und jedes Heft des »Handbuches der Architektur« bildet auch ein für sich abgeschlossenes Buch und ist einzeln käuflich.

HANDBUCH
DER
ARCHITEKTUR.

Unter Mitwirkung von

Oberbaudirektor
Professor Dr. **Josef Durm**
in Karlsruhe

und

Geh. Regierungs- und Baurat
Professor **Hermann Ende**
in Berlin

herausgegeben von

Geheimer Baurat
Professor Dr. **Eduard Schmitt**
in Darmstadt.

Vierter Teil.

ENTWERFEN, ANLAGE UND EINRICHTUNG DER GEBÄUDE.

3. Halb-Band:

Gebäude für die Zwecke der Landwirtschaft und der Lebensmittelversorgung.

1. Heft:

Ställe für Arbeits-, Zucht- und Luxuspferde; Wagenremisen.
Gestüte und Marstallgebäude.
Rindvieh-, Schaf-, Schweine- und Federviehställe.
Feimen, offene Getreideschuppen, Feld- und Hofscheunen.
Magazine, Vorrats- und Handelsspeicher für Getreide.
Gutswirtschaftliche und bäuerliche Gehöftanlagen.

ARNOLD BERGSTRÄSSER VERLAGSBUCHHANDLUNG (A. KRÖNER).
STUTTGART 1901.

ENTWERFEN,
ANLAGE UND EINRICHTUNG
DER GEBÄUDE.
DES
HANDBUCHES DER ARCHITEKTUR
VIERTER TEIL.

3. Halb-Band:
Gebäude für die Zwecke der Landwirtschaft und der Lebensmittelversorgung.

1. Heft:
Landwirtschaftliche Gebäude und verwandte Anlagen.

Ställe für Arbeits-, Zucht- und Luxuspferde; Wagenremisen.
Von **Alfred Schubert.**

Gestüte und Marstallgebäude.
Von

Alfred Schubert, und **Dr. Eduard Schmitt,**
Baumeister und Professor an der Geheimer Baurat und Professor an der tech-
kgl. Baugewerkschule in Kassel, nischen Hochschule in Darmstadt.

Rindvieh-, Schaf-, Schweine- und Federviehställe.
Feimen, offene Getreideschuppen, Feld- und Hofscheunen.
Von **Alfred Schubert.**

Magazine, Vorrats- und Handelsspeicher für Getreide.
Von
Alfred Schubert und **Dr. Eduard Schmitt.**

Gutswirtschaftliche und bäuerliche Gehöftanlagen.
Von **Alfred Schubert.**

Mit 327 in den Text eingedruckten Abbildungen, sowie 4 in den Text eingehefteten Tafeln.

STUTTGART 1901.
ARNOLD BERGSTRÄSSER VERLAGSBUCHHANDLUNG
A. KRÖNER.

Das Recht der Übersetzung in fremde Sprachen bleibt vorbehalten.

Druck von BÄR & HERMANN in Leipzig

Handbuch der Architektur.

IV. Teil:

Entwerfen, Anlage und Einrichtung der Gebäude.

3. Halbband, Heft 1.
(Zweite Auflage.)

INHALTS-VERZEICHNIS.

Dritte Abteilung:
Gebäude für die Zwecke der Landwirtschaft und der Lebensmittelversorgung.

1. Abschnitt:
Landwirtschaftliche Gebäude und verwandte Anlagen.

	Seite
Vorbemerkungen	1
Litteratur: Bücher über »Landwirtschaftliche Gebäude im allgemeinen«	4
A. Stallgebäude für Viehhaltung und Viehzucht	6
1. Kap. Allgemeines	6
a) Wände	6
b) Decken	7
c) Fußböden	11
d) Beleuchtung und Lüftung	12
Litteratur über »Ställe im allgemeinen«	15
2. Kap. Pferdeställe, Gestüte und Marstallgebäude; Wagenremisen	16
a) Ställe für Arbeits-, Zucht- und Luxuspferde; Wagenremisen	16
1) Gesamtanlage	16
2) Innerer Ausbau und Einrichtung	18
3) Nebenräume der Pferdeställe	29
4) Wagenremisen, Karren- und Geräteschuppen	31
5) Dreizehn Beispiele von ländlichen und städtischen Pferdestallgebäuden	36
Litteratur über »Ställe für Arbeits-, Zucht- und Luxuspferde; Wagenremisen«	
α) Anlage und Einrichtung	43
β) Ausführungen und Entwürfe	43
b) Gestüte und Marstallgebäude	45
1) Baulichkeiten für Gestüte	45
Sieben Beispiele	49
2) Marstallgebäude	60
Fünf Beispiele	61
Litteratur über »Gestüte und Marstallgebäude«	
α) Anlage und Einrichtung	71
β) Ausführungen und Entwürfe	71

	Seite
3. Kap. Rindviehställe	71
a) Gesamtanlage	71
b) Konstruktion und Einrichtung	78
c) Acht Beispiele	87
Litteratur über »Rindviehställe«.	
α) Anlage und Einrichtung	91
β) Ausführungen und Entwürfe	92
4. Kap. Schafställe	92
a) Anlage und Einrichtung	92
b) Sechs Beispiele	97
Litteratur über »Schafställe«.	
α) Anlage und Einrichtung	100
β) Ausführungen und Entwürfe	100
5. Kap. Schweineställe	101
a) Anlage und Einrichtung	101
b) Zehn Beispiele	112
Litteratur über »Schweineställe«.	
α) Anlage und Einrichtung	118
β) Ausführungen und Entwürfe	119
6. Kap. Federviehställe und Geflügelzüchtereien	119
a) Gänse- und Entenställe	120
b) Puten- und Hühnerställe	120
c) Taubenschläge	122
d) Elf ausgeführte Beispiele von kleineren und größeren Geflügelställen, Luxusgeflügelhäusern und Geflügelzüchtereien	124
Litteratur über »Federviehställe und Geflügelzüchtereien«.	
α) Anlage und Einrichtung	134
β) Ausführungen und Entwürfe	134
B. Baulichkeiten zum Unterbringen der Feld- und Wiesenerträgnisse	135
7. Kap. Feimen, offene Getreideschuppen und Feldscheunen	135
8. Kap. Scheunen	139
a) Gesamtanlage	139
b) Konstruktion und Einrichtung	142
c) Zehn Beispiele	146
Litteratur über »Feimen, offene Getreideschuppen, Feldscheunen und Hofscheunen«.	
α) Anlage und Einrichtung	155
β) Ausführungen und Entwürfe	156
9. Kap. Magazine, Vorrats- und Handelsspeicher für Getreide	156
a) Getreidespeicher für landwirtschaftliche Zwecke	157
1) Bodenspeicher	157
2) Silo- oder Schachtspeicher	160
Beispiel	161
b) Größere Getreidemagazine und -Handelsspeicher	163
1) Vorratsspeicher	163
Dreizehn Beispiele	163
2) Handelsspeicher	172
Beispiel	174
3) Unterirdische Getreidemagazine	176
4) Bodenspeicher	178
5) Andere Speicher mit wagrechter Teilung	182
6) Schachtspeicher	183
Sechs Beispiele	195
7) Schachtspeicher mit Luftumlauf	203
Zwei Beispiele	203
8) Sonstige Speicheranlagen	208
Litteratur über »Magazine, Vorrats- und Handelsspeicher für Getreide«.	
α) Anlage und Einrichtung	210
β) Ausführungen und Entwürfe	212

		Seite
C. Gutswirtschaftliche und bäuerliche Gehöftanlagen		214
10. Kap. Gutshöfe		215
Sieben Beispiele		218
11. Kap. Bauernhöfe		224
a) Altsächsisches Bauernhaus		224
Drei Beispiele		224
b) Fränkisches oder thüringisches Bauernhaus		225
Zwei Beispiele		226
c) Schwäbisches oder schweizerisches Bauernhaus		226
Zwei Beispiele		226
d) Bauernhöfe der Gegenwart		228
Zehn Beispiele		230
e) Landwirtschaftlich feuersicherer Tiefbau		233
Litteratur über »Gutswirtschaftliche und bäuerliche Gehöftanlagen«		
a) Anlage und Einrichtung		235
β) Ausführungen und Entwürfe		235

Verzeichnis
der in den Text eingehefteten Tafeln.

Zu Seite 66: Marstallanlagen zu Karlsruhe und zu Paris.
» » 200: Getreidespeicher zu Canton.
» » 202: Getreidespeicher zu Budapest.
» » 220: Wirtschaftshof mit kreuzförmiger Anlage.

Handbuch der Architektur.

IV. Teil:

ENTWERFEN, ANLAGE UND EINRICHTUNG
DER GEBÄUDE.

DRITTE ABTEILUNG.

GEBÄUDE FÜR DIE ZWECKE
DER LANDWIRTSCHAFT UND DER
LEBENSMITTELVERSORGUNG.

IV. Teil, 3. Abteilung:

GEBÄUDE FÜR DIE ZWECKE DER LANDWIRTSCHAFT UND DER LEBENSMITTELVERSORGUNG.

1. Abschnitt.

Landwirtschaftliche Gebäude und verwandte Anlagen.

1. Vorbemerkungen

Der landwirtschaftliche Betrieb erfordert Gebäude, deren Anzahl, Gröfse und Bauart sowohl von der Ausdehnung und der Bewirtschaftungsweise der Gutsländereien, als auch vom Klima abhängt.

Die Wirtschaftsgebäude sind reine Nutzbauten und haben deshalb nur den Zweck, den Wert der bewirtschafteten Grundstücke zu erhöhen. Da sie selbst keine Rente abwerfen, so verringern zu grofse oder zu teuer ausgeführte Gebäude nicht allein das Betriebskapital der Besitzer, sondern sie vermindern auch durch ihre Unterhaltungskosten, durch die Zinsen und die Tilgung des für sie aufgewendeten Baukapitals und durch die Feuerversicherungs-Prämien die Reinerträge der Gutswirtschaften. Aus diesen Gründen müssen die Wirtschaftsgebäude, unbeschadet vollster Zweckmäfsigkeit, möglichst billig hergestellt werden.

Die Zweckmäfsigkeit der Wirtschaftsgebäude beruht auf ihrer entsprechenden Gröfse und auf ihrer Stellung zu einander, sowie auf einer möglichst Arbeitskraft und -Zeit ersparenden inneren Einrichtung derselben, während die Billigkeit ihrer Herstellung durch die thunlichste Einschränkung von Mauern und Holzmassen, Dach- und Fufsbodenflächen, durch die Anwendung einfacher, aber guter Konstruktionen und endlich durch die Verwendung der auf dem Gute befindlichen, bezw. hergestellten oder in seiner Nähe billig erhaltbaren Baustoffe zu erreichen ist.

Da die Anwendung des Schönbaues (Architektur) zumeist gröfsere Baukosten verursacht, so widerspricht sie mithin dem Zweck des Landwirtschaftsbetriebes vollständig. Die Wirtschaftsgebäude dienen hauptsächlich zur Haltung, Unterbringung und zur Züchtung des Viehes (Ställe), sowie zur Unterbringung und Aufbewahrung der geernteten Feld- und Wiesenerträge (Feimen, Diemen-schuppen, Feldscheunen, Hofscheunen, Speicher etc.).

Im vorliegenden Abschnitt finden aufser den eben angeführten Gebäuden noch solche Berücksichtigung, welche denselben in Zweck, Anlage und Einrichtung verwandt sind, wie z. B. die Luxuspferdeställe, welche mit Wohngebäuden[1] etc. vereinigt werden, ferner die Reit- und Rennställe, sowie

[1] Siehe den vorhergehenden Halbband dieses »Handbuches«, Heft 1.

die Marstallgebäude und Gestüte, endlich auch die größeren Getreidemagazine, Getreidespeicher etc., welche zum Teil den am Schluß des vorhergehenden Halbbandes*) besprochenen Waren- und Dockspeichern, Lagerhäusern etc. nahe stehen, zum Teil auch den Übergang zu den Gebäuden des folgenden Abschnittes bilden.

Litteratur.

Bücher über »Landwirtschaftliche Gebäude im Allgemeinen«.

MEINERT, F. Die landwirthschaftliche Bauwissenschaft. Halle 1796.
SAINT-FELIX, A. J. M. de. *Architecture rurale théoretique et pratique à l'usage des propriétaires et des ouvriers de la campagne.* Paris 1820. — 3. Aufl. 1858.
ENGEL, F. Handbuch des landwirthschaftlichen Bauwesens etc. Berlin 1820. — 8. Aufl. von A. SCHUBERT 1895.
JÖNDL, Die landwirthschaftliche Baukunst. 1826—29. — 2. Aufl. 1842.
GILLY. Anweisung zur landwirthschaftlichen Baukunst. 1836.
HEINE, G. Handbuch der landwirthschaftlichen Baukunde. Dresden 1838.
EWART, J. *Treatise on the arrangement and construction of agricultural buildings.* London 1851.
WEDEKE, J. C. & A. ROMBERG. Handbuch der Landbaukunst und der landwirthschaftlichen Gewerbe etc. Glogau 1853—54.
ANDREWS, G. Principien der landwirthschaftlichen Baukunst. Berlin 1855.
BOUCHARD-HUZARD, L. *Traité des constructions rurales et de leur disposition etc.* Paris 1858—60. — 2. Aufl. 1869.
VOIT, M. Handbuch der landwirthschaftlichen Baukunst. München 1859.
SCHUBERT, F. C. Handbuch der landwirthschaftlichen Baukunde. Berlin 1860. — 6. Aufl. von MEYER 1898.
JUMPERSPACH, F. Die landwirthschaftliche Baukunde. Wien 1860. — 2. Aufl. 1881.
BÜSSCHER & HOFFMANN. Vergleichende Betrachtungen über zusammengelegte, tiefgebaute und gewöhnliche landwirthschaftliche Gebäude. Berlin 1862.
WOLF, A. Der landwirthschaftliche Bau in seiner möglichst billigen und praktischen Gestaltung durch Anwendung englischer und belgischer Bauprincipien. Prag 1863. — 3. Aug. 1868.
ENGEL, F. Sammlung von landwirthschaftlichen und ländlichen Bau-Ausführungen. Berlin 1854—66.
MÖDER, K. Die Ventilation landwirthschaftlicher Gebäude etc. Weimar 1867.
HOFFMANN, E. H. Ueber landwirthschaftliche feuersichere Tiefbauten. Berlin 1868.
LEMAITRE, T. *La construction. Cours pratique d'architecture rurale et des constructions forestières etc.* Paris 1868.
DELFORGE, H. *Traité des constructions rurales etc.* Lüttich 1868.
HERDEGEN, F. Die baulichen Anlagen der Landwirthschaft etc. München 1868. — 2. Aufl. 1889.
HARRES, B. Die landwirthschaftliche Baukunst. Leipzig 1868. — 2. Aufl. von E. HARRES 1880.
LIEBOLD, B. Neuere landwirthschaftliche Bauten mit besonderer Berücksichtigung der braunschweigischen Domainenbauten bearbeitet. Halle 1875.
WANDERLEY, G. Die ländlichen Wirthschaftsgebäude in ihrer Construction, ihrer Anlage und Einrichtung. Unter Mitwirkung von K. JAHN. Halle 1875—86.
KALTENEGGER. Typen der landwirthschaftlichen Bauten des bäuerlichen Grundbesitzes in Tirol, Vorarlberg, beschrieben. Wien 1878.
Pläne landwirthschaftlicher Bauten des Kleingrundbesitzes in Oesterreich. Herausgegeben vom k. k. Ackerbauministerium. Gesammelt und erläutert von A. v. HOHENBRUCK. Wien 1878.
ENGEL, F. Album für landwirthschaftliche Bau-Ausführungen etc. Leipzig 1879.
Deutsche bautechnische Taschenbibliothek. Heft 47 u. 48: Ländliche und landwirthschaftliche Bauten. Von A. KNABEL. Leipzig 1879.
COWIE, J. *Farm buildings, past and present.* London 1879.
Musterpläne für landwirthschaftliche Bauten in Böhmen, Niederösterreich. Prag 1880—86.
TIEDEMANN, L. v. Das landwirthschaftliche Bauwesen. Halle 1881. — 3. Aufl. 1898.
CARLIER, E. *Types de constructions rurales etc.* Paris 1881.

*) Siehe ebendas., Heft 3.

GRANDVOINNET, F. A. *Traité élémentaire des constructions rurales.* Paris 1882.
Deutsche bautechnische Taschenbibliothek. Heft 100—102, 107—109: Die ländlichen Wirthschafts-Gebäude und Baulichkeiten in ihrer Anlage, Einrichtung und Ausführung etc. Von A. KNABEL. Leipzig 1882—83.
SCOTT, J. *Farm buildings, etc.* London 1884.
WANDERLEY, G. & K. JAHN. Die ländlichen Wirthschaftsgebäude etc. Karlsruhe 1887.
JASPERS, G. Der Bauernhof. Anleitung zur praktischen Anlage und Einrichtung. Berlin 1890.
ENGEL, F. Entwürfe ausgeführter landwirthschaftlicher Gebäude. Halle 1891—92.
Musterpläne für landwirthschaftliche Bauten in Mähren. Wien 1892—93.
SCHUBERT, A. Taschenbuch der landwirthschaftlichen Baukunde. Weimar 1893.
Arbeiten der Deutschen Landwirthschafts-Gesellschaft. Heft 12: Verzeichniß der Bauentwürfe aus der Sammlung der Deutschen Landwirthschafts-Gesellschaft. Von Schiller. Berlin 1896.
SCHUBERT, A. Des Landmanns Baukunde. Stuttgart 1896.
SCHUBERT, A. Entwürfe zumeist ausgeführter landwirthschaftlicher Gebäude aller Art. Stuttgart 1898.
SCHUBERT, A. Einzelheiten des landwirthschaftlichen Bauwesens. Leipzig 1898.
Behandlung von Entwürfen und Bauausführungen für die preußischen Domainen. Landwirthschaftsministerium, Berlin.
Wettbewerbsentwürfe der Deutschen Landwirthschafts-Gesellschaft. Berlin.
Entwürfe zu kleinbäuerlichen Gehöften. Ministerium des Innern, Dresden.

A. Stallgebäude für Viehhaltung und Viehzucht.

Von Alfred Schubert.

1. Kapitel.
Allgemeines.

1. Zweck und Aufgabe.

Die Stallgebäude sollen die landwirtschaftlichen Haustiere gegen Witterungseinflüsse schützen, ihnen bequeme Stand- und Lagerplätze gewähren und durch zweckmäßige Einrichtung auch ihre Fütterung, Pflege und das Mistausbringen erleichtern.

Bau und Einrichtung der Stallgebäude sind je nach der Tiergattung, der Größe des vorhandenen Baukapitals, der örtlichen Lage, der Art und dem Zweck der Fütterung und der Düngererzeugung verschieden; doch stellt die Gesundheitspflege der Tiere bei allen Stallgebäuden die gleiche Aufgabe: dieselben trocken, warm, hell und lüftbar, sowie gegen herrschende Winde geschützt herzustellen.

Ein ungünstiger Bauplatz erfordert die Verringerung oder Beseitigung seiner Nachteile. So dienen zur Verhütung des Aufsteigens der Grundfeuchtigkeit die Drainierung des nassen Untergrundes und der Umgebung der Stallwände, die Vermeidung poröser wie hygroskopischer Steine zu den Fundamenten der Umfassungsmauern, das möglichste Hochlegen des Stallfußbodens und das Anbringen einer Isolierschicht in den Mauern in ca. 10 cm Höhe über dem äußeren Gelände.

Eine zweite Isolierschicht in einer Höhe von 2 bis 3 Ziegelschichten über dem Stallfußboden ist bei allen Ställen zur Verhütung des seitlichen Eindringens der Jauche und der Exkremente in das aufgehende Mauerwerk erforderlich.

a) Wände.

2. Massive Wände.

Aus hart gebrannten Ziegelsteinen errichtete Stallwände sind warm, dauerhaft, sowie feuersicher und bleiben als schlechte Wärmeleiter dadurch, daß sich auf ihren inneren Flächen im Winter die Stalldünste nicht niederschlagen, auch trocken. Die Anordnung von 8, besser 14 cm breiten Luftisolierschichten bewirkt nur dann im Sommer kühlere, im Winter wärmere Stallräume und hält die inneren Wandflächen ganz trocken, wenn dieselben über dem Sockel und unter der Decke mit der atmosphärischen Luft in genügende Verbindung gebracht werden.

Zur Vermeidung des Aufsaugens von Ammoniak, welches leicht salpetersauren Kalk (Mauerfraſs) in den Wänden hervorruft, dürfen nur kalkfreie und harte Ziegelsteine benutzt werden, und die Trennung der Fundamente vom Oberbau ist durch eine Asphaltisolierschicht zu bewirken.

Zu Bruchsteinwänden darf nur poröses Material, am besten der Tuffstein genommen werden, während hygroskopische Bruchsteine, d. h. solche mit zu dichtem Gefüge, wie z. B. Granit, Gneis, Syenit, Porphyr, Basalt und Kieselsandstein, untauglich sind. Infolge ihrer zu geringen Luftdurchlässigkeit verdichten sich an ihnen im Winter die Stalldünste; es entstehen feuchte, kalte Wände, dadurch leicht Hausschwamm, bezw. Trockenfäule bei Holzdecken und Mauerfraſs, besonders bei Kalkstein und Kalksandstein. Derartige Bruchsteinwände müssen im Stalle mindestens unter Belassung einer Luftisolierschicht $^1/_2$ Stein stark mit harten Ziegelsteinen oder besser mit Hohlziegeln verblendet werden; letzteres ergiebt eine kostspielige Maſsregel.

Wände aus Lehmsteinen und Lehmstampfmasse liefern warme, sehr billige, aber wenig haltbare Gebäude. Um Grundfeuchtigkeit, anspritzendes Regenwasser und Dünger, sowie das Durchwühlen der Ratten und Mäuse abzuhalten, sind die Fundamente und Sockel — letztere 50 cm hoch über Erdgleiche — aus Bruch-, Feld- oder Ziegelsteinen auszuführen, zwischen Sockel und Lehmwand eine Asphaltisolier-Pappschicht und weitüberstehende Dächer anzuordnen; Thür- und Fensteröffnungen sind mit Ziegelsteinen einzufassen.

Bei Mangel von Bruch- und Ziegelsteinen oder wegen zu hoher Kosten derselben und dort, wo reiner, scharfer Sand und guter Kalk billig zu haben sind, empfehlen sich mehr als die vorigen Stallwände solche aus Kalksandziegeln und Kalksandstampfmasse.

Das Aufsteigen der Grundfeuchtigkeit und die Berührung durch Dünger muſs durch Asphaltisolierschichten und durch innere, $^1/_2$ Stein starke Verblendung aus harten Ziegelsteinen verhindert werden; alle Wandöffnungen sind mit Ziegelsteinen einzufassen.

Fachwerkwände, entweder $^1/_2$ Stein stark mit Ziegelsteinen ausgemauert oder besser, ausgestakt und gelehmt, sind in holzreichen Gegenden, weil billiger als Massivbauten, oder bei geringer Bodentragfähigkeit üblich; indes eignen sich diese Wände besonders bei Rindvieh- und Schweineställen wegen der vielen hier sich entwickelnden feuchten Niederschläge sehr wenig, da diese das Holzwerk bald zerstören. Letzeres ist zudem vor der Witterung nicht geschützt, fault leicht, unterliegt dem Hausschwamm und besitzt keine Feuersicherheit; dadurch entstehen fortwährende hohe Unterhaltungskosten und höhere Feuerversicherungs-Prämien als bei massiven Gebäuden. Aufserdem giebt Fachwerk zu kalte, zugige, bezw. zu warme Ställe, ein Miſsstand, dem nur durch eine $^1/_2$ Stein starke Hintermauerung etwas abzuhelfen ist.

4. Fachwerkwände.

b) Decken.

Die Decken müssen zur möglichsten Warmhaltung der Ställe und damit sich unter denselben die Stalldünste im Winter nicht niederschlagen, aus schlechten Wärmeleitern bestehen, also warm sein; ferner sollen sie zur Vermeidung des Durchdringens der feuchten ammoniakalischen Stalldünste in den Dachbodenraum und in die hier lagernden Vorräte möglichst dunstdicht, sodann genügend feuersicher — wenigstens von oben her — und schlieſslich nicht zu schwer und

5. Hölzerne Decken.

möglichst billig sein. Man stellt die Decken entweder aus Holz oder massiv aus Ziegelsteinen, Cementbeton etc. her.

Holzdecken haben geringe Dauer und Feuersicherheit, sind aber ihrer Billigkeit und leichten Ausführung wegen am gewöhnlichsten. Die in den Mauern liegenden Balkenköpfe faulen durch die Einwirkung der Witterungsniederschläge und der Stalldünste leider sehr schnell, und es empfiehlt sich daher, die Balken nicht nach der Tiefe, sondern gestofsen nach der Länge des Stalles und die Unterzüge nach der ersteren zu verlegen. Dadurch lagern nur wenige Balkenköpfe in kürzeren, trockenen Wänden; etwa angefaulte Balken können später leicht ausgewechselt werden; die in einem Stück durchgehenden Unterzüge tragen zur kräftigen Verankerung der Frontwände bei, und die Fenster können dicht unter der Decke liegen; ein guter Karbolineumanstrich aller Holzteile ist selbstverständlich.

Fig. 1.

Als Ausfüllung der Balkenfelder hat sich nur der gestreckte Windelboden (Fig. 1) als einfachste und zweckmäfsigste bewährt. Die Balken werden allseitig mit Karbolineum angestrichen, 1,2 bis 1,5 m von

Gestreckter Windelboden. — ca. 1/50 w. Gr.

Mitte zu Mitte auseinander verlegt und auf ihnen 5 bis 8 cm starke, gleichfalls angestrichene halbe Lattstämme *a* dicht nebeneinander liegend und im Wechsel von Stamm- und Zopfende festgenagelt und auf diesen ein 7 bis 13 cm starker Strohlehmestrich *b* angebracht. Die weite Balkenlage erzielt bedeutende Kostenersparnis, während der Lehmestrich einen gewissen Feuerschutz der Balkenlage gegen den Dachraum bildet, wodurch ein hier ausgebrochenes Feuer nicht so schnell in den Stallraum dringen und somit das Vieh leichter gerettet werden kann.

Fig. 2.

Stulpdecke. — ca. 1/50 w. Gr.

Ebenso gut, aber von besserem Aussehen ist das Anbringen einer Stulpdecke (Fig. 2) unter dem Lehmestrich. Auf die 1,00 bis 1,25 m von Mitte zu Mitte entfernten Balken werden 4 cm starke und 20 cm breite Bretter 15 cm weit von einander verlegt, festgenagelt und diese mit einer zweiten Bretter- oder Rundschwartenlage überdeckt, welche dann den 5 bis 10 cm starken Strohlehm aufnimmt. In besseren Pferdeställen kann der gestreckte Windelboden von unten her dadurch ein sehr gutes, einer Kassettendecke gleiches Aussehen erhalten, dafs man unter den Lattstämmen eine gehobelte, gespundete und gestäbte Schalung anbringt, welche auf an die Balken anzunagelnden gekehlten Leisten ruht (Fig. 3). Die Balken werden abgehobelt, gefast und die ganze Decke, unter der Voraussetzung ganz trockenen Holzes, mit Ölfarbe mehrfarbig angestrichen.

Fig. 3.

Gestreckter Windelboden mit unterer Schalung. — ca. 1/10 w. Gr.

Der gestreckte Windelboden kann von unten her ein ganz glattes Aussehen erhalten, die Dunstdichtigkeit kann vermehrt und die Balken können vor Nässe geschützt werden, wenn an den letzteren ein glatter Putz aus verlängertem Cementmörtel auf Doppelrohrgewebe oder Holzleistengeflecht und Lattung angebracht wird. Der Putz kann aber auch auf verzinktem Drahtgeflecht *(Rabitz*-Putz), auf Hartgipsdielen-Schalung, am besten aber auf Falzpapptafeln und Lattung (Fig. 4) vorgenommen werden. An letzteren haftet der Putz nicht allein sehr fest, sondern es entsteht auch zwischen Holz und Putz eine Isolierschicht, die, selbst wenn Putzrisse vorkommen sollten, weder Nässe noch Dünste durchläfst. Im Putz auf Doppelrohrgewebe und Holzleistengeflecht treten gewöhnlich viele Haarrisse auf, die nur durch einen Teeranstrich beseitigt werden können.

Fig. 4.

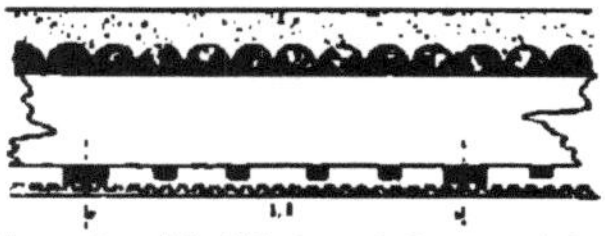

Gestreckter Windelboden mit Puts auf Falzpapptafeln. — ca. 1/10 w. Gr.

Bei sämtlichen geputzten Decken müssen aber die Hohlräume der luftdicht eingeschlossenen Balken in den Frontwänden mit Luftzügen versehen werden, da sonst die Trockenfäule eintritt; im Winter sind die Öffnungen zu schliefsen, um die zu starke Abkühlung der Decke zu verhindern, an der sich sonst die Stalldünste kondensieren würden.

Der Lehmestrich des gestreckten Windelbodens ist infolge der auftretenden Trockenrisse niemals ganz dunstdicht; auch staubt er leicht, und besonders bei an der Unterseite nicht geputzten Decken ist es nötig, dafs der Estrich mit heifsem Steinkohlenteer angestrichen oder mit dünner Klebepappe überklebt wird. Einen absolut dunstdichten, sehr dauerhaften, vollständig feuersicheren und verhältnismäfsig billigen Estrich gewährt ein solcher aus Hartgips in 3 bis 4 cm Stärke. Hierzu sind aber besonders scharfgebrannter, langsam abbindender und erhärtender Gips, sog. Estrichgips, und eine sachkundige Ausführung erforderlich. Auf Hartgipsböden lagern besonders Korn und Sämereien absolut trocken und ungezieferfrei.

Die Ausfüllung der Balkenfache mit 1/4 oder 1/8 Stein starken Ziegelsteinwölbungen oder besonderen Formsteinen oder Tuffsteinplatten ist kostspielig und wegen der Verbindung des sich stets bewegenden Holzes mit dem starren Stein und der daraus entstehenden geringen Dauerhaftigkeit und infolge der sehr schwierigen Auswechselung der Balken nicht zu empfehlen.

6. Massive Decken.

Massive Stalldecken bestehen entweder aus schwachen Gurtbogen und Haustein-, Ziegelpfeilern oder gufseisernen Säulen gespannten Ziegelsteingewölben oder aus solchen, ferner aus ebenen Ziegelsteindecken oder aus Cementbeton- oder endlich aus *Monier*-Gewölben, deren Widerlager durch I-Träger gebildet werden; letztere ruhen auf Haustein-, Ziegelpfeilern oder meistens auf gufseisernen Säulen.

Bei der Wölbung zwischen Gurtbogen gewähren die preufsischen Kappen die freieste Stalldecke. Böhmische Kappen, deren Widerlager sich den Gurtbogen mehr anschliefsen und deren Schub hauptsächlich nach den Ecken gerichtet ist, beengen den Stallraum nach oben bedeutend mehr, Kreuz- und Klostergewölbe am meisten. Die Wände der mit den drei letzten Gewölbearten versehenen Ställe müssen daher verhältnismäfsig höher aufgeführt werden, will man in demselben die gleiche Luftmenge erhalten, wie bei der Überwölbung mit preufsischen Kappen.

Kreuz- und Klostergewölbe sind teuer und schwierig herzustellen und kommen deshalb bei Ställen selten vor.

Gewölbedecken zwischen Gurtbogen und Ziegelpfeilern sind billig und vollständig feuersicher. Ziegelkappengewölbe zwischen I-Trägern und gufseisernen Säulen gewähren den Vorteil, dafs sie an den Umfassungswänden nach innen, keine vortretenden Pfeiler bedürfen und hierdurch, sowie durch die geringen Säulenquerschnitte den Stallraum weniger beengen, als Gewölbedecken zwischen Gurtbogen und massiven Pfeilern; indes ist die Eisenkonstruktion heute teuer und dazu nicht feuersicher, wenn sie nicht mit Ziegeln, *Rabitz-* oder *Monier-*Putz ummantelt wird.

Die Gewölbekappen sind stets aus Hohlziegeln herzustellen; dadurch wird die Decke wärmer; die Kondensierung der Stalldünste an derselben wird vermieden, und infolge ihres geringeren Gewichtes ergeben sich niedrigere und mithin billigere I-Träger. Die Kappen sind möglichst bis zu 2,60 m Spannweite mit $^1/_8$ Pfeilhöhe auszuführen, wodurch Eisenersparnis erzielt wird; die I-Träger können bis zu 6,00 m Länge freitragend verlegt werden.

Oben werden die Kappengewölbe mit Strohlehm oder mit leichtem Schlackenbeton (Kalk und gesiebte Steinkohlenasche) ausgefüllt und abgeglichen. Auch kann man die Kappen nur durch Hintermauerung ausgleichen und hierauf einen Cement- oder besser Hartgipsestrich anbringen. Hölzerne Fufsböden (Lagerhölzer mit Dielung) auf den Gewölben sind nicht nur teuer, sondern auch wenig dauerhaft, nicht feuersicher und begünstigen die Ungeziefereinnistung. An der Unterseite werden die Gewölbe entweder sauber ausgefugt oder glatt geputzt.

Das Bestreben der Neuzeit, ganz ebene steinerne oder ähnliche Decken zwischen I-Trägern herzustellen, an denen der Putz ohne weiteres angebracht werden kann, hat eine große Anzahl solcher Deckenkonstruktionen[*]) hervorgebracht, von denen die drei nachfolgenden sich für Stallbauten aller Art am besten eignen.

Fig. 5.

Die *Kleine*'sche Decke (Fig. 5) ist einfach und dazu billiger wie eine Holzdecke auszuführen und besteht aus rheinischen Schwemmsteinen oder porösen Lochziegeln, welche in Cementmörtel mit hochkantig in

Kleine'sche Decke. — ca. $^1/_{60}$ w. Gr.

die Fugen gelegten Bandeisen zwischen die I-Träger verlegt werden. Dadurch erhält die Decke eine aufserordentliche Tragfähigkeit ohne jeglichen Seitenschub, ist zudem warm und bei verputzten Trägerflanschen ganz feuersicher. Die Trägerentfernung kann, je nach der gröfseren oder geringeren Belastung der Decken, 1,30 bis 1,90 m betragen.

Die *Schürmann*'sche Decke ist der vorigen ganz ähnlich; doch werden besonders geformte, d. h. mit Buckel versehene, 60 mm hohe Bandeisenschienen von Träger zu Träger verlegt, welche als Widerlager für die scheitrecht auszuführenden Kappen dienen.

Fig. 6.

Die Gipsdielendecke (Fig. 6) besteht aus 7 bis 10 bis 12 cm starken Hartgipsdielen, welche als Ausfüllmaterial auf die unteren

Gipsdielendecke. — ca. $^1/_{20}$ w. Gr.

Flansche der I-Träger verlegt und auf ihrer unteren, leicht gerauhten Fläche und den Trägerflanschen mit einem gut anhaftenden Putz aus Schwarzkalk mit etwas Weifskalk oder aus verlängertem Cementmörtel versehen werden. Oben erhalten die Gipsdielen eine Auffüllung und Abgleichung mit magerem, leichtem Schlackenbeton oder Sand mit Cement- oder Hartgipsestrich. Solche Decken

---

[*]) Siehe hierüber Teil III, Band 2, Heft 3, 4 (2. Aufl.) dieses «Handbuches».

sind warm, dauerhaft und feuersicher und gewähren durch ihre Leichtigkeit etwa 25 vom Hundert Ersparnis des Eisengewichtes. Ähnlich sind die Cementdielendecken.

Die Betondecken als Cementbeton-Kappengewölbe sind einfach, schnell und billig ausführbar, dabei dunstdicht und feuersicher und lassen sich mit nur 10 bis 12 cm Scheitelstärke bis zu 5 m Spannweite herstellen, so dafs dadurch viel Eisen erspart wird; auch bedürfen sie keines unteren Putzes. Wegen dieser Vorzüge hat sich die Betongewölbedecke in Ställen aller Art, besonders in Rindvieh- und Schweineställen, gegenwärtig sehr eingebürgert. Die Betongewölbe werden am besten aus 1 Raumteil Portlandcement, 3 bis 4 Raumteilen Sand und 4, bezw. 3 Raumteilen Hartstein-Kleinschlag, Flufskies oder Hartziegelbrocken ausgeführt. Zur Ausfüllung und Abgleichung auf den Gewölben dient der noch billigere, leichtere Schlackenbeton, welcher einen Cement- oder besser einen Hartgipsestrich erhält.

Die *Monier*-Decken sind ebene oder in Kappenform gebogene Platten, welche aus einem 5 bis 10 mm starken, bis 10 cm weitmaschigen Rundeisenstabgeflecht mit einer 4 bis 6 cm starken Cementmörtel-Umhüllung bestehen. Ihre Vorzüge beruhen auf einer erstaunlichen Tragfähigkeit, absoluten Feuersicherheit, unveränderten Dauerhaftigkeit und Dunstdichtigkeit und geringem Gewicht, so dafs sie sich deshalb, sowie auch wegen des billigeren Preises, im Vergleich zu manchen der genannten Deckenkonstruktionen, zu Stalldecken vorzüglich eignen. Die I-Trägerentfernung beträgt dann gewöhnlich nicht mehr als 2,50 m.

c) Fufsböden.

Stallfufsböden müssen zur Ermöglichung trockener Stand- und Lagerplätze für das Vieh und zur bequemen Ableitung von Jauche und Wasser mindestens 20 cm hoch über der äufseren Erdgleiche liegen und sich in ihrer Beschaffenheit möglicht wasserdicht, fest und eben zeigen. Undichte, durchlässige Fufsböden lassen die Jauche in den Untergrund versickern, welche sich hier zersetzt, so dafs die entstehenden und in den Stallraum ausströmenden Fäulnisgase die Luft in gesundheitsschädlicher Weise für das Vieh verderben.

7. Bedingungen.

Die Herstellung der Stallfufsböden geschieht als:

8. Herstellung.

1) Feldsteinpflaster aus gewöhnlichen Feld- oder Bruchsteinen (Granit, Syenit, Basalt) von 13 bis 16 cm Durchmesser; dieser Fufsboden eignet sich aber, weil er sehr undicht, sehr rauh und uneben ist, sodafs er zum genügenden Jaucheabflufs 2 cm Gefälle für das lauf. Meter erhalten mufs, höchstens zu den Stallgassen.

Eine Verbesserung desselben besteht darin, dafs man das Pflaster nicht in Sand, sondern auf abgerammtem Untergrunde in Beton bettet und nach dem Abrammen am hinteren Teile der Viehstände und an den Jaucherinnen die Fugen auskratzt und mit magerem Cementmörtel verstreicht. Statt dessen kann das Pflaster auch auf einer 30 bis 40 cm starken, abgestampften Unterbettung aus fettem Lehm oder Thon angebracht und können sämtliche Fugen mit Cementmörtel vergossen werden.

2) Pflaster aus regelmäfsig behauenen Steinen, sog. Kopfsteinen, schliefst in den Fugen schon besser und ist eben; die Fugen können mit Cement oder Asphalt ausgegossen werden.

3) Pflasterungen aus bis zur Verglasung gebrannten Ziegelsteinen (Klinker, am besten sog. Oldenburger Diamant- oder Eisenklinker) sind bedeutend besser

als die vorigen, wenn sie entweder hochkantig oder als doppelte Flachschicht in Cement- oder, besser, in hydraulischem Kalkmörtel auf abgerammtem Grundbett ausgeführt werden. Bei doppelter Flachschicht wird die untere, in Sand gebettete Schicht nur mit dünnem Kalkmörtel vergossen und die obere, die Fugen der unteren Schicht deckend, nur mit vollen Lagerfugen, aber offenen, möglichst dichten Stofsfugen verlegt, welche dann mit Cement- oder hydraulischem Kalkmörtel fest ausgestrichen werden. Doppelflachseitiges Pflaster hat weniger Fugen als hochkantiges und ist mithin dichter; seine Ausbesserungen beschränken sich nur auf die obere Schicht, so dafs nur diese aus Klinkern bestehen mufs. Für das lauf. Meter Standlänge ist 1,5 cm Gefälle erforderlich.

4) **Betonfufsböden** aus Stampfcementbeton sind wegen ihrer vollständigen Fugenlosigkeit, Dauerhaftigkeit und Billigkeit gegenwärtig besonders für Rindvieh- und Schweineställe sehr gebräuchlich. Der Beton ist aus 1 Raumteil Portlandcement, 3 bis 4 Raumteilen Sand und 4, bezw. 3 Raumteilen Kleinschlag aus harten Natursteinen oder aus Flufskies in 5 cm Korngröfse mit einem 2 cm starken, etwas aufgerauhten Cementestrich auszuführen. Wo Wasserkalk und Trafs billig zu beschaffen sind, lassen sich noch wohlfeilere Betonfufsböden herstellen.

Überzüge der Betonböden mit Gufsasphalt machen dieselben absolut dicht, weich und elastisch, verteuern den Fufsboden aber derart, dafs er selten in Frage kommen kann; für Pferdeställe ist er überdies zu glatt und nicht haltbar.

5) **Fliesenbeläge** (Fig. 7) aus 16 bis 20 cm grofsen, quadratischen, gesintert gebrannten Thonplatten mit abgefasten Kanten (Saargemünder und Mettlacher) auf einer Ziegelflachschicht oder einen 7 cm starken Betonschicht verlegt, geben einen vorzüglichen, sehr dauerhaften und schön aussehenden, aber ziemlich teueren Fufsboden, der nur in herrschaftlichen Pferdeställen gebräuchlich ist.

Fig. 7.

Fufsbodenfliese.

6) **Sandschüttungen** (Sandstand) in Höhe von 50 bis 60 cm auf einer 15 cm starken, abgerammten Schicht fetten Lehmes geben einen sehr billigen, warmen und weichen Fufsboden für Pferdeställe aller Art. Diese Anlage erübrigt die Jaucherinnen, schliefst Beinschäden aus und erzielt Hufbeschlagersparnis. Der Sand, welcher allmählich von Jauche durchdrungen wird, wird alle Jahre 1 bis 2 mal durch neuen ersetzt. Die Stallgasse wird nach den Sandständen hin durch eine 1 Stein starke Futtermauer begrenzt.

7) **Holzklotzpflasterung** und **Bohlenfufsböden** sind zwar weich und warm, saugen aber zu viel Urin auf, wodurch baldige Fäulnis eintritt.

Zu den Fufsböden der Stallgassen und Futtergänge genügen Feldsteinpflaster, Ziegelflachschicht oder eine schwache Betonlage, beide letzteren auch für Futterkammern und -Tennen, während in Futterküchen ein 10 cm starker Betonfufsboden am besten ist.

d) Beleuchtung und Lüftung.

Beleuchtung. Das Licht übt auf den tierischen Organismus einen belebenden und stärkenden, die Dunkelheit einen herabstimmenden Einflufs aus; deshalb sind für Jungvieh, Wollschafe und edle Pferde helle, für Arbeits- und Melkvieh weniger helle und für Mastvieh nur schwach beleuchtete Ställe erforderlich. In zu stark beleuchteten Ställen leiden die Augen der Tiere; auch werden letztere von Fliegen etc. sehr belästigt. Eine ausreichende Beleuchtung tritt ein, wenn sich die Lichtfläche zur Stallfläche wie 1:15 bis 1:10 verhält. Die Fenster müssen möglichst hoch unter der Decke liegen, damit die Tieraugen nicht unmittelbar von den Lichtstrahlen getroffen werden. Empfehlenswert ist die Verwendung von Rohglas, mattiertem Glas oder Riffelglas. Meistens sind gufseiserne Fenster mit Lüftungs-Kippflügel gebräuchlich, welche stets am unteren Rande mit einem 2 cm weiten Luftspielraum, zur Nachaufsenleitung des Schwitzwassers und zur Verhütung des Beschlagens und Befrierens der Scheiben, einzusetzen sind (Fig. 8).

Die Beschaffung und Erhaltung gesunder Luft in den Ställen, ohne im Winter die Temperatur derselben zu sehr herabzudrücken, ist Hauptbedingung einer guten Stallanlage. Die Lüftung besteht aus der Zuführung frischer Luft und der gleichzeitigen Abführung der verbrauchten Luft. Da die letztere erheblich durch Kohlensäure und andere schädliche Gase vergiftet wird, so mufs so viel frische Luft zur Reinigung eingeführt werden, dafs die Stalluft noch höchstens 2,5 vom Tausend Kohlensäure und die übrigen Stoffe in geringer Menge enthält. Hierzu ist eine stündliche Zuführung von 30 bis 40, besser 50 bis 60 cbm frische Luft für jedes Vieh von 500 kg Lebendgewicht erforderlich.

Die zufällige Lüftung, d. h. der infolge der Durchlässigkeit der Wände und durch die Undichtigkeiten der Fenster und Thüren vor sich gehende Luftwechsel, ist aber hierzu ungenügend, und so mufs eine künstliche Lüftungsanlage beschafft werden.

Zu diesem Zweck wird die frische Luft durch in den Außenwänden angebrachte Kanäle und im Sommer auch durch die Fenster zugeführt, während die verdorbene Stalluft durch lotrechte, von der Stalldecke aufsteigende, über dem Dachfirst ausmündende Dunstrohre oder -Schächte abgeführt wird.

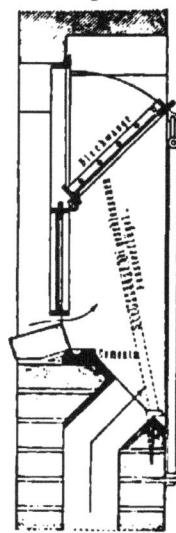

Gufseisernes Stallfenster mit Lüftungs-Kippflügel — ca. 1/19 w. Gr.

Die zur Luftzufuhr dienenden Kanäle erhalten 13 × 20 bis 13 × 25 cm Querschnitt und werden in gleicher Anzahl auf beiden Langfronten des Stalles so angeordnet, dafs ihre Einströmungsöffnung ca. 50 cm hoch über Erdgleiche, die im Stall befindliche Ausströmungsöffnung unterhalb der Decke oder mindestens in 2/3 der Stallhöhe angeordnet ist; am besten liegen sie in der Fensterbrüstung und münden auf der inneren Sohlbankschräge aus. Die äußeren Öffnungen erhalten einen Verschlufs mittels engmaschigen verzinkten Drahtgeflechtes, die inneren eine eiserne Regulierklappe oder einen solchen Schieber.

Der Dunstabzugsschacht (Fig. 9 u. 10) besteht aus einem 3,5 cm starken, glatt gehobelten, gut gespundeten, mit Karbolineum getränkten Bretterkasten, welcher in einem Abstand von ca. 10 cm mit einem zweiten, etwas schwächeren Bretterkasten umgeben wird. Beide Kasten sind an einem schwachen Gerüst befestigt, und der Zwischenraum zwischen beiden ist mit irgend einem schlechten Wärmeleiter, am besten Torfmull, zum Schutz gegen die sonst eine Kondensierung der Stalldünste hervorbringende Wintertemperatur im Dachboden gut auszufüllen. An der Decke erhält die trichterförmige Öffnung des Schachtes eine Regulierklappe, über dem First einen den Zug beförJernden, feststehenden Aufsatz, einen sog. Saugkopf, aus angestrichenem Eisenblech, am besten einen *Wolpert*'schen Sauger.

Der äufsere Bretterkasten kann zur gröfseren Dunstdichtigkeit und Feuersicherheit mit Strohseilen umwunden und belehmt oder mit Asphaltpappe umkleidet werden.

Anstatt des inneren, leicht faulenden und niemals ganz dichten Bretterkastens empfiehlt sich mehr eine *Rabitz*- oder *Monier*-Konstruktion oder die Anwendung gut verzinkter Eisenblech- oder glasierter Muffen-Steingutrohre.

Anzahl und Gröfse der Zuführungskanäle und Dunstschächte richten sich ganz nach der Anzahl und dem Gewicht der Tiere. Erfahrungsgemäfs genügt für je 10 Stück Vieh mit 100 Centner Lebendgewicht ein Gesamtquerschnitt von $0,1\,qm$ für die Zuführungskanäle und desgleichen ein solcher für die Dunstschächte. Mithin sind auf je 10 Stück Vieh je 4 Kanäle von mindestens $13 \times 20\,cm$ Querschnitt und 1 Dunstschacht von 30×30 bis $33 \times 33\,cm$ Querschnitt erforderlich; engere und weitere Dunstschächte haben sich nicht bewährt.

Aufser dieser Lüftungsanlage, dem sog. kombinierten System, sind namentlich für Ställe von bedeutender Tiefe das sog. vertikale Lüftungssystem, d. h. lotrechte Deckenschächte, welche gleichzeitig zur Abführung der schlechten und zur Zuführung der frischen Luft dienen, und zwar als sog. *Hoffmann*'scher Vierrichtungsventilator und als *v. Tiedemann*'sches System zur Zeit gebräuchlich. Indes können dieselben in windstiller Jahreszeit auch nicht ohne seitliche Luftzuführung in den Wänden funktionieren.

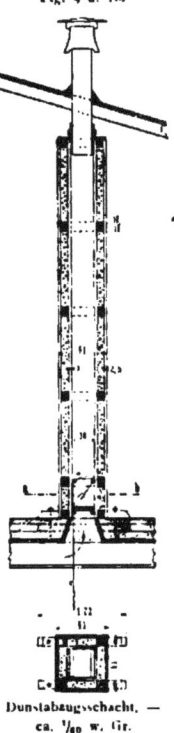

Fig. 9 u. 10.

Dunstabzugsschacht. — ca. 1/40 w. Gr.

Der *Hoffmann*'sche Vierrichtungsventilator besteht aus 4 nebeneinander liegenden Rohren von verschiedener Länge, und zwar so, dafs die im Stalle am längsten hinabreichenden Röhren über das Dach am höchsten hervorragen und umgekehrt Je zwei der Röhren dienen zur Luftabführung und die anderen zwei zur Luftzuführung. Nach dem Stand des Windes werden die Röhren ihre Thätigkeit oft wechseln; in windstiller Zeit stockt die Luftzuführung überhaupt. Die Ausführung dieser Ventilatoren geschieht bei Holzdecken am einfachsten nach der vorhin geschilderten Konstruktionsweise in Holz, bei gewölbten Decken mittels der *Rabitz*- oder *Monier*-Bauweise oder aus gut glasierten Steingutrohren von 20 bis $22\,cm$ lichtem Durchmesser; solche aus Ziegelsteinen und Klinkern haben sich nicht sonderlich bewährt.

Die *v. Tiedemann*'sche Lüftungsvorrichtung (Fig. 11, 12 u. 13) besteht aus einem Zweirichtungsschlot mit diagonaler Scheidewand von Wellblech; derselbe kann bei Holzdecken aus Holz, bei gewölbten Ställen aus Mauerwerk hergestellt werden. Die zwei Halbrohre münden über Dach und unter der Stalldecke in verschiedenen Richtungen aus; unter der letzteren sind die Öffnungen mit verschliefsbaren Drosselklappen versehen. Der Boden besteht aus beweglichen, mit Blech bekleideten Klappen und dient zur Reinigung der Röhren von Spinngeweben und zur Schwitzwasserableitung. Die Wirkung dieser Lüftung ist dieselbe wie diejenige des *Hoffmann*'schen Ventilators, aber mit dem Vorzuge, dafs die abströmende warme Luft ihre Wärme durch die dünne, gut leitende Blechwand dem Strome der kalten Frischluft mitteilt, und dafs dieselbe etwas erwärmt in den Stall eintritt.

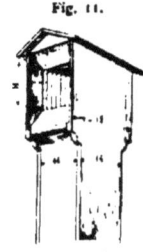

Lüftungsvorrichtung von v. *Tiedemann*.

Fig. 12.

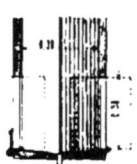

Fig. 13.

Alle Dunstschächte und Ventilatoren sind nur über Futtergängen und Stallgassen anzuordnen, damit das Vieh nicht unmittelbar von der einströmenden Luft getroffen wird.

Litteratur
über »Ställe im Allgemeine«.

Ansichten eines Landwirths über Stallconstructionen. HAARMANN's Zeitschr. f. Bauhdw. 1859, S. 134.
Ueber die Principien bei Errichtung zweckmäfsiger Stallgebäude für unsere Zuchthiere. ROMBERG's Zeitschr. f. prakt. Bauk. 1863, S. 203.
MANGER, J. Stallgebäude, auf hölzernen Balken gewölbt. ROMBERG's Zeitschr. f. prakt. Bauk. 1863, S. 300.
Ueber die Anlage von Stallgebäuden. HAARMANN's Zeitschr. f. Bauhdw. 1866, S. 82.
Ueber die Ventilation von Stallungen. ROMBERG's Zeitschr. f. prakt. Bauk. 1867, S. 70.
Ueber Ventilationen der Stallungen. HAARMANN's Zeitschr. f. Bauhdw. 1867, S. 77.
SCHUBERT, F. C. Entwürfe von Stallgebäuden. Halle 1868.
Ventilation von Viehställen auf dem Gute Hauenstein in Baiern. HAARMANN's Zeitschr. f. Bauhdw. 1869, S. 105.
MARCKER, M. Untersuchungen über natürliche und künstliche Ventilation in Stallgebäuden etc. Ausgeführt auf der landwirthschaftlichen Versuchs-Station Weende-Göttingen etc. Göttingen 1871.
Die Ventilation der Stallungen. HAARMANN's Zeitschr. f. Bauhdw. 1871, S. 71, 87, 100.
RUEFF, A. v. Bau und Einrichtung der Stallungen und Aufenthaltsorte unserer nutzbaren Hausthiere. Stuttgart 1875.
HAMPE. *Ventilateur pour bergeries, écuries, étables*. *Nouv. annales de la const.* 1876, S. 116.
Thaer-Bibliothek. Bd. 33, 35—37: Der Viehstall. Der Bau und die Einrichtung der Ställe für Rindvieh, Schafe und Schweine. Von F. ENGEL. Berlin 1877. — 2. Aufl. 1889.
Haltbarkeit von Asphalt-Estrich in Viehställen. Deutsche Bauz. 1877, S. 289.
NICOLE. *Étude sur la disposition et la construction des étables*. *La semaine des const.*, Jahrg. 4, S. 282, 291, 331.
Deutsche bautechnische Taschenbibliothek. Heft 60: Die Stallgebäude etc. Von C. A. ROMSTORFER. Leipzig 1880.
ENGEL, F. Der Rohr-Cement-Deckenputz in Ställen. Baugwks.-Ztg. 1881, S. 347.
TIEDEMANN, v. Ueber Lüftung der Viehställe. Centralbl. d. Bauverw. 1883, S. 388, 392.
Viehstall auf Doecklitz bei Querfurt. Baugwks.-Ztg. 1883, S. 614.
Ventilations-Anlagen für alle Stalleinrichtungen. Deutsches Baugwksbl. 1883, S. 280.

BIRCH, J. *Architecture of the stables and country mansions.* London 1884.
LILLY, F. Die Ventilation der Viehstallungen etc. Braunschweig 1884.
FELLENBERG ZIEGLER, A. v. Pläne und Beschreibungen von Scheunen und Ställen nach dem v. IM-HOFF'schen System. Bern 1887.
SCHUBERT, A. Die Ventilation der Ställe. UMLAND's Techn. Rundschau 1887, S. 218, 228, 236.
ENGEL, F. Ueber die Ventilation der Viehställe. HAARMANN's Zeitschr. f. Bauhdw. 1888, S. 140.
ENGEL, F. Scheunen und Ställe nach dem IM-HOFF'schen System. HAARMANN's Zeitschr. f. Bauhdw. 1889, S. 25.
GIRAUD, B. *Stable building and stable fitting etc.* London 1891.
SCHUBERT, A. Ueber zweckmäßige Anlage HOFFMANN'scher Stallfenster (Lichter). Süddeutsche Bauz. 1892, S. 417.
SCHUBERT, A. Die Konstruktion der Dächer bei deckenlosen Ställen. Baugwks.-Ztg. 1893, S. 976.
SCHUBERT, A. Neue Stalldecken-Konstruktionen. Deutsche Landw. Presse 1893, S. 1053.
SCHUBERT, A. Die Anlage der Viehkrippen in Rücksicht auf ihre Dauerhaftigkeit. Deutsche Landw. Presse 1893, S. 1022.
Arbeiten der Deutschen Landwirthschafts-Gesellschaft. Heft 10: Die Lüftung der Viehställe mit erwärmter Luft. Von L. v. TIEDMANN, Berlin 1895. — Heft 12: Bauentwürfe zu Rinder- und Schweineställen und zu Stallgebäuden auf Bauerngehöften. Berlin 1896.
BLACKALL, C. H. *Stables. American architect,* Bd. 54, S. 11, 51, 67.
COLEMAN, F. S. J. *Stable sanitation and construction.* London 1897.
SCHUBERT, A. Die zweckmäßige Anlage der Dungstätten. Baugwks.-Ztg. 1896, S. 1145.
SCHUBERT, A. Die Düngerstätte. Stuttgart 1898.
SCHUBERT, A. Die beste hölzerne Stalldecke der Gegenwart. Hannov. Land- und forstwirthsch. Ztg. 1899, S. 437.
SCHUBERT, A. Pferde-, Rindvieh-, Schweine- etc. Stallgebäude in Schwarzach, bayerisch. Oberpfalz. Milchztg. 1899, S. 566.
SCHUBERT, A. Die Kuh- und Schweineställe des bäuerlichen Grundbesitzes. Ein Beitrag zur Verbesserung derselben im Regierungsbezirk Cassel. Cassel 1899.
SCHUBERT, A. Kleine Stallbauten. Ihre Anlage, Einrichtung und Ausführung. Leipzig 1900.
Architektonisches Skizzenbuch. Berlin.
Stallgebäude und Wagenremisen in: Heft 28, Bl. 2; Heft 60, Bl. 5; Heft 66, Bl. 3; Heft 74, Bl. 4.
Wirthschafts- und Oeconomiegebäude in: Heft 9, Bl. 5; Heft 10, Bl. 3, 4; Heft 51, Bl. 3; Heft 119, Bl. 2.

2. Kapitel.

Pferdeställe, Gestüte und Marstallgebäude; Wagenremisen.

a) Ställe für Arbeits-, Zucht- und Luxuspferde; Wagenremisen.

Von ALFRED SCHUBERT.

1) Gesamtanlage.

Lage und Temperatur. Die Ansprüche, welche bei der Errichtung von Pferdeställen gemacht werden, richten sich teils nach dem Werte und der Verwendung, teils nach der Wartung und Pflege der Pferde; Hauptsache bleibt es aber in allen Fällen, die Nachteile, durch welche sich der Aufenthalt der Tiere im geschlossenen Raume von demjenigen in freier Luft unterscheidet, durch angemessene Größe, reine Luft, genügendes Licht, gehörige Temperatur und angemessene Reinlichkeit des Stalles aufzuheben.

Ein Pferdestall soll im Sommer kühl und im Winter warm sein. In kalten Klimaten und nördlichen Gegenden ist es daher ratsam, die Hauptfront des Stalles, in welcher sich die Zugänge befinden, nach Süden zu legen; dies gilt besonders für Zucht- und Fohlenställe. In nicht zu kaltem Klima kann die Hauptfront nach Osten liegen, wodurch sowohl die Einwirkung der Nordwinde, als auch diejenige der Mittagshitze abgehalten wird. *Haubner* empfiehlt dagegen, die Hauptfront der Pferdeställe nach Norden oder Nordosten zu legen, um dieselben im Sommer möglichst kühl zu erhalten.

Die Temperatur eines Pferdestalles beträgt nach *Rueff* für schnelllaufende Pferde, Luxuspferde, säugende Stuten und junge Fohlen + 16 Grad R., für langsam arbeitende, meist im Freien befindliche Pferde (landwirtschaftliche Arbeitspferde) nur 12 Grad R.

Das Raumbedürfnis ist abhängig von der Größe, dem Geschlechte, dem Gebrauche, der Befestigung und der Stellung der Pferde.

12. Raumbedürfnis.

Große, schwere Lastpferde, Beschäler, tragende Stuten und lose gehende Luxuspferde beanspruchen mehr Stallraum als kleine, an durchgehender Krippe und ohne feste Zwischenwände nebeneinander gestellte Pferde.

In Preußen gelten (Verfügung vom 9. Januar 1871) für den Raumbedarf in Pferdeställen folgende Maße:

Standbreite bei Aufstellung eines Pferdes . . . . 1,7 bis 1,9 m
»   »   »   zweier Pferde . . . . 2,8 » 3,1 »
»   »   » gemeinschaftlicher Aufstellung von mehr als zwei Pferden
 für den Kopf . . . . 1,3 » 1,4 »
Desgl. bei großen und starken Arbeits- oder Kutschpferden . . . . 1,4 » 1,6 »
Standlänge einschl. Krippe und Gang dahinter . . . . 4,4 » 5,0 »
»   »   » bei zwei Reihen, einschl. Mittelgang . . . 7,8 » 9,1 »
Fohlenställe erhalten für jedes Stück eine Grundfläche von . . . . 3,4 » 3,9 »
Mutterstuten mit Fohlen erhalten an Länge und Tiefe . . . . . . 3,1 » 3,4 »
Lichte Stallhöhe in kleinen Pferdeställen . . . . 2,8 » 3,1 »
»   »   » bei 10 bis 30 Pferden . . . . 3,4 » 4,0 »
Für größere Marställe ist die Höhe angemessen auf 5 bis 6 m zu steigern.

Nach einem Erlaß vom Jahre 1896 soll die Standlänge bei einer Reihe Pferde einschl. Stallgasse nicht unter 5,00 m, bei zwei Reihen nicht unter 8,50 m, besser 9,00 m betragen. Die Standbreite wird für Ackerpferde auf 1,40 bis 1,60 m, für Kutsch- und Reitpferde auf 1,80 bis 1,90 m und die Stallhöhe bis Oberkante Decke zu 3,80 bis höchstens 4,00 m festgesetzt.

Zweckmäßige Maße der Standbreite und -Länge, ausschl. Krippe, für die verschiedenen Pferde sind folgende:

	Standbreite	Standlänge
Gewöhnliches Acker- und Arbeitspferd im losen Stande	1,30	2,50
Starkes » » » » » »	1,40 bis 1,50	2,50 bis 2,80
Arbeitspferd, gewöhnliches Kutsch- und Reitpferd zwischen Lattierbäumen	1,50 » 1,75	2,50 » 2,80
Besseres Kutsch- und Reitpferd im Kastenstande	1,80 » 2,00	2,80 » 3,00
Edles Rassepferd, Beschäler im Kastenstande	2,00 » 2,30	3,10
Mutterstute im Laufstall *(Box)* 10 bis 15 qm ca.	3,00 » 4,00	3,00 bis 3,10
	Meter.	

Für die tragenden und Mutterstuten werden besondere Laufställe selten angelegt; gewöhnlich zieht man 2 nebeneinander liegende Kastenstände durch Herausnahme der zwischen ihnen befindlichen Wand zu einem *Box* zusammen.

Fohlen erhalten einzeln im *Box* 10 qm, zu mehreren in getrennten Laufställen und je nach Jahrgang 4 bis 5 qm für das Stück.

Die Breite der Stallgasse beträgt hinter einer Reihe Arbeitspferde 1,80 m, zwischen zwei Reihen 2,80 m, desgl. hinter einer Reihe Kutsch- und Reitpferde 2,00, bezw. 3,30 m, desgl. hinter einer Reihe Luxuspferde 2,20 m, bezw. 3,80 m.

13. Aufstellung der Pferde.

Die Pferde werden nach der Länge oder Tiefe des Stalles aufgestellt. Die Langreihenstellung erfolgt bei geringer Pferdeanzahl in einer Reihe an der Hinterfront (Fig. 14), bei grofser Anzahl in zwei Langreihen an beiden Fronten (Fig. 15). Im ersteren Falle beträgt die Stalltiefe, je nach Gröfse und Art der Pferde, bei einer Stallgassenbreite von 1,80 bis 2,20 m, 4,70 bis 5,70 m, im letzteren Fall, bei einer Stallgassenbreite von 2,80 bis 3,80 m, 8,60 bis 10,80 m.

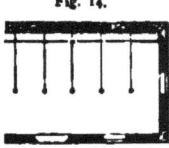

Fig. 14.

Einreihige Langstellung.

Die zweireihige Langstellung gewährt den Vorteil einer bequemeren und besseren Übersicht über die Pferde und ist deshalb besonders für grofse Fabrik- und Kavalleriställe, Marställe und Gestüte üblich; dennoch leidet dieselbe an dem Übelstand, dafs die Umfassungswände im Winter durch den an ihnen sich niederschlagenden Atem der Pferde durchfeuchtet werden und dadurch leicht Mauerfrafs eintritt. Ferner erfordert die zweireihige Langstellung eine möglichst hohe Lage der Fenster oder, wenn möglich, Deckenlichterhellung, damit die Pferde nicht unmittelbar den Licht- und Sonnenstrahlen und dem Zugwind ausgesetzt sind. Bei einreihiger Langstellung sind die Fenster im Rücken der Pferde, also in der Vorderfront, anzubringen.

Fig. 15. Fig. 16.

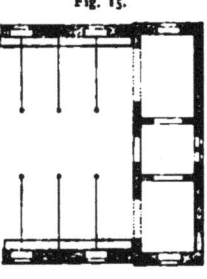 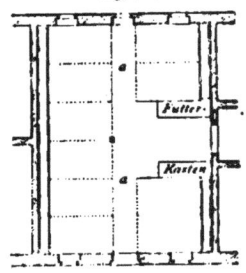

Zweireihige Langstellung. Querreihenstellung.

Die Aufstellung der Pferde an nach der Stalltiefe errichteten Scheidewänden (Fig. 16) findet vorzugsweise in 1 oder 2 Querreihen bei herrschaftlichen Pferdeställen und in mehreren Querreihen auf gröfseren Gütern statt, wo Pferde verschiedener Art (Arbeitspferde, gespannweise, Kutsch- und Reitpferde und Fohlen) unterzubringen sind. Bei dieser Anordnung fällt das Licht den Tieren in die Flanke, und es tritt eine sparsame Benutzung der Stallgrundfläche ein; auch bleibt der Herd ausbrechender Krankheiten immer auf eine kleinere Anzahl Pferde beschränkt.

Die gewöhnliche Stalltiefe beträgt bei Querreihenstellung bis 15 m und reicht für 8 Kutsch-, bezw. 10 Ackerpferde aus; werden aber die Fenster recht grofs und hochliegend angeordnet, so kann die Stalltiefe bis 22 m betragen und ist dann für 11 Kutsch-, bezw. 13 Ackerpferde ausreichend.

2) Innerer Ausbau und Einrichtung.

14. Abgrenzung der Stände.

Die Standabgrenzungen werden durch Lattierbäume oder durch feste Bretterwände (Kastenstände) hergestellt.

1) Die Lattierbäume werden meistens an den an der Stallgasse stehenden Standsäulen oder sog. Pilaren mittels Kette hängend befestigt (Fig. 17), seltener als sog. Schwebebäume an der Decke aufgehängt (Fig. 18). Die Länge der Lattier- und Schwebebäume mufs 2,00 bis 2,50 m, die Höhe über dem Stallfufs-

boden etwas mehr als die halbe Pferdehöhe betragen, für mittelgrofse Pferde daher 0,95 bis 1,00 ᵐ. Die Lattier- und Schwebebäume werden aus Kiefern-, besser Birkenholz von rundem, 12 bis 13 ᶜᵐ starkem Querschnitt hergestellt, glatt gehobelt und auf $^1/_8$ oder $^2/_8$ Länge gegen Benagen durch Eisenblechbeschlag geschützt oder auch aus 76 ᵐᵐ starkem Schmiedeeisenrohr angefertigt.

Fig. 17.

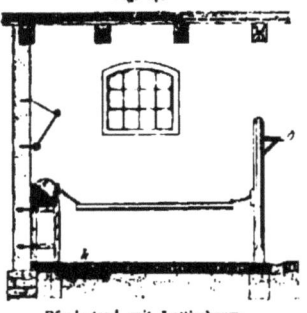

Pferdestand mit Lattierbaum.

Fig. 18.

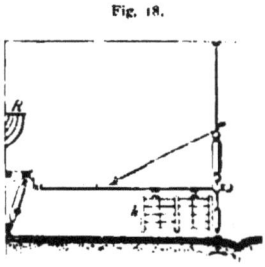

Pferdestand mit Schwebebaum.

Schwebebäume geben infolge ihrer Beweglichkeit mehr Raum, ohne indes einen vollkommenen Schutz zu gewähren; zur Vermeidung ihrer übergrofsen Schwankungen befestigt man sie an der Stallgasse mittels Kette oder Riemen im Stallpflaster (Fig. 18). Da die Pferde beim Wälzen oder beim Aufstehen leicht unter den Lattier- oder Schwebebaum geraten oder infolge Schlagens auf demselben sitzen (reiten) und in beiden Fällen sich ernstlich verletzen können, so empfiehlt es sich, die Bäume mit einer besonderen Vorrichtung zu versehen, damit sie sich möglichst von selbst ausheben und zu Boden fallen. Am meisten haben sich die in Fig. 19, 20 u. 21 dargestellten Vorkehrungen bewährt.

Fig. 19.

Fig. 20. Fig. 21.

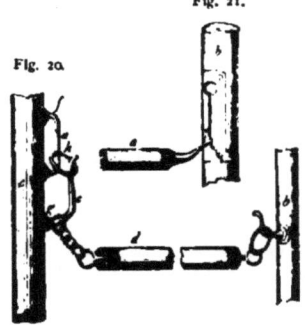

Die Anordnung in Fig. 19 besteht aus einem am Pilarstiel befestigten langen Eisenbügel, an welchem die Aufhängekette mit ihrem obersten als Karabinerhaken ausgebildeten Gliede hängt, so dafs der Baum wenigstens vom Pferde bedeutend in die Höhe gehoben werden kann, während seine Auslösung allerdings nur durch das Stallpersonal möglich ist.

Fig. 19 bis 21. Lattierbaum-Auslösevorrichtungen. $^1/_{20}$ w. Gr.

Vollkommener ist die Vorrichtung in Fig. 20. Dieselbe besteht aus einem bei g leicht drehbaren Haken e, welcher mittels eines auf- und abschiebbaren Ringes h an einem festen Bügel a gehalten wird. Hebt das Pferd den Baum auf, so wird der Ring in die Höhe geschoben, und der Haken e dreht sich nach unten; der Lattierbaum fällt zu Boden und das Pferd ist befreit.

In Fig. 21 endet der Baum in eine geschweifte, mit Knopf versehene Eisenstange, welche in eine schlitzartige Öffnung des Pilarstieles eingreift, in derselben leicht auf- und abgleitet und erforderlichenfalls ebenso leicht aus dem Einschnitte herausgleiten kann.

Die Pilarstiele, welche häufig zugleich als Deckenstütze dienen, sind entweder runde, 20 cm starke Eichenholzpfosten, welche, im unteren Teile gegen Fäulnis geschützt, auf einer Kreuzschwelle mit Verstrebung angebracht und im Erdreich fest eingegraben werden, oder sie bestehen aus Gußeisen (Pilarsäulen). Letztere sind sehr dauerhaft und heute in besseren Ställen allgemein gebräuchlich (Fig. 22 u. 23). Sie werden mittels eines gußeisernen Erdbockes im Erdreich fest eingemauert und haben 1,25 bis 2,80 m Höhe. Zum Anbringen der Lattierbäume und zum Anbinden der Pferde beim Putzen sind sie mit Ringen, bei gröfserer Höhe oder bei ihrer gleichzeitigen Verwendung als Deckensäulen in Reitpferdeställen auch mit Sattelkonsolen etc. versehen.

Zum Schutz der Pferde gegen die Schläge unverträglicher Nachbarn bringt man am hinteren Teile der Lattier- und Schwebebäume sog. Flankenschläger, Fahnen an, welche aus einem leicht beweglichen, mit Stroh umwickelten Holzgitter bestehen (Fig. 18). Das Übertreten der Pferde wird durch eine schräge, ebenfalls mit Stroh umwickelte Stange verhindert (Fig. 18).

Noch besseren Schutz gegen das Schlagen geben die in ganzer Lattierbaumlänge angehängten Schwebewände oder Schlagbretter, welche aus 3 mittels Eisenbeschlag beweglich verbundenen, 4 cm starken Brettern bestehen und mindestens 15 cm hoch vom Standfufsboden entfernt bleiben, damit sich die Pferde nicht die Hufe einklemmen.

2) Feste Kastenstände (unbewegliche Bretterwände) bieten für Luxuspferde und Hengste die gröfste Sicherheit und Bequemlichkeit, beanspruchen jedoch mindestens 1,80 m Standbreite, während für Lattierbaumstände 1,50 m genügen. Die Länge der Kastenstandwände beläuft sich auf 2,20 bis 3,00 m, ihre Höhe auf 1,30 bis 1,50 m; sie bestehen aus 4,0 bis 4,5 cm starken Kiefern-, besser Eichenbrettern, welche, gehobelt, halb oder ganz gespundet, am besten aber gefedert (Metallfeder), gefast oder gestäbt in lotrechter Stellung in die Falze der eichenen Schwelle und des abgerundeten Rahmens (Sprungbalkens) eingeschoben werden. Anstatt der 4,0 bis 4,5 cm starken, miteinander vereinigten Bretter können auch nur 2,5 bis 3,0 cm starke gefugte Bretter zur Verwendung kommen, die, wenn sie durch Hufschläge zerstört werden, ausgewechselt werden können.

Da die Schwelle leicht fault, der Rahmen zernagt wird und deshalb auf 1/2 bis 2/3 Länge mit Eisenblech zu beschlagen ist, so empfehlen sich mehr die dauerhaften und raumersparenden Schwellen- und Rahmenprofile aus Gufs- oder Walzeisen (Fig. 24 u. 25).

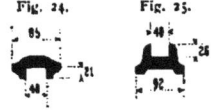

Eiserne Schwellen- und Rahmenprofile.

Damit die Pferde sich gegenseitig nicht belästigen und beifsen können, bringt man auf den Kastenwänden noch 70 bis 85 cm hohe gufs-, besser schmiedeeiserne Trenn- oder Beifsgitter, sog. Schwanenhälse, auf 1/2, 2/3 oder in ganzer

Länge der Wände an (Fig. 26 u. 27). Böse Schläger erfordern auch eine Polsterung des hinteren Wandteiles mit Kokosmatten oder dergleichen.

Alle bei den Kastenständen vorkommenden Eisenteile müssen in das Holz eingelassen werden und frei von Ecken und Kanten sein, damit die Pferde sich nicht daran verletzen können.

Laufställe oder *Boxes* werden in gewöhnlichen Ställen dadurch hergestellt,

Fig. 26.

Kastenstände.

dafs man zwei nebeneinander liegende Stände durch Aushängen des Lattierbaumes zu einem zusammenzieht und durch zeitweilig aufgestellte Bretterverschläge nach aufsen abschliefst. In besseren Ställen und Gestüten sind indes dauernde Laufställe, *Boxes* zur Zucht, sowie für einzelne Hengste und Reitpferde erforderlich, welche auf allen Seiten durch 1,30 bis 1,50 m hohe Bretterwände (in gleicher Ausführung wie bei den Kastenständen) oder zum Teile auch durch die Stallumfassungsmauern eingefafst und an der Stallgasse mit einer 1,10 m breiten Thür versehen werden (Fig. 27). Die Wände erhalten dann durch einen 0,70 bis 0,85 m hohen Gitteraufsatz 2,20 bis 2,35 m Gesamthöhe.

Der Fufsboden gut eingerichteter Pferdeställe soll fest, reinlich, trocken, jedoch nicht zu hart, glatt und kalt sein; er mufs Hufe und Beschläge schonen und den Pferden eine bequeme Lagerstätte gewähren. Ferner mufs er ganz undurchlässig sein und die Jauche und das Spülwasser vollständig ablaufen lassen, da hiervon im wesentlichen die gute Luft im Stalle abhängt.

15. Fufsboden.

Fig. 27.

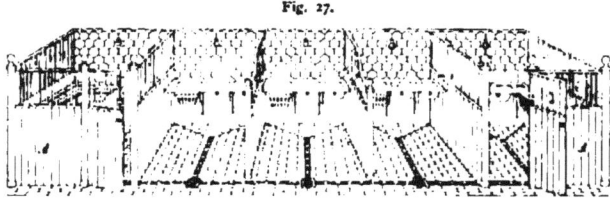

Kastenstände und *Boxes*.

Die Pferdestände erhalten nach der Jaucherinne hin eine etwas geneigte Lage. Den Ständen für männliche Tiere ist je nach dem Fufsbodenmaterial ein Gefälle von $1/30$ bis $1/35$ der Standlänge zu geben; Stutenstände bleiben auf $2/3$ bis $3/4$ der vorderen Standlänge wagrecht und erhalten nur auf das letzte, an der Rinne gelegene $1/3$ bis $1/4$ Standlänge etwa 4 bis 5 cm Gefälle.

In Herrschafts- und Luxusställen erhält der Standfufsboden von der Krippenwand bis zum Anfang der Zweigrinne 2 cm, von da bis zur Hauptrinne 3 cm und von den beiden Längsseiten bis zur Zweigrinne je 2 cm Gefälle (Fig. 27). Diese Anordnung ist am häufigsten und hat sich wirklich praktisch bewährt.

Den Stallgassen giebt man, ihrer Reinerhaltung wegen, ein leicht gewölbtes Querprofil, d. h. ein Quergefälle von $1/_{50}$ bis $1/_{25}$ von ihrer Mitte aus nach den Rinnen.

Zum Pflastern werden verwendet:

1) Gewöhnliche Feld- oder Bruchsteine; sie geben — ohne die bereits in Art. 8 (S. 11) angeführten Verbesserungen — zwar ein undichtes, kaltes, sehr rauhes und schwer rein und trocken zu haltendes Standpflaster, bilden aber dennoch in Ackerställen, ihrer Billigkeit und Dauerhaftigkeit wegen, einen noch viel verbreiteten Fußbodenbelag, dessen Kälte und Unebenheit durch reichliche Streu verringert werden kann. Gefälle 1,5 bis 1,2 cm für das lauf. Meter.

2) Regelmäßig behauene Kopfsteine bilden ein sehr gutes aber nicht ganz billiges Stallpflaster, besonders, wenn die Steine in Cementmörtel versetzt oder in den Fugen damit vergossen werden. Gefälle 1,5 bis 1,0 cm für das lauf. Meter.

3) Hartbrand-Ziegelsteine, am besten Klinker (Oldenburger 160×55×50 mm), hochkantig im Schwalbenschwanzverband oder, noch besser, in doppelter, im Verband gelegter Flachschicht in hydraulischem Kalk-, Cement- oder Traßmörtel geben den besten Fußboden für einfache Stallanlagen. Gefälle 0,5 cm für das lauf. Meter.

4) Abgeriefte Steingutplatten (Saargemünder und Mettlacher Fliesen) auf einer Ziegelflachschicht oder Betonlage in hydraulischem Kalk- oder in Cementmörtel verlegt, bilden ein eben so festes, ebenes, sauberes, wie schön aussehendes Belagmaterial der Stände und Stallgassen in herrschaftlichen und Luxusställen. Anordnung des Gefälles bereits in Art. 8 (S. 12) angegeben.

5) Cement-, Wasserkalk- und Traßbetonlagen in 10 cm Stärke geben sehr billige und brauchbare Standfußböden für einfache Ställe, wenn ihre Glätte durch eingestrichene Längs- und Querrillen verringert oder Matratzenstreu angewendet wird. Gefälle 0,5 cm für das lauf. Meter.

6) Gußasphaltbeläge der Klinker- und Betonfußböden gewähren vollständige Dichtheit derselben, sind aber nicht haltbar und trotz der darüber angebrachten Riefen für Pferde zu glatt.

7) Bohlenbeläge, über einem stark geneigten Betonfußboden hohl verlegt, sog. Brückenstände, geben einen weichen, elastischen, warmen, aber keinen dauerhaften und reinlichen Fußboden und sind zudem nicht teuer. Empfehlenswert ist es dagegen, 1,00 m breite Bohlenbeläge aus Eichen- oder Buchenholz an der Krippe auf einer versenkten Klinkerroll- oder Betonschicht anzuordnen (Fig. 17), weil dadurch die Vorderfüße der Pferde einen weichen Stand erhalten. Statt Bohlenbelag empfiehlt sich auch ein Lehmschlag, der warm, trocken und sehr billig ist.

8) Holzklotzpflaster ist warm und nicht zu glatt, aber nur haltbar, wenn es gegen Jauche und Nässe durch Imprägnierung geschützt wird; indes wird durch letztere das Aufsaugen des Harnes nicht ganz vermieden, welcher dann verfault und die Stallluft verpestet. Außerdem ist Holzklotzpflaster, da es auf Cementbeton in Asphalt verlegt wird, sehr teuer.

9) Sandschüttungen bilden für Pferdeställe aller Art einen sehr guten und recht billigen Fußboden. Näheres darüber siehe Art. 8 (S. 12).

16. Jaucherinnen. Die hinter den Pferdeständen anzulegenden Jaucherinnen haben den Zweck, die Jauche aus dem Stall auf dem kürzesten Wege nach dem Jauchebehälter oder nach der Düngerstätte abzuleiten und werden entweder offen oder verdeckt angelegt.

Die offenen, meist in allen Arbeitspferdeställen verwendeten Jaucherinnen erhalten, um das Fehltreten und Ausgleiten der Pferde zu verhüten, einen flachen, muldenförmigen oder stumpfwinkeligen Querschnitt von 10 bis 15 cm Breite und 3 bis 5 cm Tiefe und werden entweder aus hochkantig gestellten Klinkern in Cementmörtel und mit Anordnung der Fugen in der Längsrichtung der Rinne oder aus besonderen Steingut-Rinnenplatten oder aus feinkörnigem Granit oder Kieselsandstein in 1,00 m langen Stofsstücken hergestellt oder endlich am besten aus Cementbeton gestampft. Zum vollständigen Jaucheabflufs müssen die Rinnen ein Gefälle von 0,5 cm für das lauf. Meter erhalten; in grofsen Ställen ist für möglichst viele Ableitungsstellen zu sorgen. Damit die Rinnen auf ihre ganze Länge eine gleiche Tiefe erhalten, legt man sie nicht allein, sondern mit dem ganzen Stallfufsboden in der Richtung des Jauchenabflusses in das Gefälle von 1 : 200.

Verdeckte Rinnen sind nur in herrschaftlichen Pferdeställen und auch nur in solchen am Platze, wo durch eine Wasserleitung für eine stets gründliche Reinigung der Rinnen gesorgt werden kann. Unvollständig gereinigte verdeckte Rinnen sind die Brutstätten aller möglichen schädlichen Zersetzungserzeugnisse und Schlupfwinkel für die Ratten.

Fig. 28.

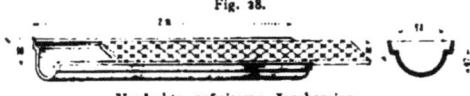

Verdeckte gufseiserne Jauchenrinne.

Die verdeckten Rinnen bestehen aus Gufseisen, sind ca. 8 bis 10 cm breit und 5,5 bis 8,0 cm tief, werden aus einzelnen Teilen zusammengesetzt, erhalten durchbrochene, an der Unterseite mit kräftiger Verstärkungsleiste versehene Deckplatten und sind mit einem Gefälle von 1 : 60 zu verlegen (Fig. 28).

Die Anordnung der Rinnen in Ständen und *Boxes* geht aus Fig. 26 u. 27 deutlich hervor. Jeder Stand erhält dort, wo die gufseisernen Zweigrinnen mit den Hauptrinnen zusammenstofsen — oder die letzteren jedesmal vor dem Pilar der Kastenwände — einen gufseisernen Jaucheablauftopf mit Wasserverschlufs,

Fig. 29.

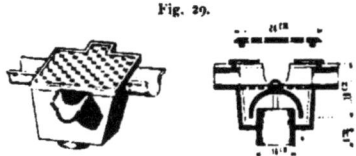

Gufseiserner Jauchetopf mit Wasserverschlufs.

welcher das Ausströmen der fauligen Rohrgase in den Stall vermeiden soll (Fig. 29). Solche Geruchverschlüsse sind in den *Boxes* und an den Enden der verdeckten Hauptrinnen und der offenen Rinnen anzuordnen, wo dieselben an die unterirdische Rohrleitung anschliefsen. Offene Rinnen können auch dadurch einen einfachen Geruchverschlufs erhalten, dafs man in der Umfassungsmauer den Boden der Rinne etwas senkt und in die sich mit Flüssigkeit füllende Vertiefung ein Stück Schiefer oder einen Dachziegel von oben her eintauchen läfst.

Die Zahl der Aufsenthüren ist möglichst zu beschränken; nur in Kavalleriställen, wo es auf das schnelle und gleichzeitige Ausrücken der Pferde ankommt, mufs eine gröfsere Anzahl von Thüren vorhanden sein. In der Regel nimmt man auf 20 bis 25 Pferde eine Thür an. Alle Aufsenthüren müssen nach aufsen aufschlagen, in einem falzartigen Anschlage liegen und werden am besten zweiflügelig gemacht. Für einfache Ställe wendet man gespundete Bretterthüren mit rückwärts liegenden, eingeschobenen Leisten, für bessere Ställe doppelte Thüren mit jalousieartigen Füllungen an.

Schiebethüren werden, trotzdem sie nicht verquellen, sich weniger werfen, Raum ersparen und nicht vom Winde herumgeschlagen werden, seltener angewendet, weil sie weniger dicht schliefsen.

Zum Herausführen einzelner Pferde oder zu zweien genügt eine Thürbreite von 1,25, bezw. 1,50 ᵐ und eine Höhe von 2,20 ᵐ bei kleineren und 2,50 ᵐ bei gröfseren Pferden. Zum Hineinreiten in den Stall müssen die Thüren 2,50 ᵐ breit und 2,80 ᵐ hoch und zum Hineinfahren 2,90 ᵐ breit und 3,10 ᵐ hoch sein. Alle inneren Thüren werden 0,95 ᵐ breit, 2,00 ᵐ hoch und einflüglig angefertigt.

Fig. 30.

Alle Vorsprünge der Eisenbeschläge an den Thüren sind sorgfältig zu vermeiden, damit die Pferde sich weder verletzen, noch mit den Geschirren hängen bleiben können. Die Thürschwellen-Oberkante mufs 8 ᶜᵐ über Erdgleiche, mit der Stallgasse aber bündig liegen.

Bei besseren Ställen und besonders bei allen Fohlenställen bringt man in den inneren Thürlaibungen sog. Bauchrollen, d. h. 1,00 ᵐ lange, lotrecht stehende 10 bis 15 ᶜᵐ starke, bewegliche Walzen, welche zur Hälfte in das Mauerwerk eingelassen werden, um die herausdrängenden Tiere vor Beschädigungen zu schützen (Fig. 30).

Bauchrolle.

18. Fenster.

Bei der Langsreihenstellung liegen die Fenster hinter den Pferden, bei der Querreihenstellung seitlich von denselben. Bei zweireihiger Längsstellung befinden sich die Fenster vor den Pferden und müssen deshalb mit ihrer Sohlbankoberkante 2,50 bis 3,00 ᵐ hoch über dem Stallfufsboden liegen, damit das Licht nicht unmittelbar in die Augen der Pferde fällt und dieselben beim Öffnen der Fenster nicht von der Zugluft getroffen werden. Die Fenster sind deshalb möglichst niedrig, aber recht breit anzulegen. Ist der Stall aber für eine so hohe Lage der Fenster zu niedrig, so müssen die Sonnenstrahlen durch Rohglas, mattiertes Glas, Riffelglas oder gefärbtes Glas abgehalten werden.

In Ställen ohne Futterboden, bei welchen das Dach gleichzeitig die Stalldecke bildet — eine Anordnung, die vielfach bei grofsen Arbeits- und Kavalleriepferdeställen gebräuchlich ist — empfiehlt sich Dachlichterhellung, welche nicht nur ausreichendes Licht gewährt, sondern auch mit der Lüftungseinrichtung in bequemer Weise verbunden werden kann.

Die Stallfenster bestehen ausschliefslich aus Gufs- oder Schmiedeeisen und werden zum Zweck der Lufteinführung, besonders im Sommer, mit einem sich nach innen öffnenden Lüftungsflügel versehen. Zur Abhaltung der Zugluft von den Pferden, besonders wenn sie in zwei Längsreihen aufgestellt sind, empfiehlt sich die Anordnung eines oberen Lüftungsflügels (Fig. 31). Noch besser ist die Anordnung nach Fig. 32. Für herrschaftliche und Luxusställe empfehlen sich Fenster, deren Oberflügel sich zwischen Blechwangen bewegt, wodurch die frische Luft von den Tieren

Fig. 31. Fig. 32.

Gufseiserne Stallfenster mit oberem Lüftungsflügel.

vollständig abgehalten wird (Fig. 33). Bei kalter Lage solcher Ställe ist das Doppelfenster (Fig. 34) besonders geeignet.

Fenster, welche nur zur Beleuchtung dienen sollen, also feststehend angeordnet werden, können durch unmittelbar eingemauerte 9 bis 12 mm starke Rohglasplatten oder durch Drahtglasscheiben in billiger und recht dauerhafter Weise ersetzt werden.

Fig. 33.

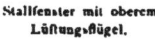
Stallfenster mit oberem Lüftungsflügel.

Fig. 34.

Doppelfenster mit seitlichen Blechwangen.

Die Höhenlage der Krippen über dem Stallfußboden richtet sich nach der Größe der Pferde und muß die halbe Höhe der letzteren übersteigen. Für Fohlen und Ponies beträgt dieselbe 0,90 m, für kleine Pferde 0,90 bis 1,10 m, für größere Pferde 1,10 bis 1,25 m, für sehr große Pferde (Carossiers) 1,25 bis 1,40 m. Für Krippensetzer ist die Krippe unmittelbar auf den Fußboden oder 0,45 bis 0,50 m über denselben zu stellen oder auch in dieser Höhe lose aufzuhängen, damit sie beim Versuche des Aufsetzens ausweicht. Die lichte Breite der Krippen beträgt 0,32 bis 0,35 m und die lichte Tiefe 0,25 m.

Die Krippen können aus Holz, Ziegelsteinen, Formziegeln, glasiertem Steingut, aus Haustein, Kunstsandstein und aus Gußeisen angefertigt werden. Hauptsache ist, daß die Pferde bequem daraus fressen können, daß sich die Krippen leicht reinigen lassen und keine Futterreste darin zurückbleiben können, welche in Zersetzung übergehen, dadurch frisches Futter verderben und üblen Geruch verbreiten, und, daß sie möglichst dauerhaft sind.

Die hölzernen Krippen (Fig. 35) werden in den Seiten aus 5 bis 6 cm im Boden aus 6 bis 8 cm starken, gehobelten, kernigen Kiefernbohlen zusammengesetzt und für Ackerpferdeställe meist durchlaufend d. h. ohne Abteilungen für die einzelnen Pferde angeordnet. Zum Zusammenhalt der Krippen dienen Spreizbohlen, welche auf der Grenze von je zwei Ständen bis auf den Krippenboden scharf einzupassen sind, oder statt dessen können auch auf dem oberen Rande der Krippenwangen Spannhölzer eingelassen werden. Die sämtlichen oberen Kanten der Krippen sind gegen das Zernagen der Pferde mit 3×50 mm starkem Bandeisen mit versenkten Nagelköpfen und der Krippenboden mit Krippnägeln zu beschlagen. Die Holzkrippen ruhen auf schwachen Holzgestellen, Krippenböcken, deren Stiele stets auf jeder zweiten Standgrenze stehen. Die Krippenböcke werden an den hinteren Pfosten mittels Bankeisen an der Wand befestigt, während die vorderen Pfosten zum Aufhängen der Lattierbäume dienen. Der Raum unter der Krippe bleibt entweder offen oder wird besser schräg mit wagrechten Brettern verschalt. Im ersteren Falle tritt leicht das Festliegen und Verletzen der Pferde ein, während die letztere Anordnung das bequeme Herantreten an die Krippe ermöglicht. Eine lotrechte Verschalung ist indes gefährlich, da sich die Pferde beim Fressen aus der Raufe an derselben die Kniee wundstoßen. Die hölzernen Krippen haben trotz Eisenbeschlages keine lange Dauer, sind nie ganz rein und sauber zu erhalten, saugen leicht alle Feuchtigkeit auf und verbreiten dadurch einen unangenehmen Geruch.

Fig. 35.

Hölzerne Krippe.

Viel besser und dauerhafter sind die aus Ziegelsteinen gemauerten durchlaufenden Krippen (Fig. 36), deren Vorderwand aus hochkantigen, in Cementmörtel vermauerten Steinen hergestellt wird. Die Krippe ruht auf einer durchlaufenden, in Kalkmörtel hergestellten schrägen Mauerauskragung; beide erhalten einen glatten Cementputz.

Fig. 36.

Gemauerte Krippe auf Mauerauskragung.

Die Krippen aus hart gebrannten, besonderen Formziegeln, als Rollschicht in Cementmörtel hergestellt, sind den ersteren vorzuziehen. Die Haltbarkeit beider Krippen ist durch kleine Scheidewände aus Klinkern oder doppelten Dachziegeln in Cementmörtel auf jeder zweiten Standgrenze zu bewirken.

Als beste durchlaufende Krippen für Ackerpferdeställe gelten gegenwärtig solche aus 35 bis 40 cm im Lichten weiten halben Steingutröhren (Fig. 37), welche in 1 m langen Stofsstücken auf einer schrägen Mauerunterstützung oder auf flachen Bogen ruhen, welch letztere auf jeder Standgrenze von kleinen Pfeilern unterstützt werden. Die Steingutkrippen werden fest unter- und ummauert und an der Vorderkante durch ein L-Eisen gegen Beschädigungen geschützt. Infolge der fest eingebrannten Innenglasur und des halbkreisförmigen Profils sind diese Krippen vollkommen dicht, stets leicht und schnell zu reinigen, ermöglichen den Pferden ein bequemes Fressen, sind sehr dauerhaft und dazu billig.

Fig. 37.

Krippen aus natürlichen Steinen, aus Kunstsandstein, Beton und Gufseisen werden nur selten durchlaufend angeordnet, dagegen in besseren Ställen mehr in der Form von Krippenschüsseln zur Einzelfütterung verwendet. Von den natürlichen Steinen eignen sich nur der feinkörnige, harte Granit, der Kieselsandstein und der Marmor, während alle weichen, grobkörnigen Steine wegen ihrer Porosität bald von

Ummauerte Steingutkrippe.

Nässe durchzogen werden und auch eine starke Abnutzung der Pferdezähne bewirken. Die Hausteinkrippen sind innen zu polieren, mindestens zu schleifen, und gewähren eine leichte Reinigung und grofse Dauerhaftigkeit. Kunstsandstein und Beton sind zu Krippenschüsseln wohl geeignet, wenn zur ihrer Herstellung bester Portlandcement verwendet wird; Krippenschüsseln aus innen glasiertem Steingut haben dieselben Vorzüge wie die durchlaufenden Steingutkrippen. Die Krippenschüsseln erhalten eine länglich runde oder rechteckige Form mit abgerundeten Ecken und am besten einen nach oben verengten Querschnitt, um das Herauswerfen des Futters durch die Pferde zu verhindern. Die lichte Länge beträgt 55 bis 65 cm, die lichte Breite 35 cm und die Tiefe 25 cm. Ihre Unterstützung erfolgt durch konsolartig ausgekragte Ziegelschichten, oder sie werden in den Umfassungswänden des Stalles mit Cementmörtel eingemauert.

Fig. 38.

Die beste und deshalb besonders in herrschaftlichen Pferdeställen gebräuchliche Krippenschüssel ist eine solche aus Gufseisen mit innerer Emaillierung und äufserem Asphaltüberzug. Ihre Befestigung erfolgt in Ackerpferdeställen gewöhnlich auf eisernen Bügeln (Fig. 38) oder auf gufseisernen Wandkonsolen. Diese Anord-

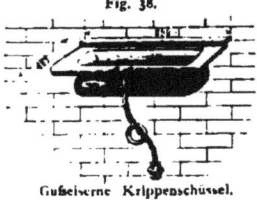

Gufseiserne Krippenschüssel.

nung empfiehlt sich aber für bessere Pferde nicht, da dieselben sich an den harten Krippenkanten leicht die Brust beschädigen können. Es ist deshalb besser, die Krippenschüsseln in eine eichene, gegen das Benagen der Pferde mit Bandeisen oder Blechbeschlag geschützte Bohle einzuhängen, welche auf zwei eisernen Wandkonsolen ruht (Fig. 39) oder von einem schrägen oder geschweiften, wagrecht verschalten Krippenbock unterstützt wird. Einfacher und dauerhafter ist es, die Schüsseln auf einer glatt geputzten schrägen Ziegelauskragung einzulassen, eine in Militärställen viel gebräuchliche Anordnung. In *Boxes* oder Laufställen finden gufseiserne Eckfuttermuscheln nach Fig. 40 zweckmäfsige Verwendung, welche neuerdings mit vorderem starken Wulst versehen sind und freihängend angeschraubt werden. Die Wandfläche über den Krippen mufs zur leichteren Reinerhaltung und zur Vermeidung fortwährender Ausbesserungen auf 1 ᵐ Höhe mit einem festen Material bekleidet werden. In gewöhnlichen Arbeitspferdeställen ist ein Cement- oder Asphaltputz oder ein Teeranstrich ausreichend; in Luxusställen belegt man die Wände mit gut glasierten Verblendsteinen, mehr noch mit Steingut-, Mettlacher- oder Porzellanplatten, oder sogar mit polierten Granit- oder Marmorplatten, welche in ein Cementmörtelbett verlegt und oben wie unten mit Gesimsprofileisen eingefafst werden. Für die Platten sind nur gebrochene Farbentöne (am besten bläulich-grün) zu wählen, da alle hellen, besonders die weifsen Platten das Licht stark reflektieren und den Augen der Pferde schädlich sind.

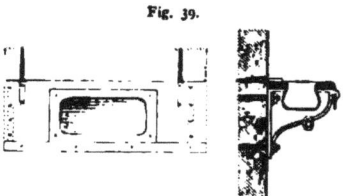

Fig. 39.

Gufseiserne Krippenschüssel, in eine Bohle eingehängt.

Fig. 40.

Eckfuttermuschel für *Boxes*.

Die Raufen werden entweder fortlaufend aus Holz — als Raufenleitern — oder aus Gufs-, besser Schmiedeeisen — als Raufenkörbe — angefertigt. Raufenleitern sind nur in untergeordneten Ställen in Verbindung mit Holzkrippen gebräuchlich und bestehen aus zwei entweder runden oder rechteckigen, gehobelten 8 bis 10ᶜᵐ starken Raufenbäumen, in welchen die 3ᶜᵐ starken, 60 bis 70ᶜᵐ langen Sprossen mit 9ᶜᵐ Zwischenräumen eingezapft werden. Über den Standgrenzen werden die Bäume noch durch 5ᶜᵐ breite und 3ᶜᵐ starke Scheidehölzer fester verbunden. Die Raufen liegen je nach der Pferdegröfse 60 bis 80ᶜᵐ über der Krippe, ruhen in schräger Richtung (unter einem Winkel von 30 Grad) auf starken Bankeisen und werden in dieser Stellung alle 3,0 bis 3,5ᵐ mittels Eisenstäben an der Wand festgehalten. Da die hölzernen Sprossen stark benagt werden, so macht man dieselben besser aus 13ᵐᵐ starkem Rundeisen.

Fig. 41.

Raufenkorb.

Schmiedeeiserne Raufenkörbe haben eine unverwüstliche Dauer, ermöglichen zudem die Einzelfütterung der Pferde und werden in besseren Ackerpferdeställen heute fast allgemein angewendet. Sie haben die Form einer Viertelkugel und werden mit Steinschrauben an der massiven Stallwand befestigt (Fig. 41).

Die hochliegenden Raufen haben den grofsen Übelstand, dafs sie die Pferde zu einer widernatürlichen Aufrichtung des Halses zwingen, welche Senkrückenbildung veranlafst, dafs denselben leicht Samen, Staub etc. in die Augen fällt und dafs nicht zusagendes Futter herausgezupft und in die Streu getreten wird. Aus diesen Gründen verwendet man heute in herrschaftlichen und Luxuspferdeställen, besonders in Verbindung mit Kastenständen, gufseiserne Futtertische, in welchen sowohl Krippe, Raufe und Wassergefäfs nach Fig. 42 angebracht sind. In dieser Abbildung ist die Raufe als Hängeraufe, in Fig. 43 als aufstehende Raufe angeordnet; letztere ist etwas beengend und giebt leicht zu Verletzungen der Pferde Veranlassung, so dafs sie sich weniger empfiehlt. Die Futtertische haben an der Vorderkante einen starken Rundwulst, werden bei Lattierbaumständen auf zwei gufseisernen Wandkonsolen (Fig. 42), bei Kastenständen mit seitlichen Befestigungsschuhen an den Bretterwänden festgeschraubt und können unten mit schräger Verschalung oder mit viertelkreisförmigem Eisenblechabschlufs versehen werden (Fig. 43 u. 44). In *Boxes* sind Eckfuttertische gebräuchlich.

Fig. 42.

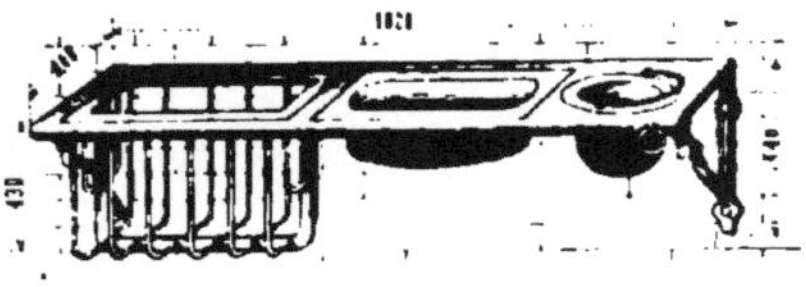

Gufseiserner Futtertisch mit Hängeraufe.

Fig. 43.

Gufseiserner Futtertisch mit aufstehender Raufe.

21. Befestigung der Pferde.

Zur Befestigung der Pferde in Arbeitsställen genügt meist ein in der Mitte der Krippe angebrachter Ring, in welchem der einfache Halfterstrick oder eine Kette befestigt wird. In Luxusställen, in denen die Pferde längere Zeit zubringen und überhaupt lebhafter sind, würde eine derartige Befestigung vielfach zu Verletzungen durch Einhauen in den Strick oder die Kette Anlafs geben. Man begegnet dem dadurch, dafs man an beiden Kastenstandwänden die mit Filz umnähten, gewichtbeschwerten ledernen Flachzügel in gufseisernen Röhren ohne Rollen, welche am oberen Ende verengt sind, laufen läfst, so dafs sich die Anbindezügel

Fig. 44.

Fig. 45.

Fig. 46.

Futtertisch mit schräger Verschalung.

Doppelte Halfterführung.

Halfterriemenführung.

immer von selbst straff ziehen und jegliches Geräusch vermieden wird (Fig. 45). Einfacher und praktischer ist eine Rundeisenstange, die von der Mitte des Krippenrandes in sanfter Biegung nach der Umfassungsmauer führt, auf welcher der Endring des Anbinderiemens leicht auf- und abgleitet (Fig. 38).

Eine ähnliche einfache Halfterführung stellt Fig. 46 dar; hier wird der Riemen über zwei unter der Krippe oder dem Futtertisch befestigte Rollen geführt und am unteren Ende mit einem Gegengewicht versehen. Aufserdem ist über den Krippen überall ein Ring zur Befestigung einer sog. Hochhängekette erforderlich.

3) Nebenräume der Pferdeställe.

Knechtekammern sollen für jeden Knecht 5 bis 6 qm Grundfläche erhalten; auf ein Gespann von 2 schweren oder ein solches von 4 leichten Pferden wird ein Knecht gerechnet. In herrschaftlichen Pferdeställen werden eine Kutscherstube von 12 bis 15 qm und etwaige Nebenräume für Reitknechte, Stallburschen erforderlich. Häufig wird auch eine Wohnung für einen verheirateten Kutscher angelegt, welche dann mindestens aus einer Stube von ca. 16 bis 18 qm, einer Kammer von ca. 12 qm und einer Küche von ca. 8 bis 10 qm bestehen mufs.

22. Knechtekammern.

Die Kammern müssen hell und freundlich sein und unmittelbar an den Pferdestall, d. h. an die Stallgasse angrenzen, besonders in Ställen für Hengste und tragende Stuten, damit die Knechte alles hören, was im Stalle geschieht und sofort Abhilfe schaffen können. Aus diesem Grunde ist auch in der Trennungswand ein kleines Fenster anzulegen, durch welches der Stallraum in der Nacht übersehen werden kann. Eine bedeutende Raum- und mithin Kostenersparnis ergiebt sich durch die Anlage der Knechtekammer über der Futter- oder Geschirrkammer, indem man die letzteren niedriger als den Stall macht, die Decke der Knechtekammer etwas höher als die Stalldecke anordnet und den Stall mit der Kammer durch Öffnungen in ihren Wänden in Verbindung bringt. In Ackerpferdeställen wird häufig auch nur im Stalle selbst ein Verschlag durch Latten oder eine Bretterwand hergestellt, welcher das Bett für einen Knecht aufnimmt.

Die Futter- oder Häckselkammer erhält mindestens 10 qm Grundfläche, bei gröfserer Pferdeanzahl indefs durchschnittlich 0,6 qm für jedes Pferd, mufs hell und trocken sein, möglichst an die Stallgasse angrenzen und in der Trennungswand mit einem Fenster versehen sein, damit sie abends nur vom Stalle aus beleuchtet werden kann. Die Futterkammer oder ein Vorflur vor derselben steht durch eine Treppe und eine Deckenklappe oder statt beider mit einem in einer Ecke angeordneten, massiven besteigbaren Futterschlot in Verbindung. Den am besten in Dachboden zu schneidenden Häcksel, ebenso bei herrschaftlichen Ställen den Hafer, läfst man durch Schlote, welche aus Brettern, Mauerwerk oder Thonröhren gebildet werden, in die Kammer hinabfallen. Für jedes Gespann ist ein Futterkasten aus Holz oder geputztem Mauerwerk herzustellen, welcher oft bei Ackerpferdeställen in diesen selbst aufgestellt wird.

23. Futterkammern.

Der Futter- oder Heuboden mufs zum bequemen Unterbringen von Streu, Häckselstroh und Heu mindestens 2,50 bis 3,00 m Durchschnittshöhe erhalten. Hafer erfordert für ein Pferd und ein Jahr 10 qm Schüttfläche und wird wegen des dazu meist ermangelnden Raumes und der nicht günstigen Lagerung über Stalldecken selten im Futterboden untergebracht. Ein guter Futterboden verlangt ein verschaltes Pfannendach, besser das flache Papp- oder Holzcement-

24. Futterböden.

dach, eine einfache, holzersparende, die völlige Dachausnutzung ermöglichende Dachkonstruktion und hohen Drempel zur Anlage von Luftzügen, Fenstern und Heuluken, welch letztere bei 1,00 m Breite und 1,80 m Höhe in 12 bis 20 m Entfernung und möglichst nur über Stallfenstern anzuordnen sind.

25. Geschirrkammern. Die Geschirrkammern dienen bei herrschaftlichen Pferdeställen zur Aufbewahrung von besseren Geschirren, Sätteln, Zäumen, Decken etc. und erhalten für jedes Gespann ca. 10 bis 12 qm, bei gröfserer Gespannanzahl entsprechend weniger Grundfläche. In geringen Kutschpferdeställen werden die Geschirre meist in der Futterkammer, in Ackerpferdeställen gewöhnlich auf der Stallgasse an Haken oder Knaggen aufgehängt. Geschirrkammern müssen trocken, gut beleuchtet, leicht lüftbar und in Luxusställen mittels Kaminofens heizbar sein, um nasse Geschirre, Sättel etc. an demselben trocknen zu können. Die Lage der Geschirrkammer ist am besten neben der Kutscherstube und in der Nähe des Stallraumes; mit letzterem darf sie nicht unmittelbar verbunden werden. Gröfsere Luxusställe bedürfen auch noch einer mit der Geschirrkammer verbundenen oder über ihr im Dachraum gelegenen Reserve- (Sattel-) Kammer.

26. Fohlenställe. Einzelne Fohlen bringt man in einem im Pferdestall angeordneten 10 qm grofsen und umschlossenen Laufstall, einem sog. *Box*, unter, in welchem das Tier sich frei bewegen kann. Zur Züchtung edlerer Pferderassen sind indes besondere Einrichtungen erforderlich. Die hochtragenden Stuten werden in Laufställe gebracht — auf preufsischen Staatsgestüten zu je 10 bis 12 Haupt in einen 12 bis 14 m im Quadrat grofsen Raum, in welchem in der Ecke beim Beginn des Abfohlens einer Stute mit beweglichen Hürden hergerichtet wird — und bleiben in diesem Raum mit den Fohlen 4 bis 5 Monate zusammen. Nach dieser Zeit werden die Fohlen abgesetzt und in besondere, nach den Altersklassen getrennten Fohlenställen untergebracht, in welchen sie freie Bewegung erhalten. Je nach dem Jahrgang rechnet man 4 bis 5 qm für den Kopf. Erst mit 3 Jahren werden sie angebunden und an den Stand gewöhnt. Die Stallabteilungen sind entweder bis zur Decke voneinander getrennt oder in einem Raum vereinigt und dann durch 2,00 bis 2,20 m hohe, unten massive, oben nur aus Bretterverschlägen oder eisernem Gitterwerk bestehende Wände voneinander geschieden. Krippen und Raufen sind an den Wänden anzuordnen und alle Deckenstützen zu vermeiden. Jeder Stall erhält eine mit Lauf- und Bauchrollen versehene Thür nach den für die einzelnen Jahrgänge häufig getrennten Tummelplätzen, welche dann je 100 qm Fläche und eine solche Einfriedigung erhalten, dafs die Fohlen sich an derselben weder beschädigen noch über dieselbe springen können. Bei grofser Pferdezucht, auf Gestüten, werden die Saugefohlen mit ihren Stuten, gröfsere Fohlen, Geltstuten und Hengste während des Sommers in sog. *Paddocks* untergebracht. Dies sind in Gruppen meist als 4 *Boxes* unter einem Dach zusammengelegte Laufställe von leichter, schuppenartiger Bauart, welche mit gröfseren, mittels Hecken, Holz- oder Drahtzäunen eingefriedigten Tummel- oder Weideplätzen (Koppel) in Verbindung stehen.

Ausführliches über *Paddocks*, Weide- und Tummelplätze siehe unter b, 1.

27. Gastpferde- und Krankenställe. Auf gröfseren Gütern wird zur Aufnahme der fremden, wie auch der eigenen kranken Pferde entweder ein, oder es werden besser zwei besondere kleinere Stallräume angelegt, die weder unter sich noch mit den übrigen Stallräumen durch eine Öffnung verbunden sein dürfen. Am besten ist es, zur Vermeidung einer Übertragung der Seuchen, den Krankenstall als kleines

Fig. 47.

Krankenstall.

Gebäude in isolierter Lage auszuführen, wie Fig. 47 zeigt. Dieser Stall enthält 2 *Boxes* und einen dazwischen liegenden Futterraum. Oft werden die Krankenställe heizbar eingerichtet. Holzkonstruktionen sind in Krankenställen zu vermeiden; die einzelnen Stände sind durch massive Wände zu trennen, und alles Mauerwerk, auch die Decke, ist mit glattem Cementputz zu versehen, damit alle Flächen gründlich desinfiziert und abgewaschen werden können.

4) Wagenremisen, Karren- und Geräteschuppen.

Sowohl auf größeren Gütern, als auch im Zusammenhang mit Stallungen für Luxuspferde sind sog. Wagenremisen erforderlich, in denen Kutschen, Schlitten, unter Umständen auch die Feuerspritze und wertvolle landwirtschaftliche Maschinen, untergebracht werden. In beiden Fällen sind die Remisen entweder mit den Stallungen oder in einem besonderen Gebäude untergebracht.

So benutzt man vielfach das Erdgeschoß der Kornspeichergebäude entweder ganz oder teilweise als Remise und bringt im letzteren Fall noch Räume für Brennstoff, Nutzholz, Geräte, die Schirrkammer u. s. w. unter.

Bei herrschaftlichen Wohngebäuden bilden die Ställe für Kutsch-, Reit- und Rennpferde die zu denselben gehörigen Nebenräume, die Wagenremise, die Kutscherwohnung etc. meist ein besonderes Gebäude, das sog. Stallgebäude; auch der vor letzterem befindliche Stallhof ist nicht selten vom übrigen Hofraum des Wohnhauses getrennt.*)

Das Unterbringen der Erntewagen, Acker- und Düngerkarren, landwirtschaftlichen Geräte etc. in den ringsumschlossenen Remisenräumen würde in Rücksicht auf ihre größere Anzahl und die erforderliche bedeutende Grundfläche zu kostspielig sein, und man errichtet für diese offene, leicht konstruierte Schuppen.

Kutschen und Luxuswagen sind in den Remisen gegen trockene Zugluft, Stalldünste, Bodenfeuchtigkeit, unmittelbare Sonnenstrahlen, Staub und sonstige Unreinlichkeiten sorgfältigst zu schützen, da diese Einflüsse für Holz, Leder, Metallteile, Lack u. s. w. schädlich sind.

Die Wagenremisen der Luxuspferdeställe dürfen nur durch einen gemeinschaftlichen, gut gelüfteten Vorraum oder durch einen zwischen ihnen liegenden ebensolchen Flur miteinander verbunden werden, damit keine Stalldünste in den Remisenraum eindringen; denn diese schlagen sich auf den Metallteilen und Geschirren nieder, und ihre Gerüche teilen sich dem Polsterwerk der Wagen mit.

Die Größe der Wagenremisen ist von der Zahl und Größe der darin aufzustellenden Kutschen etc. abhängig. Die letzteren werden meist von rückwärts in die Remise geschoben und ihre Deichsel entweder abgenommen oder hochgehoben. Wird die Deichsel nicht abgenommen, so ist 2,50 m mehr Länge zu rechnen.

Eine Kutsche ohne Deichsel ist 3,00 bis 3,40 m lang, 1,60 bis 2,20 m breit und 2,80 m hoch;
ein Schlitten ist 1,85 bis 2,50 m lang und 1,10 bis 1,25 m breit;
eine Feuerspritze, deren Deichsel nie abgenommen wird, erfordert einen 6,30 m langen und 1,00 m breiten Raum;
zwei Feuerspritzen benötigen einen 7,00 bis 8,00 m langen und 3,30 m breiten Raum.

*) Über die Stallgebäude für Luxuspferde in Verbindung mit Wohngebäuden siehe auch Teil IV, Halbband 3, Heft 1 (Abt. II, Abschn. 1) dieses »Handbuches«.

In den gewöhnlichen Remisen werden die Wagen in einer zur Thorwand parallelen Reihe aufgestellt; zwischen je zwei Wagen verbleibt ein Zwischenraum von 50 bis 70 cm und zwischen den Umfassungswänden und den Wagen ein solcher von 60 bis 80 cm.

In gröfseren Wagenremisen, besonders bei fürstlichen Marställen, stehen die Wagen in zwei und selbst mehreren Reihen, und ihre Abstände unter sich sowie von den Wänden müssen gröfser als die eben angegebenen sein, wenn historisch interessante Wagen zur bequemen Besichtigung aufgestellt werden sollen.

Die lichte Höhe der Wagenremisen beträgt gewöhnlich 3,80 bis 4,40 m.

30. Konstruktion der Wagenremisen. Die Umfassungswände der Remisen bestehen am besten aus Ziegelmauerwerk, weniger gut aus Bruchsteinmauerwerk und aus $\frac{1}{2}$ Stein stark ausgemauertem Fachwerk. Der Spritzenraum mufs mit massiven Mauern umschlossen und die Decke womöglich gewölbt werden. Das Einfahrtsthor mufs 2,50 m breit sein.

Der Remisenraum soll, wenn thunlich, eine freitragende Decke erhalten, was durch abgesprengte Holzunterzüge, durch Dachhängewerke, am einfachsten und besten durch Unterzüge aus I-Trägern zu erreichen ist, da Deckenstützen beim ungeschickten Einfahren der Wagen leicht angefahren werden, wodurch sie selbst und die Wagen Schaden leiden. Im Erdgeschofs der mehrgeschossigen Kornspeicher und in Remisen von besonders grofser Tiefe sind indes die Deckenstützen nicht zu vermeiden, und um dieselben müssen 4 Stück hölzerne, steinerne oder eiserne Prellpfähle angebracht werden (Fig. 48). Die durch die Stützenstellung abgegrenzten Remisenräume erhalten jeder ein 2,25 bis 3,20 m breites und 3,00 bis 3,80 m hohes sich nach aufsen öffnendes Thor. Aufsergewöhnlich breite und hohe Wagen erfordern gröfsere Thore. Die Remisenthore werden aus Holz mit kräftigen Eisenbeschlägen und als Flügel- oder Schiebethore hergestellt.

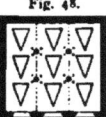

Fig. 48.

Wagenremise im Erdgeschofs eines Kornspeichers.

Die Beleuchtung und Lüftung der Remisen erfolgt entweder durch Öffnungen in den Thoren, bezw. durch Oberlicht über denselben oder durch Fenster in den Umfassungswänden; sehr grofse Remisen erhalten wohl auch Deckenlichterhellung.

Der Fufsboden besteht in gewöhnlichen Remisen aus Feldstein-, besser aus Kopfsteinpflaster. Für bessere Remisen mufs aber ein sich leicht reinigender und dichter Fufsboden gewählt werden: entweder ein hochkantiges Klinkerpflaster in Cementmörtel, noch besser eine 12 bis 15 cm starke Cementbetonschicht. Wo Remisen im Zusammenhang mit Wohnungen stehen, müssen die Fufsböden auch geräuschlos sein. Hierzu empfiehlt sich ein 2 cm starker Asphaltbelag auf der vorerwähnten Betonschicht; noch besser, aber bedeutend teurer, ist ein Eichen- oder Buchenholz-Klotzpflaster.

31. Reinigen der Wagen. Werden die Wagen in der Remise gereinigt, so mufs der Fufsboden zum Abflufs der bedeutenden Wassermenge entweder Gefälle nach den Thoren hin oder besser nach einem oder mehreren in der Remisenmitte gelegenen gufseisernen Ablauftöpfen mit Wassergeruchverschlufs erhalten, von denen aus das Spülwasser durch eine unterirdische Thonrohrleitung abgeführt wird.

Zuweilen wird vor der Thorwand ein genügend ausladendes Vordach angeordnet, unter welchem die Wagen gereinigt werden. Bei reicheren Anlagen erhält ein gröfserer Teil des Stallhofes zum gleichen Zweck eine Überdachung, welche entweder ganz oder zum Teil mit Rohglas eingedeckt wird. (Siehe Fig. 68, S. 42.)

Während die Ernte- und Düngerwagen, die Maschinen und Geräte auf kleineren Höfen meist auf den Scheunen- und Stalltennen untergebracht werden, erfolgt ihre Einstellung auf größeren Höfen in offenen, auf Holzstielen ruhenden, leicht gebauten Schuppen. Mit diesen werden dann noch häufig die Werkstätte für einen Stellmacher und die Schmiede, ferner ein Antriebs- und Arbeitsmaschinenraum, ein Wägeraum nebst Brückenwage, die Feuerspritze, ein Krankenstall und Lagerräume für Nutz- und Brennholz, Kohlen, Kraftfutter und Kunstdünger etc. zweckmäßig in Verbindung gebracht.

32. Karren- und Geräteschuppen, im allgemeinen.

Die Schuppen werden gewöhnlich ohne Dachboden errichtet; zuweilen wird aber ein solcher über dem ganzen Schuppen vorgesehen und dient dann als Kornschüttboden oder zu anderen Zwecken.

Die Lage des Schuppens auf dem Hofe hängt von der Bauart und der Größe desselben und von der Ausdehnung der freien Hoffläche, sowie von der Himmelsrichtung ab. Auf beschränkten Hofflächen wird man den Schuppen möglichst an einer Langseite des Hofes errichten, während eine geräumige Hofanlage die Errichtung des Schuppens in ihrer Mitte gestattet, aber in diesem Falle auch nur dann, wenn der Schuppen keine zu bedeutende Tiefe erhält und sich kein oder nur ein niedriger Bodenraum über dem Schuppen befindet, da eine zu große Tiefe und die Anlage eines hohen Dachraumes die Übersichtlichkeit des Hofes erheblich stören können. Die Schuppen sind, mögen sie nun freistehend oder an einer Hofseite, bezw. als Anbau an ein anderes Gebäude errichtet werden, in ihrer Längsrichtung möglichst von Nordost nach Südwest zu verlegen, damit der Schlagregen nicht unter der Traufseite des Daches getrieben werden kann. Liegt eine Langseite des Hofes nach West oder Südwest, so ist der an dieser zu errichtende Schuppen zur Abhaltung des Wetters auf seiner Rückseite in ganzer Höhe mit einer massiven Wand zu versehen, bezw. ist die Hofmauer zu erhöhen.

Der Raumbedarf in den Schuppen richtet sich nach folgenden Maßangaben:

33. Größe der Karren- und Geräteschuppen.

Ein Erntewagen mit Deichsel ist 6,30 bis 7,50 m lang, ohne diese 3,80 bis 5,00 m lang und 1,90 bis 2,20 m breit.

Ein Düngerwagen mit Deichsel ist 6,30 bis 6,60 m lang, ohne diese 2,50 bis 3,10 m lang und 1,50 bis 2,30 m breit.

Ein Pflug ist 2,50 bis 3,00 m lang, 1,30 bis 1,60 m breit.

Eine Egge ist 1,30 bis 1,90 m lang, 1,30 bis 1,40 m breit; Eggen werden hochkantig oder übereinander aufgestellt und brauchen dann je 0,5 qm.

Eine Ringelwalze ist 1,50 m lang und 2,50 m breit.

Eine dreiteilige Walze ist 2,20 m lang und 2,30 m breit.

Eine 13reihige Sämaschine ist 3,00 m lang und 2,25 m breit.

 „ 16 „ „ 3,20 m „ 2,45 m „

Eine breitwürfige Sämaschine ist 4,00 m lang und 4,00 m breit. Im auseinandergenommenen Zustande brauchen alle 3 dieselbe Breite, die Länge verkürzt sich um $^1/_4$.

Eine Drillmaschine ist 3,00 m lang und 2,30 m breit.

Ein englischer Heurechen ist 1,60 m lang und 2,70 m breit.

Eine Mähmaschine ist 6,00 m lang und 3,50 m breit. Auseinandergenommen erfordern auch diese Maschinen nur den halben Raum.

Ein Strohelevator ist 8,00 m lang, 2,40 m breit und 3,40 m hoch.
Eine Dreschmaschine ist 5,40 m lang, 2,50 m breit und 3,20 m hoch.
Eine Lokomobile ist 3,00 m lang, 1,50 m breit und 3,00 m hoch.
Die Stellmacherwerkstatt (Schirrkammer) erfordert 30 bis 35 qm, die Schmiede eben soviel Grundfläche.

Der Nutzholzraum wird je nach der Größe des Gutes 20 bis 40 qm, bei 7 bis 8 m Länge gewählt; Lagerräume für Kunstdünger und Kraftfutter erhalten je 10 bis 25 qm. Eine Klafter Brennholz erfordert 3,50 cbm Raum bei 1,00 bis 3,00 m hoher Lagerung. Eine Klafter Torf erfordert 3,60 cbm, eine Tonne Steinkohlen 2,20 cbm Raum.

31. Konstruktion der Karren- und Geräteschuppen.

Die Bedachung der in Rede stehenden Schuppen soll möglichst flach und leicht sein, und deshalb ist das Leisten- oder doppellagige Pappdach auf 2,5 cm starker gespundeter Schalung das beste und billigste. Pfannendächer geben einen nutzlos hohen Raum, werden auch von unten her durch den Sturm leicht abgedeckt und müssen deshalb auf Schalung eingedeckt werden. Die Dächer erhalten zum Schutz gegen Schlagregen einen möglichst breiten Überstand und müssen zur Sicherung gegen das Abreifsen durch den Sturm mit den Pfosten und diese mit ihren Steinsockeln gehörig verklammert, bezw. verankert werden. Die Dachtraufkante muß 2,70 bis 3,20 m vom Erdreich abstehen und 4,00 m, wenn beladene Erntewagen untergestellt werden sollen. Die Binderentfernung beträgt zweckmäfsig 3,00 bis 3,50 m und muß für Mähmaschinen etc. auf 3,80 bis 4,00 m gesteigert werden.

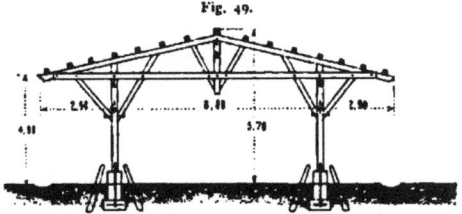

Fig. 49.

Dachbinder eines Karren- und Geräteschuppens.
ca. 1/100 w. Gr.

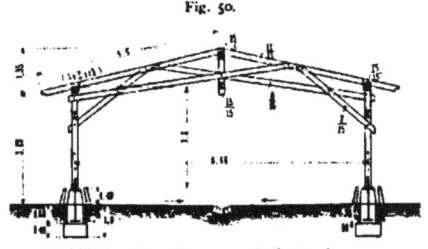

Fig. 50.

Dachbinder eines Karren- und Geräteschuppens.
ca. 1/100 w. Gr.
Arch.: *Schubert*.

Die Tiefe ganz freistehender Schuppen beträgt zweckmäfsig 13,00 m; können alsdann 3 Wagen ohne Deichsel oder 2 mit solcher hintereinander einfahren.

Beispiele guter Dachbinder für Schuppen ohne Dachboden gewähren Fig. 49 u. 50. Beide haben eine zweckmäfsige, freigesprengte Konstruktion und ermöglichen durch ihr stützenloses Innere das leichte Einfahren, Umstellen etc. der Wagen. Der Binder in Fig. 49 ist mit Sparrenpfettendach konstruiert und so hoch, dafs beladene Erntewagen unterfahren können.

Der Fufsboden der Schuppen erhält keine Pflasterung, ist aber unterhalb der Dachtraufe als Ersatz für fortfallende Regenrinnen und Ablaufröhren mit einer gepflasterten Rinne zu versehen. Die Lagerräume für Holz, Torf, Kohlen

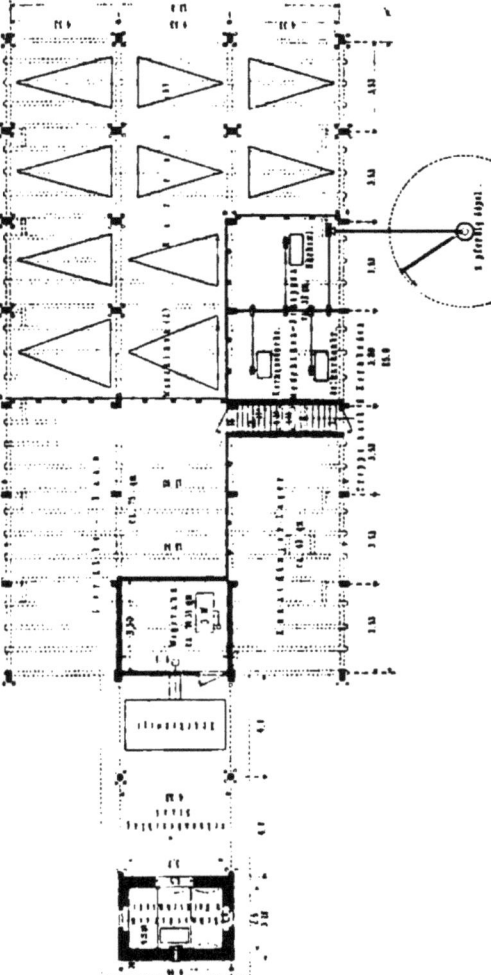

Fig. 51. Karren- und Geräteschuppen mit darüber befindlichem Kornspeicher für ein Rittergut bei Sömmerda.
ca. 1/200 w. Gr.
Arch.: Schubert.

u. s. w. erhalten einen Lehmestrich, diejenigen für Dünger und Kraftfuttermittel eine in den Fugen mit Cement vergossene Ziegelflachschicht, die Stellmacherwerkstätte und Schmiede ein gutes Kopfsteinpflaster.

Zweckmäſsige Grundriſsbeispiele ausgeführter Karren- und Geräteschuppen in Verbindung mit noch anderen Räumen und darüber befindlichem Dachboden zur Lagerung von Korn und zu anderen Zwecken stellen Fig. 51 u. 52 dar.

<small>Der Schuppen in Fig. 51 steht allseitig frei und enthält im Erdgeschoſs einen Raum für 2 landwirtschaftliche Maschinen und 8 Wagen, einen Arbeitsmaschinenraum, einen Geräteraum, ein Kunstdüngerlager, einen Wageraum und die Bodentreppe. Das über diesen Räumen befindliche Dachgeschoſs mit ausgemauertem Fachwerkdrempel dient als Schüttboden für 90000 kg Getreide. Vor dem Wageraum ist ein kleiner Schuppen angebaut, welcher eine Brückenwage, einen Ochsenbeschlagstand und die Schmiede enthält.</small>

Fig. 52.

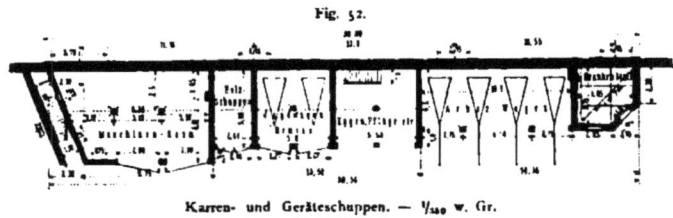

Karren- und Geräteschuppen. — $^1/_{240}$ w. Gr.
Arch.: *Schubert*.

<small>Die Anlage in Fig. 52 ist an einer höher geführten Hofmauer errichtet und besteht in Berücksichtigung der Hofverhältnisse aus 3 verschieden tiefen Teilen. Das Schuppengebäude enthält zur ebenen Erde eine frei liegende Bodentreppe, einen groſsen Maschinenraum, einen Holzschuppen, drei Räume für 2 Jagdwagen, Eggen und Pflüge und für 4 Ackerwagen, sowie einen massiv umschlossenen, überwölbten Krankenstall. Im Dachgeschoſs liegen über dem Maschinenraum der Wäsche- und Einquartierungsboden, über dem Holzschuppen und der Jagdremise 2 Knechtekammern, und der übrige Boden dient zur Haferschüttung. Das Dach hat überall die gleiche Tiefe des Maschinenraumes erhalten, sodaſs sein Überstand allmählich von links nach rechts an Breite zunimmt.</small>

5) Beispiele von ländlichen und städtischen Pferdestallgebäuden.

<small>35. Stall für Arbeits- und Kutschpferde.</small>

In Fig. 53 ist ein Teil eines groſsen massiven Wirtschaftsgebäudes auf einem Gute in Westpreuſsen, der als Pferdestall dient, im Grundriſs dargestellt.

Im Arbeitspferdestall finden 16½ Gespanne zu je 4 Pferden in Längs- und Querreihen, gespannweise in Ständen, welche durch feste Bretterverschläge (Kastenstände) voneinander geschieden sind, Aufstellung an fortlaufenden Cementkrippen und durchlaufenden eisernen Raufen; in den Stall ein-

Fig. 53.

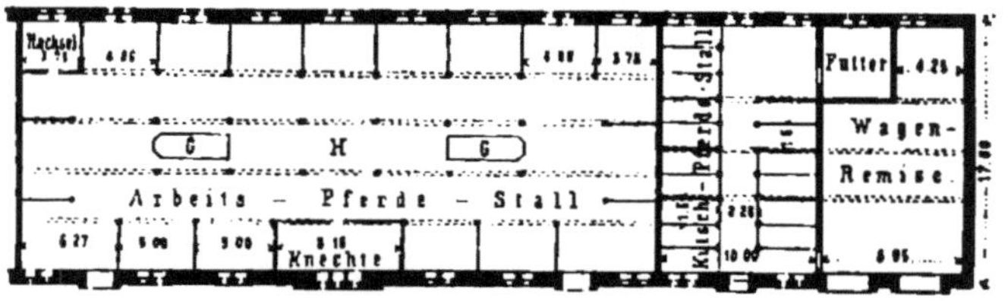

Pferdestall auf einem Gute in Westpreuſsen.
^{1} ₌ w. Gr.

gebaut sind die Schlafkammer der Knechte und eine Schüttkammer für Häcksel; G, G sind Futterkasten; H ist die Pumpe eines im Stalle befindlichen Brunnens.

Im Kutschpferdestall hat jedes Pferd seinen eigenen Kastenstand mit Krippe und Raufe von Eisen; daran schließt sich eine Wagenremise und eine Futterkammer. Sämtliche Räume haben gestreckte Windelbodendecken.

Fig. 54.

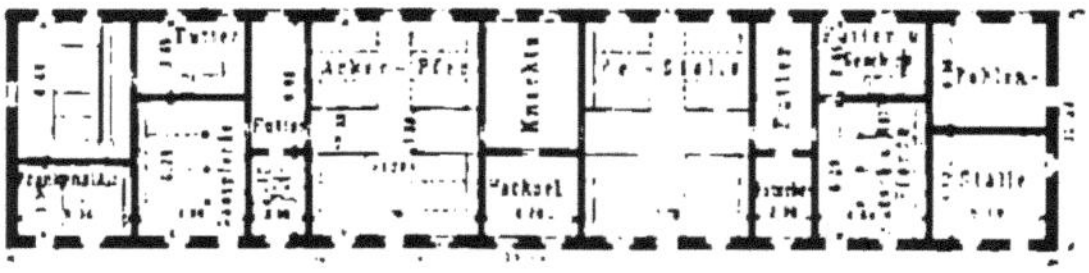

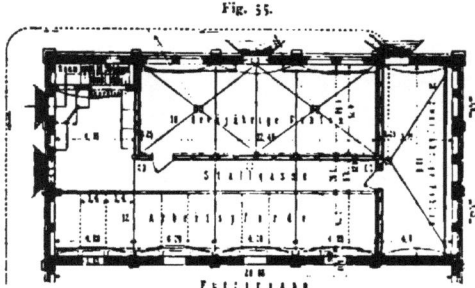

Pferdestall auf einem Gute in Pommern.
$^1/_{400}$ w. Gr.

In Fig. 54 ist eine Pferdestallanlage mit Balkendecke auf einem Gute in Pommern, in welcher 2 Stallräume für Ackerpferde, von denen je 4 Gespanne zu je 3 Pferden in Querreihen stehen, angeordnet sind. Neben dem Kutsch- und Reitpferdestall befinden sich Kutscher-, Futter- und Geschirrkammer. Ferner sind ein Gastpferdestall, ein Quarantänestall für 5 Kühe nebst zugehöriger Futterkammer, ein Krankenstall für 2 Pferde und 2 Fohlenställe vorhanden.

36. Ställe für Ackerpferde und Fohlen.

Fig. 55.

Fig. 55 ist ein Teil eines großen Stallgebäudes auf einem Rittergute in Posen, der als Pferdestall dient und 12 Ackerpferde, 10 dreijährige und 10 zweijährige Fohlen aufnimmt.

Die Ackerpferde stehen im losen Stande und haben nebst den Fohlen ummauerte Steingut-Krippenschalen, auf Pfeilern und Bogen ruhend, und schmiedeeiserne Raufenkörbe erhalten. Die Stallgasse erweitert sich an der Vorderfront zu einem Raum,

Pferdestall auf einem Rittergute in Posen. — $^1/_{400}$ w. Gr.
Arch.: *Schubert.*

worin Futterkasten und Geschirre untergebracht werden. Unter der vom Stalle und vom Hofe aus zugänglichen massiven Bodentreppe steht ein Bett für den wachthabenden Stallknecht. Die Decke besteht aus breiten Cementbetongewölben zwischen I-Trägern, welche von gußeisernen Säulen unterstützt werden.

Fig. 56.

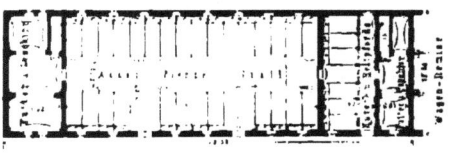

Pferdestall auf einem Gute in Schlesien.
$^1/_{400}$ w. Gr.

Fig. 56 ist der Grundriß eines auf Eisenträgern und gußeisernen Säulen überwölbten Stalles auf einem schlesischen Gute.

37. Stall für Acker-, Kutsch- und Reitpferde.

Der Hauptraum dient zum Einstellen von 28 Ackerpferden in Lattierbaumständen; daran stoßen einerseits der Stall für 6 Kutsch- und Reitpferde, andererseits Geschirr- und Futterkammern. An den Giebel rechts schließt sich eine Wagenremise an.

38. Stall für Wagenpferde. Die Stallungen des bekannten *Magasin du bon marché* in Paris sind in Fig. 57 u. 58[5]) durch Grundriß und Querschnitt wiedergegeben.

Fig. 57.

Querschnitt.

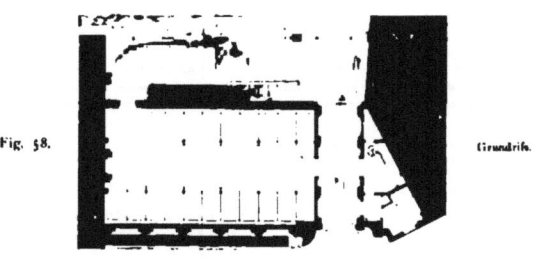

Fig. 58. Grundriß.

Pferdestallungen des *Magasin du Bon-marché* zu Paris[*]).

[*]) Faks. Repr. nach: *Encyclopédie d'arch.* 1877, S. 47, Pl. 419 u. 439.

Des beschränkten Raumes wegen wurde die Stallanlage zweigeschossig ausgeführt. Die Krippen bestehen aus Haustein; die Raufen sind eiserne Raufenkörbe. Die Pferde sind in Kastenständen aufgestellt. Der Fußboden der letzteren ist mit Ziegelsteinen gepflastert, der übrige Fußboden mit Sandsteinpflaster versehen. Die Jaucherinnen bestehen aus Granit und führen ihren Inhalt zunächst in eine Höhlung der gußeisernen Standsäulen und von da aus in den gemauerten Abzugskanal.

Die beiden gepflasterten Rampen, von welchen die eine in den Stall des Kellergeschosses, die andere in den darüber befindlichen Stall führt, haben eine Steigung von 1:67 erhalten.

Fig. 59 ist der Grundriß eines Pferdestalles für 3 Kutschpferde, dem sich auf der rechten Seite die Kutscherstube und ein gemeinschaftlicher Futter- und Geschirrraum nebst Bodentreppe, auf der linken Seite eine Remise für 2 Wagen anschließt.

Die Pferde stehen in Kastenständen und haben gußeiserne Futtertische erhalten. Der Stall ist mit Hohlziegel-Kappengewölben zwischen I-Trägern überwölbt. Die übrigen Räume haben Holzbalkendecken erhalten.

Fig. 60 veranschaulicht den Grundriß eines Pferdestalles mit Kutscherwohnung und Remise.

Der auf eisernen Trägern und Gurtbogen überwölbte Stall dient zur Aufnahme von je 2 Kutsch- und Reitpferden edler Rasse, deren Stände durch den Stallgang, welcher sich nach Norden öffnet und mit einem Windfang versehen ist, voneinander geschieden werden. Der Standfußboden ist mit Mettlacher Steingutfließen gepflastert; die Fütterungseinrichtung besteht aus gußeisernen Krippentischen. Die Futterkammer und die Geschirrkammer schließen sich dem Pferdestall an; letztere enthält zugleich eine erhöhte Lagerstätte für die nächtliche Stallwache. Die zwischen den beiden Kammern gelegene Treppe führt zum Stroh- und Heuboden, welcher sich auch über den Remisenraum erstreckt; letzterer bietet für 3 Wagen und 2 Schlitten genügenden Raum.

Die Wohnung für den verheirateten Kutscher enthält einen Flur, eine Stube, die Küche und eine Kammer; unter den beiden letzten befinden sich überwölbte Kellerräume. Über der Kutscherwohnung liegen im Dache, neben dem Bodenraume, eine Giebelstube mit zwei Kammern für einen verheirateten Stallknecht.

Fig. 61 zeigt den Grundriſs des zur *Heckmann*'schen Villa in Berlin gehörigen Stallgebäudes*).

Fig. 60.

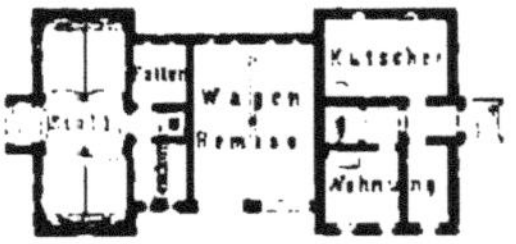

Fig. 61.

Luxuspferdestall.
¹/₁₀₀ w. Gr.

Stallgebäude der Villa *Heckmann* zu Berlin*).
¹/₂₀₀ w. Gr.
Arch.: *Lucae*.

Die Verteilung der Räume ist daraus ohne weiteres ersichtlich. Über dem Stallraum befindet sich der Heuboden, über der Wagenremise und der Waschküche die Kutscherwohnung; die rechts gelegene Wendeltreppe führt zu einem Aussichtsturm. Sämtliche Räume des Erdgeschosses haben gewölbte Decken.

In Fig. 62 ist der Grundriſs eines herrschaftlichen Pferdestalles mit Remise und Kutscherwohnung dargestellt.

Fig. 62.

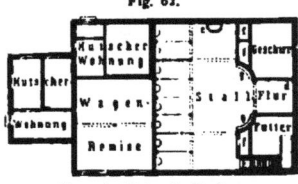

Dem geräumigen, mit Kastenständen für 8 Kutsch- und Reitpferde versehenen Stallraume schliessen sich die Geschirrkammer und die Futterkammer an; zwischen beiden liegt der Eingangsflur; er ist bei *d* mit einer zweiflügeligen, sich nach auſsen öffnenden Thür abgeschlossen und dient dadurch gleichzeitig als Windfang des nach Norden gelegenen Stallausganges. Die kleinen Räume *f, f, f* werden teils zur Aufbewahrung von Stallgeräten, teils als Schlafstelle für die Stallwache benutzt; bei *e* befindet sich eine Wasserpumpe; *g, g* sind Sitzbänke für das Stallpersonal.

Herrschaftliche Stallanlage.
¹/₂₀₀ w. Gr.

Der Stallraum hat 4,00 m lichte Höhe und Balkendecke, deren Unterzugsstützen an den betreffenden Stellen gleichzeitig als Standsäulen benutzt werden. Das Gebäude enthält ferner eine Wagenremise und die Wohnungen für 2 verheiratete Kutscher.

In Fig. 63 bis 65 ist ein herrschaftliches Stall- und Remisengebäude in L-förmiger Grundriſsform dargestellt⁷).

Fig. 63.

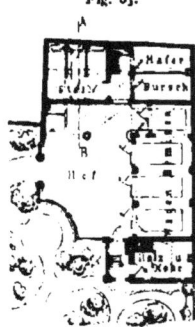

Der Grundriſs (Fig. 63) zeigt einen Stall für 3 Pferde, eine Remise für 3 Wagen, eine Haferkammer, eine Burschenstube und einen Raum für Holz und Koks; über dem Stallraum befindet sich der Heuboden. Einen Querschnitt durch die beiden letzteren Räumlichkeiten giebt Fig. 65. Der Stallhof ist durch eine Einfriedigung völlig abgeschlossen. Fig. 64 veranschaulicht denselben im Schaubild.

40.
Gröſsere Ställe
für
Luxuspferde.

Fig. 66 bis 68 veranschaulichen 3 gröſsere Stallanlagen für herrschaftliche Reit- und Wagenpferde.

Die in Fig. 66 abgebildete Anlage ist mit ihrem halbringförmigen Grundriſs der eigentümlichen Gestalt der Baustelle sehr glücklich angepaſst⁸).

Der Stall- und Remisenbau zu Locquéran (Fig. 67⁹) besitzt eine U-förmige Grundriſsbildung, in deren einspringenden Ecken je eine Vorhalle angeordnet ist, von der man nach den Ställen, den

Grundriſs des Stallgebäudes
in Fig. 64 u. 65⁷).
¹/₂₀₀ w. Gr.

*) Nach: Architektonisches Skizzenbuch, Heft 106, Bl. 5.
⁷) Faks.-Repr. nach: Architektonisches Skizzenbuch, Heft 153, Bl. 4.
⁸) Nach: *Moniteur des arch.* 1883, S. 131, Pl. 31.
⁹) Nach: *Le recueil d'architecture*, 7e année, f. 13.

Fig. 64.

Schaubild.

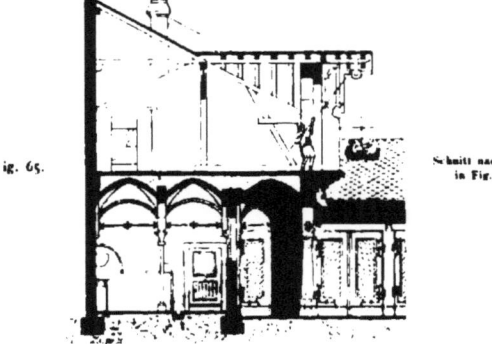

Fig. 65. Schnitt nach *AB* in Fig. 63.

Stallgebäude zu Worms[7]).
Arch.: *Strigler*.

Wagenremisen, den Sattel- und Geschirrkammern etc. gelangen kann; die Remise für fremde Wagen hat zugleich als Trockenraum zu dienen.

Die in Fig. 68[10]) abgebildete Stallanlage beginnt an der Strafsenseite mit einem grofsen Hofraume und einem einzigen Eingang, wodurch die Beaufsichtigung wesentlich erleichtert wird. Zu beiden

[7]) Nach: *Moniteur des arch.* 1871, S. 117 u. Pl. 45.

Fig. 66.

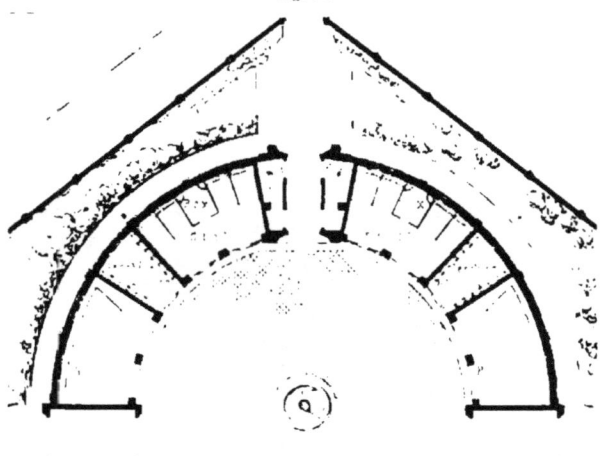

Stall- und Remisenbau des Schlosses Neuflize*).
Arch.: Gosset.

Fig. 67.

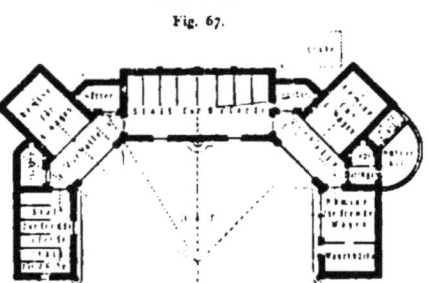

Herrschaftliche Stallung zu Locquéran*).
Arch.: Rivoalen.

Fig. 68.

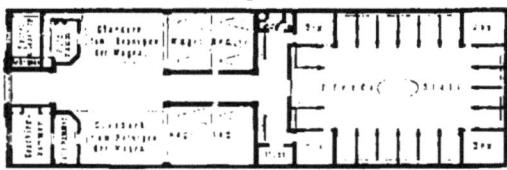

Stallungen des Marquis von Hertford**).
Arch.: de Sangés.

1:500

Seiten dieses Einganges befinden sich Räume für Pferdegeschirre, Sättel etc. und auch ein Raum zum Putzen dieser Gegenstände. Hieran schließen sich an beiden Seiten mit Rohglas eingedeckte Schutzdächer, unter denen die Reinigung der Kutschen etc. vorgenommen wird; sie sind unmittelbar vor den beiden Wagenremisen gelegen.

Der breite Durchgang zwischen den beiden Remisen führt zu einem kleinen Nebenhof, an dessen rechter Seite eine Niederlage für Stallmist, an dessen anderer Seite ein Laboratorium sich befindet, worin Wasser gewärmt, das Pferdefutter vorbereitet etc. wird. Von diesem Hofe aus gelangt man links und rechts mittels kleiner Treppen zu den Speiseräumen des Stallpersonals, welche über den Wagenremisen errichtet sind, und schließlich in den sehr geräumigen Pferdestall, der 18 Kastenstände und 4 *Boxes* enthält; darüber befindet sich der Futterboden.

Litteratur
über »Ställe für Arbeits-, Zucht- und Luxuspferde; Wagenremisen«.

a) Anlage und Einrichtung.

Stables and horses. Builder, Bd. 17, S. 724.
Pferdeställe. HAARMANN's Zeitschr. f. Bauhdw. 1861, S. 137.
MILES, W. Der Pferdestall etc. Frankfurt 1862.
KNIGHTLEY, TH. E. *Stable architecture*. London 1862.
Stables, Builder, Bd. 22, S. 365.
HELDBERG. Anlage von Stallungen für Luxuspferde. Zeitschr. d. Arch.- u. Ing.-Ver. zu Hannover 1865, S. 19.
ZACHARIE. *Des écuries de luxe. Moniteur des arch.* 1872, S. 218.
HOCHWÄCHTER, v. Der Bau und die Einrichtung von Pferdeställen. ROMBERG's Zeitschr. f. pract. Bauk. 1873, S. 317.
LANCK. *Des grandes écuries. Encyclopédie d'arch.* 1873, S. 94.
BOSC, E. *Études sur les écuries et étables. Encyclopédie d'arch.* 1873, S. 121, 133, 137, 155; 1874, S. 22.
WEBER, C. Das Pferd und dessen Wohnung im Interesse der Gesundheitspflege des Menschen. Deutsche Viert. f. öff. Gesundheitspfl. 1875, S. 366.
Thaer-Bibliothek. Bd. 32: Der Pferdestall, sein Bau und seine Einrichtung. Von F. ENGEL. Berlin 1876. — 2. Aufl. 1891.
Deutsche bautechnische Taschenbibliothek. Heft 34: Der Pferdestall in seiner baulichen Anlage und Ausführung, so wie inneren Einrichtung. Von C. F. JÜHN. Leipzig 1877.
DURAND, E. *Écuries et greniers à fourrages. Gaz. des arch. et du bât.* 1878, S. 88.
MÜLLER, C. F. & G. SCHWARZNECKER. Die Pferdezucht etc. Bd. 2: Racen, Züchtung und Haltung des Pferdes. Von G. SCHWARZNECKER. Berlin 1879, S. 562.
De la construction et de l'aménagement des écuries. La semaine des const., Jahrg. 6, S. 341, 366, 408, 546, 571; Jahrg. 7, S. 42.
Stall- und Geschirrkammer-Einrichtungen von F. A. HERBERTZ, Köln am Rhein. Rigasche Ind.-Ztg. 1884, S. 205.
Installations d'écuries. La semaine des const., Jahrg. 10, S. 77.
BÖCKMANN, W. Luxus-Pferdeställe und Pferde-Ausstellungen. Deutsche Bauz. 1892, S. 62, 69.

β) Ausführungen und Entwürfe.

Pferdestall im Palais Königsmark zu Berlin. ROMBERG's Zeitschr. f. pract. Bauk. 1867, S. 277.
Ueber einen Pferdestall für vier Luxuspferde. HAARMANN's Zeitschr. f. Bauhdw. 1868, S. 101, 111.
Stables, Walton, Surrey. Builder, Bd. 26, S. 658.
English stables in the East. Builder, Bd. 29, S. 184.
DE SANOIS, L. *Écuries du marquis de Hertford. Moniteur des arch.* 1872, S. 217, Pl. 45.
Écuries de courses à Chamant. Encyclopédie d'arch. 1873, S. 167, Pl. 118, 119, 129, 144, 147, 152, 153.
New stables for A. Manser, Lampits. Building news, Bd. 27, S. 458.
Écuries de Pendley Manor, Tring. Gaz. des arch. et du bât. 1877, S. 100.
New stables, Crown street, Soho. Builder, Bd. 34, S. 365.
New stables, etc., Great Marlow. Building news, Bd. 31, S. 150.
Écuries dans une maison de factage, à Londres. Gaz. des arch. et du bât. 1875, S. 101.
Écuries du magasin du Bon-marché, à Paris. Encyclopédie d'arch. 1877, S. 47, Pl. 410, 428, 435, 439.
DESTORS. *Écuries et remise, à Mireville. Moniteur des arch.* 1877, Pl. 45.

CHOQUIN. Écuries à Macon. Moniteur des arch. 1880, Pl. 39.
New stables for the Marquis of Londonderry. Building news, Bd. 40, S. 548.
Stabling, etc., Mill Hill, Bolton. Architect, Bd. 27, S. 327.
Stables and coachman's house, Windsor. Building news, Bd. 45, S. 608.
Hôtel à Paris rues Molitor et d'Erlanger; communs. Moniteur des arch. 1883, Pl. 18.
ENGEL. Stall für Reit- und Kutschpferde. Baugwks.-Ztg. 1884, S. 269.
New stables, Sefton park, Liverpool. Builder, Bd. 46, S. 211.
Stables at Ashburn Mews, South Kensington. Architect, Bd. 31, S. 177.
DALY, C. L'architecture privée au XIXe siècle. Paris 1872. 2e série, vol. 1er, Sect. 3, Pl. 1—8.
Stall- und Remisengebäude der Actien-Bierbrauerei Marienthal in Wandsbeck. Baugwks.-Ztg. 1874, S. 112.
Die Pferdeställe der K. Post zu Berlin. Baugwks.-Ztg. 1877, S. 580.
The Red house stables. Building news, Bd. 47, S. 544.
FRIEBUS. Pferdestall- und Remisengebäude auf dem Grundstück des Bankdirektors Herrn R. LESSER, Berlin. Baugwks.-Ztg. 1885, S. 878.
Dépendances de l'hôtel A—M à Epernay. Encyclopédie d'arch. 1885, S. 81 u. Pl. 1026, 1027.
New stable and veranda, New York. Building, Bd. 3, S. 43.
Stable for a summer resort. Building, Bd. 3, S. 174.
Stable for R. Martin, Esq., South Orange. American architect, Bd. 18, S. 223.
Maison de campagne à St. Germain. Communs. La construction moderne, Jahrg. 1, S. 402 u. Pl. 64.
Écuries et remises, à Sarreguemines. Revue gén. de l'arch. 1886, S. 258 u. Pl. 69—70.
Stable buildings, Bracknell. Architect, Bd. 35, S. 221.
New stables, Ingestre hall. Architect, Bd. 36, S. 37.
ENGEL, F. Pferdeställe auf Dominium Alt-Storkow, bezw. Selchow. Baugwks.-Ztg. 1887, S. 446.
ENGEL, F. Pferdestall auf einem Rittergute in Mecklenburg. HAARMANN's Zeitschr. f. Bauhdw. 1887, S. 89.
CAMUT, E. Bâtiments de service, écuries du château de Val. La semaine des const., Jahrg 11, S. 438.
COTTARD. Écuries et communs. La semaine des const., Jahrg. 12, S. 320.
New stabling, Drayton Mews. Building news, Bd. 53, S. 669.
Écuries du château de Baclair. La semaine des const., Jahrg. 12, S. 354.
LETHOREL, L. Écuries et remises, rue Gros, à Paris. La semaine des const., Jahrg. 12, S. 428.
VIGNEULLE. Écuries et remises, à Paris. L'architecture 1888, S. 244.
House at Coombe, near Shaftesbury. — Proposed stables. Builder, Bd. 54, S. 304.
Stables, Didsbury, near Manchester, Builder, Bd. 54, S. 340.
Design for stabling for a country mansion. Builder, Bd. 55, S. 396.
Stables near Richmond. Building news, Bd. 55, S. 706.
Die Einrichtung von Pferdeställen und Geschirrkammern. UHLAND's Techn. Rundschau 1889, S. 269, 275.
Écuries à X . . ., près de Bolbec. La semaine des const., Jahrg. 14, S. 258.
Stonell park, new stables. Architect, Bd. 41, S. 339.
ENGEL. Fohlenstall auf dem Dominium Pempowo. Baugwks.-Ztg. 1890, S. 384.
Écuries et remises à Lille. La construction moderne, Jahrg. 5, S. 237.
Stables, Oxford, Kent. Builder, Bd. 59, S. 188.
Stabling, Lee's Mews, Grosvenorsquare. Building news, Bd. 58, S. 375.
TROLLIET. Château à Thune. La semaine des const., Jahrg. 16, S. 231.
Écurie et communs d'un hôtel, rue Fortuny. La semaine des const., Jahrg. 16, S. 256.
Pferdestall auf Domaine Saslau, Ost-Pr. HAARMANN's Zeitschr. f. Bauhdw. 1892, S. 109.
Écurie et remise. La semaine des const., Jahrg. 17, S. 208.
Stables, Prestham, Wilts. Builder, Bd. 63, S. 70.
Beech Holme stabling, Colwyn bay, North Wales. Building news, Bd. 63, S. 595.
Les écuries du concours hippique. La construction moderne, Jahrg. 9, S. 379.
The stables, Graythwaite hall, near Windermere. Builder, Bd. 69, S. 421.
Pferdestall mit mehreren Stockwerken der Great Northern Railway zu London. Oest. Monatsschr. f. d. öff. Baudienst 1896, S. 318.
HAYBACK, C. Stallgebäude in Giesshübl-Sauerbrunn. Zeitschr. d. öst. Ing- u. Arch.-Ver. 1896, S. 3.
Stables at Bickley hall. Building news, Bd. 72, S. 559.
Myopia hunt-club stables, Hamilton. American architect, Bd. 55, S. 47.
Stable for Mrs. Elliot F. Shepard, Scarborough on-Hudson. Architecture and building, Bd. 26, S. 151.

Architektonisches Skizzenbuch. Berlin.
Pferdeställe mit, bezw. ohne Wagenremisen in: Heft 20, Bl. 6; Heft 26, Bl. 1; Heft 28, Bl. 2; Heft 29, Bl. 5; Heft 31, Bl. 2; Heft 33, Bl. 6; Heft 64, Bl. 1; Heft 66, Bl. 3; Heft 73, Bl. 4; Heft 87, Bl. 4; Heft 96, Bl. 3; Heft 106, Bl. 5; Heft 113, Bl. 5; Heft 115, Bl. 6; Heft 128, Bl. 2; Heft 130, Bl. 6; Heft 132, Bl. 6; Heft 144, Bl. 4; Heft 149, Bl. 3; Heft 150, Bl. 5; Heft 153, Bl. 4; Heft 172, Bl. 6.
Remisen-Gebäude in: Heft 87, Bl. 6.
LAMBERT & STAHL, Privat- und Gemeindebauten. II. Serie. Heft 2, Bl. 1 u. 2: Stallgebäude der Villa Campiche in Zürich; von COLIN.
SCHÖNERMARK, G. Die Architektur der Hannoverschen Schule. Hannover.
Jahrg. 2 (1890); Taf. 11, 12: Pferdestall für 4 Pferde nebst Kutscherwohnung in Reinbeck bei Altona; von A. WINKLER.
Architektonische Rundschau. Stuttgart.
1890, Taf. 48: Stallgebäude für Herrn R. LESSER in Berlin; von GEBR. FRIEBUS.
1897, Taf. 95: Stallgebäude des Herrn A. FABER in Burtscheid; von EBHARDT.
1900, Taf. 4: Herrschaftliche Stallung mit Kutscherwohnung in Stuttgart; von R. REINHARDT.
WULLIAM & FARGE. Le recueil d'architecture. Paris.
Pferdeställe mit, bezw. ohne Wagenremisen in: 2e année, f. 33, 38; 3e année, f. 9, 10, 15, 16; 4e année, f. 3; 6e année, f. 61; 7e année, f. 15, 16; 14e année, f. 47; 19e année, f. 8, 9.

b) Gestüte und Marstallgebäude.
Von Dr. EDUARD SCHMITT, ergänzt von ALFRED SCHUBERT.

1) Baulichkeiten für Gestüte.

Die Pferdezucht umfasst bekanntlich die auf bestimmte Ziele gerichtete Erzeugung und Aufzucht des Pferdes. Betreibt man dieselbe in grossem Maßstabe und hält an einem bestimmten Orte eine Anzahl von Hengsten und Stuten nur zum Zwecke der Fortpflanzung zusammen, so entsteht dadurch ein Gestüt oder eine Stuterei.

Die sog. wilden Gestüte, welche weder eine auf höhere Kulturzwecke berechnete Paarung, noch eine sachgemäße Ernährung ermöglichen, und die halbwilden Gestüte, in denen wenigstens für die ungünstige Jahreszeit ein Unterkommen und Futter gewährt wird, sollen im vorliegenden nicht weiter berücksichtigt werden; erstere sind in Europa gar nicht, letztere nur noch in einigen wenig angebauten Regionen Rußlands etc. zu finden.

Zur Erzeugung von Kulturrassen sind nur die sog. zahmen Gestüte brauchbar, da sie allein eine sorgfältige Auswahl zur Paarung und eine zweckentsprechende Ernährung und Erziehung des Einzelwesens ermöglichen.

Je nachdem die Gestüte vom Staate oder von Privaten unterhalten werden, unterscheidet man Staats- und Privatgestüte.

Der Zweck, dem die Nachzucht dienen soll, kann ein verschiedener sein. Landgestüte sollen, weil sie eigentlich blos Beschälerdépôts sind, im folgenden nur ganz nebenbei berücksichtigt werden, ebenso die militärischen Zwecken dienenden Militärgestüte; im wesentlichen werden sich die nachstehenden Betrachtungen auf die Zucht-, Stamm- und Hauptgestüte und auf die sog. Hofgestüte beziehen. Erstere sind Staatsinstitute, welche Hengste für die Beschälerdépôts zu liefern haben; letztere sind Privatgestüte zur Erzielung des Pferdebedarfes fürstlicher Marställe [1]).

Die Stammgestüte der Deutschen verdanken ihre Entstehung den Ritter- und Klosterzeiten. Eine geschichtliche Beschreibung derselben ist zur Zeit nicht mehr möglich. Das einzige, schon vor der Reformation bestandene und durch die Verheerungen des dreißigjährigen Krieges und aller folgenden Heereszüge hindurch bis jetzt erhaltene ist das früher halbwilde Stammgestüt in der Grafschaft Lippe, am südwestlichen Abhange des Teutoburger Waldes auf der sog. Senne. Nach der Reformation

[1]) Siehe: SCHWARZNECKER, G. Racen, Züchtung und Haltung des Pferdes. Berlin 1879. S. 352.

gingen die Klostergestüte ein; dagegen entstanden nach dem dreißigjährigen Kriege an verschiedenen Orten Deutschlands andere, zum Teile jetzt noch bestehende herrschaftliche Gestüte [1]).

47. Betrieb.

Im vorhergehenden wurde bereits mehrfach einzelner Baulichkeiten für Gestüte und ihrer Einrichtung gedacht. Bevor auf die weiteren baulichen Bedürfnisse eingegangen werden kann, wird das Wesentlichste aus den Betriebsverhältnissen der Gestüte vorauszuschicken sein.

Man nimmt in Gestüten an, dafs $7/_{10}$ bis $8/_{9}$ von der Zahl der Stuten Fohlen werfen und dafs letztere bis zu ihrem vierten Jahre auf dem Gestüte verbleiben.

Für die hochtragenden Stuten müssen Laufställe (Buchten, lose Stände oder *Boxes*, siehe Art. 12, S. 17 u. 14, S. 21) vorhanden sein, in welche sie in der letzten Zeit gebracht werden; solchen Stuten sind der Wechsel in der Stellung, die leichte Bewegung und die sorgfältige Trennung von anderen Pferden zuträglich. Das neugeborene Fohlen bleibt mit der Mutter 4 bis 5 Monate im *Box*; es wird alsdann abgesetzt (am Ende der Saugzeit von der Stute getrennt) und in den Stall für Absetzfohlen gebracht.

Noch besser ist es, für Stute und Fohlen eines der schon (in Art. 26, S. 30) erwähnten *Paddocks* als Aufenthaltsort zu wählen.

Die $1/_{2}$-, 1-, 2- und 3- 4jährigen Fohlen müssen besonders eingestallt werden, einerseits weil ihrer verschiedenen Größe wegen die Krippen und Raufen in verschiedener Höhe angebracht sein müssen, andererseits aus dem Grunde, weil die schwächeren Fohlen von den stärkeren sich verdrängen lassen und so an ihrer Gesundheit Schaden leiden. Haben Fohlen das zweite Lebensjahr überschritten, so müssen sie auch nach Geschlechtern getrennt werden; man hat alsdann Ställe für Hengstfohlen und solche für Stutenfohlen. Man hat wohl auch in manchen Gestüten für die Hengstfohlen abgesonderte Gestütshöfe, während die Stutenfohlen bei den Müttern auf demselben Hofe gehalten werden können.

Um den Fohlen genügende Bewegung zu verschaffen, ordnet man in der Nähe der Ställe Laufgärten, Tummelplätze, Weiden etc. an, auf die man die Fohlen täglich in das Freie bringen kann, ohne sie weit führen zu müssen.

Die $3^1/_2$jährigen jungen Hengste und Wallachen werden angeritten; in Gestüten werden die jungen Pferde in der Regel im fünften, bisweilen schon im vierten Lebensjahre zum Dienste aufgestellt; bei der Hauspferdezucht geschieht letzteres fast immer. Für diese Zwecke finden sich in gut organisierten Gestüten offene und bedeckte Reitbahnen vor; auch bei der Hauspferdezucht suche man ähnliche Einrichtungen zu treffen. Sobald die jungen Pferde zum Dienste aufgestellt werden, trennt man sie von den übrigen Fohlen, hält sie in besonderen Ständen und behandelt sie wie jedes Dienstpferd.

48. Baulichkeiten.

Die baulichen Erfordernisse eines wohl ausgerüsteten Haupt- und Stammgestütes stellen sich hiernach wie folgt:

α) Stallungen für die Beschälerhengste;
β) Stallungen für die Mutterstuten;
γ) Stallungen für die Fohlen, unter Umständen auch
δ) Stallungen für Gestütsklepper, für Wirtschaftspferde und für fremde Pferde;
ε) ein Krankenstall mit *Boxes*;
ζ) eine geschlossene Reitbahn, erforderlichenfalls, wenn die Pferde für den Sport erzogen werden sollen, eine Trainieranstalt;

---

[1]) Nach: Weinz, J. J. Die Staats- und Landespferdezucht-Anstalten Württembergs etc. Ulm 1876.

η) Geschirr- und Sattelkammern;
ϑ) Wagen- und sonstige Remisen;
ι) Futterböden;
κ) eine Beschlagschmiede;
λ) Beamtengebäude, enthaltend Geschäftszimmer und Wohnungen für den Vorsteher des Gestütes, den Tierarzt, sonstige Beamte etc., herrschaftliche Absteigewohnung, Fremdenzimmer etc.;
μ) Wohngebäude, enthaltend die Wohnungen der Aufseher, der Wärter und Knechte, des Schmiedes etc.;
ν) bei Privatgestüten kommen noch Aufenthaltsräume etc. für den Besitzer des Gestütes hinzu.

Hierzu treten noch Weiden, Tummelplätze, Fohlengärten oder Laufhöfe etc., endlich, da in der Regel jedes Gestüt mit einer Feldwirtschaft verbunden zu sein pflegt, auch noch die Baulichkeiten zum Unterbringen des Viehes, der Feldfrüchte etc.

Bei Landgestüten entfallen die unter β genannten Stallungen für Mutterstuten, ebenso solche für Stutenfohlen.

Die Größe der Baulichkeiten für ein Gestüt richtet sich, bei entsprechender Rücksichtnahme auf das Gelände, die Lage, den Boden, die Wiesen und Weiden, das Wasser, die bequeme und billige Beschaffung des Futters etc., hauptsächlich nach der Zahl der Mutterstuten, welche mit ihrer vierjährigen Erzeugung die zur Erhaltung und Erziehung der Pferde nötigen Räume bedingen.

<small>44. Größe und Anlage im allgemeinen.</small>

Nach den im Anfang von Art. 42 angegebenen Zahlen muß der Pferdestand beim Entwerfen eines Gestütplanes berechnet, der Raum aber noch etwas größer bemessen werden, weil es sonst, nach mehreren aufeinander folgenden ergiebigen Jahren, leicht an Platz fehlen könnte. Eine solche Raumberechnung wird dem Art. 54 als Gestütsentwurf vorzuführenden Beispiele vorangeschickt werden; die Angaben, welche für die Raumbemessung der einzelnen Stallungen etc. als Anhaltspunkt zu dienen haben, sind in den folgenden Artikeln zu finden.

In der Gesamtanlage eines Zuchtgestütes kann man nach zwei verschiedenen Verfahren vorgehen. Entweder ordnet man die erforderlichen Stallungen und sonstigen Baulichkeiten um einen, unter Umständen um mehrere Höfe herum an, oder an Stelle der Stallungen treten *Paddocks* mit Laufställen. Welchem der beiden Verfahren der Vorzug zu geben sei, läßt sich im allgemeinen nicht entscheiden; sie können beide zu guten Ergebnissen führen. Erlauben es die Umstände, so ist es am vorteilhaftesten, beide Verfahren zu vereinigen, also neben einer Gestütshofanlage auch eine gewisse Anzahl von *Paddocks* zu schaffen.

Um sowohl über die gesamte Gestütsanlage, als auch über die einzelnen Abteilungen derselben, insbesondere über die etwa getrennten Gestütshöfe, die entsprechende Aufsicht führen zu können, sind die Wohnungen der Beamten und sonstigen Bediensteten so zu verteilen, daß Unordnungen überall leicht zu bemerken sind, daß denselben leicht abzuhelfen oder zu steuern ist. Bezüglich der Lage der sonstigen Familienwohnungen (für verheiratete Gestütswärter etc.) hat man ziemlich freie Hand; ebenso läßt sich keine bestimmte Norm über ihre Größe und Einrichtung geben, weil sich dieselben nach der üblichen Landessitte, nach den verfügbaren Geldmitteln etc. richten.

Bei der Gruppierung der für den Aufenthalt der Pferde dienenden Gebäude, Höfe etc. ist vor allem auf eine vollständige Trennung der Tiere nach den Geschlechtern, zum mindesten jener, die das zweite Lebensjahr überschritten haben, Sorge zu tragen.

Über die Lage der verschiedenen Stallgebäude ist folgendes zu bemerken. Den Stall für Mutterstuten, einschließlich jenes für die hochtragenden Stuten, und den Stall für die Absetzfohlen legt man am zweckmäßigsten so an, daß ihre Längsfronten so viel wie möglich Sonne erhalten, weil im Winter die mildere Temperatur den Mutterstuten und den zarteren Fohlen, die auch in der rauhen Jahreszeit in den vor ihren Ställen befindlichen Tummelplätzen Bewegung haben müssen, zuträglicher ist. Für die übrigen Stallgebäude ist diese Rücksicht weniger notwendig; man legt sie dorthin, wo sie am besten und bequemsten unter Aufsicht sind.

Der Stall für die halbjährigen oder Absetzfohlen muß von dem Stall, worin die Stuten stehen, weit entfernt sein, damit das Fohlen von der Stute weder etwas sieht, noch hört.

In der Reitbahn, worin im Winter und bei schlechtem Wetter den Pferden Bewegung gestattet wird, werden meist auch die Stuten gedeckt. Um nun die erhitzten Hengste nicht gleich nach dem Beschälen der etwaigen rauhen Witterung auszusetzen, soll die Reitbahn möglichst nahe am Hengststall liegen, am besten mit ihm in Verbindung stehen.

Auf manchen Gestüten werden die Hengstfohlen nach zurückgelegtem ersten Jahre nach einem entfernt liegenden Vorwerke gebracht und dort bis zur Volljährigkeit außer Gemeinschaft mit den weiblichen Pferden gehalten und erzogen. In einem solchen Falle verringert sich naturgemäß die Gesamtanlage des Stamm- oder Hauptgestütes.

43. Hengst- und Stutenställe.
So weit es sich nicht um trächtige und um säugende Stuten, ferner um Fohlen handelt, sind die zu Gestüten gehörigen Stallungen in gleicher Weise anzulegen und einzurichten, wie dies im vorhergehenden unter a, 1 u. 2 gezeigt worden ist; daselbst ist an einigen Stellen auch der besonderen Einrichtungen in Ställen für Zuchtpferde gedacht, insbesondere auch angeführt, daß man in Gestüten hauptsächlich die Längsreihenstellung der Pferde findet.

Der Stall, worin die Beschälerhengste aufgestellt werden, wird häufig zierlicher und eleganter wie die übrigen Stallungen ausgestattet. Jedenfalls muß er besonders fest und dauerhaft konstruiert sein, weil die feuerigen und mutigen Tiere alle Gegenstände, die sie nur irgend erreichen können, benagen und zerfressen.

Bei Stallungen für hochtragende Stuten, in denen die letzteren längere Zeit mit den Saugfohlen verbleiben, sind Kastenstände nicht mehr anwendbar, sondern es werden größere Stallabteilungen (lose Stände) erforderlich von meist fast quadratischer Grundrißform. Unter 9 qm sollte eine solche Abteilung niemals haben; doch findet man auch solche mit 12,50 qm Grundfläche und darüber. Über die Breite der Stände für Beschäler und für tragende Stuten sind auch in Art. 12 (S. 17) einige Angaben erhalten [19].

Als Beispiel diene [14]) der durch Fig. 69 veranschaulichte Stall für Zuchtstuten auf dem Gestütshofe Weil (in Württemberg).

Dieser Stall hat eine lichte Länge von 55,87 m, eine lichte Tiefe von 11,16 m und eine lichte Höhe von 3,65 m. Die eine Breitseite ist nach West gerichtet und schließt dort die Ostseite des großen Gestütshofes ab, der zugleich als Tummelplatz für die Pferde dient.

---

[13]) Siehe auch die einschlägigen Bestimmungen der preußischen Verfügungen vom Jahre 1871 und 1876 in Art. 12, S. 17.

[14]) Nach: Hügel, J. v. & G. F. Schmidt. Die Gestüte und Meiereien des Königs Wilhelm von Württemberg. Stuttgart. S. 107.

Der Stall ist zum Unterbringen von 36 Stuten mit ihren Fohlen eingerichtet; jede Stallabteilung (Box) ist 2,66 m lang und 3,44 m breit, von den benachbarten Abteilungen durch eine 1,70 m hohe Wand aus starken Brettern und gegen den Mittelgang durch einen Lattenzaun abgetrennt.

Der Fußboden besteht aus hochkantigem Ziegelpflaster, der gegen die aus gleichem Baustoff hergestellten und mit dicken eichenen Brettern überdeckten (unzweckmäßig!) Jaucherinnen Gefälle hat.

In jeder Stallabteilung befindet sich je unter einem Fenster eine gußeiserne Raufe und eine Krippenschale aus gleichem Material; für das Fohlen ist ein besonderer, kleiner, schalenförmiger Trog angebracht. Innerhalb der in der Mitte des Stalles gelegenen und nach dem Dachraum führenden Treppe ist ein freier Platz zum Niederlegen des Futters; der Treppe gegenüber befindet sich die Hauptausgangsthür.

Fig. 69.

Der Stall war ursprünglich höher; man hat indes eine Zwischendecke eingezogen, weil der Stall im Winter zu kalt war. Der Dachraum dient als Heuboden [18].

Eine etwas abweichende Anlage und Einrichtung der Stutenställe zeigt das in Art. 54 zu beschreibende Gestüt.

Wie bereits in Art. 42 (S. 46) gesagt wurde, müssen die ½-, 1-, 2- und 3- bis 4jährigen Fohlen voneinander getrennt untergebracht werden.

46. Fohlenställe.

Der Stall für die halbjährigen oder Absetzfohlen muß hell, geräumig und warm sein, damit die Fohlen frei und unangebunden darin herumlaufen können; man hat für jedes Absetzfohlen 5 bis 6 qm Stallgrundfläche [19] zu rechnen. Ein solcher Fohlenstall soll an einem freien, jedoch gut eingefriedigten Raum (Weide, Tummelplatz, Grasgarten oder Hofraum) stoßen, damit die Fohlen öfter des Tages dahin in das Freie gebracht werden können, ohne weite Wege zurücklegen zu müssen.

Für 1- und 2jährige Fohlen brauchen die Ställe gleichfalls nicht in Stände abgeteilt zu sein; die Fohlen können, nach Altersklassen geordnet, unangebunden im Stalle herumgehen. Man rechnet für ein erwachsenes Fohlen 9 bis 10 qm Stallgrundfläche.

Die Temperatur, welche jungen Fohlen zusagt und für ihr Gedeihen zuträglich ist, läßt sich zu 12 bis 15, nach *Rueff* zu 16 Grad R. annehmen, darf aber in den ersten Wochen nicht unter 9 Grad sinken.

Stall für Zuchtstuten auf dem Gestütshof Weil [17].
½₀ w. Gr.

Jede Abteilung eines Fohlenstalles wird mit einer Thür versehen, die auf den Tummelplatz führt [18]. Dem Verschluß dieser Thüren ist eine besondere Aufmerksamkeit zuzuwenden, weil durch das Ausbrechen einzelner Fohlen oder ganzer Abteilungen nicht selten Veranlassung zur Verletzung der Tiere gegeben wird. Die gewöhnlichen Thürverschlüsse durch Riegel oder Klinken sind nicht ausreichend, da die Fohlen solche Verschlüsse öffnen; auch das Sichern der Riegel durch Stellschrauben oder Stellfallen, das Einstecken von Zäpfchen in die eingelegten Verschlußstangen etc. ist nicht ganz zuverlässig.

Eine einfache Vorrichtung, um das Öffnen der Riegel zu erschweren, besteht darin, daß sie auf einer schiefen Ebene stets wieder zufallen, wenn sie durch ein Fohlen verschoben worden sind. Zur Zeit benutzt man anstatt des Drückers einen Ring an der Thürklinke; dieser Ring legt sich in eine ring-

[16] Nach ebendas.
[17] Siehe auch Art. 17 (S. 24).
Handbuch der Architektur. IV. 3. a. (2. Aufl.)

förmige Vertiefung des Schlofsbleches ein, welches derart in das Holz der Thür eingelassen ist, dafs ein Hängenbleiben nicht vorkommen kann, also auch das Fohlen nicht im stande ist, irgend einen Verschlufsteil zu fassen und das Schlofs zu öffnen.

In Fohlenställen werden die Krippen und Raufen häufig an den Umfassungswänden angebracht; doch zeigt sich hierbei der Übelstand, dafs der Stallwärter bei der Fütterung in jede Abteilung treten mufs und alsdann von den an ihn sich herandrängenden Tieren belästigt wird. Besser ist es deshalb, zwischen den Abteilungen Futtergänge anzuordnen, die durch niedrige (1,25 bis 1,35 m hohe) Bretter- oder Eisenstabgitterwände derart begrenzt werden, dafs man über letztere hinwegsehen, Krippen und Raufen füllen, bezw. reinigen kann, ohne in die einzelnen Stallabteilungen treten zu müssen.

Für die erstgedachte Anordnung giebt die Stallanlage in Fig. 70 [17] ein Beispiel.

Dieser Stall hat eine lichte Länge von 31,50 m, eine lichte Breite von 8,90 m und eine lichte Höhe von 3,30 m. In den 3 Abteilungen des Stalles sind 36 Fohlen im Alter von 1, 2 und 3 Jahren so untergebracht, dafs sie in ihrer Abteilung frei untereinander herumgehen können. Die Trennungswände bestehen aus Stangen; Krippen und Raufen sind ringsum an den Wänden angebracht. Die Umfassungswände bestehen aus Ziegelsteinen und sind innen mit Brettern verkleidet; der Fufsboden ist ein harter Lehmestrich. Jede Stallabteilung hat in der Vorderwand eine Eingangsthür, die mittlere Abteilung auch an der Hinterwand eine solche. In die eine Abteilung ist eine Treppe, welche zu dem als Futter- und Streuboden dienenden Dachraum führt, eingebaut.

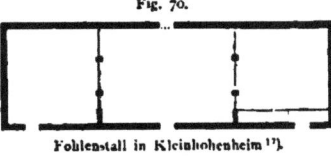

Fig. 70.

Fohlenstall in Kleinhohenheim [17].
1:200 w. Gr.

47. *Paddocks.*

Wie schon unter a, 3 gesagt wurde, versteht man unter *Paddocks* kleine, für je ein Pferd eingerichtete Laufställe mit einem eingefriedigten Hofraum vor jeder Thür und einem gröfseren, daran stofsenden, gleichfalls eingefriedigten Tummel- oder Weideplatze [18].

Die *Paddocks* bieten mannigfache Vorteile dar:

α) Da in einem Raume von 3,70 bis 4,70 m im Quadrat bei 2,50 bis 3,20 m Höhe nur ein Pferd steht, so wird die Luft, selbst bei nicht sehr ausgiebigen Lüftungseinrichtungen, immer gut und rein sein.

β) Der gegen Wind abgeschlossene und gewöhnlich mit Stroh belegte Hof gestattet den Aufenthalt im Freien auch bei nicht gerade günstiger Witterung, und der mit Gras bewachsene Vorgarten ist Tummelplatz und Weide zugleich.

γ) Mutter und Fohlen sind gegen Unfälle möglichst geschützt.

Als Nachteil sind die grofsen Kosten solcher Anlagen zu betonen, so dafs sie meist nur für Vollblutpferde Anwendung finden.

Man hat, um die Kosten zu vermindern, wohl auch die *Boxes* in den *Paddocks* so grofs gemacht, dafs in jeder derselben 2, selbst 3 Fohlen Platz haben. Stets trifft man jedoch die Anordnung derart, dafs 2, 3, sogar 4 derartige *Boxes* unter einem gemeinschaftlichen Dache liegen. Zwei zweckmäfsige Anordnungen dieser Art zeigen Fig. 71 u. 72.

Um die unter einem Dach vereinigten 4 Laufställe zieht sich ein Gang, auf dem der Stallwärter leicht von *Box* zu *Box* gelangen kann. In Fig. 72 ist die Anlage so getroffen, dafs die geöffnete

---

[17] Nach: Wurm, J. V. & G. F. Schmidt, Die Gestüte und Meiereien des Königs Wilhelm von Württemberg. Stuttgart. S. 109.

[18] Hie und da versteht man unter der Bezeichnung *Paddock* wohl auch nur den eingefriedigten Tummel- oder Weideplatz, der an den Laufstall anschliefst, was allerdings der ursprünglichen Bedeutung dieses Wortes besser entspricht.

Stallthür den Gang auf der einen Seite schließt, während auf der anderen Seite durch eine vorgeschobene Schranke der Abschluß bewirkt wird. An den Gewänden der Box-Thüren sind zwei Bauchrollen (1,25 m lang, 8 cm dick) angebracht, damit die mutigen Tiere bei ihren wilden Sprüngen weniger Schaden nehmen können.

Die *Boxes* sind untereinander durch Kriechthüren, 1,25 m hoch und 0,60 m breit, zu verbinden, welche vom Wärter, nicht aber von den Fohlen passiert werden können.

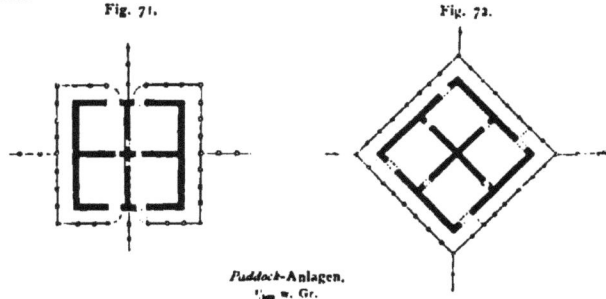

Fig. 71.   Fig. 72.

Paddock-Anlagen.
¹⁄₁₀₀ w. Gr.

In manchen ungarischen Gestüten, z. B. in Mezöhegyes etc., sind die Ställe für die Mutterstuten und für die Fohlen nur an drei Seiten geschlossen; die vierte (gegen Süden gelegene) steht im Sommer und Winter offen. An diese Stallfront grenzt der gut eingefriedigte Tummelplatz.

Die dortigen Tierärzte behaupten, daß dieses Offenhalten des Stalles, wobei oft die Hälfte desselben verschneit ist, keinerlei Nachteil hervorgerufen hätte, ja daß im Gegenteil seit der Zeit, in der die Ställe so eingerichtet wurden, die Zahl der Augenleiden abgenommen hätte.

Sowohl zum Zwecke der Ernährung, als auch zum Zwecke der freien Bewegung werden den Pferden (den Zuchtpferden und den von diesen gewonnenen Fohlen) mehr oder weniger ausgedehnte Bodenflächen eingeräumt, welche man **Weiden** nennt. Für die gedeihliche Aufzucht von Fohlen und besonders von edlen Fohlen sind sie fast eine Notwendigkeit. Größere Gestüte besitzen deshalb auch stets größere Weiden, während man sich bei kleineren Gestüten mit einem Baumgarten und dergl. behilft, wenn nicht etwa mehrere kleine Züchter durch Vereinigung eine gemeinschaftliche Fohlenweide anlegen.

48. Weiden.

Je nachdem der auf den Weiden bestehende und zur Ernährung der Pferde dienende Graswuchs nur der Natur überlassen oder künstlich gepflegt wird, unterscheidet man **natürliche** und **künstliche Weiden**.

Wenn sich die Pferde auf der Weide gut nähren sollen, so muß dieselbe die hinlängliche Grundfläche besitzen.

Nach *Rueff* rechnet man für ein Pferd nicht unter 1,00 ª, nach *Baumeister* für Fohlen vom 1. bis 4. Jahre 1,00 bis 1,15 ª, für Fohlen vom 4. bis 5. Jahre und für Zuchtpferde 1,25 bis 1,40 ª.

Damit die Weide nicht nur die nötige Menge, sondern auch die angemessenste Beschaffenheit des Futters erzeuge, wird es bei kleinen Gestüten und bei beschränkten Weideplätzen nötig, die abgehüteten Weiden für den neuen Graswuchs zu schonen und die ganze Weide in mehrere Abteilungen oder Koppeln zu trennen, um dieselben der Reihe nach abweiden zu lassen. Wenn die letzte Koppel abgeweidet ist, gewährt die erste Koppel wieder genügendes Futter.

In grofsen Gestüten, wo ein sehr bedeutender Weideplatz zu Gebote steht, wird eine solche strenge Abtrennung nicht notwendig.

Bei dem stets wachsenden Werte des Grund und Bodens wird es immer dringender, das Bedürfnis an solchen Weideplätzen möglichst einzuschränken. Hierzu dient nicht nur die künstliche Verbesserung und Vermehrung des Graswuchses, sondern in kleineren Gestüten werden nicht selten auf einem Gestütshofe die Mutterstuten, die Stutenfohlen und die Hengstfohlen gehalten und sonach zu gehöriger Trennung dieser drei Arten von Weidepferden auch entsprechende Abteilungen oder Koppeln erforderlich.

Für Weiden eignet sich ebener Wiesengrund, wenn er nicht zu weich oder gar moorartig ist, am besten; grofse, Schatten spendende Bäume sind erwünscht. Wird der Grund von Gräben durchzogen, so sind ihre Wände mit flachen Böschungen zu versehen, damit etwa hineingeratene Fohlen wieder leicht herauskommen können.

Die Einfriedigungen müssen, ihrer grofsen Längenentwicklung wegen, mit geringen Kosten hergestellt werden. Lebende Hecken aus Nadelholz oder Hagebuchen ergeben bei guter Unterhaltung einen undurchdringlichen Abschlufs; hölzerne Zäune als kräftige Lattenzäune sind für holzreiche Gegenden zu empfehlen. Zäune aus starkem verzinkten Draht, an starken eichenen Stangenpfosten befestigt, sind billig und dauerhaft und vielfach in Gebrauch. Die Pferde haben vor hellfarbigen Drähten eine auffallende Furcht, so dafs sie nicht gegen dieselben laufen und mithin sich nicht verletzen können.

Anstatt die Fohlen täglich auf die Weide zu führen, pflegt man dieselben wohl auch während der ganzen Sommerszeit auf den grofsen Weideplätzen völlig zu belassen; hierdurch wird den Tieren die energische Bewegung und die dadurch bedingte naturgemäfse Entwickelung in noch höherem Grade möglich. Die Frage, ob es alsdann zweckmäfsig ist, die Fohlen Tag und Nacht im Freien zu halten, läfst sich allgemein nicht beantworten; indes wird man für edle Fohlen immer einen Sommerstall oder wenigstens einen Schuppen haben müssen, unter den sie bei schlechtem Wetter treten und wo sie etwa Hafer und Heu erhalten können. Solche Sommerställe können nur ganz leicht, schuppenartig ausgeführt werden; Fachwerkkonstruktion eignet sich für diese Zwecke ganz besonders.

49. Tummelplätze und Fohlengärten.

Obwohl das Aufziehen der Pferde auf grofsen Weiden für die Entwickelung am vorteilhaftesten ist, so ist man doch nicht immer in der Lage, solche Weiden zu beschaffen. Wo es daran mangelt, mufs man den Fohlen Plätze überweisen, welche wohl freie Bewegung zulassen, ohne ihnen Nahrung zu gewähren. Als solche Ersatzmittel sind die Tummelplätze, Fohlengärten oder Laufhöfe zu betrachten. Indes werden solche Tummelplätze auch neben den Weiden erforderlich, weil in der kälteren Jahreszeit die Pferde nicht auf die Weide getrieben werden können.

Ein Fohlengarten soll wenigstens für 4 bis 6 Fohlen hinlänglichen Raum zur freien Bewegung gewähren und deshalb nicht unter 25^a grofs sein. Er soll, wenn möglich, die Gestalt eines langgestreckten Rechteckes besitzen, um das Geradeauslaufen der Fohlen zu begünstigen und dieselben nicht zum beständigen Kreislaufen zu veranlassen.

Ein Fohlengarten mufs vollkommen geebnet sein, um die freie Gangart des Pferdes nicht zu hemmen, und er mufs eingezäunt sein, um den Zulauf anderer Tiere zu verhindern und das Durchgehen der im Fohlengarten befindlichen Pferde zu verhüten.

Der Eingang zum Fohlengarten soll aus einer leicht zu öffnenden, aber dessenungeachtet fest verschliefsbaren Doppelthür aus Lattenwerk bestehen, weil die Fohlen beim Aus- und Eintreiben gegen den Eingang drängen und entweder selbst Schaden leiden oder die Thür beschädigen.

Damit Fohlen beim Drängen sich nicht die Hüften etc. beschädigen, bringt man an den Thüröffnungen Bauchrollen an. (Siehe auch Fig. 30, S. 24 u. Art. 47).

Sehr gut ist es, wenn der Tummelplatz auch Grasboden hat; der letztere gewährt den Fohlen durch das Abweiden, wenn auch nicht Nahrung, so doch Unterhaltung; auch versumpft bei nasser Witterung der Grasboden nicht so leicht und ist den Hufen der Pferde sehr zuträglich.

Zum Anreiten der Hengste und Wallachen, sowie auch zur freien Bewegung der Gestütspferde überhaupt dienen bei schlechter Witterung die Reitbahnen. Zweckmäfsiger Weise erhalten sie die doppelte Breite zur Länge. Die Wände werden im unteren Teil auf 1,60 bis 2,00 m Höhe mit starken Brettern verkleidet; über Einrichtung und Ausstattung der vollkommener eingerichteten Reitbahnen ist im nächsten Halbband dieses »Handbuches« (Abt. IV, Abschn. 6, Kap. 1, a: Reitbahnen) das Erforderliche zu finden.

Der Beschreibung des baulichen Teiles der Gestütsanlagen mögen, zur näheren Erläuterung, einige Beispiele angefügt werden, in erster Reihe der durch den Grundrifs in Fig. 73 dargestellte Zuchtpferdestall in Verbindung mit einer Reitbahn und einem Rofsgarten auf einem preufsischen Gestüte.

Im Stallgebäude dienen die Laufställe α für Stuten mit Fohlen, β für Hengste und tragende Stuten, γ für Stuten mit Fohlen, δ für Absetzfohlen und ε als Laufstall für einjährige Fohlen. Mit dem Zuchtstall steht die Reitbahn in Verbindung, an welche sich der Stall für zwei- und dreijährige Fohlen anschliefst. Der Rofsgarten dient im Sommer als Tummelplatz.

Fig. 73.
Zuchtpferdestall auf einem preufsischen Gestüt.

Das Beispiel einer kleinen herrschaftlichen Gestütsanlage zeigt der Grundrifs des Gestütes Gustavshof bei Neu-Strelitz i. M. (Fig. 74 [19]).

Dasselbe ist auf einem vorhanden gewesenen Gutshofe, welcher an einen See angrenzt, errichtet worden. In dem links neben dem Wohnhaus befindlichen alten Stallgebäude wurden 13 Stände, 3 zusammenliegende *Boxes* und ein gröfserer, einzeln liegender Hengstlaufstall, sowie Leute- und Geschirrkammern etc. eingerichtet. Am oberen Giebel des Gebäudes wurden noch 3 Sommer-*Boxes* angebaut. Hinter diesem Stallgebäude befindet sich der Schuppen für 12 Wagen, ihm gegenüber der Springstall zum Decken der Stuten mit einem Probierstand, aus zwei niedrigen Bohlwänden bestehend, zwischen denen die Stute steht, so dafs sie den Hengst und die Stalleute nicht schlagen kann. An der Hinterfront der hinter dem Wohnhaus befindlichen alten Scheune sind 8 *Boxes* in einer Reihe angebaut, welche sich einzeln nach der an den See angrenzenden Koppel öffnen.

Fig. 75 [19]) veranschaulicht den Grundrifs eines auf vorigem Gestüt ganz neu erbauten Zuchtpferdestalles.

Derselbe liegt inmitten von 7 Koppeln, nach welchen sich die 2 Reihen, an eine mittlere Stallgasse angrenzenden *Boxes* öffnen. Die 14 *Boxes* und 2 Fohlenlaufställe etc. sind unter sich, sowie vom

[19]) Nach: Baukunde des Architekten, Bd. II, Teil 1, Berlin 1897, S. 531, 535.

Fig. 74.

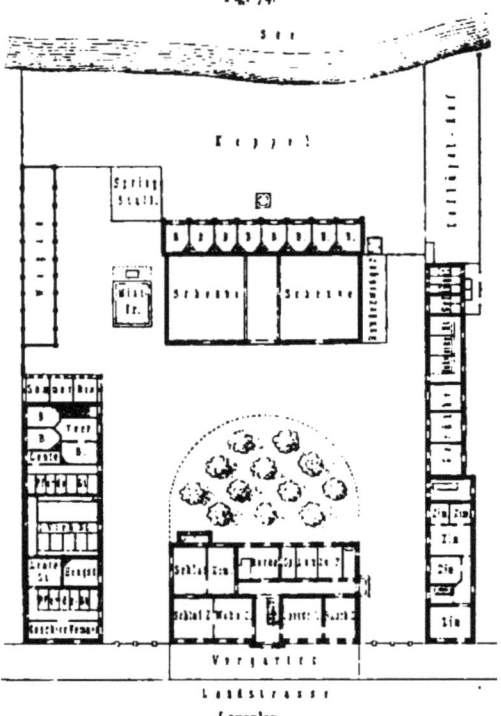

Lageplan.

Fig. 75.

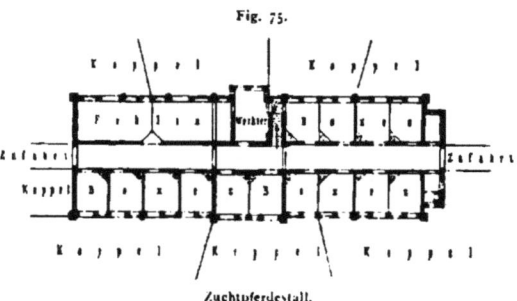

Zuchtpferdestall.

Gestüt Gustavshof bei Neu-Strelitz i. M.[19]).

Gange durch massive Wände getrennt. Der letztere ist sehr breit, und von ihm aus werden die Tiere bei schlechtem Wetter und im Winter gefüttert.

In Fig. 76 ist der Grundriß des Zuchtgestütes (mit *Paddock*-Anlage) des Prinzen *Friedrich Carl* von Preußen auf dem Rittergut Düppel bei Zehlendorf[90]) wiedergegeben.

Dasselbe befindet sich zwischen Berlin und Potsdam, auf der Westseite von Alt-Zehlendorf, an der Landstraße; es wurde dafür ein sandiges Gelände gewählt, welches in zwei Abteilungen zerfällt.

Die erste Abteilung umfaßt 12 eingezäunte Flächen oder Fohlengärten mit 3 von diesen umgebenen Laufställen *(Paddocks)*; die andere Abteilung enthält einen Stall zur Aufstellung der Fohlen und ein Wohnhaus für den Stallmeister und die Stalldiener.

Jeder der 3 Ställe enthält 4 *Boxes*, von welchen eine jede 2, höchstens 3 Fohlen aufnehmen kann, so daß die 3 Ställe zusammen Raum für 24 bis 36 Fohlen bieten.

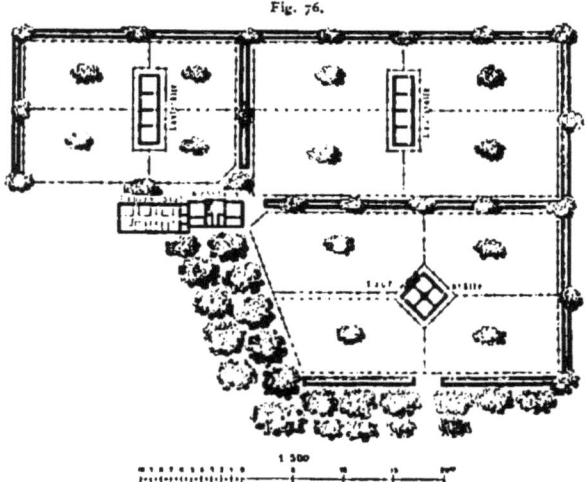

Fig. 76.

Zuchtgestüt des Prinzen *Friedrich Carl* von Preußen auf dem Rittergut Düppel[90]).

Jeder *Box* ist 4,40×4,40 m groß und 3,10 m hoch, also für 2 Fohlen vollkommen ausreichend; die Türen sind nicht an der Nord-, sondern an der Ost-, Süd- und Westseite, die Fenster jedoch, um eine nachteilige Wirkung der rauhen Witterung auf die jungen Tiere zu verhindern, nur an der Südseite angelegt. Die *Boxes* sind untereinander, zum bequemeren Verkehr, durch Kriechtüren verbunden, welche 0,65 m breit, 1,20 m hoch sind und 0,65 m von der Stallsohle abstehen.

Um jeden Stall zieht sich ein 1,20 m breiter Gang, durch welchen die Fohlengärten von den Ställen abgeschlossen werden; auch kann der Stallwärter auf diesem Gange leicht von *Box* zu *Box* gelangen und die Pferde in allen Gärten bequem übersehen.

Ist die Stalltür geöffnet, so verschließt sie (wie in Fig. 72, S. 51) auf der einen Seite den Gang, während derselbe auf der anderen Seite durch eine hölzerne Schranke abgesperrt wird; in solcher Weise wird eine unmittelbare Verbindung zwischen *Box* und Fohlengarten erzielt. Der letztere wird durch eine 1,30 m hohe Umzäunung begrenzt, aus runden Stämmen mit darüber liegendem Holm und wagrechte, durch erstere in 32 bis 37 cm Abstand gezogene Drähte gebildet. Hinter der Einfriedigung befinden sich 95 cm hohe Wälle, welche, mit Bäumen und Strauchwerk bepflanzt, möglichst viel Schutz gegen scharfen Wind gewähren sollen.

---

[90]) Nach: Romberg's Zeitschr. f. prakt. Bauk. 1865, S. 315 u. Taf. 39.

54. Beispiel IV.

Die 3 Jahre alten Fohlen werden zum Reiten und Fahren ausgebildet und kommen zu diesem Zwecke in den mit Kastenständen und *Boxes* eingerichteten Stall. Das Wohnhaus hat auf der den Fohlengärten zugewendeten Seite eine Terrasse, von der aus man die gesamte Anlage übersehen kann.

In Fig. 77 ist *Braun*'s Entwurf[*]) für ein größeres Gestüt, welches nach dem Muster des Königl. preußischen *Friedrich-Wilhelm*-Gestütes (im Kreise Ruppin) entworfen ist, wiedergegeben. Dieses Gestüt soll für 100 Mutterstuten bestimmt und eine Feldwirtschaft damit verbunden sein.

Nach den Angaben in Art. 42 (S. 46) sind von 100 Mutterstuten im ersten Jahre ca. 70 Absetzfohlen, im zweiten ca. 70 einjährige, im dritten ca. 70 zweijährige und im vierten ca. 70 dreijährige Fohlen zu erwarten; sonach muß mindestens für das Unterbringen von 380 verschiedenartigen Pferden gesorgt werden, wozu dann noch die Ställe für Hauptbeschäler, Gestütsklepper, Wirtschaftspferde und die Krankenställe kommen.

Da das Gestüt auch mit einer Feldwirtschaft verbunden sein soll, so sind, wie aus Fig. 77 hervorgeht, die Baulichkeiten um 3 nebeneinander gelegene Höfe gruppiert worden, wovon der südliche Hof Wirtschaftszwecken dient, der nördliche für die jungen Hengste und der mittlere für Stuten und Stutenfohlen bestimmt ist. In letzterem sind 4 größere Abteilungen den Stuten und Stutenfohlen, 3 kleinere Abteilungen (an der Westseite) den Absetzfohlen zum freien Umhergehen angewiesen.

Dieser mittlere Hof wird östlich vom Hauptwohngebäude, westlich vom Hengstfohlenstall und einem Wohngebäude, südlich vom Stutenfohlenstalle und nördlich vom Mutterstutenstall umgeben. Der nördlich angrenzende Gestütshof wird außer dem eben erwähnten Mutterstutenstall, der nach diesem Hofe nur eine Thür zum Auskarren des Mistes nach dem Düngerplatze hat, gegen Osten vom Beschäler-Stallgebäude und von der Reitbahn für die Hengste, gegen Westen von einem Knechtewohnhaus und gegen Norden von einem Stall für junge Hengste begrenzt; für letztere sind auch die 3 Abteilungen des Hofes bestimmt, so daß auf diese Weise beide Geschlechter der Pferde voneinander geschieden sind. Der dritte (südlich) für die Ökonomie vorgesehene Hof ist an der Südseite, zum Teil auch an der Ostseite, von Wirtschaftsgebäuden (Scheunen, Stall für Ackerpferde etc.), den eigentlichen Gestütszwecken dienen in diesem Teile nur die Knechtewohnungen an der Westseite und die an der Ostseite gelegene Reitbahn für die Stuten.

Das Hauptwohngebäude (an der Ostseite) enthält die Wohnung des Gestütsdirektors, des Ökonomen, des Gestütsverwalters und des Sattelmeisters, ferner 2 Sattelkammern und einen Spritzenraum; im gegenüber (an der Westseite) gelegenen Wohnhause befinden sich die Wohnung des Roßarztes mit Apotheke und Laboratorium, die Wohnung des Schmiedes, die Schmiede, die Eisen- und Kohlenkammern, so wie der Krankenstall mit 6 *Boxes*. Das an derselben Seite (mehr nach Norden) angeordnete Wohnhaus enthält die Wohnung des Stutenmeisters, die eines Gestüt-Unterbediensteten, der zugleich Marketender ist, und 4 Wohnungen für verheiratete Gestütsknechte, für den Nachtwächter und für einen Zimmermann.

Im östlichen Teile des Mutterstutenstalles befinden sich die in Doppelreihen angeordneten Kastenstände für etwa ⅔ der Mutterstuten; eine um die andere Standwand ist herausnehmbar, um größere Buchten (lose Stände) für die gebärenden Stuten oder für unbedeutend kranke Pferde bilden zu können. Über diesem Stalle befinden sich die Futterböden, nach denen 2 Treppen führen; in der Mitte dieser Stallabteilung ist eine breite und hohe Thür angebracht, durch welche die Stuten in den mittleren Gestütshof gelassen werden; dieser gegenüber ist die nach dem Düngerplatze führende Thür angeordnet.

Der westliche Teil desselben Stallgebäudes enthält 4 größere lose Ställe, in denen man die tragenden Stuten zusammen frei herumgehen läßt und ihnen so die ihrem Zustand angemessene Bewegung gewährt. Besser wäre es, jeder Stute, besonders jedem jungen, gewöhnlich noch mutigeren und beweglicheren Pferde einen eigenen genügenden Stallraum zum freien Herumgehen anzuweisen; doch würde eine solche Einrichtung sehr kostspielig sein. Aus jedem der 4 losen Ställe führt eine Thür nach dem mittleren Hofe in die daselbst befindlichen Gehege.

Der Stall für Absetzfohlen (an der Westseite des mittleren Gestütshofes) enthält, außer einem Gelaß für Stroh, 10 Fohlenställe von je ca. 50 qm Grundfläche, so daß darin Raum für 80 Fohlen vorhanden ist.

Im Stallgebäude für Stutenfohlen sind 7 lose Stände und 34 Kastenstände untergebracht; letztere dienen zur Aufstellung der vierjährigen Stuten, bevor sie zu ihrer Bestimmung abgehen; erstere sind für 1-, 2- und 3jährige Stutenfohlen und für Geltstuten vorgesehen. In jedem losen Stande können ca. 15 Geltstuten oder 16 bis 17 Fohlen Platz finden. Aus jedem Stall führt eine Thür nach dem mittleren Gestütshof, damit stets einzelne Partien von Pferden in die Gehege getrieben werden können.

*) Nach: *Curtis*'s Journ. f. d. Bauk., Bd. 2, S. 129 u. Taf. VI.

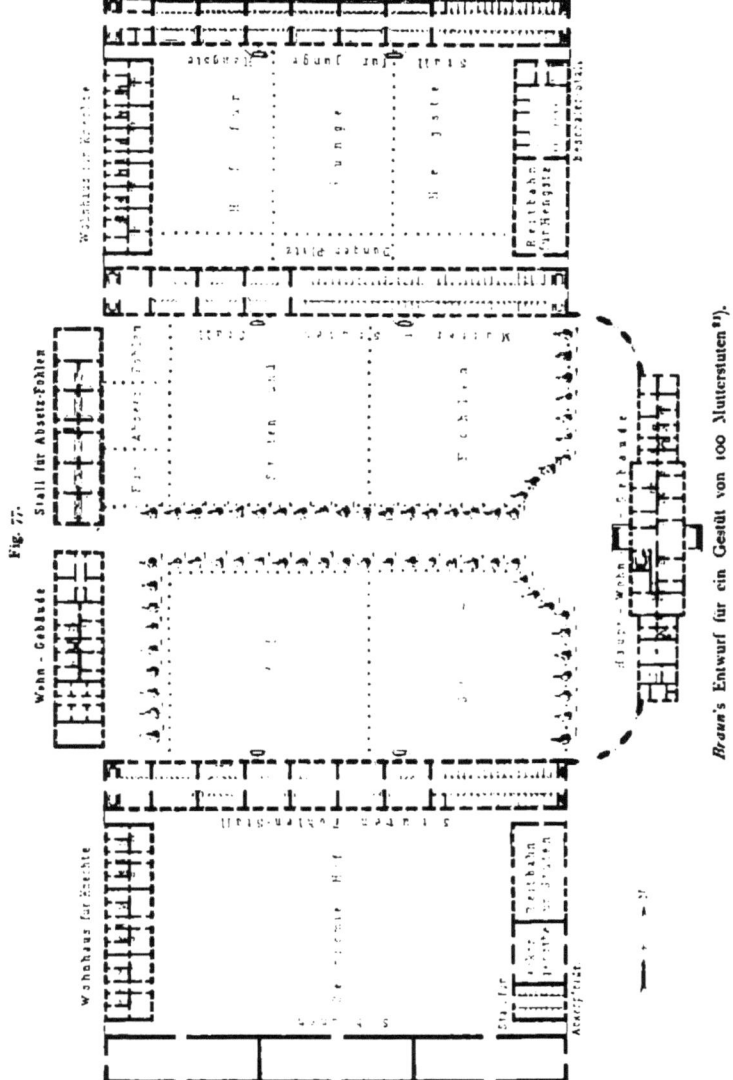

Fig. 77.

Braun's Entwurf für ein Gestüt von 100 Mutterstuten.

Das an der Nordseite der gesamten Gestütanlage befindliche Stallgebäude ist für junge, 1-, 2- und 3jährige Hengste bestimmt, denen die angrenzenden 3 Hofabteilungen zur Bewegung angewiesen sind. In den 6 losen Ständen haben 84 Hengstfohlen Platz; daneben befinden sich 34 Kastenstände für die 4jährigen Hengste; am westlichsten Ende des in Rede stehenden Stallgebäudes sind die Häckselkammern gelegen.

Der Beschälerstall ist sowohl zum Aufstellen derjenigen Hengste bestimmt, die für das Gestüt zu Beschälern auserlesen sind, als für junge, im Gestüt selbst erzogene Hengste, welche eine besondere Pflege und Beobachtung erfahren sollen; deshalb sind auch einige *Boxes* vorhanden.

Die beiden Gestütshöfe zeigen an den Stallfronten Wassertröge vor den Hofbrunnen; um im mittleren Hofe einigen Schatten zu erzielen, sind Baumpflanzungen vorgesehen.

55. Beispiel V.

Fig. 78[**]) giebt den Lageplan des Königl. preußischen Hauptgestütes Graditz.

Das ganze Gebiet dieses Gestütes mit den dazu gehörigen Vorwerken umfaßt nahezu 1300 ha ebenen Landes; der sehr tragbare Boden ist zur Hälfte in Wiesen und Weiden geteilt, welch letztere sich an der Elbe erstrecken. Die Gebäude umschließen einen viereckigen Hof und gruppieren sich um das hübsche Schloß, worin Direktor und Beamte wohnen. Demselben gegenüber ist der Hauptbeschälerstall; auf der einen Seite befinden sich Stallungen für die Mutterstuten (in denen sich die Fohlen frei ergehen) zu 28 *Boxes*, 3,77 m lang und 3,14 m tief; auf der anderen Seite diejenigen der jungen Pferde, ein Stall mit 46 Ständen und 2 *Boxes*. An den Hauptbeschälerstall reihen sich die Reitbahn und die Remisen, über denen sich die Magazine befinden, dann die Schmiede, der Krankenstall etc. an.

Der normale Pferdebestand beträgt: 8 Beschäler, 85 Mutterstuten, 82 Stutenfohlen und 20 Ackerfohlen. Mit den 3 Vorwerksgebäuden kann das Gestüt bequem 600 Pferde aufnehmen.

56. Beispiel VI.

Zum Schlusse seien noch zwei Beispiele von Landgestüten, bezw. Beschälerdepôts, zunächst das Königl. preußische Landgestüt Repitz (Fig. 79[**]) vorgeführt.

Der Gestütshof ist an drei Seiten von Baulichkeiten umschlossen. Das nach Süden gelegene zweigeschossige Haus enthält die Marketenderei, die Schule, Wohnungen für unverheiratete Gestütswärter, die Sattelkammer und 2 über einander gelegene Haferböden; ein großes Thor

[**] Nach: SCHWARTZ, J. v. Das Königlich Preußische Hauptgestüt Graditz. Berlin 1870.

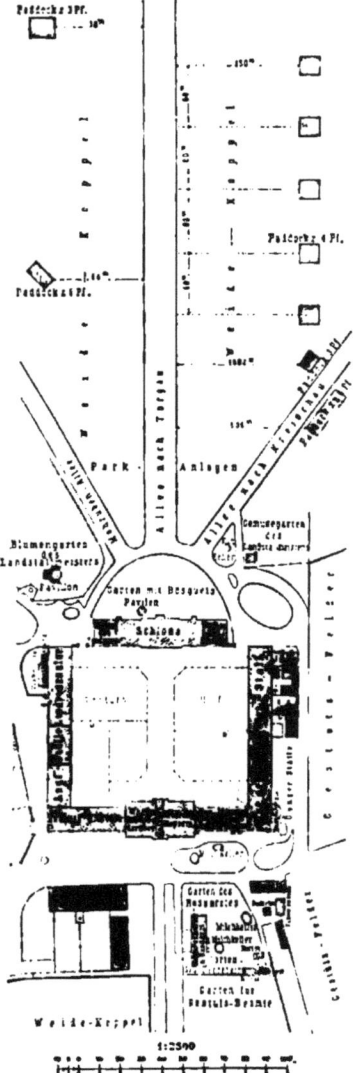

Kgl. preuß. Hauptgestüt Graditz[**]).

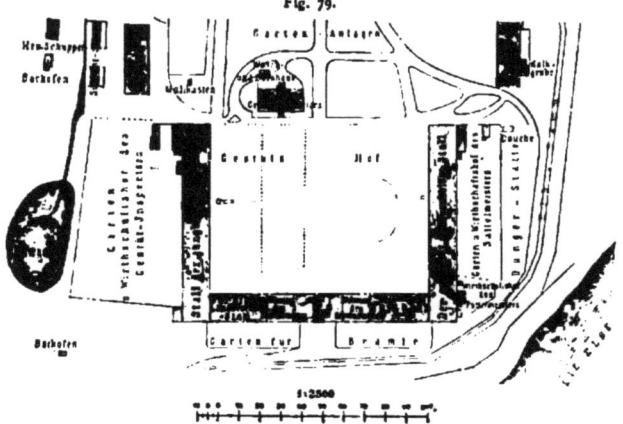

Fig. 79.

Kgl. preuß. Landgestüt Repitz[99].

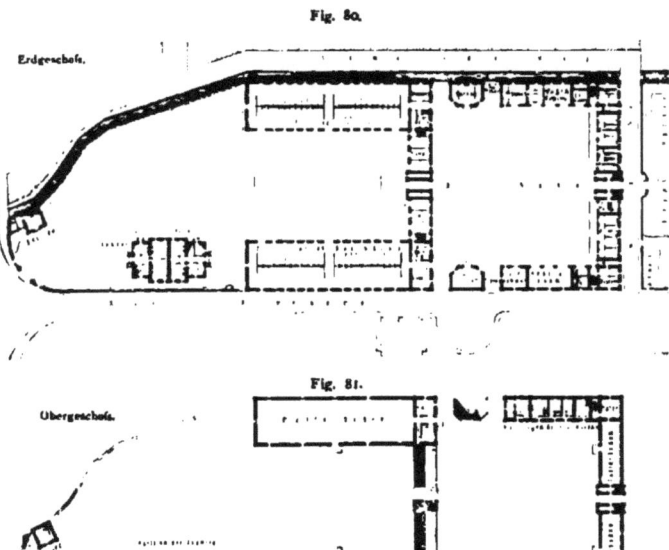

Fig. 80.

Fig. 81.

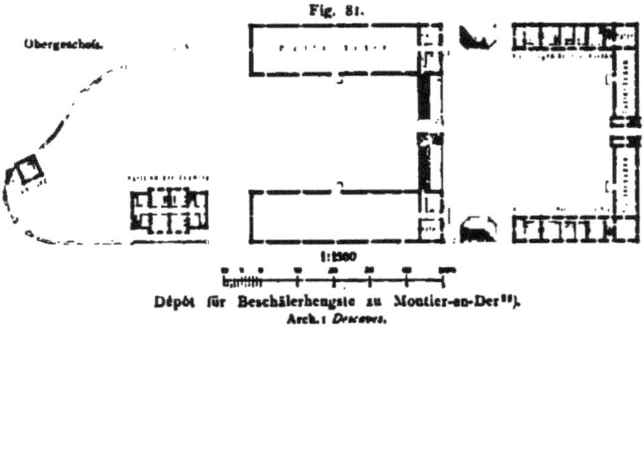

Dépôt für Beschälerhengste zu Montier-en-Der[88].
Arch.: *Descaves*.

bildet die Einfahrt zum Hofe. An dieses Haus schliefsen sich rechts die Sattelmeisterwohnung und die Reitbahn, links die Futtermeisterwohnung und der kleine Beschälerstall mit 21 Einzelständen und 2 *Boxes* an; über diesem Stalle befindet sich ein Haferboden. Nach Osten ist der grofse Beschälerstall mit 88 Kastenständen in Verbindung mit der Reitbahn, nach Westen der Fohlenstall mit 8 Abteilungen zur Aufnahme zweier Jahrgänge Hengstfohlen des Hauptgestütes gelegen, und über beiden Ställen befinden sich Heuböden. Die Nordseite ist offen und wird vom massiven eingeschossigen Hause des Gestütsvorstehers und durch Parkanlagen begrenzt. An derselben Seite liegen aufserhalb des Gestütshofes westlich das zweigeschossige Familienhaus für 12 verheiratete Gestütswärter und östlich die Scheunen.

Die Tummelplätze für die Hengstfohlen sind im Hofe vor den Laufställen, die offene Bahn zur Bewegung der Landbeschäler vor dem grofsen Beschälerstall gelegen.

Die etatsmäfsige Anzahl der Pferde beträgt: 85 Beschäler und 4 Klepper. Von den Beschälern werden 12 bis 15 geritten und eben so viele eingefahren; letztere sind zugleich zur Verwendung bei der Ernte bestimmt.

57. Beispiel VII.

Durch die beiden Grundrisse in Fig. 80 u. 81 ist die Anlage eines französischen Depôts für Beschälerhengste, nämlich des von *Descares* zu Montier-en-Der erbauten, veranschaulicht [28]).

Die Grundpläne bedürfen kaum einer weiteren Erläuterung. Die Gebäude bedecken eine Fläche von 3086,40 qm, die Höfe eine solche von 6795,85 qm und die Gärten eine von 1159 qm; die Einfriedigungsmauern haben eine Gesamtlänge von 1170,95 m.

2) Marstallgebäude.

58. Zweck und Erfordernisse.

Marställe sind Gebäude, in denen die Pferde von fürstlichen oder anderen vornehmen Personen, bisweilen auch von Korporationen, in geräumigen und wohl eingerichteten Ställen ihre Stände, Abwartung und Verpflegung erhalten, worin auch alle zum Reiten und Fahren erforderlichen Geräte etc. aufbewahrt werden. Marstallgebäude sind demnach in grofsem Mafsstabe angelegte Luxuspferdeställe mit allen notwendigen, gleichfalls ausgedehnten Remisen und sonstigen Nebenräumen. Sie bilden meist eine ziemlich verzweigte Gebäudegruppe, die ebensowohl ihrer Ausdehnung und Bedeutung halber, wie auch ihres vornehmen Besitzers wegen nicht ohne architektonischen Formenaufwand ausgeführt zu werden pflegt, obgleich gerade in dieser Beziehung eine gewisse Zurückhaltung fast stets am Platze sein wird.

Eine gröfsere Marstallanlage setzt sich aus folgenden Räumen, bezw. Baulichkeiten, zusammen:

α) grofse Stallungen mit Kastenständen und *Boxes* für Karossen-, Reit- und Rennpferde;

β) ein Stall für kranke Pferde;

γ) grofse Remisen für Kutschen, Staatskarossen, Gala- und andere Wagen, bisweilen auch besondere Remisen für historische Wagen etc.;

δ) Räume für Sättel, Geschirre und sonstige Reit- und Fahrgeräte, bisweilen besondere Kammern für Galageschirre etc.;

ε) Futterräume;

ζ) Kanzleien und Nebenräume, welche den ziemlich umfangreichen Stall- und Remisendienst ermöglichen;

η) Wohnungen für die Stallmeister und das untergeordnete Stallpersonal und nicht selten

θ) eine gedeckte, unter Umständen auch eine offene Reitbahn.

Hierzu kommen noch Stall- und Remisenhöfe, die ebenso, wie die unter α, β und γ genannten Räume für den Stall- und Remisendienst unentbehrlich sind.

[28]) Nach: WILLIAM & FANNE. *Le recueil d'architecture*. Paris. Iᵉ année, f. 6 u. 7.

Die Reit- und Rennpferde erhalten am besten *Boxes*; für die übrigen Tiere genügen meist Kastenstände. Die Abmessungen derselben werden stets reichlich bemessen; man geht in der Regel bis zu den in Art. 12 (S. 17) als obere Grenze angegebenen Mafsen.

Da in solchen Stallungen meist sehr wertvolle Tiere Unterkunft finden, ist den schon früher angegebenen Bedingungen für Konstruktion und Ausrüstung eine ganz besondere Sorgfalt zuzuwenden. Vollkommene Feuersicherheit, so dafs im Brandfalle die kostbaren Pferde in keiner Weise gefährdet werden, Warm- und Trockenhalten der Stallung, bezw. Vermeiden von feuchten Niederschlägen und Schwitzwasser (durch Abhalten von unmittelbarem Zutritt der äufseren Luft) und Verhinderung der Bildung des Stalldunstes sind unerläfsliche Anforderungen.

Mit Rücksicht auf die immer grofse Zahl von Pferden, welche in einem Marstall unterzubringen sind, ist die Anordnung von Ständen und *Boxes* in nur einer Längsreihe fast stets ausgeschlossen. In der Regel werden zwei Längsreihen mit hohem und breitem Mittelgang (von 5 bis 8^m und noch mehr Breite) angeordnet und dabei meist die schon in Art. 13 (S. 18) angedeutete Anordnung gewählt, wobei eine Art dreischiffiger Anlage entsteht: den beiden Ständerreihen entsprechen die zwei Seitenschiffe, dem Mittelgang das Hauptschiff. Letzteres wird in der Regel höher als die Seitenschiffe gehalten, bisweilen so hoch, dafs die Erhellung des Stalles mittels hohen Seitenlichtes erzielt werden kann; doch kann die Stallbeleuchtung auch mit Hilfe eines Dachaufsatzes (Dachlicht) ermöglicht werden; Fenster in den äufseren Langwänden der Stallung sind alsdann zur ihrer Erhellung nicht notwendig, so dafs die Pferde das einfallende Licht niemals vor Augen haben. Obwohl beide Anordnungen das Anbringen von geeigneten Lüftungseinrichtungen, bei denen die Tiere dem Zuge niemals ausgesetzt werden, gestatten, so sollen doch bei manchen derartigen Anlagen mit hohem Mittelgang ungünstige Erfahrungen gemacht worden sein; man hält von mancher Seite die ausgiebige Anordnung von Fenstern in den äufseren Langwänden der Seitenschiffe für eine genügende Luftzuführung als unerläfslich.

Zum Teile aus diesem Grunde, ferner auch in Fällen, in denen über der Stallung noch ein als Futterboden oder anderen Zwecken dienendes Geschofs notwendig wird, giebt man den äufseren Langwänden eine solche Höhe, dafs die Fenster möglichst nahe an der Decke angeordnet werden können, wodurch das einfallende Licht den Pferden nicht schadet. Zur Abhaltung der Zugluft sind dann die in Fig. 33 u. 34 (S. 25) abgebildeten Fensterkonstruktionen zu empfehlen. Ob nun die Gesamtanordnung der Stallungen in der einen oder anderen Weise getroffen wird, immer gewährt der breite Mittelgang einen hübschen Anblick über die gesamte Stallung und verleiht letzterer unter Umständen auch eine gewisse Grofsartigkeit. Der Mittelgang trägt durch seine Breite und Höhe auch wesentlich dazu bei, im Stallinneren gute Luft zu erhalten; er ermöglicht es, die Pferde zur allmählichen Abkühlung oder bei schlechter Witterung u. s. w. im Stalle herumzuführen; ebenso gestattet er das freie Vorführen der Rosse.

Als Beispiel einer solchen Anlage diene das fürstl. *Fürstenberg*'sche Reitstallgebäude zu Donaueschingen, dessen Inneneinrichtung 1876 von *Weinbrenner* erneuert wurde und wovon Fig. 82 eine perspektivische Innenansicht zeigt.

<small>Wände, Träger und Freistützen sind, unter Ausschlufs allen Holzes, aus Stein oder Eisen konstruiert, die Decken durchaus gewölbt und im Dachraum mehrere Brandmauern mit eisernen Thürverschlüssen angeordnet. Die in den äufseren Langwänden angebrachten, hoch gelegenen Fenster sind doppelt, mit 20^{cm} tiefer Isolierschicht; die inneren Fenster sind durch gröfsere Rohglasscheiben in Steinfalz gebildet; die äufseren sind Vorfenster in Holzrahmen.</small>

Die Wände sind ringsum auf 3 m Höhe verkleidet, und zwar die Außenwände auf Krippen- und Standwandhöhe mit 5 cm starken, polierten, schwarzen Marmorplatten und die Seitenwände, den Standwänden entsprechend, mit 18 cm breiten eichenen Brettern, darüber, auf 1,70 m Höhe, mit glasierten, farbigen Mettlacher Platten. Holz ist nur für diejenigen Teile verwendet worden, an denen die Pferde beim Ausschlagen sich beschädigen können, also bei Standwänden und Thüren.

Der Stallfußboden besteht sowohl im Mittelgange, wie innerhalb der Stände aus gestockten Pflastersteinen von sehr quarzreichem Buntsandstein (je 20 cm lang, 15 cm breit und 20 cm hoch) in Cementmörtel versetzt; die Fugen sind, um das Einsickern der Jauche zu verhüten, mit Cement verstrichen; die Stände sind stets mit Streu belegt.

Die Jauche wird innerhalb der Stände durch Mittelrinnen aus Gußeisen und im Mittelgang durch Sammelrinnen aus Sandstein aufgenommen und durch einen Entwässerungskanal der im Hof gelegenen Grube zugeführt (Fig. 83). Die Spülung geschieht durch Wasserzuleitung vom Mittelgange aus, der Eintritt des Wassers durch ein Mundstück am obersten Ende der gußeisernen Jauchenrinnen.

Fig. 82.

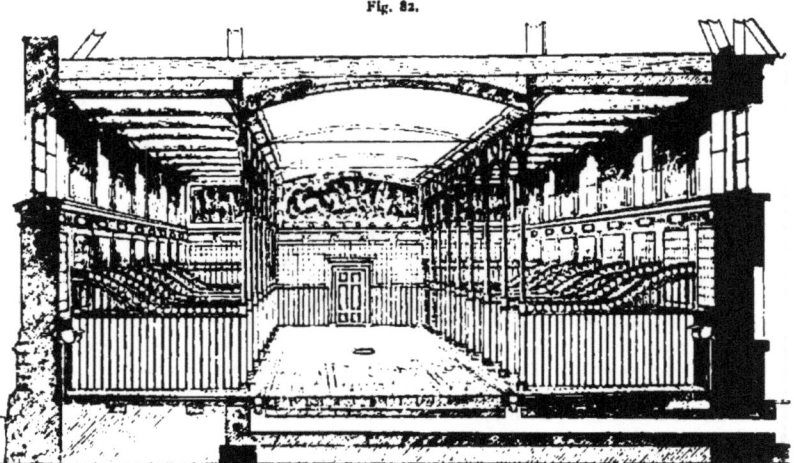

Fürstl. *Fürstenberg'scher* Reitstall zu Donaueschingen.
Arch.: *Weinbrenner*.

Die Fütterung der Pferde erfolgt in Krippen aus Gußeisen (Fig. 83); dieselben stehen frei vor der Wand. Das Heu wird nicht in Raufen, sondern auf den Boden gelegt.

Die Standwände bestehen aus 1,20 m hohen, 13 cm breiten, 3,5 cm starken, gespundeten Eichenriemen, die Wandschwellen und -Rahmen aus Gußeisen. Auf den eichenen Standwänden erheben sich niedrige, gußeiserne Gitter, die an den Krippen als Trenn- oder Beißgitter ausgebildet sind. In den *Boxes* sind diese Gitter in Höhe der letzteren durchgeführt.

Die Rückseite der *Boxes* ist durch Thore geschlossen, welche auf Standwandhöhe von Eichenholz (gestemmt) und darüber aus Rundeisenstäben hergestellt sind.

Zur Lüftung, d. h. zur Zuführung frischer Luft, dienen die beiderseits in den Außenmauern unter dem Gewölbeanschluß angeordneten Luftschlitze, die durch Doppelklappen verschließbar sind; letztere können durch Kurbeldrehung an gemeinschaftlicher Welle gehandhabt werden; ferner steigen im Mittelgang von den Endpunkten der Gewölbescheitel Doppelschlote bis über den Dachfirst empor; je nach der Windrichtung dient der eine Schlot zum Eintritt frischer, der andere zum Abzug der verdorbenen Luft; bei strenger Kälte wird durch wagrechte Schieber aus Gußeisen der Luftzutritt abgestellt.

Ist eine besonders grofse Zahl von Pferden unterzubringen, so würden Ställe mit nur 2 Längsreihen von Ständen zu viel Raum erfordern und auch in der Anlage sehr teuer werden. Man vermehrt alsdann die Zahl der Ständereihen auf 3, selbst auf 4. Für die Anordnung mit 4 Reihen von Pferdeständen kann die Stallung in Fig. 84[34]) als passendes Beispiel dienen; sie gehört der Gebäudegruppe an, welche die Stadt Paris für den Kaiserlichen Marstall in den sechziger Jahren erbauen liefs.

Fig. 83.

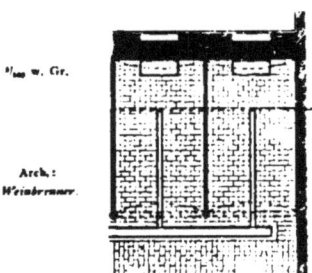

Vom Fürstl. *Fürstenberg*'schen Reitstall zu Donaueschingen.

Auch diese Stallung ist dreischiffig angelegt; das mittlere und zugleich wesentlich breitere Schiff enthält zwei Reihen von Ständen, meist Kastenständen; die beiden Seitenschiffe haben je eine Reihe *Boxes*. Das Mittelschiff ist mit einer gewölbten Decke überspannt; diese trägt einen verglasten Laternenaufsatz, der ebenso zur Beleuchtung, wie zur Lüftung des Stallinneren dient. Die beiden Seitenschiffe sind durch Fenster in den nach den Höfen zu gelegenen Längsmauern erhellt; sie besitzen hölzerne Decken und tragen, wie der Querschnitt in Fig. 84 zeigt, noch ein Obergeschofs.

Kastenstände und *Boxes* sind mit eisernen Raufen und Krippen aus künstlichem Steinmaterial versehen; der Fufsboden derselben ist durch Sandsteinpflaster gebildet, welches Gefälle nach der an der Rückseite der Stände gelegenen Jaucheabzugsrinne hat; in den Gängen ist hochkantiges Ziegelsteinpflaster gelegt.

Bezüglich der Remisenräume ist auf das in Art. 28 bis 31 (S. 31 u. 32) über gröfsere Anlagen dieser Art Gesagte zu verweisen und hier nur nochmals hervorzuheben, dafs man gern die Kutschen etc., die gewöhnlich in Dienst gestellt werden, von den nur bei besonderen Gelegenheiten benutzten Karossen etc. sondert, bezw. sie in getrennten Räumen unterbringt. Letzteres geschieht auch mit etwa historisch interessanten Wagen etc., die nicht selten in gut beleuchteten Hallen zur Schaustellung gebracht werden; Seitenlicht reicht alsdann für eine gute Erhellung nicht aus, und man zieht deshalb bisweilen Dachlicht vor; letzteres ist auch in Bezug auf Erhaltung des Lackanstriches der Wagen und des Lederwerkes zu empfehlen.

60. Wagenremisen.

Zur weiteren Erläuterung des im vorstehenden Gesagten sei zunächst eine Beschreibung des herzoglichen Marstallgebäudes zu Gotha[35]) gewählt, welches im wesentlichen nur Stallungen und sonstige dem Stalldienst gewidmete Räume enthält, weil für das Unterbringen der Kutschen u. s. w. besondere Baulichkeiten vorhanden sind.

61. Beispiel I.

[34]) Faks.-Repr. nach: *Revue gén. de l'arch.* 1866, S. 216 u. Pl. 36—37.
[35]) Nach: Architektonisches Album. Begründet vom Architekten-Verein zu Berlin durch STÜLER, KNOBLAUCH, STRACK. Berlin. Heft 16.

Fig. 84.

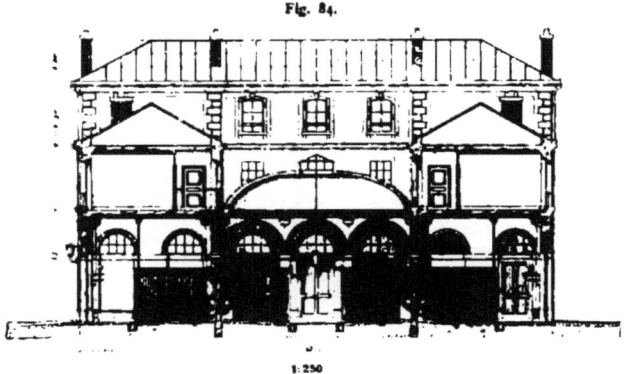

1:250

Stallung des vorm. Kaiserl. Marstalls zu Paris[11].
Arch.: *Téton.*

Für dieses Gebäude (Fig. 85) wurde eine Baustelle gewählt, welche sowohl dem herzoglichen Palais, als auch der Reitbahn und den übrigen Stall- und Remisengebäuden thunlichst nahe gelegen war; dieselbe wird an drei Seiten von öffentlichen Straßen begrenzt. In der Mitte des Gebäudes befindet sich eine Vorhalle und in dieser ein Brunnen mit fließendem Wasser, der vom Druckwerk des Schlosses Friedenstein gespeist wird. Zu beiden Seiten dieser Vorhalle befindet sich je ein Stall mit 20 Kastenständen, und in den vier Ecken des Mittelbaues sind zwei Wachtstuben (darüber im Halbgeschoß je eine Schlafstelle) und zwei Geschirr- und Sattelkammern gelegen; im Obergeschoß des Mittelbaues sind nach vorn drei Wohnstuben für die Stallleute, nach rückwärts zwei weitere Geschirr- und Sattelkammern untergebracht.

Bei dieser Anordnung wurde der Vorteil erreicht, daß in der Mitte der Gesamtanlage das Personal konzentriert gehalten und von hier aus der Dienst nach beiden Seiten sicher und leicht be-

Fig. 85.

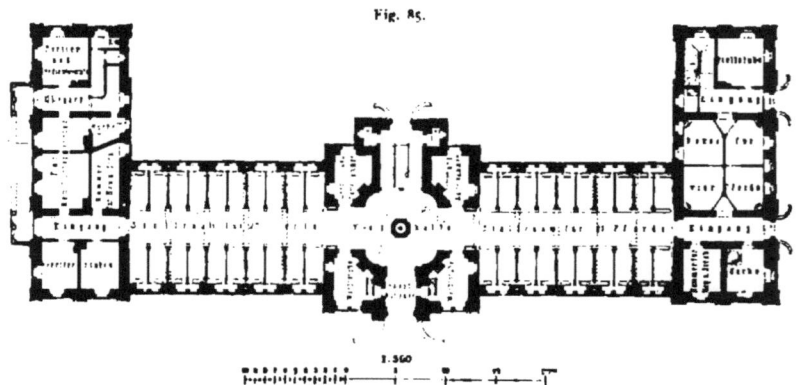

1:360

Herzogl. Marstallgebäude zu Gotha[12].

wirkt werden kann. Die Futterkammern, insbesondere jene für Heu und Stroh, wurden an die äufseren Enden der Ställe verlegt, damit beim Transport des Futters Haupteingang und Vorhalle nicht verunreinigt werden; der Misthof befindet sich auf der rückwärtigen Seite des Gebäudes, weshalb, dem Haupteingang gegenüber, unter der nach dem Obergeschofs führenden Treppe ein weiterer Ausgang angeordnet wurde.

Im weiteren befindet sich im rechtsseitigen Flügelbau noch ein Stall mit 4 *Boxes*, die zwar untereinander durch Thüren verbunden sind, deren jede aber einen besonderen Eingang hat; ferner ist auf dieser Seite auch noch eine Küche mit Einrichtung zum Heifsmachen gröfserer Mengen Wasser, sodann im Obergeschofs die Wohnung des Stallmeisters und eine Wohnstube für unverheiratete Stallleute gelegen. Im Erdgeschofs des linksseitigen Flügelbaues sind zwei Stuben für die Bereiter, eine Wohnung für den Futtermeister und eine Stube für Pförtner und Bediente untergebracht; im Obergeschofs sind für das Gefolge des Herzogs einige Wohnungen vorgesehen, ebenso eine Wohnung für den Tierarzt.

Die Ställe haben Balkendecken mit Holztäfelung, letztere hat einen starken Firnifsanstrich erhalten; die Unterzüge werden von eisernen Säulen getragen. Die Stände sind mit hochkantig gestellten Klinkern ausgepflastert, mit $1/50$ Gefälle nach der Hinterseite der Stände; hier ist eine ganz flache, 24 cm breite Rinne, in harten Steinplatten ausgehauen, angebracht; aus dieser fliefst die Jauche in ein eisernes, 22 cm weites Absugsrohr.

Über den beiden grofsen Ställen befinden sich dem Mittelbau zunächst je 2 Schlafräume für Stallleute; im übrigen sind Haferböden vorhanden, von denen mittels gemauerter Schlote der Hafer in die Ställe herabgelassen wird.

Die Gesamtkosten des Gebäudes haben 121 500 Mark betragen.

Als ferneres Beispiel diene die Fürstlich *Fürstenberg*'sche Marstallanlage zu Donaueschingen (Fig. 86).

Fig. 86.

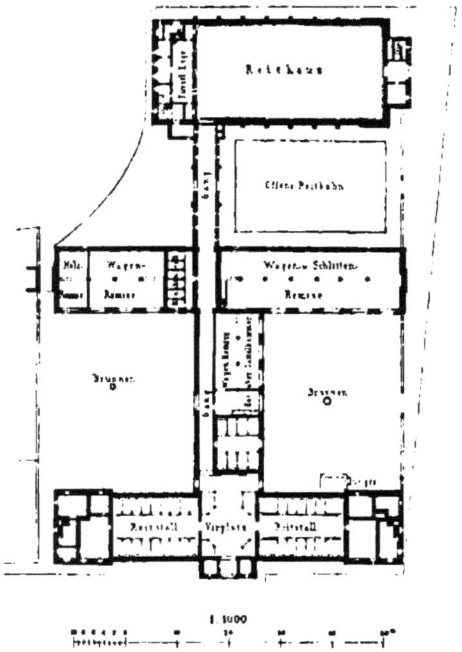

Fürstl. *Fürstenberg*'sche Marstallanlage zu Donaueschingen.

62. Beispiel II.

Wie aus dem Grundplane hervorgeht, schliefst die gesamte Gebäudegruppe drei offene Höfe ein, wovon der nach Norden gelegene als offene Reitbahn dient. Der südliche Gebäudetrakt ist der bereits in Art. 59 (S. 61) näher beschriebene und in Fig. 87 eingehender dargestellte Reitstall mit zugehörigen Vor- und Nebenräumen; die Pferdestände sind an einem 5 m breiten Mittelgang gelegen. Der dazu parallele Mitteltrakt enthält Holz-, Wagen- und Schlittenremisen, sowie einen Stall für kranke Pferde; ein Quertrakt dient als Gaststall, Wagenremise und Sattelkammer; ein an der Westseite gelegener Gang verbindet den Reitstall mit den eben genannten Räumlichkeiten und führt über den Mitteltrakt hinaus, die offene Reitbahn nach Westen begrenzend, zum geschlossenen Reithaus, das den nördlichen Trakt bildet und außer der eigentlichen Reitbahn noch die fürstliche Loge, sowie Vorplätze, Garderoben und Aborte enthält.

63. Beispiel III. Eine ausgedehntere Anlage bilden, die Grofsherzoglichen Marstallgebäude zu Karlsruhe. (Siehe die nebenstehende Tafel).

Die eigentlichen Marstallbaulichkeiten, welche allein auf der nebenstehenden Tafel dargestellt sind, zerfallen in zwei langgestreckte Trakte mit dazwischen gelegenen Höfen. Im Vordertrakt nimmt das Reithaus die Mittelpartie ein; links davon befindet sich der Stall für Reitpferde, rechts jener für Zugpferde. Hinter dem Reithause ist der halbringförmig gestaltete Remisenbau angeordnet und zwischen beiden ein großer Hofraum gebildet, der zum Teil als offene Reitbahn benutzt wird. Die Mitte des Remisenbaues nimmt ein Wohnhaus ein, worin der Stallmeister und der Geschirrmeister untergebracht sind. Hinter dem Reitpferdestall, parallel zu diesem, ist ein an den Remisenbau sich anschließender Gebäudetrakt angeordnet, worin die Wohnung des Hoftierarztes, die Beschlagbrücke, der Krankenstall, die Sattlerwerkstätte, die Geschirrkammer, eine kleine Wagenremise und die Wohnung der Stallbeamten gelegen sind. Der hierzu symmetrisch (hinter dem Zugpferdestall) angeordnete Gebäudetrakt enthält noch zwei kleinere Wagenremisen, ferner die Lackierwerkstätte und gleichfalls eine Wohnung für Stallbeamten; nach rückwärts schließt sich ein Reservestall an. Weiter nach rechts (auf der Tafel nicht mehr dargestellt) sind das Hoffeuerhaus, die Räumlichkeiten für das Hofbauamt etc. angeordnet.

Fig. 87.

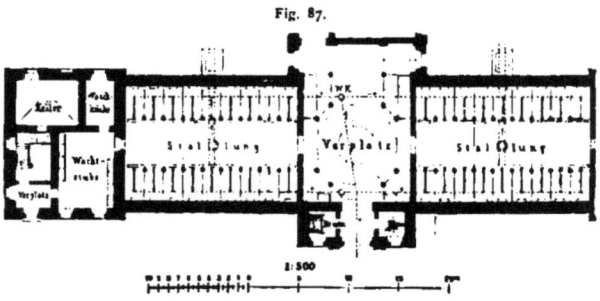

Fürstl. *Fürstenberg*'scher Reitstall zu Donaueschingen.
Arch.: *Weinbrenner*.

Die beiden dreischiffigen Hauptstallgebäude haben an jeder Stirnseite, je links und rechts vor einem Vorplatz gelegen, eine Geschirr- und eine Putzkammer erhalten. Im Reithause werden die Stirnenden von je einem Vorplatz, Stallstuben, Herrenzimmern und Zimmer für Stallbedienstete eingenommen.

Die gesamte Marstallanlage dürfte von *Retty*, dem Erbauer des Karlsruher Residenzschlosses, erfunden und ausgeführt worden sein.

64. Beispiel IV. Als weiteres Beispiel einer grofsartigen Anlage, die auch schon von berufener Seite als »Stallpalast« bezeichnet worden ist, mögen die bereits in Art. 59 (S. 61) erwähnten Marstallgebäude in Paris dienen. Diese ursprünglich Kaiserliche Marstallanlage wurde von der Stadt Paris und auf ihre Kosten nach den Plänen von *Titaz* erbaut; die Bauausführung begann 1861. (Siehe die nebenstehende Tafel.)

Die in Rede stehenden Bauten bedecken eine Grundfläche von 18000 qm; dieselbe ist an drei Seiten von öffentlichen Straßen begrenzt; die Hauptfassade ist dem *Quai d'Orsay* zugewendet. Den Mittelpunkt der ganzen Anlage bildet der Haupt- oder Prunkhof *(Cour d'honneur)*, welcher vom Quai durch das Verwaltungsgebäude geschieden ist; in diesem sind auch Wohnungen für die 4 Stallmeister des kaiserlichen Hauses vorgesehen. Links und rechts wird dieser Hof von den beiden Hauptstallgebäuden begrenzt, nach rückwärts durch zwei Sattelkammern und die Reitbahn abgeschlossen. Die beiden letzteren vermitteln, in viertelkreisförmiger Grundrifsgestalt, den Anschluß zwischen der Reit-

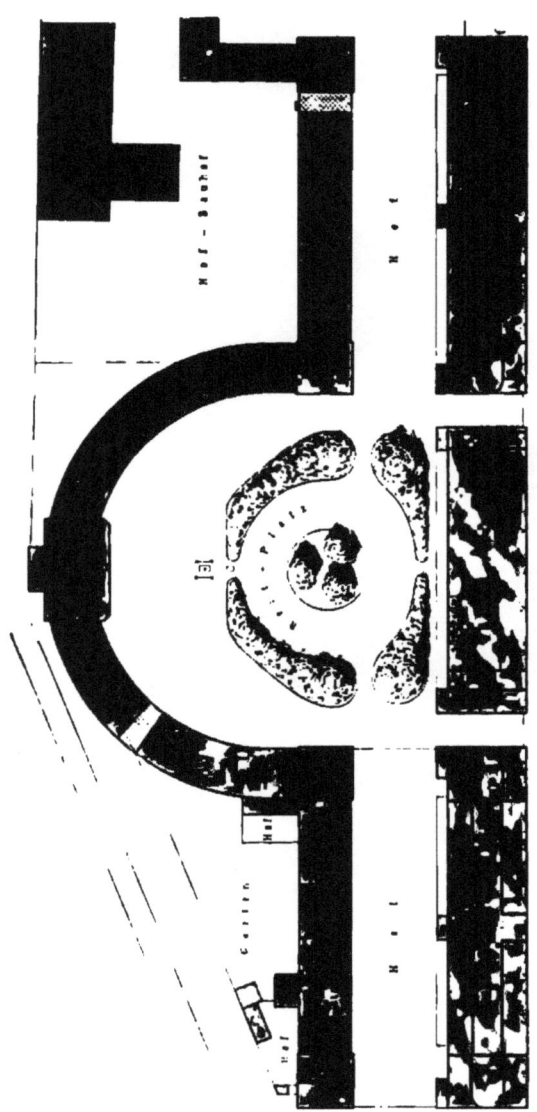

Großherzogliche Marstallgebäude zu Karlsruhe.
Arch.: *Keller* †.

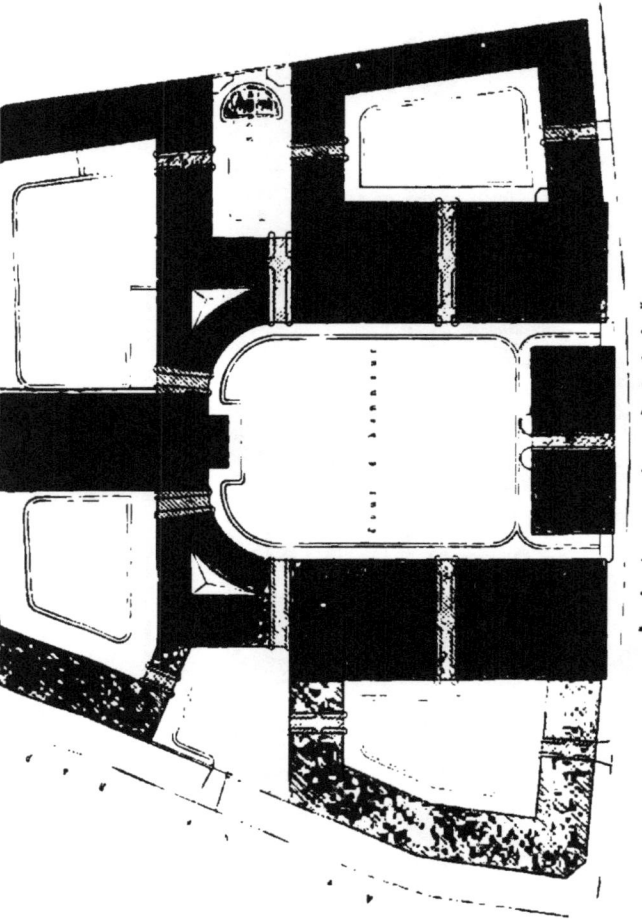

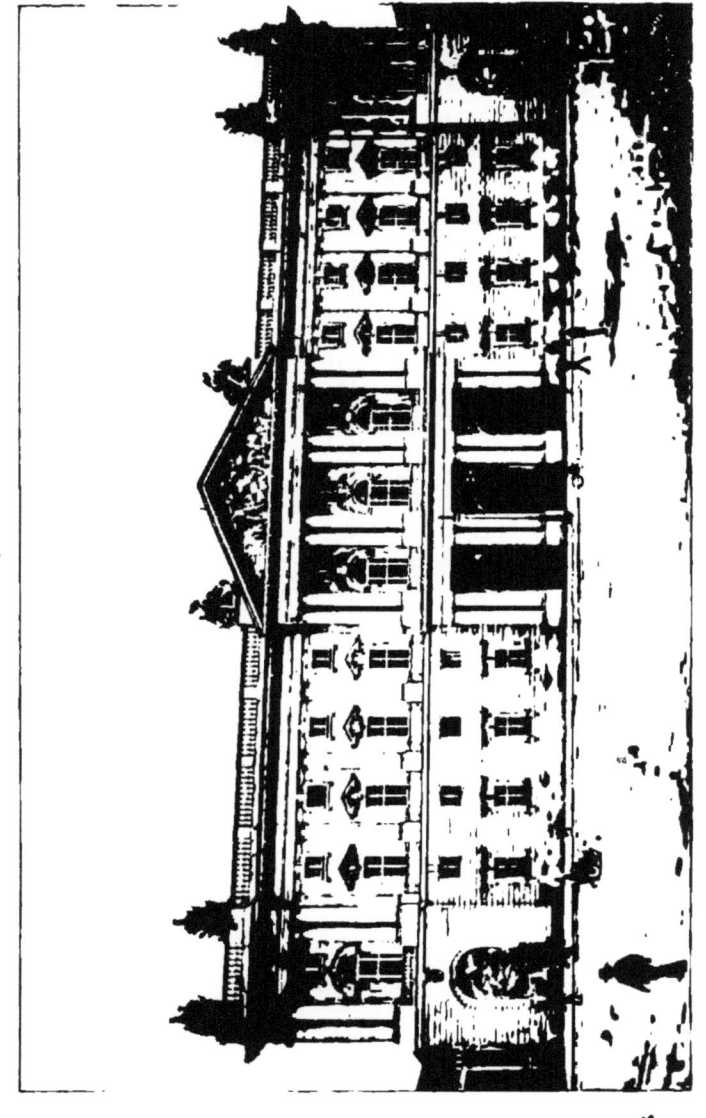

Fig. 88. Königl. Marstallgebäude zu Berlin[96].
Arch.: Ihne.

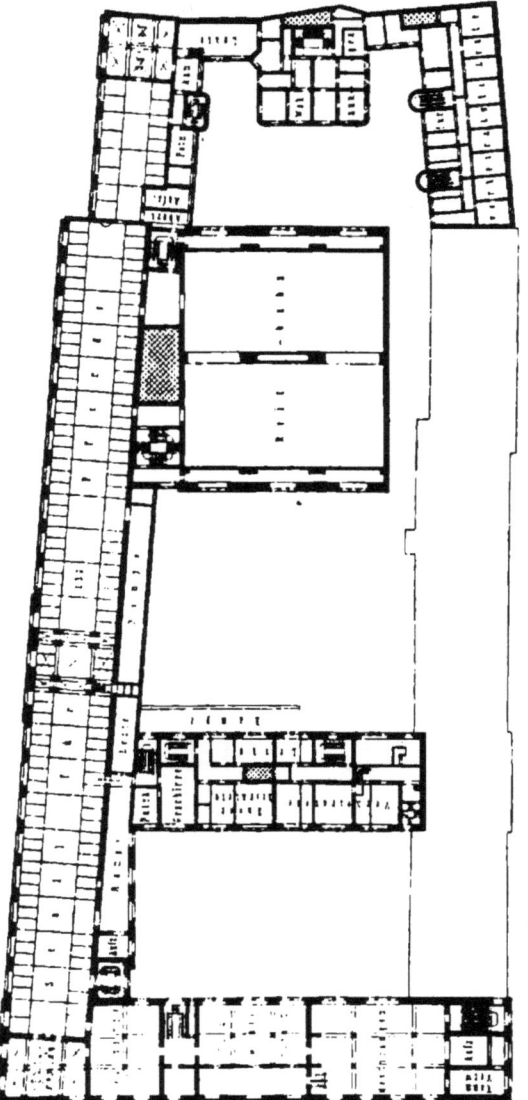

Fig. 89.

Zwischengeschoß.

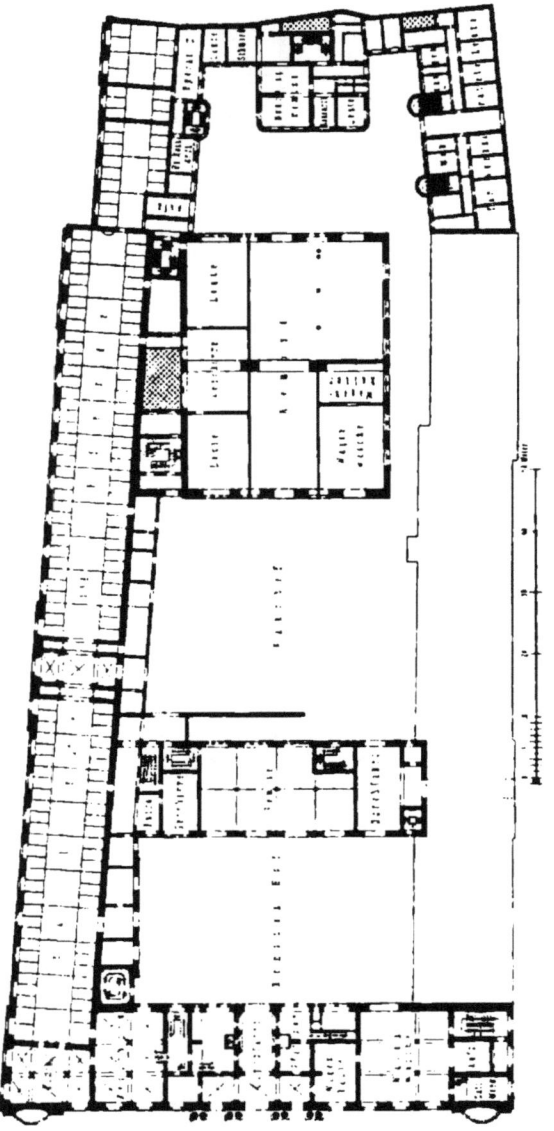

Fig. 90. Königl. Marstallgebäude zu Berlin.[17]
Erdgeschoß.
Arch.: Ihne.

bahn und den beiden Stallungen; die Reitbahn reicht rückwärts bis an die *Rue de l'université*. Zu beiden Seiten der Stallungen und der Reitbahn sind 6 Diensthöfe angeordnet, die zum größten Teil von Remisenbauten umgeben sind.

Das Verwaltungsgebäude ist von den übrigen Baulichkeiten, insbesondere von den Stallungen, vollständig getrennt; dies schien sowohl durch hygienische Rücksichten und durch den zu erzielenden Komfort, als auch durch die Stellung der die gesamte Anlage leitenden Persönlichkeiten geboten zu sein.

Jedes der beiden ganz symmetrisch angeordneten Stallgebäude besteht aus drei Galerien oder Langschiffen, welche von einer gewölbten Durchfahrt durchkreuzt werden; letztere stellt die Verbindung zwischen dem Haupthof und dem an die Stallung grenzenden Nebenhof her. Die Stallungen haben die in Art. 59 (S. 61) bereits beschriebene und durch den Querschnitt in Fig. 84 näher dargestellte Anlage erhalten; sie sind (die Krankenställe mit inbegriffen) mit 144 Kastenständen und 74 *Boxes* ausgerüstet, in denen 3 Arten von Pferden: Wagenpferde von französischer und Reitpferde von meist englischer Herkunft, sowie Rennpferde von verschiedener Abstammung, untergebracht werden.

Die Reitbahn ist 45,00 m lang und 17,50 m breit; sie hat eine Tribüne für 20 bis 30 Zuschauer mit Salon und Garderobe. Der rechts vom *Cour d'honneur* dem Quai zunächst gelegene (erste) Diensthof ist für den Reisedienst, der dahinter gelegene (zweite) für den Krankendienst bestimmt; letzterer hat eine Schwemme erhalten. Der dritte, noch weiter nach hinten angeordnete, an die Reitbahn grenzende Diensthof ist Remisenhof für die vom Herrscher benutzten Karossen; in einer der Remisen sind Staatskarossen und historische Wagen aufgestellt. Diese drei Diensthöfe stehen unter sich und mit dem *Cour d'honneur* mittels besonderer Durchfahrten in Verbindung; längs sämtlicher Gebäudefronten sind gepflasterte Fußwege angeordnet; im übrigen sind die Hofflächen mit Sand bedeckt.

65. Beispiel V.

Als letztes Beispiel einer prunkvollen Marstallanlage möge das Königliche Marstallgebäude zu Berlin dienen, welches nach den Plänen *Ihne's* im Jahre 1897 begonnen wurde (Fig. 88 bis 90 [*] u. [**]).

Die gesamte Anlage bedeckt eine Grundfläche von über 13000 qm und liegt zwischen Schloßplatz, Breitestraße und Spree. Für die Architektur waren Maßstab und Stil (Barock) durch die nächste Umgebung: Schloß, Schloßbrunnen und Kurfürstenbrücke, gegeben. In dem Neubau wird der bisher an verschiedenen Stellen der Stadt untergebrachte Königliche Marstall vereinigt. Es waren Ställe für 270 Pferde, Remisen für 300 Wagen, 2 Reitbahnen, mehrere große Arbeits- und Wirtschaftshöfe, sowie Wohnungen für 50 Familien und 80 unverheiratete Diener und Kutscher zu schaffen.

In dem 5,80 m hohen Erdgeschoß der 88 m langen und bis zur Attika 23 m hohen Schloßplatzfront befinden sich zunächst in und neben der als kräftiges Mittelgiebelrisalit hervorgehobenen Portaleinfahrt eine Anzahl untergeordneter Räume, wie z. B. das Anmeldezimmer, das Bureau des Stallmeisters, Wagenhälter- und Wagenwärterräume u. dergl.

Das über dem Erdgeschoß liegende 4,70 m hohe Zwischengeschoß ist mit dem darüber befindlichen 6,70 m hohen Obergeschoß zu einem 10,90 m hohen Saale zusammengezogen. Über dem Obergeschoß liegt noch ein 4. Geschoß, d. h. ein 4,80 m hohes Zwischengeschoß, welches zur Aufnahme der Galageschirre dient, während der vorhin erwähnte, durch zwei Geschosse reichende Saal als eine Art Museumsraum gedacht ist und zur Aufstellung der wertvollen alten und neuen Krönungs- und Galawagen und Schlitten dient. Die Saalwände sind mit doppelten Säulenstellungen gegliedert und mit einer umlaufenden Galerie versehen, welche mit den Flügeln der Schloßfront in Verbindung steht.

Durch das hohe, dreiachsige Portal an der Schloßfront gelangt man in den vorderen Remisenhof, welcher mit Glas überdeckt ist, und zwar in der Weise, daß das Dach im Sommer seitlich zurückgeschoben werden kann. An der 176 m langen, 31 Achsen umfassenden und durch 3 Giebelrisalite gegliederten, 31 m hohen Spreefront sind im 5,96 m hohen Erdgeschoß, sowie im gleich hohen Obergeschoß die Pferdeställe und die Wagenkammern untergebracht; das II. Obergeschoß hat 6,45 m und das Zwischengeschoß 4,25 m Höhe erhalten. Zu den Obergeschossen führt vom Hofe eine Rampe empor.

An den Spreeflügel schließen nach der Tiefe 3 verschiedene, durch ebenso viele Höfe voneinander getrennte Gebäudegruppen an, in welchen mehrere Wagenremisen, Geschirrkammern, Leuteräume etc. und verschiedene Wohnungen angeordnet sind.

---

[*] Nach einer photographischen Aufnahme der Illustrationsphotographen *Zander & Labisch* in Berlin.
[**] Nach den von Herrn Geh. Hof-Baurat *Ihne* zu Berlin gütigst zur Verfügung gestellten Plänen.

Litteratur
über »Gestüte und Marstallgebäude«.

a) Anlage und Einrichtung.

BRAUN. Ueber die Gebäude für Zucht-Gestüte. CRELLE's Journ. f. Bauk., Bd. 2, S. 129.
CECIL. *The stud farm, or hints on breeding etc.* London. — Deutsch (Der Gestüthof) von A. v. BOHDIEN. Gotha 1858.
MÜLLER, C. F. & G. SCHWARZNECKER. Die Pferdezucht etc. Bd. 2: Racen, Züchtung und Haltung des Pferdes. Von G. SCHWARZNECKER. Berlin 1879. — 2. Aufl. 1884.

β) Ausführungen und Entwürfe.

Architektonisches Album. Begründet vom Architekten-Verein zu Berlin durch STÜLER, KNOBLAUCH, STRACK. Berlin 1838—61.
 Heft XVI, Taf. 91—96: Das neue herzogliche Marstallgebäude in Gotha; von EBERHARD.
GOURLIER, BIET, GRILLON & TARDIEU. *Choix d'édifices publics projetés et construits en France depuis le commencement du XIXme siècle*. Paris 1845—50.
 3e vol., pl. 367, 368: *Dépôt d'étalons à St.-Lô*; von *Doisnard & Jollivet*.
SCHUFFENHAUER, W. Gestüt-Anlage auf dem Rittergute Düppel bei Zehlendorf. ROMBERG's Zeitschr. f. pract. Bauk. 1865, S. 315.
MAYR, O. Die k. k. Militärgestüte in Oesterreich: Kisber, Babolna, Mezöhegyes etc. Wien 1866.
TÉTAZ. *Les écuries de l'empereur* (Paris). *Revue gén. de l'arch.* 1866, S. 216, Pl. 54—60.
HELDBERG. Der neue Marstall neben dem Welfenschlosse in Hannover. Zeitschr. d. Arch.- u. Ing.-Ver. in Hannover 1868, S. 71.
DIMSE, J. Das Gestüt zu Torgel. Riga 1869.
Kgl. Württembergische Landesgestüte Marbach, Offenhausen. St. Johann, Güterstein. Stuttgart 1870.
SCHWARTZ, J. v. Das Königlich Preußische Hauptgestüt Graditz. Berlin 1870.
SCHWARTZ, J. v. & A. KROCKER. Deutsches Gestüt-Buch. Geschichte und Beschreibung deutscher Gestüte. Berlin 1872—73.
HAHN, C. Vier Wochen in Mezöhegyes. Mittheilungen über das königlich-ungarische Staatsgestüt daselbst. Stuttgart 1873.
WÖRZ, J. J. Die Staats- oder Landespferdezucht-Anstalten Württembergs etc. Ulm 1876.
Gestüts-Etablissements-Bauten. Zeitschr. f. Bauw. 1878, S. 602; 1879, S. 556; 1880, S. 550.
BRÜCKNER, F. Geschichte des königlich ungarischen Staats-Gestütes zu Kisber. Wien 1883.
Marstall des Kaiserpalastes zu Straßburg: Straßburg und seine Bauten. Straßburg 1894. S. 409.
DREXLER. Pferdegestüt Kagran. Der Architekt 1895, S. 51 u. Taf. 84.
Berliner Architektur. Der neue Königl. Marstall. Baugwks.-Ztg. 1899, S. 1204.
Berliner Neubauten. Das neue Königliche Marstall-Gebäude. Deutsche Bauz. 1900, S. 293.
WILLIAM & FARGE. *Le recueil d'architecture*. Paris.
 9me année, f. 6: *Dépôt d'étalons de Montier-en-Der*; von DESCAVES.
 14me année, f. 12, 16, 17, 28, 54: *Dépôt d'étalons à Annecy*; von RUPHY.
Croquis d'architecture. Intime-club. Paris.
 16e année, No. VI, f. 3—5: *Un dépôt de chevaux étalons*.

3. Kapitel.

Rindviehställe.

VON ALFRED SCHUBERT.

a) Gesamtanlage.

Die Lage eines Rindviehstalles zur Himmelsrichtung ist möglichst so zu wählen, dafs die nach der zumeist in unmittelbarer Nähe vor dem Stalle anzulegenden Düngerstätte führenden Thüren nicht nach Süden oder Westen, sondern möglichst nach Osten und, noch besser, in wärmeren Gegenden nach Norden gerichtet sind, weil durch eine der letzteren Lagen das Eindringen der Fliegen in den Stall vermieden wird, während dasselbe, zumal bei südlicher Lage, zur großen Plage für das Vieh werden kann. Wichtig ist auch die richtige Lage des Stalles zu den anderen Hofgebäuden, damit die mit der Vieh-

66. Lage und Temperatur.

haltung zusammenhängenden Arbeiten möglichst erleichtert und billig ausgeführt werden können.

Die den Tieren zuträgliche mittlere Stalltemperatur beträgt für Arbeitsochsen 14 Grad C., für Melkvieh, Jungvieh und Kälber 20 Grad C. und für Mastvieh 12 Grad C. Höhere Wärmegrade wirken schwächend und erschlaffend auf das Vieh; wesentlich geringere, welche besonders durch zu hohe Ställe veranlaßt werden, bewirken einen Verlust der tierischen Eigenwärme, welche nur durch die Aufnahme einer unverhältnismäßigen Futtermenge ersetzt werden kann.

67. Raumbedürfnis. Die Größe und Einrichtung der Rindviehställe richtet sich teils nach der Anzahl, Nutzungsart und Größe der unterzubringenden Tiere, teils nach der Art ihrer Unterbringung, der Düngererzeugung und danach, ob das Rauhfutter im Dachraum des Stalles oder in besonderen, zur ebenen Erde befindlichen Räumen untergebracht wird.

Stiere (Bullen), Mast- und Zugochsen, Milchkühe, Jungvieh und Kälber bringt man in gesonderten Räumen oder doch wenigstens in getrennten Stallabteilungen unter und richtet die Ställe so ein, daß die Tiere entweder in Reihen an den Krippen angebunden aufgestellt werden oder im Stalle frei herumgehen (Laufställe). Der von den Tieren erzeugte Dünger wird entweder täglich oder erst nach Monaten herausgeschafft (Tiefställe); letzteres ist besonders in Laufställen zweckmäßig.

Die Größen des Standraumes sind sehr verschieden.

Nach dem Erlaß des preußischen Ministeriums (vom 9. Januar 1871) sind folgende Maße zu beachten:

Standbreite bei einer einzelnen Kuh . . . . 1,60 m;
» » zwei Kühen . . . . 2,50 bis 2,80 »;
» » mehr als zwei Kühen und kleinem Vieh für das
    Haupt . . . . 1,00 » 1,30 »;
» » großem Vieh . . . . 1,30 »;
» » für Ochsen . . . . 1,30 » 1,40 »;
» » Jungvieh . . . . 0,90 »;
Standlänge für Kühe, ausschl. Krippe, aber einschl. Gang dahinter . 3,30 » 3,40 »;
» » eine doppelte Kuhreihe, einschl. Mittelgang . . . 6,20 » 6,50 »;
» » eine Reihe Ochsen, ausschl. Krippe, aber mit Gang
    dahinter . . . . 3,40 » 3,50 »;
» » eine doppelte Reihe Ochsen, einschl. Mittelgang . . 6,50 » 7,50 »;
» » eine Jungviehreihe, ausschl. Krippe, aber mit Gang
    dahinter . . . . 2,80 »;
» » eine doppelte Jungviehreihe, einschl. Mittelgang . . 5,50 » 5,60 ».

Legt man keine Futtergänge an, so sind diese Standlängen für Ställe und Vieh mittlerer Größe auch einschließlich Krippen ausreichend. Absatzkälber erhalten, in kleinen Verschlägen frei herumlaufend, 1,40 bis 1,60 qm Grundfläche.

Als mittlere, praktisch bewährte Maße des Standraumes können folgende angenommen werden:

	Standlänge, ausschl. Krippe und Rinne	Standbreite
Für eine große Kuh oder einen Bullen	2,80	1,40
» » mittelgroße Kuh oder einen Zugochsen. . . .	2,50	1,25
» » kleine Kuh	2,30	1,10
» ein ein- bis zweijähriges Rind	2,20	0,95
	Meter	

Für überschlägige Raumberechnung kann man für das Haupt ausgewachsenes Vieh, ausschl. Futtertenne, 6,50 bis 7,00 q™ Stallraum rechnen.

Die lichte Stallhöhe richtet sich nach der Anzahl des einzustellenden Viehes und danach, ob der Dünger täglich oder erst nach längerer Zeit herausgeschafft wird.

Nach preußischer Ministerialbestimmung soll die lichte Höhe bis zu 12 Haupt Vieh 2,80 bis 3,10 ™, bei 12 bis 30 Haupt 3,10 bis 3,60 ™ und bei über 30 Haupt entsprechend mehr betragen. Für Jungvieh genügen 2,50 ™ lichte Stallhöhe. Bei täglicher Ausmistung und bis 10 ™ Stalltiefe kann man 2,90 ™ lichte Höhe, bei 10 bis 15 ™ eine solche von 3,20 bis 3,50 ™ und bei 15 bis 20 ™ eine solche von 3,50 bis 3,60 ™ als ausreichend annehmen. Mehr als 4,60 ™ lichte Höhe darf selbst bei größten Stallanlagen niemals gegeben werden, da die Ställe sonst zu kalt werden und das Einbringen der Futtervorräte in den Dachboden sehr erschwert wird.

Wo der Dünger längere Zeit liegen bleibt und zu größerer Höhe aufwächst, muß die lichte Stallhöhe um $^1/_3$ der Düngerschichthöhe (gewöhnlich bis zu 0,80 ™) vermehrt werden.

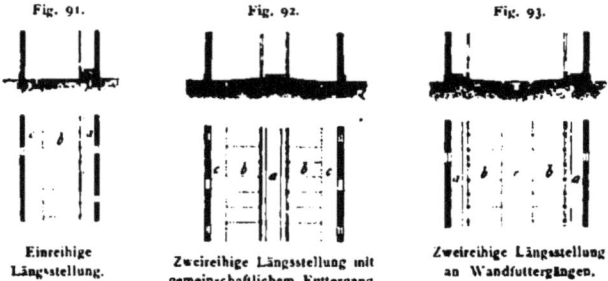

Fig. 91. Fig. 92. Fig. 93.

Einreihige Längsstellung.   Zweireihige Längsstellung mit gemeinschaftlichem Futtergang.   Zweireihige Längsstellung an Wandfuttergängen.

b. Anordnung der Stände.

Die Aufstellung des Rindviehes geschieht entweder nach der Länge des Stalles in Längsreihen—Langständen, oder nach der Tiefe desselben in Querreihen—Querständen.

Die Aufstellung des Viehes in nur einer Längsreihe (Fig. 91) erfordert, bei einer Breite des Futterganges a mit Krippe von 1,40 bis 1,60 ™, der Länge des Standes b von 2,30 bis 2,50 ™ und einer Breite des Mistganges c (einschl. Rinne) hinter den Tieren von 1,20 bis 1,50 ™, eine lichte Stalltiefe von 4,90 bis 5,60 ™. Sie ist nur bei Bauernwirtschaften bis etwa 15 Stück Vieh üblich.

Eine größere Viehanzahl, etwa bis 50 Stück, wird gewöhnlich in zwei Längsreihen (Fig. 92) an einem gemeinschaftlichen Futtergange a so aufgestellt, daß die Tiere mit den Köpfen einander gegenüberstehen. In diesem Falle ergiebt sich, bei einer Breite des Futterganges a (einschl. Krippen) von 1,80 bis 2,50 ™ (je nach Art der Anlage), einer Standlänge b von 2,30 bis 2,50 ™ und der Breite der Mistgänge c von 1,20 bis 1,50 ™, eine lichte Stalltiefe von 8,60 bis 10,50 ™.

Bei der Längsstellung (Fig. 93) stehen die zwei Reihen Vieh, sich den Rücken zukehrend, an den Wandfuttergängen a, a und haben einen gemeinschaftlichen Mistgang c. Beträgt die Breite jedes Futterganges a einschl. Krippen 1,40 bis 1,60 m, die Standlänge b 2,30 bis 2,50 m und die Breite des Mistganges c (einschl. Rinnen) 1,80 bis 2,20 m, so ergiebt sich eine lichte Stalltiefe von 9,20 bis 10,40 m.

Bei der Querreihenstellung (Fig. 94), welche für 50 bis 100 und mehr Stück Vieh gebräuchlich ist, stehen gewöhnlich 8 bis 10 Stück in einzelnen Reihen an gemeinschaftlichen Futtergängen a, a und an den 1,80 bis 2,20 m breiten Mistgängen c. Beträgt die Breite des Ganges d, welcher anstatt an der Hofseite, auch an der Feldseite des Stalles, und dann in gleicher Höhe mit den Futtergängen, angelegt werden kann, 1,25 bis 1,50 m und jede Standbreite 1,25 m, so ergiebt sich eine erforderliche Stalltiefe von 11,20 bis 14,00 m.

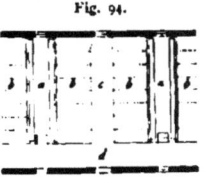

Fig. 94.

Querreihenstellung.

Wirtschaftlicherseits wird der Längsreihenstellung (besonders an gemeinschaftlichem Futtergang) Bequemlichkeit der Fütterung und leichte Übersichtlichkeit bei gröfserem Viehstande nachgerühmt, während die Querreihenstellung durch die Vermehrung der Ausgänge, leichtere Rettung des Viehes bei Feuersgefahr, besserer und schnellerer Jauchenabfluss und gröfsere Festigkeit des Gebäudes bietet, indem Scheidewände zur gruppenweisen Abtrennung des Viehes nach Alter, Geschlecht, Rassen oder Fütterungsarten nach Belieben angeordnet werden können. Aufserdem aber bietet die Querstellung noch den Vorteil, dafs sie, je nach der Bauart, im Vergleich mit der Längsstellung zu einer Ersparnis von 12 bis 15 Vomhundert an Bau- und Unterhaltungskosten führt.

Deshalb ist in wirtschaftlicher Beziehung und zur möglichsten Verringerung der Baukosten begründet, bei Querreihenstellung, besonders bei 100 und mehr Stück Vieh, eine solche Stalltiefe zu erzielen, dafs der Unterschied zwischen Länge und Tiefe des Stalles aufhört, d. h. dafs derselbe eine annähernd quadratische Grundrissform erhält.

Fig. 95 zeigt die Grundrifsskizze eines solchen Quadratstalles, welcher dem Verfasser des vorliegenden Kapitels von der »Deutschen Landwirtsgesellschaft« preisgekrönt wurde. Das Vieh steht in dem mit verhältnismäfsig kurzen Umfassungsmauern eine grofse Grundfläche umspannenden Gebäude in 6 Reihen an 2 gemeinschaftlichen und an 2 Wandfuttergängen.

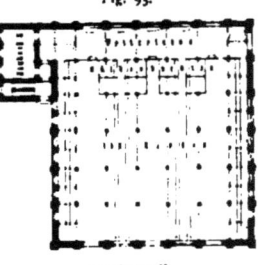

Fig. 95.

Quadratstall.
Arch.: *Schubert*.

c) Liegenlassen des Düngers.

Das zeitweise Liegenlassen des Düngers im Stalle, in welchem das Vieh entweder an verstellbaren oder feststehenden Krippen angebunden wird oder sich im ersteren frei bewegt, was besonders für Jungvieh und kalbende Kühe äufserst vorteilhaft ist, bezweckt die möglichste Stickstofferhaltung und Verbesserung des Düngers, da derselbe fortwährend mit Jauche durchfeuchtet und gleichmäfsig festgetreten wird. Selbstredend mufs der Stallraum, der Aufbewahrungsdauer und anwachsenden Höhe des Düngers entsprechend, vergröfsert werden, und zwar um ca. 3 qm, d. h. um diejenige Fläche, welche sonst die Düngerlagerung des einzelnen Viehes auf der Düngerstätte, die hier in Fortfall kommt, erfordert.

Die nachfolgenden Raumberechnungen stützen sich auf die Annahme, daß eine gut genährte und mit reichlicher Einstreu versehene mittelgroße Kuh jährlich ca. 13,5 cbm Dünger liefert, welcher nur 4 Monate im Stalle bleiben und nicht höher als ca. 60 cm hoch anwachsen soll; läßt man aber den Dünger bis zu einer gleichmäßigen Höhe von 1,25 bis 1,50 m anwachsen, so wird an Raum und Baukosten gespart, so daß sich der nachstehend ermittelte Raumbedarf für jedes Haupt Vieh im Verhältnis von etwa 7:5 verringert.

Auch hierbei können alle 3 Aufstellungsarten des Viehes angewendet werden:

α) Zweireihige Längsstellung an zwei erhöhten Wandfuttergängen und festen oder beweglichen Krippen (Fig. 96).

Fig. 96.

Es beanspruchen: der Bewegungs- oder Düngerplatz a 5,70 m, die 2 Standlängen b, b 5,90 m (Standbreite 1,25 m), die 2 Krippen c, c 1,30 m, die 2 Futtergänge d, d 2,0 m und die Brücke f (zur Düngerausfuhr) 0,45 m (Hälfte), woraus sich eine lichte Stalltiefe von 14,10 m und für 1 Haupt Vieh

$$\frac{8 \times 1,25 + 0,45 \times 14,1}{16} = 9,28 \text{ qm}$$

ergeben.

β) Zweireihige Längsstellung mit einem gemeinschaftlichen, ebenen Futtergange und zwei Bewegungsplätzen a (Fig. 97). Beansprucht werden: die beiden Bewegungsplätze a 5,70 m, die 2 Standlängen b 5,90 m (Standbreite 1,25 m), die verstellbaren doppelten Krippen c, c 1,40 m, der Futtergang d 1,50 m erfordern zusammen eine lichte Stalltiefe von 13,80 m und für 16 Haupt Vieh einen Raum von $8 \times 1,25 \times 13,80 = 138,00$ qm, mithin für 1 Haupt 8,62 qm Stallgrundfläche.

γ) Querreihenstellung mit einem an der Hinterfront des Stalles gelegenen Verbindungsgange, erhöhten Futtergängen und festen oder beweglichen Krippen (Fig. 98). Es erhalten: der Bewegungsplatz a 5,70 m, die Standlänge b 2,40 m, die Standbreiten je 1,25 m, die Krippen c je 0,84 m, die Hälfte der Futtergänge d 0,36 m und der Verbindungsgang e 1,50 m; hierdurch werden eine lichte Stalltiefe

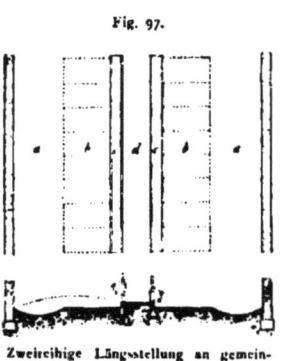

Fig. 97.

Zweireihige Längsstellung an gemeinschaftlichem Futtergang.
(Liegenlassen des Düngers.)

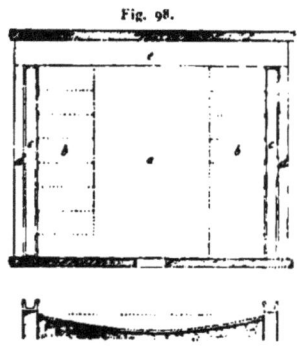

Fig. 98.

Querreihenstellung.
(Liegenlassen des Düngers.)

von 11,50 m und, bei 12,90 m Stalllänge, 148,38 qm Stallgrundfläche oder für 1 Haupt Vieh 9,27 qm erforderlich.

Von diesen Aufstellungsarten beansprucht die letzte fast ebensoviel Stallraum für jedes Haupt als die erste und ist ferner mit dem Nachteile verbunden, daß die Abfuhr des Düngers erschwert wird, indem man die Wagen rückwärts in die einzelnen Stallabteilungen schieben muß, während die Abfuhr des Düngers bei den beiden ersten Aufstellungsarten, besonders mit mittlerem Bewegungsplatz, sich durch die in den Giebelwänden anzulegenden Thore, leicht und schnell bewirken läßt.

70. Nebenräume.

Die Art und Gröfse der Futterbereitungsräume hängt von der Art der Fütterung und der Anzahl des Viehes ab. Bei Verabreichung von Trockenfutter und zerkleinerten Hackfrüchten legt man eine mit Zufahrt versehene, nach dem Stall hin offene Futtertenne nebst Häckselkammer an. Die erstere dient zum Mischen des Futters und zum Aufstellen der Maschinen für das Rübenwaschen und -Schneiden, des Ölkuchenbrechers, der Schrotmühle und der Futterwage. Unter Umständen werden die Wasserbehälter für eine Selbsttränke, Schlempebecken und eine Pumpe aufgestellt. Die Häckselschneide wird entweder in der neben der Tenne liegenden Häckselkammer oder häufiger über letzterer im Futterboden aufgestellt. Der hier geschnittene Häcksel und die Spreu fallen durch einen hölzernen Schlot in die in der Häckselkammer aufgestellten Futterbehälter. Wo Langstroh verfüttert wird, fällt natürlich die Anlage einer Häckselkammer fort. Bei kleineren Stallanlagen wird vielfach nur eine geräumige Futterkammer angeordnet.

Häcksel- und Futterkammern stehen mittels einer abgeschlossenen Treppe und einer Deckenklappe mit dem Futterboden in Verbindung. Offene Futtertennen werden vielfach mit einem besteigbaren Futterschlot versehen.

Der Fufsboden vorbenannter Räume muß die Grundfeuchtigkeit abhalten und wird, da Futterkammern und Tennen vielfach mit Einfahrt versehen werden, als hochkantiges Ziegelpflaster, besser und billiger aus Cementbeton hergestellt und zur Ableitung aller Flüssigkeiten mit dem erforderlichen Gefälle und einer Ableitung versehen. Bei grofsen Anlagen ist die Anordnung von Futtergleisen meistens recht praktisch.

Soll gedämpftes (mit Dampf gar gekochtes) Wurzel- und Knollenfutter verabreicht werden, so ist eine besondere Futterküche erforderlich, welche feuersicher zu überwölben und vom Stalle mit einer durch den Dachraum hindurchgehenden Brandmauer abzugrenzen ist. In der Küche werden die Dampffässer, Zerkleinerungsmaschinen und die aus harten Ziegelsteinen in Cementmörtel gemauerten und innen mit glattem Cementputz versehenen oder aus Stampfbeton hergestellten Kühlbottiche an den Wänden entlang aufgestellt, während die Raummitte als Futtermischtenne benutzt wird; der Cementbeton-Fufsboden ist mit Entwässerung zu versehen.

Die Gröfse der einzelnen Futterbereitungsräume richtet sich nach der Viehzahl, nach der Art der Futterbereitung und der Anzahl der aufzustellenden Geräte, Maschinen etc. Im allgemeinen sind für jedes Haupt Vieh 0,60 bis 0,80 qm, unter Umständen sogar 1,00 qm und mehr Grundfläche zu rechnen.

Die Lage der Futterbereitungsräume soll möglichst die Abwartung des Viehes und das Herausbringen des Düngers erleichtern, also Zeit und Arbeit ersparen, und deshalb werden die Räume bei kleineren und kurzen Ställen an einem Giebel, bei grofsen Anlagen, um gröfsere Wege als 20 bis 25 m möglichst zu vermeiden, in der Mitte des Stalles angelegt.

In Tiefställen, wo der Mist Monate lang unter dem Vieh lagert, ist die Lage der Futterbereitungsräume am Giebel des Stalles oder in einem in der

Mitte der Vorder- oder Hinterfront anzuordnenden Vor- oder Anbau die beste, weil dadurch das Herausfahren des Düngers in der Längsrichtung des Stalles sehr erleichtert wird.

Zum Unterbringen der Wurzelfrüchte werden Futtertenne, Futterkammer und -Küche oft teilweise oder ganz unterkellert und wird die Kellertreppe zweckmäßig unter der Futtertreppe angeordnet. Zur Erleichterung der Rübenbeförderung ordnet man einen Aufzug an und stellt die Rübenwaschmaschine zweckmäßig im Keller auf.

Für jedes Haupt Vieh sind ca. 0,6 bis 0,7 ^{cbm} Kellerraum erforderlich.

Der Futterboden muſs den ganzen Winterbedarf aufnehmen. Derselbe beträgt für 1 Haupt Vieh 1200 bis 1500 ^{kg} Heu, und diese erfordern bei einem Rauminhalt von 0,75 ^{cbm} auf je 50 ^{kg} rund 18 bis 23 ^{cbm} Bodenraum. Zum Unterbringen des Vorrates ist 3,00 bis 3,50 ^{m} Durchschnittshöhe des Dachraumes erforderlich; bei flachen Dächern ist durch einen entsprechend hohen Drempel nachzuhelfen. Zum Einbringen des Rauffutters sind im Drempel der Vorderfront, bezw. bei tiefen oder quadratischen Ställen auch an der Hinterfront oder auf allen Fronten Luken im Abstand von 12 bis 20 ^{m} anzuordnen, welche 1,00 ^{m} breit und mindestens 1,80 m hoch sein müssen. Bei zu hoher Lage der Luken bringt man unter ihnen in geeigneter Höhe wegnehmbare Stakbretter auf eisernen Haken oder um lotrechte Achsen drehbare Krahne an. Zum gehörigen Austrocknen des Futters sind im Drempel Fenster, bezw. Luftschlitze in erforderlicher Anzahl anzulegen.

Das zeitraubende und kostspielige Herauf- und Herunterschaffen des gesamten Futters auf und von den Böden, die ungünstige Lage desselben über vielfach nicht völlig dunstdichten Decken und die damit für das Gebäude und Vieh heraufbeschworene Feuersgefahr haben neuerdings zur Anlage von Ställen ohne Bodenraum geführt, welche den sehr wesentlichen Vorzug großer Billigkeit besitzen. Bei diesen Ställen bildet das Dach gleichzeitig die Decke, und die Futtervorräte werden dann in einer meist an den Stall angrenzenden, leicht konstruierten Futterscheune untergebracht.

Knechte- und Mägdekammern werden selten im Stalle selbst angelegt; man bringt meistens nur erhöhte Bettplätze für 1 bis 2 Wärter an. Soll indes das ganze Stallpersonal im Stalle Unterkunft finden, so muſs auf 15 bis 20 Kühe eine Magd und auf ein Gespann von 4 bis 6 Zugochsen ein Knecht gerechnet und müssen getrennte Kammern angelegt werden, welche für jede Person 5 bis 6 ^{qm} Grundfläche gewähren.

Kälberställe für Saugkälber werden gewöhnlich durch hürdenartige Verschläge im Kuhstalle selbst hergerichtet. Absatzkälber bringt man zu je 3 bis 4 Stück in einzelnen, aus 1,30 ^{m} hohen Latten- oder Bretterwänden hergestellten und mit Krippen versehenen Buchten unter, welche zweckmäßig im Jungviehstalle anzuordnen sind. Auf je 4 Kühe wird 1 Kalb gerechnet, welches 1,40 bis 1,80 ^{qm} Grundfläche erfordert.

Jungviehställe sollen als abgesonderte Laufställe mit unmittelbaren Ausgängen nach dem Hofe angelegt werden und für 1 Haupt 3,5 bis 4,0 ^{qm} Grundfläche gewähren. Auf je 4 Kühe rechnet man 1 Jungvieh, welches mit 1 Jahre angebunden wird.

Die Anlage eines Krankenstalles findet nur bei großen Anlagen statt. Derselbe muſs 10 bis 15 vom Hundert des Viehstandes aufnehmen können und darf durch keinerlei Öffnung mit dem Hauptstall in Verbindung stehen.

b) Konstruktion und Einrichtung.

71. Wände.

Zur Herstellung der Wände sind diejenigen Baustoffe die geeignetsten, welche schlechte Wärmeleiter sind und gleichzeitig der Nässe und Witterung widerstehen.

Am besten sind Mauern aus hartgebrannten Ziegelsteinen, bei kleinen Stallanlagen in mindestens 1½ Stein Stärke. Bei gröfseren Anlagen müssen diese Wände an der Aufsenseite an den Auflagerstellen der hölzernen und eisernen Deckenunterzüge oder der I-Träger bei weitgespannten Beton- oder *Monier*-Gewölben durch mindestens 13 ^{cm} starke und 38 ^{cm} breite Pfeilervorlagen verstärkt werden. Die zur Beseitigung der ungünstigen Eigenschaften anderer, weniger zur Ausführung von Stallwänden geeigneten Baustoffe zu treffenden Verbesserungen sind bereits in Art. 3 (S. 6) besprochen worden.

72. Decken.

Von den hölzernen Decken kommt nur der gestreckte Windelboden in Frage, entweder in gewöhnlicher Konstruktion oder besser mit unterem Cementputz, in verschiedener Ausführung des Putzträgers. Der Lehmestrich kann zur völligen Dunstdichtigkeit mit Pappe beklebt oder statt dessen besser ein Hartgipsestrich angewendet werden. Weiteres über hölzerne Decken siehe Art. 5 (S. 7).

Massive Decken in Gestalt von böhmischen Kappen oder Kreuzgewölben zwischen Gurtbogen auf gufseisernen oder steinernen Stützen sind infolge ihrer bei Rindviehställen erforderlichen grofsen Spannweiten nicht nur teuer und schwierig auszuführen, sondern erschweren auch infolge des hohen Gewölbestiches die Lüftung erheblich, so dafs ihre Verwendung heute zu den Ausnahmen gehört. Besser sind preufsische Hohlziegel-Kappengewölbe von mindestens 2,50 ^{m} Spannweite zwischen I-Trägern; noch geeigneter als diese und billiger sind die ebene *Kleine*'sche, die *Schürmann*'sche und ähnliche neuzeitliche Deckenkonstruktionen, sämtlich zwischen I-Trägern ausgeführt. Die verhältnismäfsig geringe Spannweite dieser Decken bedingt aber, um die Anzahl der gufseisernen Säulen in Rindviehställen möglichst zu verringern, die Verwendung von Unterzügen aus I-Trägern, wodurch die Decken allerdings teurer werden, als die bis zu 5,00 ^{m} weit spannbaren Cementbeton- und *Monier*-Gewölbe, welche zur Zeit als die das wenigste Eisen erfordernden Decken sehr beliebt sind. Weiteres über massive Decken siehe Art. 6 (S. 9).

Die Stellung der Deckenstützen und die Lage der Balken, bezw. I-Träger hängt von der Aufstellungsart des Viehes ab.

Bei zweireihiger Längsstellung an mittlerem Futtergang wiederholen sich die Stützen alle 3 bis 4 Standbreiten und stehen demnach ca. 3,75 bis 5,00 ^{m} weit voneinander ab. Holzsäulen stehen am besten dicht vor den Krippen auf einem Ziegel- oder Hausteinsockel; die Unterzüge laufen ungestofsen nach der Tiefe des Stalles und bewirken eine gute Verankerung der Langfronten; die Deckenbalken liegen dann gestofsen nach der Stalllänge, wodurch eine möglichst hohe Lage der Fenster, leichtere Auswechselung etwa verfaulter Balken etc. erzielt werden kann. Die Säulen des doppelten Dachstuhles stehen schräg auf den Deckenstützen, bezw. den Unterzügen. Gufseiserne Säulen stehen ebenfalls auf jeder dritten oder vierten Standgrenze und bleiben mindestens 0,50 ^{m} von der Krippe entfernt. Die unmittelbar auf den Säulen ruhenden und die 3,75 bis 5,00 ^{m} breiten Beton- oder *Monier*-Gewölbe aufnehmenden I-Träger laufen dann ungestofsen nach der Stalltiefe. Wie bereits erwähnt, bedingen Ziegelsteingewölbe, *Kleine*'sche und andere Decken engere Trägerlagen und Unterzüge, so dafs sie durch die viele Eisenverwendung recht teuer werden. Die Dachstuhlsäulen stehen senkrecht auf den gufseisernen Säulen und sind gleich auf den Gewölbeträgern zu montieren.

Bei zweireihiger Längsstellung an Wandfuttergängen stehen die hölzernen Deckenstützen wieder dicht vor den Krippen auf massiven Sockeln und tragen Rähme, auf denen die nach der Stalltiefe gehenden Balkenunterzüge ruhen. Auf diesen lagern die nach der Stalllänge laufenden, gestofsenen Deckenbalken, müssen aber, da sie über den Ständen und dem Düngergang ca. 7ᵐ frei liegen, durch Hängewerk getragen werden. Die Hängewerkstreben gehen nach den Deckenstützen, welche des erforderlichen Gegenschubes wegen kleine, nach den Unterzügen gehende Streben erhalten müssen. Die Firstpfette wird vom Deckenhängewerk, die Zwischenpfetten werden von senkrecht auf den Deckenstützen stehenden Stuhlsäulen getragen. Eiserne Säulen (in Verbindung mit I-Träger-Unterzügen, auch viel bei Holzdecken gebräuchlich) werden nebst den I-Trägern der Gewölbe ebenso aufgestellt, bezw. verlegt, wie bei der Längsstellung des Viehes an gemeinschaftlichem Futtergang; die Kappenträger sind, zur Vermeidung einer Eisenverschwendung, von den Wänden bis zu den Säulen auf diesen gestofsen. Bei Holz- und Eisenkonstruktion stehen die Säulen des doppelt stehenden Stuhles, schräg nach aufsen gerichtet, auf den Deckenstützen, bezw. unmittelbar auf den Trägern.

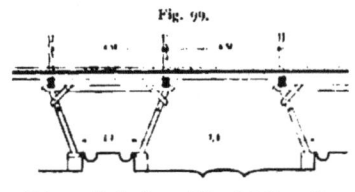

Fig. 99.

Hölzerne Deckenkonstruktion bei Querreihenstellung des Viehes.

Bei Querreihenstellung des Viehes werden die Holzstützen wieder in Entfernungen von 3 bis 4 Standbreiten dicht vor den Krippen aufgestellt, so dafs die nach der Stalltiefe gehenden Balken 3,75 bis 5,00ᵐ frei liegen. Die nach der Stalllänge laufenden Unterzüge liegen aber von Krippe zu Krippe ca. 7,00ᵐ frei, so dafs ihre freitragende Länge durch Sattelhölzer und Kopfbänder oder durch Sprengböcke auf 4,50ᵐ gekürzt wird. Trotzdem mufs die Decke dann noch durch 3 Dachhängewerke getragen werden, welche gleichzeitig die 7,00ᵐ weit freiliegenden Dachpfetten stützen. Einfacher und billiger ist die in Fig. 99 abgebildete Konstruktion. Die Unterzüge werden hier in ca. 4,50ᵐ Entfernung nach der Stalltiefe verlegt und von einem aus strebenartig gestellten Stützen und Sattelhölzern gebildeten Bock unterstützt. Die Balken laufen gestofsen nach der Stalllänge; die Stuhlsäulen der ebenfalls 4,50ᵐ weit entfernten Dachbinder stehen unmittelbar auf den Unterzügen.

Eiserne Säulen stehen wieder 0,50ᵐ weit von den Krippen ab, so dafs die nach der Stalllänge gerichteten und 3,75 bis 5,00ᵐ voneinander entfernten Gewölbeträger über je 2 Ständen und Düngergang ca. 6ᵐ und über dem Futtergang ca. 3ᵐ freiliegen; die Träger sind auf allen Säulen zu stofsen. Die Binder stehen ebenfalls 3 und 6ᵐ weit voneinander, und die Pfetten der letzteren müssen durch Sattelhölzer unterstützt werden.

In Ställen zum Liegenlassen des Düngers müssen die hölzernen und eisernen Stützen, behufs bequemer Durchfahrt der Düngerwagen und zur bequemeren seitlichen Verschiebung der etwa angewendeten hölzernen Krippen, in möglichst geringer Anzahl und nur reihenweise aufgestellt werden. Die Stellung der

Deckenstützen etc. bei den verschiedenen Aufstellungsarten des Viehes geht aus den unter c mitgeteilten Grundrissen hervor.

Das die Decke ersetzende Dach der Ställe ohne Futterboden (siehe auch Art. 70, S. 76) muſs zum guten Dunstabzug möglichst flach und zur Abhaltung der Hitze und Kälte, sowie zur Vermeidung des Abtropfens der Stalldünste und zum Schutz des Holzes gegen letztere aus möglichst hellfarbigen Eindeckungsmaterialien, unter Verputzung der Sparren und einer guten Zwischenisolierung zwischen diesen und der Eindeckung, hergestellt werden. Deshalb könne nur das doppellagige, mit Kalkmilch anzustreichende Pappdach, das hellgraue Dachleinwand- und das Holzcementdach angewendet werden. Die Sparren werden an der Unterseite mit einem völlig dunstdichten, also rissefreien Putz (verlängerter Cementmörtel), am besten auf Falzpappentafeln und Lattung oder Schalung, versehen und die Zwischenisolierung durch eine Lehm- oder Gipsdielenausstakung oder eine Torfmullausfüllung bewirkt. Das durch Putz und Dachdeckung völlig luftdicht abgeschlossene Holz des Daches muſs zur Vermeidung der Verstockung (Trockenfäule) unter dem Dachüberstand der Langfronten mit geringer Luftzuführung versehen werden.

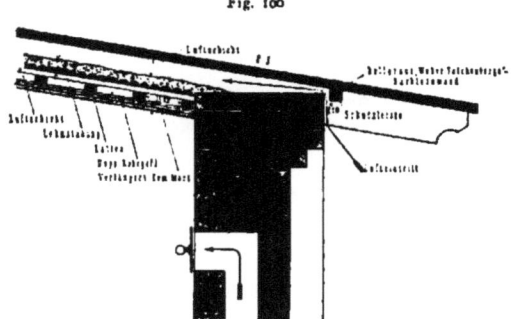

Fig. 100.

Dachkonstruktion für Ställe ohne Futterboden.

Eine derartige Konstruktion zeigt Fig. 100. Solche Deckendächer können aber auch in verschiedenartiger Massivkonstruktion hergestellt werden, welche den Vorzug vollständiger Widerstandsfähigkeit gegen die Witterung und Stallfeuchtigkeit, Feuersicherheit und eine vorzügliche Isolierung gegen Hitze und Kälte besitzen. Ein massives Deckendach, unter Verwendung der *Kleine*'schen Decke, zeigt der Querschnitt in Fig. 101; die dazu gehörigen Einzelheiten sind in Fig. 102 u. 103 veranschaulicht.

Fig. 101.

Dachkonstruktion für Ställe ohne Futterboden.

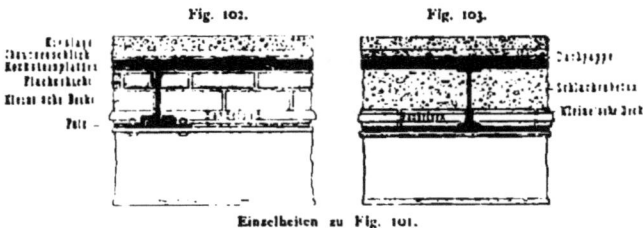

Einzelheiten zu Fig. 101.
F_m w. Gr.

Der Fufsboden soll den Tieren einen festen, trockenen, wasserdichten, sowie reinlichen und bequemen Stand- und Lagerort geben und 25 bis 30^{cm} über der Erdgleiche liegen.

73. Fufsböden und Jaucherinnen.

Feldsteinpflasterungen sind nur unter Beseitigung der bereits in Art. 8 (S. 11) angeführten Nachteile anwendbar, entsprechen aber trotzdem den obigen Anforderungen nur wenig. Bohlen- und Holzklotzböden sind zu teuer und von geringer Dauer, Lehmestriche überhaupt nicht geeignet, wohl aber Sandschüttungen. Die bei Streumangel sonst sehr brauchbaren gesperrten Lattenfufsböden, bei welchen das Vieh auf einem Lattenrost steht, der über ausgemauerten und zur Aufsaugung der Jauche mit Torferde oder Sand gefüllten Gruben liegt, sind zu teuer.

Hochkantig oder besser doppelt flachseitig in hydraulischem Kalk- oder Cementmörtel verlegte Klinkerpflasterungen genügen allen Anforderungen, werden indes an Zweckmäfsigkeit und billigerer Ausführung noch übertroffen von 10^{cm} starken Cementbeton-Fufsböden mit etwas aufgerauhtem Cementestrich. Noch billiger ist ein Trafsbeton-Fufsboden (Trafs und Wasserkalk).

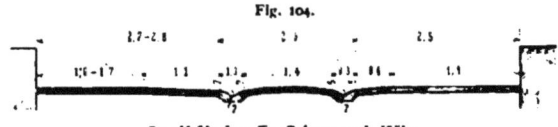

Standfufsboden für Ochsen und Kühe.

Der Standfufsboden der Kühe (Fig. 104) bleibt auf $^3/_4$ Länge wagrecht und erhält auf das letzte Viertel 5^{cm} Gefälle nach den Jaucherinnen. Bei Ochsen und Bullen (Fig. 104) wird der Standfufsboden auf 1,60 bis 1,70^m Länge wagrecht und der an der Rinne gelegene 1,10^m lange Teil mit 7^{cm} Gefälle nach letzterer angeordnet.

Die Jaucherinnen sind stets offen anzulegen und erhalten zum guten Abfluss der Jauche am besten ein stumpfwinkeliges, 30^{cm} breites und 7^{cm} tiefes Querprofil (Fig. 104). Ihre Ausführung geschieht bei Cementbeton-Fufsböden am besten und billigsten ebenfalls aus Beton; bei Ziegelpflasterungen werden die Rinnen am zweckmäfsigsten aus glasierten Steingut-Sohlstücken oder aus hartem, feinkörnigem und möglichst glattflächigem Sandstein und zur Verringerung der Stofsfugenanzahl aus möglichst langen Stücken hergestellt. Das zum vollständigen Jauchenabflufs erforderliche Rinnengefälle soll 1:200, höchstens 1:100 (d. h. $^1/_2$ bis 1^{cm} für 1 lauf. Meter) betragen, und, damit die Rinnen nicht allein das Gefälle erhalten, wodurch dieselben eine zu große, den Tieren gefährlich werdende und auch schwierig ausführbare Tiefe erhalten würden, so ist der ganze Stallfußboden, einschl. der Rinnen, in der Richtung des Jauchenabflusses in das angegebene Gefälle zu bringen und die Gefällenden der Rinnen mit einem Wassergeruchverschluß (am besten gußeiserner Ablauftopf) zu versehen. Diese Verschlüsse schließen an eine unterirdische, nach dem Jauchenbehälter führende Rohrleitung an und verhüten, daß die von ersterem ausströmenden fauligen Jauchengase in den Stall eindringen. Die Rohrleitung besteht am besten aus 10 bis 15 cm im Lichten weiten glasierten Steingut-Muffenrohren erhält 1:70 bis 1:50 Gefälle und soll frostfrei verlegt werden.

In Dänemark, Schweden und Holland, sowie in Ostfriesland und Schleswig-Holstein, wo das Vieh auf der Weide zubringt und nur während des Winters im Stalle gehalten wird, ist die Anordnung von 25 cm tiefen und 45 cm breiten Rinnen (sog. Grupen) in Verbindung mit kurzen Ständen und niedrigen Krippen weit verbreitet (Fig. 105). Der Dünger wird täglich in die Grupen gefegt, vermischt sich daselbst innig mit der Jauche und wird wöchentlich zweimal mit einer niedrigen Schleife herausgebracht.

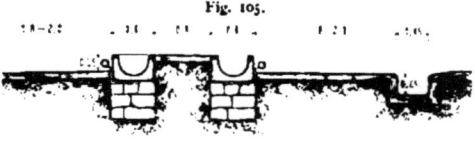

Fig. 105. Standanlage mit niedrigen Krippen, kurzen Ständen und Grupen

Die Einrichtung, welche sich indes nur auf Kuhställe beschränkt, ermöglicht das Einbringen reichlicher Streu, aber auch eine große Ersparung derselben in stroharmen Jahren. Die niedrigen Krippen gewähren den Kühen ein bequemes, naturgemäßes Fressen, welches ihrem Verdauungs- und Gesundheitszustand sehr förderlich ist. Die kurze Standlänge ist durch die niedrigen Krippen, über welche das lagernde Vieh den Kopf streckt, begründet und ist auch bei gewöhnlichen Rinnen ausführbar.

In Tiefställen, in welchen der Dünger monatelang liegen bleibt und die Jauche von der reichlichen Stroh- und Torfstreu ganz aufgenommen wird, fallen die Rinnen und auch gewöhnlich die Fußbodenbefestigung fort. Man begnügt sich meistens mit einer 20 bis 25 cm starken, abgestampften Lehm- oder Lettenschicht, welche man wie in den Schafställen mit einer Sandschicht versieht, die beim jedesmaligen Ausmisten erneuert wird. Zum bequemen Herausschaffen des sich anhäufenden Düngers wird der Stallboden bis 0,4 m unter dem Gelände ausgehoben und hinter den Standreihen des Viehes muldenartig angelegt (Fig. 96 bis 98). Gegen das seitliche Eindringen und Aufsteigen der Düngerfeuchtigkeit in die Wände schützt man dieselben dadurch, daß man sie bis zur höchsten Düngerlage aus Klinkern und Cementmörtel mauert und ihre inneren Flächen mit einem Cementputz versieht.

74. Thüren.

In Ställen mit Längsreihenstellung ordnet man hinter je 10 bis 15 Haupt Vieh und bei Querreihenstellung an jeder Stallgasse eine Thür mit Oberlicht an. Die sich stets nach außen öffnenden, in einem Mauerfalz liegenden Thüren werden bei einreihig besetzter Stallgasse 1,25 m, bei zweireihig besetzter 1,50 m breit und mindestens 2,00 bis 2,20 m hoch gemacht. Die 1,50 m breiten Thüren werden zweiflügelig angeordnet und aus 3 cm starken, gespundeten Brettern mit rückwärts liegenden eingeschobenen Leisten und Streben, zuweilen auch doppelt, mit jalousieartiger Verkleidung, angefertigt. Empfehlenswert sind auch Schiebethüren. Flügelthüren können in der Höhe geteilt werden; während der untere Teil geschlossen bleibt, kann der obere in der warmen Jahreszeit geöffnet werden, um den Zutritt der Sonnenstrahlen und der reinen Luft zu gestatten. Alle inneren Thüren können 0,95 bis 1,00 m breit und einflügelig hergestellt werden.

Thore zur Einfahrt der Düngerwagen und auf Futtertennen müssen 2,80 bis 3,20 m breit und 2,50 bis 3,00 m Höhe erhalten.

75. Fenster.

Zur hinreichenden Beleuchtung muß die gesamte Fensterfläche wenigstens $1/15$ der lichten Stallgrundfläche betragen. Die Fenster sind mit ihrer Sohlbank in mindestens 1,60 m Höhe über der Oberkante der Futtergänge, also so hoch wie möglich unter der Stalldecke anzuordnen, damit das Licht recht tief in den Stall einfallen kann. Dies ist namentlich bei besonders tiefen Ställen wichtig, und hier muß die Fensterfläche besser $1/10$ der Stallgrundfläche betragen. Die Anzahl und Lage der Fenster ist bei Längsreihenstellung wenig beschränkt, während sie sich bei Querreihenstellung dadurch ergeben, daß in beiden Frontwänden über jedem Futtergang, desgleichen in der Hinterfront, über den Stallgassen, je ein oder zwei Fenster und über den in der Vorderfront liegenden Thüren ein Oberlicht anzubringen ist.

Die häufigste Verwendung finden gußeiserne Fenster mit um wagrechte Achsen drehbaren Lüftungsflügeln, welch letztere am besten im oberen Teile des Fensters liegen.

Fenster, die nicht zur Lüftung dienen sollen, können in einfachster und billiger Weise durch unmittelbares Einmauern von starken Rohglas- oder geriffelten Drahtglastafeln oder Glasbausteinen in die Fensteröffnungen bewirkt werden; sie lassen nur gedämpftes Licht, keine Sonnenstrahlen in den Stall eindringen.

76. Krippen.

Die Krippen dienen sowohl zur Trocken- und Naßfütterung, als auch meist zum Tränken des Viehes und werden bei täglicher Düngerherausschaffung feststehend und entweder durchlaufend, rinnenartig, ohne Trennung der einzelnen Tiere oder zur Einzelfütterung unterbrochen, schüsselartig hergestellt. Erstere liegen entweder in 25 bis 30 cm oder in 60 bis 75 cm Höhe an gleich hohen Futtergängen, welche in letzterem Falle durch mehrere Stufen besteigbar sind, während die zur Einzelfütterung dienenden Krippenschüsseln in 60 bis 75 cm Höhe, aber an vertieften, d. h. in der Höhe des Stallfußbodens liegenden Futtergängen angeordnet werden; dasselbe ist der Fall, wenn Futtergleise angelegt werden. Zum Aufhalten des Rauffutters muß daneben hinter den Schüsseln ein Eisengitter und bei durchlaufenden Krippen die hintere Wand etwas erhöht werden. Bei Trockenfütterung können die eigentlichen Krippen fortfallen, und es wird dann ein flachmuldenförmiger Krippentisch angeordnet.

Bei Monate langer Düngerlagerung (Tiefställe) werden die Krippen meist beweglich, d. h. in ihrer Höhenlage über dem Standboden verstellbar, besser gleichzeitig wagrecht verschiebbar angelegt, obwohl sich auch feststehende, 1,00 m hoch über dem Boden liegende Krippen völlig bewährt haben.

Die besonders früher viel gebräuchliche Anlage einer Abtrennung der durchlaufenden erhöhten Krippen durch Nackenriegel und Kuhstaken (Futtergerüste) in einzelne Freßstände wird heute von den meisten Landwirten verworfen; nötig ist sie nur bei niedrigen Krippen.

Die Krippen erhalten eine Lichtweite von 40 bis 50 cm, eine Tiefe von 25 bis 30 cm und ein vom Material abhängendes trapez- oder halbkreisförmiges Querprofil, bei dem alle scharfen Kanten und Winkel zu vermeiden sind.

Die Krippen werden aus Holz (Bohlen), aus Ziegelsteinen, Formziegeln, glasiertem Steingut, Beton, aus natürlichen Steinen (Sandstein, Granit) und aus Gußeisen hergestellt; Futterschüsseln zur Einzelfütterung bestehen aus Steingut, Sandstein und Gußeisen.

Die hölzernen Krippen als feststehende sind zuweilen nur noch für Trockenfütterung und als bewegliche in Tiefställen gebräuchlich. Sie werden aus kiefernen, 5 bis 7 cm starken, gehobelten Bohlen hergestellt und in den Fugen durch Kalfaterung gedichtet. Zur Vermeidung des Eindringens der Nässe und der dadurch bewirkten schnellen Vergänglichkeit des Holzes empfiehlt sich die Auskleidung der Holzkrippen mit Zinkblech oder verzinktem Eisenblech, wodurch sie auch leichter rein zu erhalten sind.

Die Verstellbarkeit der Holzkrippen nach der Höhe geschieht in einfachster Weise dadurch, daß man die für je 3 bis 4 Stück Vieh langen Krippentröge mittels zwei Ketten an einem zwischen zwei Pfosten angebrachten Riegel aufhängt und durch seitliche, an ihren Kopfenden, d. h. an den Pfosten angebrachte Führungsleisten gegen Schwankungen sichert. Das Höherstellen geschieht durch beliebiges Einhängen der Kettenglieder in die Riegelhaken.

Fig. 106.

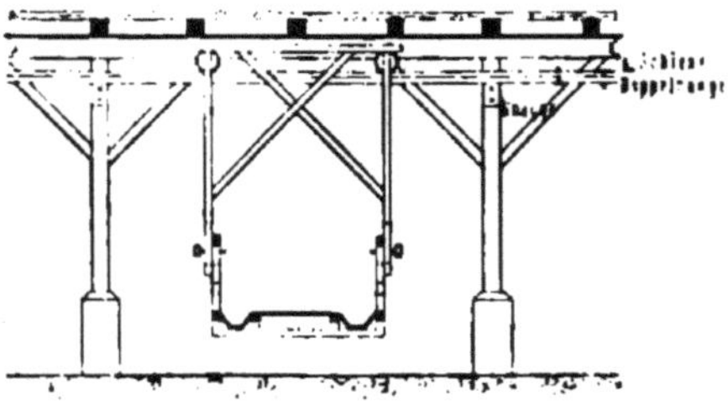

Praktischer sind die zugleich wagrecht verschiebbaren Krippen, weil sie die gleichmäßig hohe Verteilung und Festtretung des Düngers im ganzen Stallraum ermöglichen.

Wagrecht und lotrecht verstellbare hölzerne Krippe. Querschnitt.

Diese Krippen mit dazwischen befindlichem hölzernen Futtergang werden mittels Ketten oder hölzerner Gerüste an der Decke aufgehängt und letztere bewegen sich mittels Rollen auf unter der Decke und in der Stalllänge angebrachten kleinen Laufschienen.

Fig. 106 stellt eine solche nach der Stalllänge verschiebbare und am Hängegerüst höher verstellbare Krippe im Querschnitt dar.

Fig. 107.

Gemauerte Krippen.
½ w. Gr.

Fig. 107 zeigt eine aus gewöhnlichen Ziegelsteinen gemauerte und erhöhte Krippe mit gemeinschaftlichem Futtergang, welche bei bestem Steinmaterial nur mit Cement ausgefugt, sonst nebst dem Futtergang mit einem 13 bis 20 mm starken glatten Cementputz überzogen werden. Der mit Schablone zu ziehende Krippenputz muß alle scharfen Ecken und Winkel vermeiden und zum Widerstand gegen Futtersäure

(Schlempe etc.) nur aus bestem Portlandcement bestehen. Die Krippenoberkante wird häufig durch eine tief verankerte, eichene Bordschwelle geschützt, die den etwa anzubringenden Kuhstaken als Schwelle und gleichzeitig zur Befestigung der Kuhkettenringe dient.

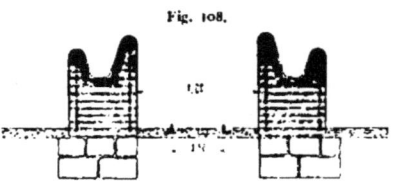

Fig. 108.

Gemauerte Krippen mit vertieftem Futtergang.
¹⁄₂₀ w. Gr.

Fig. 108 veranschaulicht die gleiche Ausführung der gemauerten Krippen wie vorhin; doch ist die Rückwand der freistehenden Krippen um ca. 25 cm erhöht und ebenfalls mit einer eichenen Bordschwelle geschützt. Auf dem vertieften Futtergang ist ein Futtergleis angeordnet, weshalb die Breite des ersteren mindestens 1,20 m betragen muß.

Fig. 109 stellt den Querschnitt einer aus besonderen glasierten Formziegeln hergestellten Krippe an einem erhöhten Wandfuttergang dar. Die Krippe wird in Cementmörtel gemauert und ausgefugt und ihre schwache Oberkante mit einer fest verankerten L-Schiene, an welcher gleichzeitig die Kettenringe hängen, geschützt. Der betonierte Futtergang ist nach der Krippe hin etwas gewölbt und an dieser mit kleinem Wulst versehen, wodurch die Verunreinigung der Krippe beim Abkehren der Gänge vermieden wird.

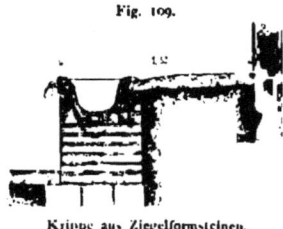

Fig. 109.

Krippe aus Ziegelformsteinen.
¹⁄₂₀ w. Gr.

Einen etwas anders geformten Krippenziegel zeigt Fig. 110 der Bodeneinsatz *A* gestattet die Verbreiterung der Krippe bis auf 50 cm.

Formziegelkrippen sind infolge der stark abgerundeten Kanten sehr praktisch und leichter rein zu halten, aber auch teurer als gewöhnliche Ziegelkrippen.

In Fig. 111 ist die zur Zeit beste Krippenanlage dargestellt, welche aus halbkreisförmigen, gut glasierten Steingutschalen besteht, die in 1,00 m langen Stoßstücken auf der Krippenuntermauerung mit Cementmörtel fest ummauert und in den Stoßfugen mit Schwefel gedichtet werden. Die schwache Vorderkante wird wieder durch ein gut verankertes Winkeleisen gegen Beschädigungen geschützt. Diese Krippen sind von allen anderen die reinlichsten, dauerhaftesten und billigsten, eignen sich zumal für Naßfütterung und Schlempe und werden auch für Ackerpferde- und Schweineställe heute sehr viel angewendet.

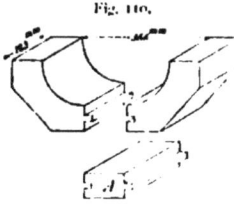

Fig. 110.

Krippenformsteine.

Betonkrippen, aus bestem Portlandcement angefertigt, desgleichen Cementkrippen mit Eiseneinlagen haben sich auch bewährt.

Fig. 112 zeigt das zweckmäßige Querprofil einer Hausteinkrippe, welche besonders in den Gegenden viel gebräuchlich und billig sind, wo sich Steine von geringstem Wasseraufsaugungsvermögen, also harte, feinkörnige Sandsteine (Kieselsandstein) und ebensolche Granite finden. Hausteinkrippen werden in ca. 1,50 m langen Stücken auf der Untermauerung verlegt und die Fugen der miteinander zu verfalzenden Stofsflächen mit Steinkitt, Schwefel oder dergl. gut gedichtet.

Gufseiserne Krippen mit innerer Emaillierung, welche aus 1,00 m langen, untereinander verschraubten und gut verkitteten Stofsstücken in eine Untermauerung eingebettet werden, oder auf 1,25 m weit voneinander entfernten und einzugrabenden gufseisernen Böcken ruhen und dann einen Futtergang aus durchbrochenen gufseisernen Platten erhalten, sind teuere Handelsartikel, die deshalb nur vereinzelt angewendet werden.

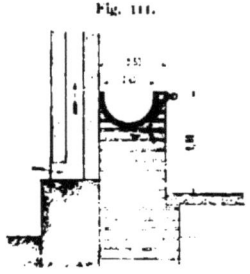

Glasierte und ummauerte Steingutkrippe.

Fig. 113 veranschaulicht die Konstruktion eines zur Einzelfütterung dienenden freistehenden massiven Futtertisches mit Krippenschüsseln aus Steingut.

Zwischen je zwei der eingemauerten, aus einem Stück bestehenden Schüsseln wird ein nach diesen hin abgeschrägtes Zwischenstück eingesetzt und sowohl auf diesem als mit dem Krippengemäuer ein starkes Flacheisen gut befestigt; letzteres dient zur Aufnahme der Stäbe und Streben des eisernen Futtergerüstes, zugleich aber zum Anbringen der Halskettenringe.

Fig. 112.

Das über den Frefsöffnungen befindliche Flacheisen wird besser fortgelassen; alsdann entstehen einzelne Stakenböcke; an der hinteren Tischkante würde noch eine eiserne Stange anzubringen sein, um das Herunterfallen des Rauffutters zu vermeiden.

Hausteinkrippe.
¹⁄₁₀ w. Gr.

Solche Anlagen, wie auch gufseiserne Krippenschüsseln, welche auf Mauern, Bohlen oder eisernen Wandkonsolen eingebettet sind oder ruhen, sind bedeutend teurer als durchlaufende Krippen, so dafs ihre Anwendung eine nur vereinzelte ist.

Das Tränken des Viehes geschieht entweder dadurch, dafs man dasselbe nach der aufserhalb des Stalles befindlichen Tränke treibt oder das Wasser in die durchlaufenden Krippen pumpt oder durch eine unterirdisch verlegte Wasserleitung einlaufen läfst.

Fig. 113.

In neuerer Zeit hat sich aber die Anlage der Selbsttränke, zumal bei grofsen Ställen, sehr eingebürgert, weil dieselbe die Frefslust und Verdauung der Tiere befördert, dadurch den

Freistehender Futtertisch mit Krippenschüsseln aus Steingut.

Milchertrag erhöht (Mehrertrag für den Kopf und Tag ca. 1 l) und viel Arbeit erspart.

Fig. 114.

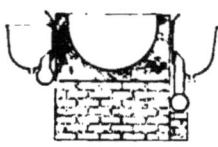

Viehselbsttränke.
¹/₂₀ w. Gr.

Für je 2 Tiere wird ein gemeinschaftliches, am besten gufseisernes Tränkbecken mit Deckel angeordnet (neuestes, verbessertes System von *Kothe & Co.* in Braunschweig. Fig. 114). Die Tränkbecken stehen durch eine gufseiserne Röhrenleitung mit einem kleinen Wasserbehälter in Verbindung, dessen Schwimmkugelhahn den Nachflufs des Wassers aus einem grofsen Behälter regelt. Dieser befindet sich zur nötigen Temperierung des Wassers im Stalle selbst, besteht aus gut verputztem Cement-Klinkermauerwerk oder aus Eisen und wird täglich von einer Pumpe oder besser einer Wasserleitung gespeist.

c) Beispiele.

In Fig. 115 ist der Grundrifs eines massiven Stallgebäudes mit Holzdecke für 24 Kühe, 6 Kälber und 70 Hühner wiedergegeben.

Fig. 115.

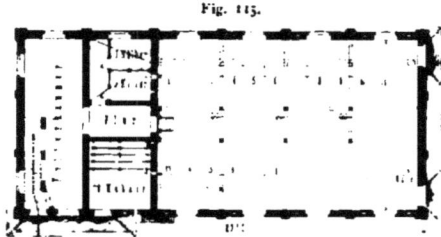

Rindviehstall auf einem schlesischen Gute. — ca. ¹/₂₅₀ w. Gr.
Arch.: *Schubert*.

Die Kühe stehen in 2 Längsreihen zu je 12 Stück an einem gemeinschaftlichen erhöhten Futtergang; auf der linken Seite befindet sich an der Hinterfront der Kälberstall für 6 Absatzkälber in 2 Buchten, an der Vorderfront der Hühnerstall. An diese beiden Räume schliefst sich die mit einer massiven Bodentreppe versehene Futterkammer an, welche durch einen zwischen den ersteren liegenden Flur mit dem Kuh- und Kälberstall in Verbindung steht. Die Baukosten beliefen sich auf rund 9000 Mark oder, bei 253 qm überbauter Grundfläche, auf rund 35,60 Mark für 1 qm.

Fig. 116 zeigt den Grundrifs eines zum Unterbringen von 30 Kühen und 8 Pferden dienenden massiven Stallgebäudes mit einer aus Hohlziegelkappen zwischen I-Trägern und auf gufseisernen Säulen gewölbten Decke.

Fig. 116.

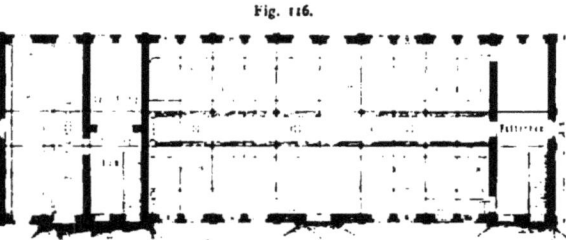

Rindviehstall. — ¹/₃₀₀ w. Gr.
Arch.: *Schubert*.

Die Kühe sind zweireihig an erhöhten Wandfuttergängen aufgestellt; die zugehörige mit hölzerner Bodentreppe versehene Futterkammer liegt am rechten Giebel.

Die Pferde sind am linken Gebäudegiebel nach der Stalltiefe aufgestellt; zwischen beiden Stallräumen liegt die Futter- und Geschirrkammer. Die Baukosten beliefen sich auf rund 15500 Mark oder, bei rund 850 qm überbauter Grundfläche, auf rund 44,30 Mark für 1 qm.

79. Beispiel III.

Fig. 117 ist der Grundrifs eines massiven Rindviehstalles mit geputzter Holzdecke auf I-Trägern und gufseisernen Säulen zur Aufstellung von 100 Haupt Vieh in Querreihen zu je 10 Stück.

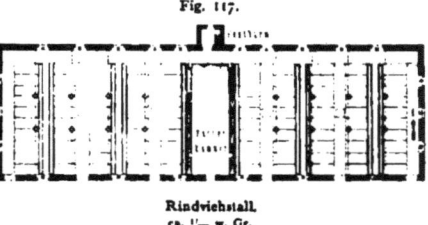

Fig. 117.

Rindviehstall.
ca. 1/... w. Gr.

Die in der Stallmitte gelegene Futtertenne, von der aus die beiden angrenzenden Viehreihen unmittelbar gefüttert werden können, steht mit einem an der Hinterfront befindlichen, besteigbaren Heuturm in Verbindung. Die Baukosten dürften sich, bei einer überbauten Grundfläche von 771 qm, auf rund 27 000 Mark oder auf rund 35 Mark für 1 qm überbauter Grundfläche belaufen haben.

Fig. 118.

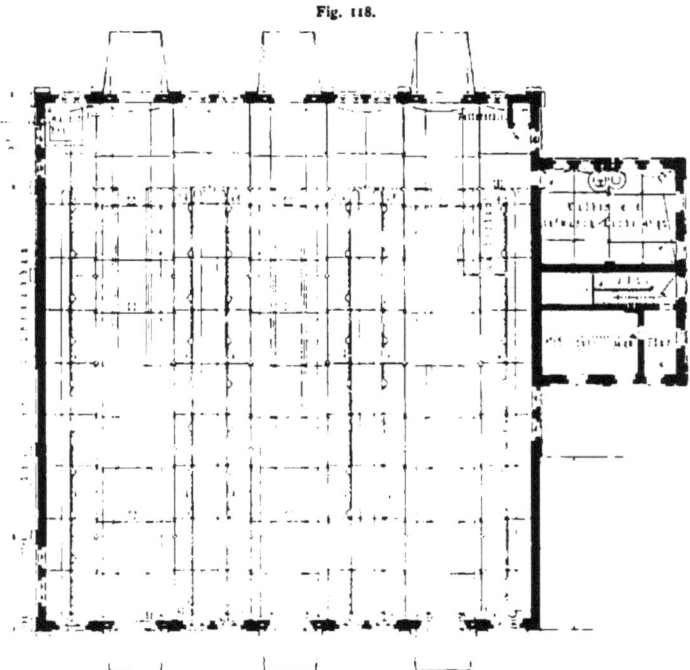

Rindviehstall mit Wirtschaftshaus auf einem Rittergut in Posen. — 1/400 w. Gr.
Arch.: *Schubert*.

Fig. 118 stellt den Grundriſs eines groſsen quadratischen Stalles von massiver Bauart mit einer Decke aus weitspannenden Betongewölben zwischen I-Trägern dar, welche auf guſseisernen Säulen ruhen.

80. Beispiel IV.

Das Gebäude dient zum Unterbringen von 120 Stück Kühen, welche in 6 Reihen zu je 20 Stück, und zwar in 2 Reihen an erhöhten Wandfuttergängen und in 2 an erhöhten gemeinschaftlichen Futtergängen stehenden Doppelreihen, nach der Stalltiefe aufgestellt sind. An der Hinterfront, in ganzer Breite des Gebäudes, liegt die geräumige Futtertenne. Auf derselben, und zwar in der linken Ecke, befinden sich die Wasserbecken für die Selbsttränke, in der rechten Ecke der besteigbare Futterschlot. Das am hinteren Teile der rechten Seitenfront angebaute Wirtschaftshaus enthält eine geräumige Kälber- und Aufwaschküche, welche sowohl mit der Futtertenne, als auch mit dem Hofe in unmittelbarer Verbindung steht, ferner einer Verwalterstube mit besonderem Eingangsflur, sowie einen solchen nebst Treppe zum Ober- und Dachgeschoſs. Im Obergeschoſs befinden sich über der Aufwaschküche 2 Stuben für die Mägde und über der Wohnstube des Verwalters und dem Flur eine Stube und eine Kammer für den Futtermeister.

Die Baukosten für das Stallgebäude beliefen sich auf rund 38000 Mark oder, bei rund 915 qm überbauter Grundfläche, auf rund 41,80 Mark für 1 qm, diejenige des Wirtschaftshauses auf rund 8000 Mark oder bei rund 110 qm überbauter Grundfläche auf 72 Mark für 1 qm.

Die folgenden 3 Beispiele stellen Grundrisse von Stallgebäuden dar, welche das sämtliche auf dem Hofe gehaltene Vieh in abgetrennten Räumen aufnehmen und zumeist auf Bauerngehöften und kleineren Gutswirtschaften üblich sind.

81. Beispiel V.

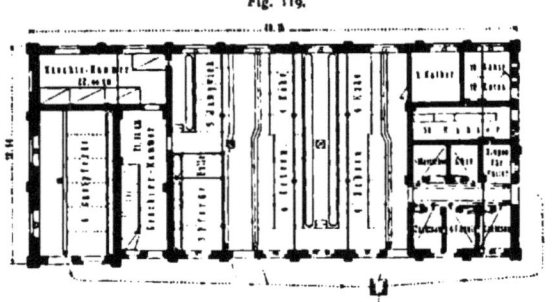

Fig. 119.

Stallgebäude für sämtliches Hofvieh auf einem Gute in Bayern.
Arch.: Schubert.

Fig. 119 zeigt den Grundriſs eines massiven Stallgebäudes mit einer auf I-Trägerunterzügen und guſseisernen Säulen ruhenden hölzernen Decke.

Der in der Mitte des Gebäudes befindliche Stallraum nimmt das gesamte Groſsvieh auf, und zwar 8 Kühe, und 8 Zugochsen, welche in 2 Querreihen an gemeinschaftlichem, erhöhtem Futtergange aufgestellt sind, ferner 3 Pferde, 1 Bulle und 5 Stück Jungvieh, welche zusammen in einer Querreihe angeordnet sind. Rechts neben diesem Stallraum, an der unteren Giebelecke, befindet sich der Schweinestall für 10 Stück Zucht- und Mastschweine in 5 Buchten. Oberhalb des Schweinestalles liegt der Stallraum für 50 Hühner, hinter diesem eine Bucht für 5 Kälber und getrennte Stallräume für je 10 Enten und Gänse. Auf der linken Seite des Rindviehstalles befindet sich nach vorn die Geschirr- und Futterkammer mit Bodentreppe, neben dieser an der Giebelfront der Stall für 6 in einer Querreihe aufgestellte Pferde (Postpferde) und hinter diesem eine Kammer für 4 Knechte. Die Baukosten beliefen sich auf rund 13000 Mark oder, bei 347 qm überbauter Grundfläche, auf rund 37,50 Mark für 1 qm.

82.
Beispiel
VI.

Fig. 120 giebt eine in der Raumanordnung der vorigen ähnliche Grundrifslösung eines massiven Stallgebäudes mit Betongewölbedecke zwischen I-Trägern und auf gufseisernen Säulen wieder.

Der mittlere Stallraum nimmt 10 Stück Kühe und 12 Zugochsen auf, welche in 2 Querreihen an gemeinschaftlichem, erhöhtem Futtergang aufgestellt sind, ferner 6 Stück Jungvieh an einem an der Hinterfront befindlichen Wandfuttergang. Dem Jungvieh gegenüber sind 2 Buchten für je 4 Kälber angeordnet; unterhalb dieser Buchten liegt der Stallraum für 50 Hühner, dem sich an der Vorderfront der Stall für 10 Zucht- und Mastschweine in 5 Buchten und ein eingebauter Raum für je 10 Stück Enten und Gänse anschliefsen. Auf der linken Seite des Rindviehstalles befinden sich nach vorn die Geschirr- und Futterkammer mit Bodentreppe und hinter dieser die Knechtekammer für 4 Mann. An die Geschirr- und Futterkammer grenzt schliefslich der Stall für 4 Ackerpferde und hinter diesem der Gaststall für 6 Pferde, sämtliche Tiere nach der Tiefe aufgestellt. Die Baukosten beliefen sich auf rund 18000 Mark oder, bei rund 404 qm überbauter Grundfläche, auf rund 44,50 Mark für 1 qm.

Fig. 120.

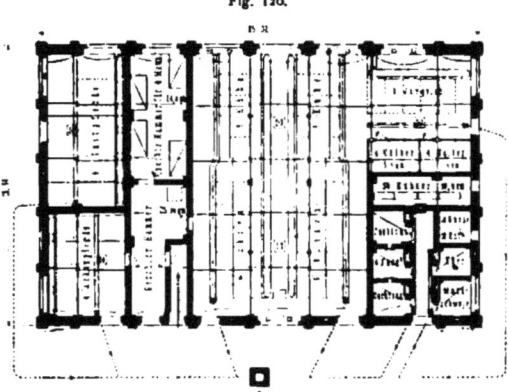

Stallgebäude für sämtliches Hofvieh auf einem Gute in Bayern.
1/... w. Gr.
Arch.: *Schubert*.

83.
Beispiel
VII.

Der Grundrifs in Fig. 121 zeigt gleichfalls ein massives Stallgebäude mit einer Decke aus Betonkappengewölben zwischen I-Trägern auf gufseisernen Säulen.

Dasselbe ist zunächst für 21 Kühe, 2 Bullen und 6 Kälber bestimmt, welche in 3 Querreihen, und zwar in einer Doppelreihe an einem gemeinschaftlichen und in 1 Reihe an einem Wandfuttergang, aufgestellt sind. Ferner enthält das Gebäude am rechten Giebel einen Stall mit 4 Buchten für 6 bis 8 Mast- und Zuchtschweine und eine Futterküche; nach vorn liegen die getrennten Stallräume für Hühner und Gänse und die Bodentreppe. Am linken Giebel des Gebäudes befindet sich ein Reservestall für 6 Pferde und hinter diesem die Knechtekammer. An beide letztere Räume grenzt der Stall für 6 Ackerpferde und 2 Füllen, und zwischen diesem und dem Rindviehstall befindet sich die mit Vorraum versehene und beiden Ställen gemeinsame Häckselkammer mit Bodentreppe und Futterschlot; der Vorraum sowie die Geflügelställe sind unterkellert; Schweine und Füllen haben Auslaufhöfe. Die Baukosten belaufen sich auf rund 22 000 Mark oder, bei 469 qm überbauter Grundfläche, auf rund 47 Mark für 1 qm.

84.
Beispiel
VIII.

Fig. 122 giebt endlich den Grundrifs eines massiven Stalles ohne Futterboden zum Liegenlassen des Düngers für 48 bis 52 Stück Jungvieh wieder.

Fig. 121.

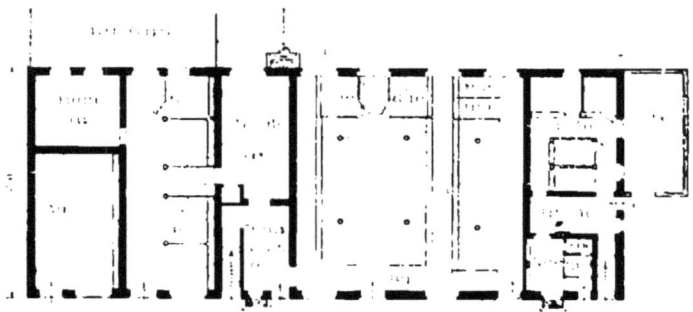

Stallgebäude für sämtliches Hofvieh.
¹⁄₂₀₀ w. Gr.

Dasselbe ist in zwei Abteilungen nach der Stalllänge an 2 erhöhten Wandfuttergängen und feststehenden Krippen aufgestellt, an denen es nur während der Fütterung angebunden wird, sonst aber frei herumläuft. In der Mitte des Stalles liegt die offene, nach beiden Stallhälften hin durch niedrige Mauern begrenzte Futtertenne. Der Dünger wird in der Längsrichtung des Stalles und durch Thore in den Giebelwänden ausgefahren. Der Fußboden besteht nur aus einer 25 cm hohen, beim

Fig. 122.

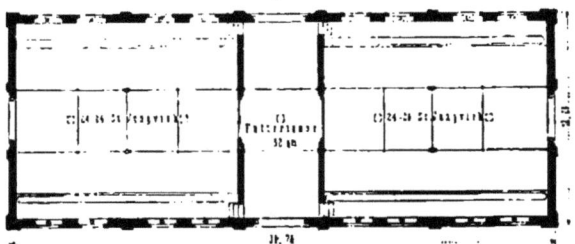

Jungvieh-Tiefstall auf einem Rittergute in Posen. — ¹⁄₂₀₀ w. Gr.
Arch.: *Schubert*.

jedesmaligen Düngerausfahren neu zu ersetzenden Sandschicht. Das die Decke ersetzende flache Dach ist mit hellgrauer Dachleinwand eingedeckt. Die Sparren ruhen auf von gußeisernen Säulen unterstützten I-Trägern, haben verlängerten Cementmörtelputz auf Falzpappe und Schalung erhalten, und zwischen letzterer und der Dachschalung wurde in halber Sparrenhöhe eine Torfmull-Isolierung eingebracht. Die Baukosten beliefen sich auf rund 8500 Mark oder, bei 390 qm überbauter Grundfläche, auf rund 22 Mark für 1 qm.

Litteratur
über »Rindviehställe«.

a) Anlage und Einrichtung.

WOLF, A. Der Rindviehstall. Seine bauliche Anlage und Ausführung, sowie seine innere Einrichtung, mit Rücksicht auf Zweckmäßigkeit und größtmögliche Kostenersparnis etc. Leipzig 1868.

GERNLICHEN, P. Der Rindviehstall in seiner baulichen Anlage und Ausführung, sowie inneren Einrichtung. Leipzig 1879.

KIRCHHEIM. Ueber hygienische Einrichtung von Kuhställen, Molkereien und Milchläden. Deutsche
Viert. f. öff. Gesundheitspfl. 1879, S. 468.
KINDERMANN, L. Rindviehstall als fester, ständiger, halbfester und ganz billiger Bau. Deutsches
Bauge wksbl. 1886, S. 197, 217.
SCHUBERT, A. Die Tiefställe. Practischer Wegweiser 1899, S. 73.

β) Ausführungen und Entwürfe.

PÖTZSCH, E. Ein Kuhstall. ROMBERG's Zeitschr. f. prakt. Bauk. 1859, S. 237.
Stallung für Rindvieh. HAARMANN's Zeitschr. f. Bauhdw. 1859, S. 181 u. 197.
Das Kuhhaus zu Noers. HAARMANN's Zeitschr. f. Bauhdw. 1859, S. 207.
ERNST. Ochsenstall auf dem herrschaftlichen Gehöfte zu Jahnsfelde. ROMBERG'S Zeitschr. f. prakt.
Bauk. 1865, S. 258.
Ein Kuhstall mit gewölbter Decke, neuerbaut auf dem Gute des Herrn LÜBBECKE auf Mahndorf.
2. Abdr. Halle 1870.
Bouverie double du Bourbonnais. Encyclopédie d'arch. 1872, S. 109 u. Pl. 51.
WANDERLEY, G. Rindviehstall für ca. 140 Stück Vieh. Baugwks.-Ztg. 1873, S. 328, 342.
Neuere gewölbte Rindviehställe auf königlichen Domainen-Vorwerken. Centralbl. d. Bauverw. 1883,
S. 286.
Kuhstall für 30 Stück Grofsvieh. Baugwks.-Ztg. 1883, S. 562.
ENGEL, F. Stall für 66 Stück Rindvieh. Baugwks.-Ztg. 1885, S. 748.
ENGEL. Der Kuhstall auf Siemianice. Baugwks.-Ztg. 1886, S. 501, 512.
ENGEL, F. Stall für 96 Kühe. HAARMANN's Zeitschr. f. Bauhdw. 1886, S. 65.
Der Kuhstall in Selchow bei Berlin. Baugwks.-Ztg. 1887, S. 664.
ENGEL, F. Stall für 120 Stück Rindvieh. HAARMANN's Zeitschr. f. Bauhdw. 1887, S. 177.
ENGEL, F. Stall für 80 Kühe mit Vorrichtung zum Selbsttränken derselben. Baugwks.-Ztg. 1888, S. 260.
ENGEL, F. Der Rindviehstall auf Domäne Ziegenhagen. Baugwks.-Ztg. 1888, S. 435.
SCHUBERT, A. Rindviehstall nebst Düngerstätte für 126 Stück Vieh. Wettbewerbentwurf. — I. Preis.
Berlin 1890.
EISENHARDT, H. Der Zugochsenstall der Herren Gebrüder RECKLEBEN zu Westeregeln. Baugwks.-
Ztg. 1892, S. 788.
SCHUBERT, A. Masthallen-Anlage nebst Futtermagazin-Gebäude für 600, bezw. 1000 Ochsen für
Bacau in Rumänien. Baugwks.-Ztg. 1893, S. 794.
SCHUBERT, A. Rindvieh- und Pferdestall mit Querstellung des Viehes. Baugwks.-Ztg. 1893, S. 1056.
SCHUBERT, A. Rindviehstall mit Querstellung des Viehes. Südd. Bauz. 1894, S. 221.
SCHUBERT, A. Rindviehstall nebst Wirthschaftshaus auf Dominium Nahrten, Posen. Baugwks.-Ztg.
1899, S. 1635.
SCHUBERT, A. Jungvieh-Tiefstall auf Domäne Reichenau, Posen. Milchztg. 1899, S. 218.
Architektonisches Skizzenbuch. Berlin.
Heft 58, Bl. 6: Kuhstall in Adl. Maulen; von WIEBE.
WILLIAM & FARGE. *Le recueil d'architecture.* Paris.
2e année, f. 41, 42: l'acherie-écurie pour 40 bêtes; von PINCHARD.
4e année, f. 14, 23, 24, 30: Exploitation agricole de Theneuille. Type d'étable d'élevage; von ROY.

4. Kapitel.

Schafställe.

VON ALFRED SCHUBERT.

a) Anlage und Einrichtung.

85. Arten der Ställe.

Die Schafställe sind entweder ganz offene, halboffene oder vollständig geschlossene Anlagen. Die ersteren sind allseitig offene, leichte, mit Strohdach überdeckte und nur in südlichen Klimaten gebräuchliche Schuppen, während die halboffenen Ställe auf drei Seiten geschlossene Wände erhalten und nur in der dem Hof zugekehrten und möglichst südlich gelegenen Vorderseite offen und mit weit überstehendem Pultdach überdeckt sind. Derartige Anlagen, in welchen die Schafe auch im Winter Tag und Nacht zubringen, sind nur in England gebräuchlich.

Für unser rauheres Klima und selbst für die weniger empfindlichen Fleischschafe sind indes allseitig geschlossene Ställe erforderlich, welche zur Kostenersparung ohne Futterboden angelegt werden können.

Der Schafstall ist auf etwas erhöhter, freier und trockener Baustelle und möglichst mit nach Süden gerichteter Hauptfront zu errichten; seine Größe hängt von der Anzahl, dem Alter, der Rasse und der Fütterungsart der unterzubringenden Schafe ab.

Lage und Raumbedürfnis.

Der mehrfach genannte Erlaß des preußischen Ministeriums fordert an Raumbedarf:

für ein Schaf im Durchschnitt der ganzen Herde . . .	0,6 bis	0,7 qm;
» einen Jährling	0,5 »	0,6 »
» » Hammel	0,6 »	0,7 »
» ein Mutterschaf	0,7 »	0,8 »
» einen Bock in besonderer Abteilung	1,0 »	1,2 »

Für große Fleischschafe sind 0,8 bis 1,0 qm für das Stück zu rechnen.

Die Raummaße gelten einschließlich Raufen, jedoch ausschließlich Futterraum oder -Tenne. Mit Futterraum kann man für 1 Schaf durchschnittlich 1,1 qm Stallgrundfläche annehmen. Fressen Schafe das Futter nicht aus Raufen, sondern unmittelbar vom Fußboden, so genügen für 1 Stück 0,65 qm.

An Raufenlänge erfordert ein 1 bis 4 Monate altes Lamm			15 bis 20 cm;	
»	»	»	» Jährling	30 »
»	»	»	» ausgewachsenes Schaf . .	40 »
»	»	»	» großes, gehörntes Schaf . .	50 »

Die lichte Stallhöhe soll in kleinen Ställen 3,10 m, in Ställen von mehr als 500 Stück 4,00 m und die lichte Gebäudetiefe nicht unter 9,40 m betragen.

Im allgemeinen würde 3,45 m lichte Stallhöhe genügen, wenn nicht der sich 0,95 bis 1,25 m hoch anhäufende Dünger 4,40 bis 4,70 m Höhe erforderte. Die Tiefe wird gewöhnlich nicht unter 12 m ausgeführt und kann bis 20 m gesteigert werden.

Die Stalltemperatur soll durchschnittlich 10 bis 12½ Grad C. betragen, selbst für ganz junge Lämmer nicht mehr als 12½ bis höchstens 15 Grad C. und für Mastschafe 14 Grad C. Die Wärme ist durch die Lüftungseinrichtungen zu regeln.

Die Schafe laufen in der Regel frei im Stalle herum; darin werden nur einzelne Abteilungen für Mutterschafe, Hammel, Jährlinge, Lämmer etc. durch bewegliche Hürden oder Horden hergestellt, welche 0,85 bis 0,95 m hoch und 2,50 bis 3,00 m lang sind und aus wagrechten, verstrebten und gehobelten 2,5 × 8,0 cm starken Latten bestehen. Für die Böcke werden einzelne, 1,20 bis 1,40 m im Geviert große, mit 1,90 m hohen und 4 cm starken Bretterwänden eingefriedigte Verschläge (Bocklogen) hergestellt.

Mastschafe werden in einem vom Hauptstall vollständig getrennten Raum untergebracht, um sie vor dem aufregenden Blöken der anderen Schafe zu schützen und ihnen die angepaßte Wärme und Beleuchtung geben zu können.

Zu den Umfassungswänden der Schafställe können dieselben Baustoffe wie bei den Rindviehställen verwendet werden, sofern auf ihre verschiedenen Eigenschaften Rücksicht genommen wird.

87. Wände.

Lehmstampfwände erhalten mindestens 60 cm Stärke und müssen ebenso wie Fachwerkwände ein Grund- und Sockelmauerwerk aus Ziegelsteinen oder Bruchsteinen erhalten und das letztere bis zur höchsten Düngerlage, also 1,25 m hoch aufgeführt werden. Die Standsicherheit der auf grofse Länge freistehenden Fachwerkwände gegen Winddruck mufs durch Verstrebungen nach der Länge und Tiefe des Gebäudes, ohne eine Beschränkung des inneren Raumes, bewirkt werden. Am einfachsten geschieht dies durch Anordnung eines Doppelstieles unter jedem Dachbinderbalken und durch schräg liegende Zangen, welche mit dem ersteren und dem Bindersparren zu verbolzen sind.

Kalksandstampfwände sind besonders zweckmäfsig und billig, müssen aber zur genügenden Standsicherheit mindestens 50 cm Stärke erhalten.

Bruchsteinmauern sind 60 cm stark, Ziegelsteinmauern mindestens 1½ Stein stark mit äufseren Pfeilervorlagen, Ställe für 1000 Schafe und mehr und solche mit frei tragenden Deckenkonstruktionen 2 bis 2½ Stein stark auszuführen. Zweckmäfsig werden die Wände bis zu den Fensterschlbänken aus Kalksandstampfmasse und darüber aus Ziegelsteinen hergestellt.

Die inneren Flächen sind bei allen Wänden vom Fufsboden bis 1 m hoch über der höchsten Düngerlage mit Kalkcementmörtel glatt zu putzen, damit sich die Schafe nicht die Wolle abreiben und beschmutzen können; Anstriche mit Ölfarbe, Teer u. s. w. und Bretterverkleidungen haben sich nicht bewährt.

Die Asphaltisolierung in den Wänden ist über der höchsten Mistlage anzuordnen.

84. Decken. Die beste hölzerne Stalldecke ist der gestreckte Windelboden mit mindestens 13 cm starkem Lehmestrich; da die Stallluft weniger Wasserdämpfe enthält, ist ein Deckenputz nicht erforderlich. Bei besseren Ställen können die Lattenstämme des gestreckten Windelbodens an der Unterseite eine gehobelte Bretterverkleidung erhalten (siehe Fig. 3, S. 8).

Gewölbte Decken haben in Schafställen vor den hölzernen den besonderen Vorzug der gröfseren Feuersicherheit, da es bekanntlich schwer fällt, eine Schafherde aus einem brennenden Stallgebäude zu retten. Am meisten empfehlen sich böhmische Kappengewölbe aus Hohlziegelsteinen zwischen Gurtbogen und mit Deckenstützen aus Granit oder Gufseisen, ferner preufsische Kappengewölbe aus Hohlziegelsteinen, noch mehr als diese die weitgespannten Cementbeton- und *Monier*-Gewölbe, alle zwischen I-Trägern und auf gufseisernen Säulen.

Die Deckenstützen müssen in solchen Entfernungen aufgestellt werden, dafs die leichte Durchfahrt der Düngerwagen und die bequeme Aufstellung der Raufen möglich ist. Bei der Verwendung von Rundraufen beträgt die Stützenentfernung nach der Tiefe und Länge je 4,00 m; bei Langraufen, welche nach der Stalltiefe aufgestellt werden, stehen die Stützen nach der Tiefe 4,00 bis 4,50 m, nach der Länge 5,00 bis 5,20 m weit voneinander ab. Werden die Langraufen nach der Stalllänge aufgestellt, so müssen die Stützen nach der Tiefe 5,00 bis 5,20 m und nach der Stalllänge 4,00 bis 4,50 m auseinander stehen.

Die Anordnung von Hängewerken zum Tragen der hölzernen Decke, des Daches und der Futtervorräte ermöglicht allerdings einen vollständig stützenfreien, recht bequemen Stallraum, wird aber durch die schwierige Konstruktion des Dachverbandes und infolge der stärkeren Umfassungswände so teuer, dafs sie als veraltet anzusehen ist.

Freitragende Holzdecken werden besser durch eine Armierung ihrer Balkenunterzüge hergestellt. Die hölzernen Unterzugstiele erhalten wegen des Düngers

1,00 bis 1,20 ᵐ hohe, zu putzende Sockel aus Ziegelsteinen, welche oben abgerollt und zur Aufzapfung der Stiele mit einem hölzernen Schwellkreuz versehen werden. Raumersparender sind achteckige oder runde, nach oben verjüngte Sockel aus Granit, Sandstein oder am billigsten aus Cementbeton. Auf diesen werden die Stiele mittels Eisendorn befestigt. Die hölzernen Stiele sind auf 1 ᵐ Höhe achteckig oder rund zu bearbeiten und glatt zu hobeln. Gufseiserne Säulen sind für alle Schafstalldecken wohl die besten und werden ebenso wie die Granitpfeiler unter der Stallsohle auf Fundamentpfeiler gestellt.

Der Fufsboden wird nicht gepflastert, sondern erhält eine 20 bis 30 ᶜᵐ hohe Sandschüttung, welche in dieser Höhe über Erdgleiche liegt und beim Ausfahren des Düngers erneuert wird. Bei durchlässigem (Sand-) Boden mufs zwischen diesem und der Sandschüttung eine 20 bis 30 ᶜᵐ starke Lage fetter Thon eingebracht werden, damit die Jauche nicht etwa in den Untergrund eindringt. Die Durchfahrtsrampen für die Düngerwagen erhalten zweckmäfsig eine Feldsteinpflasterung.

89. Fufsboden.

Die Thore zum Düngerausfahren und zum Austreiben der Herde liegen entweder in den beiden Giebeln, oder, falls dies an einem oder beiden Giebeln nicht möglich ist, so mufs das eine, bezw. müssen beide Thore in der Vorderfront angelegt werden. Sie erhalten 3,00 ᵐ Breite und 2,80 bis 3,00 ᵐ Höhe. Die Thorgewände sind zur Schonung des Vliefses der sich drängenden Tiere mit den bereits früher besprochenen Drehrollen zu versehen. Zweckmäfsig sind an der Hinterfront des Gebäudes, wenn dieses am freien Felde liegt, einige Notthüren zum Austreiben bei Feuersgefahr. Die nach Bedarf in der Vorderfront anzulegenden Eingangsthüren macht man 1,00 bis 1,25 ᵐ breit und 2,00 ᵐ hoch. Für die nächtliche Sommerlüftung ist das Anbringen von Latten- oder eisernen Gitterthüren hinter den festen Thüren sehr empfehlenswert.

90. Thore, Thüren und Fenster.

Wollschafe erfordern wesentlich mehr Licht als Fleisch- oder Mastschafe. Die Fenster müssen möglichst breit sein und so dicht wie möglich unter der Decke liegen; die Höhe der Sohlbank-Oberkante über dem Fufsboden soll der Düngeranhäufung wegen ca. 2,20 ᵐ betragen. Die Fenster werden im Winter zweckmäfsig zur Lüftung mitbenutzt, da die Schafe abgehärteter als alle übrigen Tiere sind. In Stammschäfereien werden in einem der beiden Giebel einige gröfsere Fenster mit 1 ᵐ hoher Brüstung zur Prüfung (Bonitierung) des Schaffelles auf seine Wollgüte angeordnet und für gewöhnlich halb mit Läden verschlossen. Bezüglich der Konstruktion der Thore, Thüren und Fenster kann auf das bei den Rindviehställen Gesagte verwiesen werden.

Man unterscheidet Lang- und Rundraufen, meist in Verbindung mit Krippen. Die ersteren werden als einfache Langraufen für eine Schafreihe fest an den Wänden und als Doppelraufen für 2 Schafreihen beweglich im Stalle aufgestellt; die letzteren finden ihre Aufstellung fast immer um die Deckenstützen herum.

91. Raufen und Krippen.

Die meist hölzernen Raufen müssen zur möglichsten Reinerhaltung und Schonung des Schafvliefses überall abgerundete Ecken und Kanten erhalten, glatt gehobelt sein und solche Höhe haben, dafs die Schafe bequem fressen, aber nicht auf dieselben klettern können.

Die Raufensprossen bestehen entweder aus 3,0 bis 3,5 ᶜᵐ starken Holz- oder besser aus 1,5 ᶜᵐ starken Rundeisenstäben und sind bei allen Raufenarten 10, bezw. 8 ᶜᵐ von Mitte zu Mitte entfernt. Die Breite der 40 bis 50 ᶜᵐ über den Krippen stehenden Raufen beträgt 50 bis 60 ᶜᵐ; der untere Raufenraum erhält

15 bis 20, der obere 20 bis 25 cm lichte Tiefe. Die kleinen Krippen sind 10 bis 15 cm tief und 18 bis 25 cm breit.

Doppellangraufen (Fig. 123) sind, in den Krippen gemessen, ungefähr 58 bis 60 cm breit und ein davorstehendes Schaf gewöhnlicher Rasse etwa 1 m lang, so daſs eine Doppelraufe mit 2 Schafreihen ca. 2,60 m und demnach eine Wandraufe mit 1 Schafreihe ca. 1,30 m Stalltiefe erfordern.

Hieraus ergiebt sich z. B. die Länge und Tiefe eines Stalles für rund 1000 Schafe an 5 nach der Stalllänge aufgestellten Doppelraufen und 2 Wandraufen durch die folgende Rechnung.

Es werden mithin 12 Reihen Schafe zu je rund 84 Stück aufgestellt, und, da jedes Schaf 40 cm Raufenlänge beansprucht, und da ferner auf je 15 m Stalllänge ein zur leichten Verteilung und bequemen Fütterung der Schafe dienender, 3,00 m breiter Quergang und auf beiden Giebelseiten je ein 1,00 m breiter Verbindungsgang anzulegen ist, so beträgt die lichte Stalllänge (ausschlieſslich Futterraum) 84 × 0,40 + 2 (3,0 + 1,0) = 41,60 m. Die lichte Stalltiefe beträgt bei 5 Doppel- und 2 Wandraufen 6 × 2,60 = 15,60 m. Ein Schaf würde demnach bei 41,60 × 15,60 = rund 649 qm rund 0,65 qm Stallfläche erhalten.

Fig. 124 zeigt eine Doppelraufe mit Krippe, bei welcher die Raufen senkrecht gestellt sind, wodurch das »Einfuttern« der Schafe vermieden wird. Durch angebrachte lotrechte und schräge Bretter erhalten die Raufen mehr Raum und eine gleichmäſsige Futterverteilung, erfordern aber dadurch die doppelte Tiefe.

Die Konstruktion der Rundraufen und ihre Aufstellung in 2 Hälften um eine Deckenstütze ist aus Fig. 125 ersichtlich. An einer solchen Raufe von 2,20 m Durchmesser können 25 bis 30 Stück Schafe fressen.
Die Rundraufen haben den Vorteil, daſs die an denselben radial stehenden Schafe sich nicht die Wolle abreiben und nur wenig »einfuttern« können, sind jedoch mit dem Nachteil behaftet, daſs ihre runde Herstellung etwas schwierig und teuer ist und daſs die schwerfälligen Raufen beim Anwachsen des Düngers gehoben werden müssen, um sie mit letzterem unterstopfen zu können.

Zum Tränken der Schafe dienen entweder einige im Stallraum aufgestellte und nach Bedarf mit Wasser gefüllte hölzerne Tröge oder, besser, gemauerte oder Cementtröge mit Wasserzu- und -Abfluſs. Neuerdings ist auch für Schafe eine praktische selbstthätige Tränkanlage konstruiert worden (System *Kothe & Co.* in Braunschweig), welche sich völlig bewährt.

Der Futterraum oder die Futtertenne darf in einem grofsen Stalle niemals fehlen und liegt am besten in der Mitte des letzteren, in einer Breite von 4,50 bis 5,00 m, nach der ganzen Stalltiefe und erhält einen über dem Stallfufsboden um 50 cm erhöhten, mit Cementbeton oder Ziegelpflasterung versehenen Fufsboden; 1,25 m hohe Latten- oder Bretterwände scheiden den Futterraum vom Stallraum. Vielfach wird auch eine in ganzer Stalllänge, in der Vorderfront liegende Futter- und Einfahrtsdiele angelegt, welche, falls von ihr in den Dachraum eingebaust werden soll, ohne Decke bleibt, aber dann vom Schafstall durch eine Wand abgeschlossen sein mufs. Der Futterraum mufs sowohl mit dem Heuboden, als auch mit dem etwa vorhandenen und dann unter ersterem gelegenen Kartoffel- oder Rübenkeller in Verbindung stehen. Dies kann bei Futterräumen, welche an die Vorderfront angrenzen, durch einen Treppenhausvorbau erreicht werden; jedoch bleibt ein solcher immer kostspielig, so dafs die Anlage von besteigbaren Futterschloten zur Verbindung zwischen Dachboden und Keller bei allen Lagen des Futterraumes zum Stalle die gebräuchlichste ist. Ein solcher Schlot erhält 1,00 bis 1,20 m lichte Weite und wird in 1 Stein Stärke durch Keller, Stall und Dachboden bis über das Dach durchgeführt, erhält in jedem der genannten Räume eine möglichst kleine Thür und wird zur Besteigung mit einzumauernden Steigeisen und über dem Stalldach auf allen Seiten mit Jalousien und einem kleinen Pappdach versehen; alle im Futterschlot etwa aufsteigenden Stalldünste ziehen aus demselben ab. Die Überwölbung des unter dem Futterraum anzulegenden Kellers findet am besten mit Betongewölben statt, da dieselben, oben wagrecht abgeglichen, gleich den Fufsboden des Futterraumes bilden.

Der Futterboden mufs den 6 monatlichen Winterbedarf für sämtliche Schafe fassen. Derselbe beträgt für 1 Stück 100 kg oder 1,4 cbm Heu und wird im Dachboden untergebracht, der dann eine durchschnittliche Höhe von 2,10 m erhalten mufs. Bei der Anordnung der besonders für Fleischschafe sehr zweckmäfsigen und billigen flachen Ställe erfolgt das Unterbringen der Vorräte in einer am Stalle angebauten Futterscheune.

Die Schlafstellen der Schäferknechte werden im Stalle selbst, und zwar in der halben Höhe desselben, angebracht. Entweder stehen die Bettstellen auf einer erhöhten Bühne (Empore) oder werden an der Stalldecke aufgehängt, oder sie stehen in Wandnischen.

Krankenställe sollen etwa 5 vom Hundert der ganzen Herde fassen, und es ist am besten, einen solchen Stall als besonderes, vom Hauptstall möglichst weit entferntes Gebäude zu errichten.

b) Beispiele.

Fig. 126 zeigt den Grundrifs eines massiven, 26,0 m im Lichten langen und 20,0 m im Lichten tiefen Schafstalles für 668 Schafe.

Die in der Mitte gelegene Futtertenne und 2 Säulenpaare zerlegen das Gebäude der Länge nach in zwei Hälften, deren jede durch die in den Giebeln gegenüberliegenden Thore eine Längsdurchfahrt bildet. Die Raufen sind zum gröfsten Teile nach der Tiefe aufgestellt. An den 4 Ecken der Futtertenne befinden sich ein massiver Futterschlot (welcher die Verbindung mit dem Heuboden und mit dem in Breite der Futtertenne sich von einem Giebel zum anderen erstreckenden Rübenkeller herstellt) und 3 massive Dunstschlote. Zu beiden Seiten der Futtertenne befinden sich Tränktröge aus Cementmauerwerk. Die Wände sind bis zur Fenstersohlbank aus Kalksand-Stampfmasse, darüber aus Ziegelmauerwerk und der Drempel aus ausgemauertem Fachwerk ausgeführt. Die Decke besteht aus gestrecktem Windelboden und wird von 4 Unterzügen getragen, deren beide mittelsten auf gufseisernen

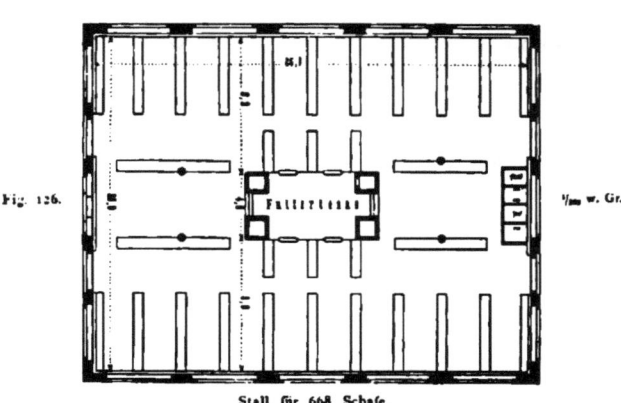

Fig. 126.   ¹/₄₀₀ w. Gr.

Stall für 668 Schafe.

Säulen ruhen, während die beiden äußeren Unterzüge von 4 Hängewerken getragen werden. Das Dach ist mit Asphaltpappe doppellagig eingedeckt.

Die Baukosten von Schafställen mit hölzernen Decken können im allgemeinen auf 35 bis 40 Mark und mit gewölbten Decken auf 40 bis 50 Mark für 1 qm überbauter Grundfläche angenommen werden. Demnach würde obiges, in besonders billiger Bauart ausgeführtes Gebäude, bei einer überbauten Grundfläche von ca. 577 qm und bei 35 Mark für 1 qm, rund 20 200 Mark kosten.

94. Beispiel II.

Fig. 127 ist der Grundriß eines ganz in Ziegelsteinen ausgeführten Schafstalles von 40,50 m lichter Länge und 15,60 m lichter Tiefe für 900 bis 1000 Schafe.

Die Raufen sind nach der Länge des Stalles aufgestellt und gewähren eine mittlere Längsdurchfahrt für die Düngerwagen. Die Decke besteht aus dem gestreckten Windelboden mit unterem Rohrcementputz; die Holzbalken laufen gestoßen nach der Stalllänge und ruhen auf nach der Tiefe liegenden I-Trägeruntergzügen, welche von 2 Reihen gußeiserner Säulen unterstützt werden. Das überstehende, mit hohem Drempel versehene Dach ist ein Pfettendach mit Holzcementeindeckung.

Die Baukosten beliefen sich auf 23 750 Mark oder, bei einer überbauten Grundfläche von 690 qm, auf rund 34,₀₀ Mark für 1 qm.

Fig. 127

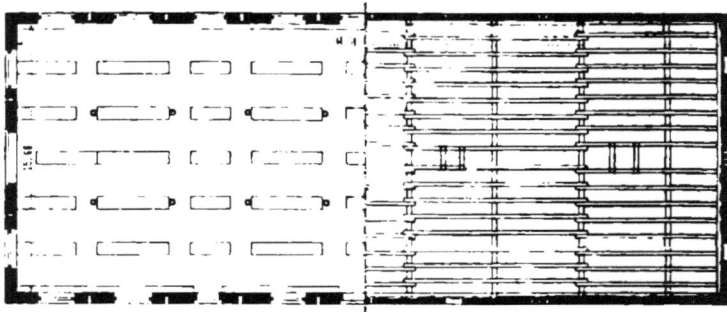

Stall für 900 bis 1000 Schafe.
¹/₄₀₀ w. Gr.

Fig. 128 u 129 veranschaulichen den Grundriſs und den teilweisen Längsschnitt eines massiven Schafstalles für etwa 1000 bis 1200 Schafe, welcher die bedeutende lichte Tiefe von 21,00ᵐ und 35,20ᵐ lichte Länge aufweist.

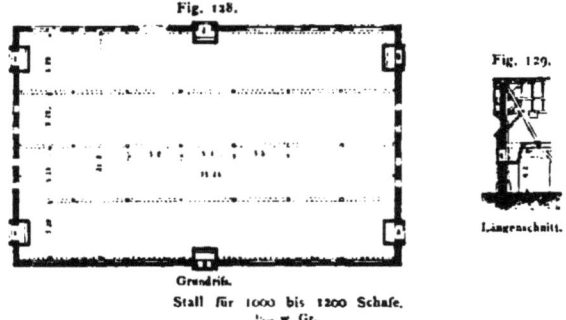

Fig. 128.
Grundriſs.
Stall für 1000 bis 1200 Schafe.
Fig. 129.
Längenschnitt.

Die Düngerausfahrt und das Ein- und Austreiben der Schafe finden durch je 4 in den Langfronten befindliche Thore statt; erstere ist also sehr bequem, geschieht jedoch auf Kosten einer durch die 8 groſsen Thore herbeigeführten verhältnismäſsig groſsen Abkühlung des Stallraumes. Die Balkenlage der gestreckten Windelbodendecke ruht auf 5 von hölzernen Stielen unterstützten Längsunterzügen, von denen die zwei unter den Balkenenden liegenden die nur 1⅛ Stein starken Frontwände entlasten sollen. Bodentreppen sind nicht vorhanden; zum bequemen Einbauen und Entnehmen der Futter- und Streuvorräte nach, bezw. vom Futterboden dienen 6 versenkte, aus Bretterverschalung hergestellte Luken a.

In Fig. 130 ist der Grundriſs eines im vereinigten Ziegelroh- und Putzbau und mit freitragender Holzdecke, d. h. durch Hängewerke getragene gestreckte Windelbodendecke, ausgeführten Stalles für 600 bis 700 Schafe wiedergegeben.

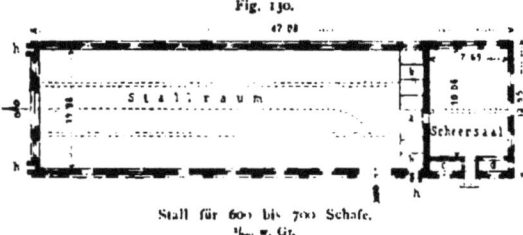

Fig. 130.
Stallraum
Scheersaal
Stall für 600 bis 700 Schafe.

Der stützenfreie Raum ermöglicht die bequeme Vergröſserung oder Verkleinerung der durch Horden begrenzten Abteilung für die verschiedenen Schafe. Die Düngerausfahrt findet in der Pfeilrichtung statt, d. h. von einem in der Vorderfront gelegenen Thore nach der Länge des Stalles zu dem im linken Giebel befindlichen Thore. Am rechten Gebäudegiebel befindet sich der durch eine Rampe a mit dem Stallraum verbundene, gut beleuchtete und zur Rübenaufnahme unterkellerte Scheersaal, dem sich der Bettraum c für die Schäferknechte und der Raum d zur Aufstellung eines Wollsortiertisches anschlieſsen; b, b sind Bocklogen und h, h massiv hergestellte Hundehütten.

Fig. 131 ist der teilweise Grundriſs eines in den Umfassungswänden aus Kalksand-Stampfmasse (1 Raumteil Fettkalk und 8 Raumteile Sand) errichteten

Stalles für 700 Schafe, welche an Rundraufen fressen, die um die Unterzugsstiele gestellt sind.

In der Mitte des Stalles befindet sich der geräumige Futterraum, welcher gegen den Fußboden des Stalles 50 cm erhöht liegt, bezw. durch Rampen verbunden ist und vom Stall durch Horden abgegrenzt wird, ohne jedoch die Durchfahrt nach der Länge desselben zu hindern. Für die Durchfahrt sind in beiden Giebeln und in der Vorderfront des Futterraumes Thore angelegt worden, sodaß der stets nur aus einer Stallhälfte abzufahrende Dünger bequem aufgeladen und hinausgeschafft werden kann. In der Hoffront des Stalles befinden sich einige 1,50 m im Lichten weite Thüren zum Ein- und Austreiben der Schafe. An der Hinterfront des Futterraumes liegt in einem von Fachwerkwänden umschlossenen Raum die Bodentreppe. Zu beiden Seiten des Treppenraumes schließen sich einige Bocklogen *b* und eine Lagerstätte für den Schäfer an. Die Stalldecke besteht aus gestrecktem Windelboden, dessen Balken von zwei auf Holzstielen ruhenden Längsunterzügen getragen werden. Die Drempelwände und das Dach sind mit Falzziegeln behängt, bezw. eingedeckt worden.

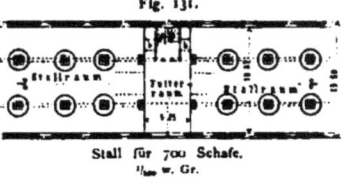

Fig. 131.

Stall für 700 Schafe.
¹/₄₀₀ w. Gr.

Fig. 132 stellt den teilweisen Grundriß eines massiven und mit böhmischen Kappengewölben zwischen Gurtbogen und auf Granitpfeilern überwölbten Stalles dar, welcher 63,20 m lang, 13,80 m tief ist und für 800 Stück Wollschafe dient.

Fig. 132.

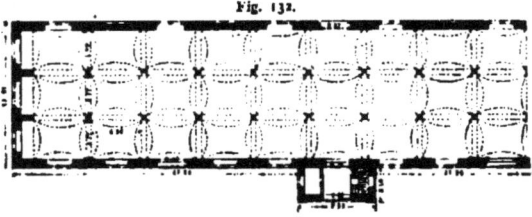

Stall für 800 Schafe.
¹/₄₀₀ w. Gr.

Der in der Mitte der Hoffront befindliche Vorbau enthält die Bodentreppe, eine kleine verschließbare Kammer, sowie einen kleinen überwölbten Rübenkeller. Die Ausfahrt des Düngers findet durch zwei in der Vorderfront und ein in der Hinterfront gelegenes Thor statt.

Litteratur
über »Schafställe«.

a) Anlage und Einrichtung.

Études sur les bergeries. Encyclopédie d'arch. 1874, S. 41, 98.
JAHN, E. Der Schafstall in seiner baulichen Anlage und Ausführung, sowie inneren Einrichtung. Leipzig 1876.
Der Bau der Schafställe. HAARMANN's Zeitschr. f. Bauhdw. 1876, S. 164, 182, 201.
JANSEN. Schafställe ohne Bodenraum. Deutsche Bauz. 1884, S. 177.

β) Ausführungen und Entwürfe.

MARTENS, G. Schäferhof zu Thunebyeholm. ROMBERG's Zeitschr. f. prakt. Bauk. 1859, S. 97.
SCHITTENHELM, F. Privat- und Gemeindebauten. Stuttgart 1876—78.
Heft 10, Bl. 5: Schafstallgebäude im fürstlichen Gehöfte zu Sigmaringen; von LAUR.
ENGEL. Stall für 720 Schafe. Centralbl. d. Bauverw. 1882, S. 190.
ENGEL, F. Schafstall auf Niederohne. HAARMANN's Zeitschr. f. Bauhdw. 1883, S. 8.
Schafstall für 700 Schafe. Baugwks.-Ztg. 1877, S. 8.

5. Kapitel.
Schweineställe.
Von Alfred Schubert.

a) Anlage und Einrichtung.

Zur Ermöglichung eines guten Gesundheitszustandes und einer nutzenbringenden Zucht und Mastung der Schweine, muſs der Stall im Winter warm, im Sommer kühl, ferner trocken, reinlich, hell und leicht lüftbar und so eingerichtet sein, daſs Füttern, Streuen, Ausmisten bequem und ohne groſsen Zeitverlust ausgeführt werden können.

Die Bauart der Schweineställe hängt vom Umfang der Schweinehaltung ab; dort, wo nur für den eigenen Bedarf Schweine gehalten werden und in kleineren landwirtschaftlichen Betrieben werden die Schweineställe oder einzelne Buchten zur Erzielung einer gröſseren Wärme in Kuh- und Ochsenställen angeordnet, oder, was zweckmäſsiger ist, an den Giebel dieser Ställe angebaut, weil dadurch die Anlage des unbedingt erforderlichen Schweinehofes erleichtert wird.

Für einen gröſseren Schweinebestand werden besondere Ställe errichtet, deren Hauptfront, falls nur Zucht getrieben wird, am besten nach Süden oder Südosten, bei Mastställen hingegen besser nach Westen oder Osten liegen muſs. Der Bauplatz muſs etwas erhöht sein, einen durchaus trockenen, also sandigen Untergrund haben und beim Vorhandensein gewerblicher Anlagen, deren Rückstände zur Verfütterung gelangen sollen, in ihrer Nähe liegen.

Das Unterbringen der Schweine muſs gesondert nach den verschiedenen Alters- und Geschlechtsklassen (Eber, Mutterschweine, Mastschweine, Ferkel und Fasel) in einzelnen Abteilungen, Buchten oder Koben, für je ein oder mehrere Tiere stattfinden. Jede Bucht muſs dem einzelnen Tiere die erforderliche Bewegung gestatten, überhaupt so groſs sein, daſs die Tiere eine ausreichende, trockene Lagerstätte und hinreichenden Platz am Futtertroge finden.

Die Gröſse des Stallgebäudes hängt von der Anzahl der Zuchtsäue und Mastschweine ab.

Eine Zuchtsau wirft jährlich zweimal durchschnittlich je 10 bis 15 Ferkel und bedarf während der letzten Zeit ihrer Trächtigkeit und der 4 bis 8 Wochen dauernden Säugungsperiode eine besondere, von der Rassengröſse abhängende Bucht von 4,4 bis 5,5 qm Gröſse (2,00 m breit, 2,20 bis 2,75 m tief, ausschl. Trogbreite).

Im Anfang und auſser ihrer Trächtigkeit bringt man die Säue zu zwei, selbst bis zu vier Stück in einer solchen Bucht unter oder mit den zwei Jahre alten Groſsfaseln zusammen, sodaſs nur für die Hälfte der bestimmten Anzahl von Zuchtsäuen einzelne Buchten erforderlich werden.

Auf je 15 bis 20 Zuchtsäue rechnet man einen Eber, welcher in einer 3,5 bis 4,0 qm groſsen Einzelbucht unterzubringen ist.

Die Ferkel werden entweder 4 bis 8 Wochen alt verkauft oder bis zu 1 Jahr, als Kleinfaselschweine, bis zu 2 Jahren alt, als Groſsfaselschweine, gehalten und dann als Zucht- oder Mastschweine benutzt.

Die Altersklassen der Faselschweine erhalten getrennte Sammelbuchten und werden entweder in diesen oder auf besonderen Futtertennen gemeinschaftlich gefüttert.

Die Mastschweine werden zu 2 bis 4 Stück in einzelnen, groſsen Buchten untergebracht und daselbst gefüttert.

Der preufsische Ministerial-Erlafs vom 9. Januar 1871 schreibt folgende Stallgrundflächen vor:

für ein Ferkel	0,5 bis 0,6 qm
» » Kleinfasel	0,8 »
» » Grofsfasel	1,0 »
» » Mastschwein	1,0 bis 2,0 »
» mehr als 2 Mastschweine in einer Bucht für 1 Stück	1,2 bis 1,6 »
» eine Zuchtsau	3,9 »
» einen Eber	3,4 bis 3,9 »

Die lichte Stallhöhe soll je nach der Anzahl Tiere 2,20 bis 2,80 m und die Breite der Stallgassen 1,20 bis 1,60 m betragen.

Die Gröfse der Einzelbuchten von 3,4 bis 3,9 qm ist indes für ausgewachsene, grofsrassige Schweine (z. B. Yorkshire) nicht genügend, und da besonders bei der heutigen Schweinehaltung die Absatzverhältnisse sehr wechselnde, bald zur Zucht, bald zur Mastung zwingende sind, so werden die Einzelbuchten nach einem Ministerial-Erlafs vom Jahre 1896 am besten in der oben angegebenen Gröfse von 4,4 qm (2,00 m breit und 2,20 m tief) angeordnet, so dafs sie abwechselnd nach Belieben benutzt werden können.

Eine solche Bucht reicht für 1 Muttersau mit Ferkeln, 2 abgeferkelte Säue, 1 Eber, 3 ausgewachsene Mastschweine, 5 Fasel oder 7 bis 8 Absatzferkel aus. Zweckmäfsig wird die Bucht, besonders bei Haltung grofser Rassen und wenn hölzerne Lagerpritschen angewendet werden sollen, auf 5,5 qm gesteigert, d. h. 2,00 m Breite und 2,75 m Tiefe, wovon 1,20 m auf den Standraum vor dem Trog und 1,55 m auf die Lagerpritsche entfallen.

Die Buchten werden entweder in 2 Längsreihen an einem Mittelgang angeordnet, der sich an einer oder mehreren Stellen zur Futtertenne verbreitert, oder die Buchten liegen, um sie wärmer zu halten, in der Stallmitte und die zwei Gänge an den Aufsenwänden. Da das Stallgebäude bei dieser Anordnung für eine grofse Schweinezahl zu lang und schmal wird, so legt man alsdann zwei mittlere, durch Quergänge verbundene Stallgassen an; bei grofsen Anlagen auch zur Erleichterung der Arbeit Futter- und Düngerbeförderungsgleise.

Aufser den einzelnen Buchten und einer oder mehreren Futtertennen ist schliefslich eine Futterküche erforderlich, welche zweckmäfsig unterkellert wird, ferner ein Wärterraum für eine Person oder für das sämtliche Stallpersonal, sodann getrennte Schweinehöfe für Fasel, Zuchtsäue und Eber.

Da der Dachboden nur zum Unterbringen der Streu dient, also nicht völlig ausgenutzt wird, so ist es zweckmäfsiger und billiger, die Ställe ohne Boden zu erbauen. Das Dach bildet zugleich die Stalldecke und ermöglicht auch durch Anbringen von Dachlichtern die bessere Erhellung besonders tiefer und doch niedriger Ställe; bodenlose Ställe sind mindestens für Mastbetrieb sehr empfehlenswert.

Wände. Die Herstellung der Umfassungswände erfordert bei Schweineställen weit mehr Rücksichten als bei den anderen Viehställen. So ist der Fachwerkbau mit Ausmauerung oder Klebstaken für Schweineställe nicht allein zu kalt, sondern er geht auch wegen der in diesen Ställen entstehenden grofsen Feuchtigkeitsmenge sehr bald zu Grunde, wird überdies von den Schweinen zernagt und von den Ratten durchwühlt. Besser sind Bruchsteinmauern; doch bewirken sie als mehr oder minder schlechte Wärmeleiter leicht feuchte und kalte Stallräume.

Am zweckmäfsigsten erweisen sich Umfassungswände aus gut gebrannten Ziegelsteinen in mindestens 1 1/2 Stein Stärke.

Da die Umfassungswände meist die Rückwände der Buchten bilden, so müssen sie bis auf 1,20 m Höhe aus durchaus hartgebrannten Ziegelsteinen, am besten Klinkern, gemauert und mit Cementmörtel glatt verputzt werden, um gegen die Angriffe der Schweine und gegen die Nässe geschützt zu sein, und damit man sie, besonders zur Zeit von Seuchengefahren, gründlich reinigen und desinfizieren kann.

Zur Herstellung, d. h. Trennung der Buchten sind Scheidewände und zur Begrenzung der Buchten an der Stallgasse Gangwände erforderlich, welch letztere aus der Thür, dem Troge und der über diesem befindlichen Absperrvorrichtung bestehen.

Die 1,20 m hohen Scheidewände werden aus Holz, natürlichen Steinen, Monier-Platten, Ziegelsteinen, aus Eisen oder aus Wellblech hergestellt.

Hölzerne Scheidewände sind, weil am billigsten herstellbar, am häufigsten, haben aber keine lange Dauer, sind fortwährenden Ausbesserungen unterworfen und unsauber. Sie bestehen aus 6 bis 7 cm starken eichenen oder lärchenen Bohlen, welche wagrecht zwischen ausgenutete eichene Pfosten eingeschoben werden, die entweder eingegraben oder auf Schwellen befestigt und oben verholmt sind.

Besser eignen sich zur Aufnahme der Bohlen 20 cm starke, gefalzte Steinpfeiler; jedoch sind sie bedeutend teurer und raumbeengend. Den geringsten Raum beanspruchen Scheidewände, wenn man die Bohlen oder noch besser Monier-Platten an gut angestrichenen oder galvanisch verzinkten L-Eisenpfosten, welche im Erdreich in Hausteinblöcken eingebleit werden, anschraubt.

In steinreichen Gegenden ersetzt man die zwischen die Steinpfeiler einzuschiebenden Bohlen durch 5 bis 8 cm starke Sandstein- oder Schieferplatten und verbindet die Pfeilerköpfe durch Eisenschienen oder Eichenholme.

Recht dauerhafte, billige und daher weit verbreitete Scheidewände sind solche aus 1/2 Stein starkem Ziegelmauerwerk in Cementmörtel und beiderseitigem glatten Cementputz.

Eisengitterwände sind sehr dauerhaft, äufserst raumersparend und, wenn auch als Gangwände vorzüglich geeignet, so doch nicht für Scheidewände zu empfehlen, da sich die durch solche voneinander getrennten Tiere gegenseitig aufregen u. s. w. Zulässig für Scheidewände sind allein 60 cm hohe Gitter auf gleich hohen gemauerten Scheidewänden.

In neuester Zeit hat man Scheidewände aus verzinktem Wellblech ausgeführt, welche sich als sehr raumersparend und dauerhaft erweisen, sich gründlich desinfizieren lassen und durch Lösung von zwei Schrauben und Ausheben der Wand eine beliebige und leichte Vergröfserung oder Verkleinerung der Buchten ermöglichen.

Zur Erhaltung einer während des ganzen Jahres gleichmäfsigen Stalltemperatur mufs die Decke aus schlechten Wärmeleitern bestehen und möglichst dicht sein.

101. Decke.

Hölzerne Decken haben wegen der in Schweineställen auftretenden vielen Wasserdämpfe eine nur kurze Dauer; höchstens ist noch der gestreckte Windelboden bei guter Ausführung zulässig. Bei besseren Ställen giebt man dieser Decke zum besseren Aussehen und zur längeren Dauer am zweckmäfsigsten einen unteren Cementmörtelputz auf Falzpappe und Lattung.

Am geeignetsten sind natürlich massive Decken, und zwar bei kleineren Ställen die schmaleren preußsischen Kappengewölbe aus Hohlziegeln, ferner die ebene *Kleine*'sche und *Schürmann*'sche Decke, für große Ställe die weitspannenden Cementbeton- und *Monier*-Gewölbe, alle zwischen I-Trägern, welche von gußseisernen Säulen unterstützt werden.

Fig. 133.

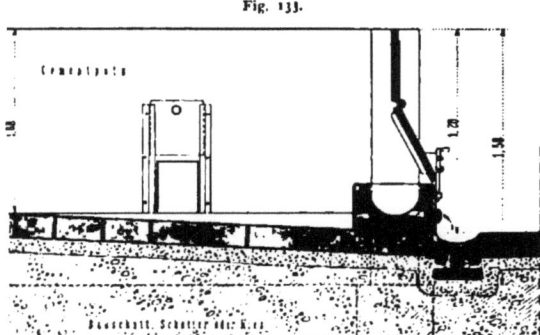

Längenschnitt.

Fig. 134.

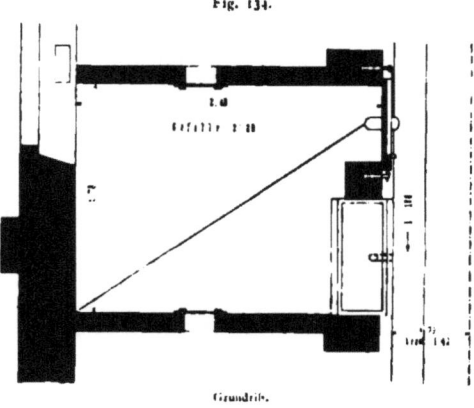

Grundriß.
Schweinebucht.

Die Deckenunterstützungen lassen sich den Quer- und Scheidewänden der Buchten entsprechend leicht aufstellen, d. h. die Holzstiele und -Säulen stehen auf den Verstärkungspfeilern der Buchtwände; noch zweckmäßiger und billig werden die Verstärkungspfeiler gleich zum Tragen der Unterzüge und Träger verlängert.

Der Fußboden des Stalles muß 30 cm höher als das umgebende Gelände liegen. Die vollständige Undurchlässigkeit, Dauerhaftigkeit und Reinlichkeit des Buchtfußbodens gewährt nur ein doppellagiges Flachschichtpflaster aus harten Ziegelsteinen, am besten Klinker in Cement- oder Wasserkalkmörtel; noch zweckmäßiger, billiger und am gründlichsten desinfizierbar ist eine 10 cm starke Cementbetonschicht; der 8 cm starke Beton erhält einen 2 cm starken, nicht zu glatten Cementestrich.

Alle übrigen Pflasterungen sind undicht, widerstehen den Angriffen der Schweine nicht und werden von den Ratten durchwühlt. Der Buchtfußboden (Fig. 133 u. 134) muß zum vollständigen Abfluß der Jauche ein Gefälle von 1:20 bis 1:10 nach den Jaucherinnen erhalten. Diese sind unmittelbar vor den Buchten an der Stallgasse offen und in der Ausführung genau wie bei Rindviehställen anzulegen, damit sie stets gut gereinigt werden können. Wo die Stallgasse zu einer Futtertenne verbreitert wird, müssen die offenen Rinnen, damit die Ferkel nicht die Jauche saufen können, mit Bohlen abgedeckt werden.

Die Abführung der Jauche in vollständig überdeckten Rinnen oder, noch schlimmer, in unterirdischen Kanälen oder Rohrleitungen ist stets zu vermeiden, da sich diese nur schwer oder gar nicht reinigen lassen. In denselben sammelt sich dann Unrat und Schlamm an, die in Fäulnis übergehen; ferner finden hier die Ratten ein Unterkommen, so daß derartige Jaucheabführungen wahre Infektionsherde sind und eine Gefahr der Seuchenübertragung bilden.

Um den Muttersäuen und den Ferkeln im Winter warme und trockene Lagerplätze zu gewähren und um gleichzeitig erheblich Streu zu sparen, bringt man im hinteren Teile der Buchten ca. 1,50 m breite Holzpritschen an, welche aus 3 cm starken Brettern mit untergenagelten Latten bestehen. Zur Verhütung des Herabgleitens der Streu wird die Vorderkante der Pritsche mit einer 4 bis 5 cm hohen und gegen Benagen mit Eisenblech benagelten Holzleiste versehen.

In den Saubuchten werden zur Verhütung des Erdrückens der Ferkel durch die Sau an den beiden Seitenwänden und an der Hinterwand eiserne Stangen, am besten Gasrohre auf eisernen Stützen, derart angebracht, daß sie 15 cm breit von den Wänden und 20 cm hoch vom Fußboden abstehen. Die Buchten müssen dann entsprechend vergrößert werden.

Die Stallthüren, deren Anzahl möglichst zu beschränken ist, um im Winter eine unnötige Abkühlung des Stalles und Zugwind zu verhüten, sollen nach außen aufschlagen und werden 1,20 bis 1,40 m breit und 1,80 bis 2,00 m hoch, in zweiflügeliger Anlage und zweckmäßig zugleich in halber Höhe als Unter- und Oberflügel geteilt, ausgeführt, sodaß zur Abkühlung des Stalles im Sommer nur die Oberflügel geöffnet zu werden brauchen.

Die zum Verkehr des Personals dienenden Thüren werden 1,00 × 2,00 m groß und die Buchtthürchen 0,60 bis 0,80 m breit gemacht. Die letzteren müssen stets nach der Stallgasse aufschlagen und werden entweder aus 3,5 bis 4,0 cm starken, gespundeten, gehobelten Brettern und mit auf der Gangseite liegenden Quer- und Strebeleisten, die so dem Zernagen nicht ausgesetzt sind, oder auch aus Rundeisen-Gitterwerk ausgeführt. Letztere haben vor den hölzernen, obwohl sie teurer als diese sind, den Vorteil vollständiger Dauerhaftigkeit, Sauberkeit und gewähren einen besseren Überblick über die Buchten.

Die Buchtthürchen können mit kleinen Schieberklappen versehen werden, um den Ferkeln das ungehinderte Aus- und Einlaufen zu gewähren. Der Verschlußriegel der Thürchen muß schräg angeordnet werden, damit dieselben

Fig. 135.

Hölzerne Buchtgangwand.

nicht durch das Anscheuern der Schweine aufgestofsen werden können. Die Ausführung eines hölzernen und eines eisernen Buchtthürchens zeigen Fig. 135 u. 136.

Bei schmalen Stallgassen und besonders solchen Buchten empfiehlt es sich, die Thürchen zweier Buchten schräg nebeneinander anzubringen, wodurch längere Tröge ermöglicht werden (Fig. 137).

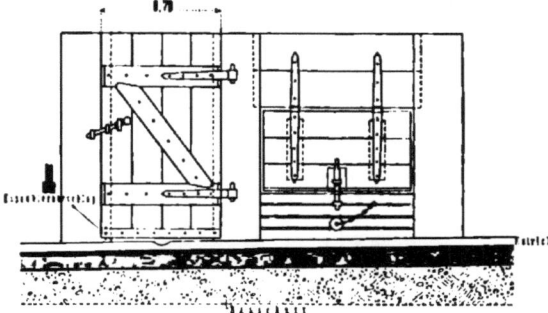

Fig. 136.

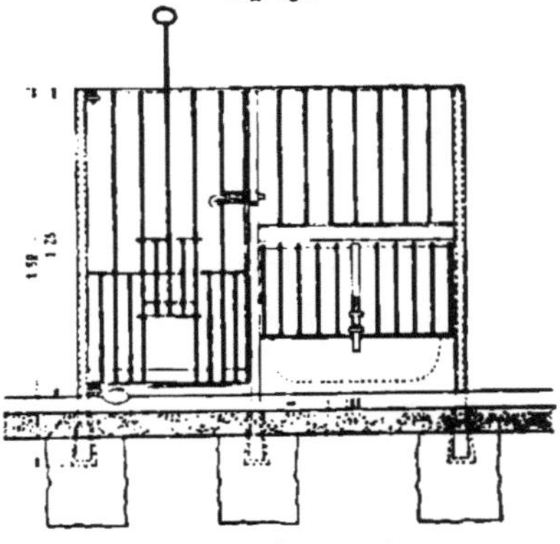

Eine recht gute Beleuchtung ist besonders bei Zuchtställen erforderlich, während Mastställe bedeutend weniger Licht erhalten sollen; die Fenster müssen mit ihrer Sohlbankoberkante 1,50 m hoch über dem Stallfufsboden liegen. Da die Fenster aber auch zur Lüftung dienen und die Tiere infolge der niedrigen Fensterlage von Zugluft leicht getroffen werden können, so sollen nur solche gufseiserne Fenster verwendet werden, bei welchen sich der Kippflügel im oberen Drittel derselben befindet, und womöglich mit Blechwangen versehen sein.

Eiserne Buchtgangwand.

106. Futtertröge.

Die Gröfse der Tröge richtet sich nach der Gröfse der Schweine; Mastschweine, Eber und abgeferkelte Säue erhalten 35 bis 40 cm breite und 25 cm tiefe Tröge, deren Oberkante 25 bis 30 cm über dem Fufsboden liegt; an Troglänge ist für jedes Tier 40 cm zu rechnen. Für Muttersäue, Ferkel und Fasel werden die Tröge am

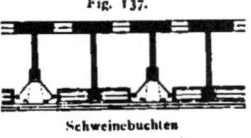

Fig. 137.

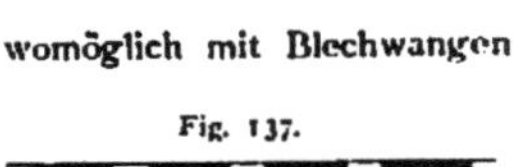

Schweinebuchten mit schräggestellten Thüren.

zweckmäſsigsten 40 cm breit und nur 12 bis 15 cm tief gemacht, damit die kleinen Schweine bequem fressen können, ohne in die Tröge hineinzusteigen. Die Tröge sind daher so aufzustellen, daſs ihr Boden mit dem Stallboden in gleicher Höhe liegt. Für ein Fasel genügt 30 cm und für ein Ferkel 20 cm Troglänge. Damit sich besonders die Mastschweine beim Fressen nicht gegenseitig vom Trog abdrängen können, empfiehlt es sich, die Tröge durch Eisenstangen etc. für jedes Tier abzuteilen. Dies ist auch eine bei beweglichen Ferkeltrögen übliche Anordung.

Die Tröge werden aus Holz, natürlichen Steinen, Ziegelsteinen, Guſscement, Guſseisen, verzinktem Eisenblech und aus glasiertem Thon hergestellt.

Die hölzernen Tröge sind gänzlich zu verwerfen; sie verfaulen zu schnell, werden zernagt, können nicht völlig leer gefressen und nur schlecht gereinigt werden; die Futterreste dringen in die Holzporen ein, verfaulen hier und machen den Trog zu einem wahren Luftverpester und Bakterienherd.

Tröge aus hartem, feinkörnigem Sandstein oder aus gleichgeartetem Granit mit glatten Oberflächen sind zulässig, doch recht teuer.

Aus Cementmauerwerk bestehende und mit Cement geputzte Tröge und solche aus Guſscement werden vielfach von der Milchsäure der Molkenabfälle und durch Schlempe angefressen, und in die schadhaften Stellen dringen dann die Futterreste ein.

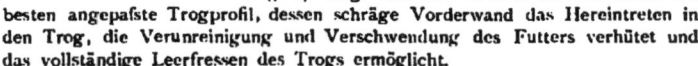

Fig. 138.

Guſseiserner Schweinetrog.

Guſseiserne Tröge mit innerer Emaillierung sind in letzter Zeit viel gebräuchlich; sie sind allerdings teuer und haben den Nachteil, daſs selbst die beste Emaillierung mit der Zeit abspringt und der Trog dann durchrostet; auch kühlt das Futter darin zu schnell ab, so daſs sie vielfach ummauert werden müssen.

In Fig. 138 bis 141 sind einige guſseiserne Tröge, teils feststehend, teils zum Kippen eingerichtet und mit verschiedener Verschluſsvorrichtung abgebildet. Fig. 141 zeigt das dem Wuchs des Schweines am besten angepaſste Trogprofil, dessen schräge Vorderwand das Hereintreten in den Trog, die Verunreinigung und Verschwendung des Futters verhütet und das vollständige Leerfressen des Trogs ermöglicht.

Besser als guſseiserne Tröge sind solche aus starkem, gut verzinktem Eisenblech, besonders der Leichtigkeit wegen in der Ausführung als Kipptröge und als versetzbare Ferkeltröge. Fig. 142 veranschaulicht einen solchen Ferkeltrog mit abnehmbarem Deckgitter für 10 bis 16 Ferkel.

Als beste und dazu billigste Tröge gelten heute solche aus glasiertem Thon (Steingut); sie sind sehr dauerhaft, saugen keine Futterreste auf und lassen sich leicht reinigen. Fig. 144 veranschaulicht einen solchen Trog von

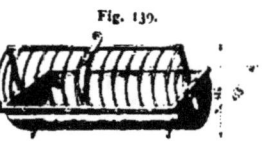

Fig. 139.

Feststehender guſseiserner Schweinetrog.

Fig. 140.

Drehbarer eiserner Schweinetrog.

zweckmäfsiger Form; derselbe ist 42 bis 50 cm breit, 21 cm hoch und 90 bis 100 cm lang. Einen anderen, viel verbreiteten halbkreisförmigen Thontrog stellt Fig. 143 dar; derselbe ist 32 cm im lichten weit und 60 bis 100 cm lang, wenn er aus einem Stück besteht, und 110 bis 200 cm lang, wenn er aus 2 Teilen zusammengesetzt ist.

Fig. 141.

Bester Trogquerschnitt.

Schweinetröge werden in den Buchten, bezw. in der Gangwand derselben meist fest, seltener beweglich (Kipptröge für Mastschweine) aufgestellt, und zwar so, dafs sie entweder mit der Gangwand des Stalles bündig, also ganz in der Bucht liegen (für Mastschweine und Eber am besten) oder mehr oder weniger in den Gang vortreten.

Um den Schweinen den Zutritt zum Troge während des Reinigens, Einfüllens des Futters etc. zu verwehren, wird über den Trögen eine Verschlufsvorrichtung angebracht. Die einfachste, aber viele Ausbesserungen erfordernde Konstruktion ist die einer mit langen Scharnierbändern aufgehängten und mit Riegel versehenen Holzklappe (Fig. 133 u. 135).

Für gufseiserne aber auch für andere Tröge werden heute in besseren Ställen meist eiserne Trogverschlüsse verschiedenartigsten Systems verwendet,

Fig. 142.   Fig. 143.

Ferkeltrog mit abnehmbarem Deckgitter.   Halbkreisförmiger Schweinetrog aus glasiertem Steingut.

und zwar als Eisengitter- oder Eisenblechklappen, ferner Gitterschieber und Gitterwalzen. Die beiden letzteren, besonders die Walzen, haben sich weniger bewährt. Fig. 136 zeigt eine Eisengitterklappe, Fig. 138 eine Eisenblechklappe und Fig. 139 eine Gitterdrehwalze.

Einen wirklich einfachen, praktischen und dauerhaften Trogverschlufs liefert die Firma *Hüttenrauch* in Apolda. Fig. 145 u. 146 veranschaulichen die Stellung desselben beim Reinigen und beim Fressen.

Fig. 144.

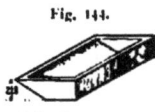

Schweinetrog aus glasiertem Steingut.

Die pendelnde Klappe A wird mittels des Stellhebels B, welcher am Punkt D drehbar befestigt ist, mit leichtem Druck nach innen bewegt und durch eine am Drehpunkte B bewegliche Stellstange C dadurch in der gewünschten Lage festgehalten, dafs ihre Einschnitte über 2 am Stellhebel befindliche Stifte übergreifen. Nach der Futtergebung bewegt sich die Klappe durch Anheben der Stellstange C von selbst nach vorn. Der sinnreiche Mechanismus gestattet einer Person die leichte Handhabung einer solchen Klappe für selbst 2 m lange Tröge. Diese Trogabschlüsse können zwischen Holz-, Stein- oder Eisenpfeilern befestigt werden.

Anstatt beweglicher eiserner Trogabschlüsse hat man auch feststehende Rundeisengitter über den Trögen angebracht, die vom Rand derselben immer

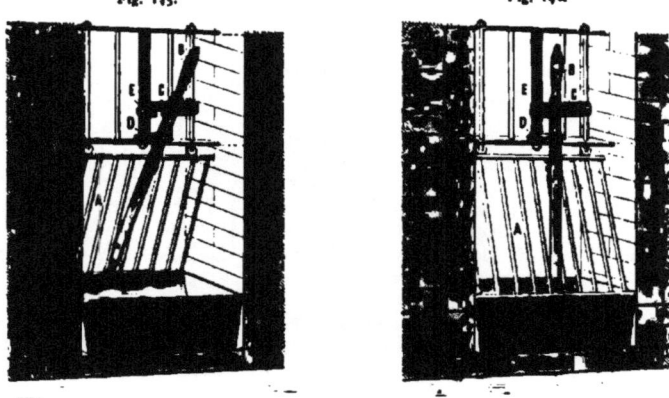

Fig. 145. Fig. 146.

Trogverschluß von *Hüttenrauch* in Apolda.

so weit entfernt bleiben, daß man das Futter bequem einschütten und die Tröge leicht reinigen kann.

Solche feststehende Trogabschlußgitter werden auch über drehbaren Trögen angeordnet. Fig. 147 u. 148 stellen einen solchen gußeisernen Kipptrog dar, der sich um die an seinen beiden Stirnseiten befindlichen Achsenzapfen dreht und durch eine seitliche Zugstange so völlig umgekippt werden kann, daß er leicht zu reinigen ist; sie bleiben im umgekippten Zustande bis zum Wiederbeginn der Fütterung.

Eine eigenartige und recht praktische Fütterungseinrichtung wird von *Friedrich Bode* in Ostingersleben hergestellt. Bei derselben sind die Gangwand, die Thür und der Trog zu einem Stück, d. h. zu einer Thür vereinigt (Fig. 149), so daß sich die Bucht auf ihre ganze Breite öffnen läfst (Fig. 150). Durch den Fortfall des üblichen Buchtthürchens wird der Trog 60 cm länger,

Fig. 147. Fig. 148.

Drehbarer Schweinetrog mit feststehendem Abschlußgitter.

nimmt also die ganze Buchtbreite ein, so daß in jeder Bucht 1 bis 2 Schweine mehr untergebracht und auf derselben Frontlänge aus 3 Buchten 4 gemacht werden können; man gewinnt also durch diese Einrichtung viel Raum. Da sich die ganze Buchtwand öffnet, kann auch der Dünger viel bequemer herausgeschafft und können alle Teile leicht gereinigt werden; der Trog und die drehbare Verschlußklappe bestehen aus 1,5 ㎜ starkem, verzinkten Eisenblech.

Die heutige Fütterung der Schweine mit trockenem oder breiartigem Futter statt des nassen ist erfolgreich, erfordert aber eine besondere Tränkung der Schweine. Man hat deshalb auch in Schweineställen die bereits früher beschriebene Selbsttränke mit gußeisernen Näpfen angeordnet; letztere müssen, um das Hereinsteigen der Schweine zu verhüten, mit Eisenrosten versehen werden.

Fig. 149.   Fig. 150.

Eiserne Buchtenanlage von *F. Bode* in Ostingersleben.

105. Futterrinnen. Die Fütterung der Mastschweine, Säue und Eber geschieht stets in den Buchten, diejenige der jungen Ferkel und Fasel bei größeren Stallanlagen auf einer besonderen Futtertenne, welche dann nur den nötigen Raum für eine der drei Altersklassen der Schweine zu haben braucht, da dieselben zu verschiedenen Zeiten gefüttert werden.

Durch die Anordnung einer Futtertenne wird an Futter und Trögen gespart und den Schweinen bei schlechtem Wetter ein Tummelplatz geboten aber auch die Fütterungszeit wird verlängert, und Gänge und Tennen werden durch die Schweine verunreinigt.

Die Größe der Futtertenne soll etwa die halbe Größe der Faselbuchten betragen; ihre Breite beträgt 3,00 ᵐ. Der Trog muß in der Tennenmitte stehen, damit die Schweine auf beiden Seiten fressen können; die lichte Trogweite beträgt deshalb 50 ᶜᵐ; die Länge hängt von der Anzahl der auf einer Trogseite fressenden Schweine ab und muß für jedes Tier mindestens 30 ᶜᵐ betragen. Der Trog liegt mit seinem Boden in gleicher Höhe mit dem Tennenboden, welcher am besten aus Cementbeton besteht, da alsdann nur noch die Trogwände aus hochkantigem Cement-Klinkermauerwerk mit Cementputz herzustellen sind. Die Sicherung des Trogquerverbandes und die gleichzeitige Abteilung der erforderlichen Freßstände werden durch 30 ᶜᵐ voneinander entfernt einzumauernde Eisenstäbe erreicht.

Die Fütterung der jungen Ferkel, welche bald außer der Muttermilch noch ein Beifutter erhalten, kann anstatt auf einer Futtertenne auch dadurch ermöglicht werden, daß man einzelne, zeitweise unbenutzte Buchten durch kleine Schlupföffnungen mit den nebenliegenden Saubuchten verbindet und sie als Ferkelfutterplätze benutzt. Ebenso zweckmäßig ist es, zwischen je 2 Saubuchten eine mit diesen durch Öffnungen verbundene, besondere kleine Ferkelbucht anzuordnen. Eine noch andere Einrichtung besteht darin, daſs man die Saubucht nach hinten um 0,75 bis 1,00 m verlängert und diesen zum Ferkelfutterplatz dienenden Teil von der Saubucht durch ein Gitter abtrennt; zur Fütterung der Ferkel muſs dann aber ein schmaler Gang angeordnet werden.

Sehr praktische Ferkelfutterplätze erreicht *v. Arnim* durch folgende Buchtenanordnung (Fig. 151). Die Gangwand jeder Bucht enthält in ganzer Länge 2 Tröge, zwischen welchen die Jauche nach der vor den letzteren anliegenden Rinne abläuft, während das Buchtthürchen in der Hinterwand einer jeden Bucht angeordnet ist. Der den Hinterwänden parallel liegende, 1,50 m breite Düngergang dient dann gleichzeitig zur Fütterung der Ferkel und wird zu diesem Zweck durch niedrige Drehthürchen in eine den Buchten entsprechende Anzahl von Futterplätzen abgeteilt.

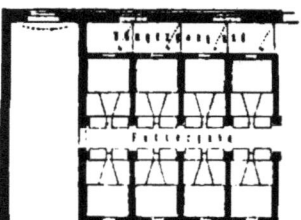

Fig. 151.

Schweinebuchten-Anordnung nach *v. Arnim*. 1/100 w. Gr.

An Nebenräumen sind zur Schweinezucht und Haltung, besonders bei gröſseren Anlagen, erforderlich:

106. Nebenräume.

1) Eine Futterküche, welche am besten in der Stallmitte liegt, so daſs sich auf der einen Seite die Mastschweineabteilung, auf der anderen diejenige der Zuchttiere anschlieſst. An Gröſse der Futterküche rechnet man für ein Schwein 0,3 bis 0,4 qm; jedoch darf sie selbst bei kleinen Anlagen nicht unter 15 qm Gröſse erhalten, da sonst die erforderlichen Dämpffässer nebst Dampfentwickler, die Kartoffelwäsche und -Quetsche und die Kühl- und Mischbehälter keinen Platz finden. In der Futterküche wird zweckmäſsig auch ein Becken für die Magermilch oder die Schlempe aufgestellt, welches beim Vorhandensein eines eigenen Molkerei- oder Brennereibetriebes zur Arbeitsersparnis mit den letzteren durch eine unterirdische Röhrenleitung in Verbindung steht.

Die Futterküche erhält am besten einen entwässerten Betonfuſsboden und eine gewölbte Decke und, wegen der starken Wrasenentwickelung, eine recht kräftige Lüftungsanlage.

Bessere Ställe zur Haltung edler Zuchtrassen werden zweckmäſsig geheizt; am einfachsten geschieht dies dadurch, daſs man in der Wand zwischen Futterküche und Stall, in der Nähe des Dämpfers, einige regelbare Öffnungen anbringt.

2) Ein Raum zum Unterbringen der Kartoffeln und Rüben. Entweder wird hierzu die Futterküche unterkellert oder, noch praktischer, ein solcher Raum in erforderlicher Gröſse neben ersterer angelegt, der dann gleichzeitig die Treppe zum Streuboden aufnimmt.

3) Ein Schlafraum von 10 bis 12 qm für einen Wärter, welcher am besten neben der Futterküche liegt. Soll der Raum für mehrere Leute dienen, so ist für jeden Kopf 6 qm zu rechnen.

4) Ein Streugelaſs. Das Streustroh wird entweder im Dachboden untergebracht, welcher dann nicht hoch zu sein braucht, da für jedes über 1 Jahr alte Schwein nur 8 cbm Bodenraum erforderlich ist, oder man bringt dasselbe bei bodenlosen Ställen in einer Scheune unter.

107. Schweinehöfe.

Für alle Schweine, mit Ausnahme der Mastschweine, ist zur gedeihlichen Entwickelung eine zeitweise Bewegung in frischer Luft unerläßlich. Man ordnet deshalb in unmittelbarem Anschluß an den Stall und möglichst in Südlage entweder einen gemeinschaftlichen Schweinehof an, auf welchen man die Ferkel, Fasel, Säue und Eber nach einander herausläßt, oder es werden drei gesonderte Höfe angelegt. Die Höfe müssen mindestens die $1\frac{1}{2}$ fache Größe sämtlicher Buchtengrundflächen erhalten und Gelegenheit zum Wühlen, Baden und Sichreiben gewähren. Die Einfriedigung dieser Höfe muß mittels tief eingegrabener Eichenpfähle und angenagelter Bohlen oder, besser, durch tief fundamentierte $1{,}20^m$ hohe Mauern aus $\frac{1}{2}$ Stein starkem Cement-Ziegelmauerwerk mit Verstärkungspfeilern bewirkt werden. Der ganze Hof, mit Ausnahme eines schmalen, mit großen Steinen zu pflasternden Streifens am Stalle, ist dem Wühlen preiszugeben. Zum Baden und Schwimmen dient entweder der Teil eines in den Hof miteinbezogenen Teiches oder Flusses, oder man ordnet ein oder mehrere verschieden große, $0{,}60^m$ tiefe Badebecken aus Cementmauerwerk mit Cementputz an, deren Ränder nach dem Hofe flach verlaufen und die möglichst mit Wasserzu- und -Abfluß zu versehen sind. Zum Reiben der Rückenschwarte sind einige 15^{cm} starke, achteckige Eichenpfähle oder besser Reibegerüste anzubringen. Die Hofeinfriedigung ist thunlichst mit schnell wachsenden, schattengebenden Laubholzbäumen zu umpflanzen.

b) Beispiele.

108. Beispiel 1.

Zur Erläuterung des Vorstehenden sei hier eine Anzahl kleiner und großer Schweineställe, welche zum größten Teil in den letzten 5 Jahren ausgeführt wurden und sich bewährt haben, kurz beschrieben.

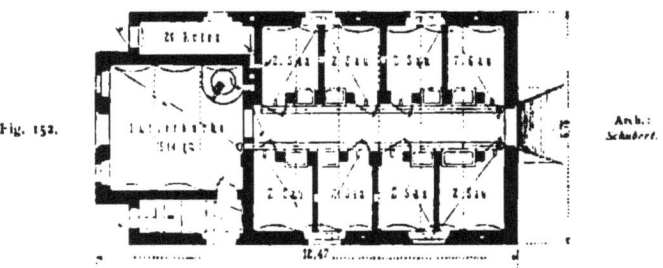

Fig. 152.
Anh.: Schubert.

Schweinestall zu Dorpat. — $\frac{1}{150}$ w. Gr.

Fig. 152 ist der Grundriß eines kleinen massiven, überwölbten und mit Pappdach versehenen Schweinestalles für 10 Schweine, welche in 8 zweireihig nach der Stalllänge angeordneten Buchten untergebracht sind.

Die links angebaute Futterküche steht mit der mittleren Stallgasse in Verbindung. An der Vorderfront der Futterküche liegt die Bodentreppe; der darunter befindliche Raum dient als Kartoffellager. Hinter der Küche befindet sich ein Stallraum für 20 Enten. Im Dachboden, über der Futterküche, ist ein Hühnerstall und über dem Entenstall ein Taubenschlag angeordnet; der übrige Bodenraum dient zur Streuunterbringung. Die gesamten Baukosten beliefen sich auf nur 3500 Mark oder, bei rund 82 qm überbauter Grundfläche, auf rund 42,7 Mark für 1 qm.

Fig. 153 stellt den Grundrifs eines in der Bauart mit dem vorigen völlig übereinstimmenden Schweinestalles dar, welcher für 5, bezw. 10 Säue, 1 Eber, 12 Mastschweine und 60 Hühner Raum gewährt.

Für Säue und Eber sind 6 Buchten an der Hinterfront und für die Mastschweine 3 Buchten für je 4 Tiere an der Vorderfront des Stalles angeordnet. An letzterer liegt auch die etwas vorspringende Futterküche, neben ihr die Bodentreppe; der Raum unter letzterer dient als Kartoffellager. Der geräumige Hühnerstall erhielt durch seine Angrenzung an die Futterküche und den Stallraum eine warme und praktische Lage.

Die gesamten Baukosten beliefen sich auf rund 4200 Mark oder, bei 100,5 qm überbauter Grundfläche, auf 42 Mark für 1 qm.

109. Beispiel II.

Fig. 153.

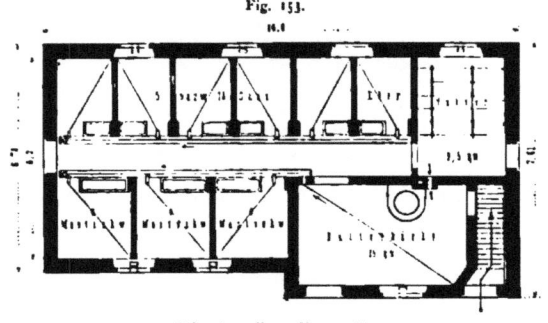

Schweinestall. — 1/100 w. Gr.
Arch.: *Schubert*.

Fig. 154.

Schweinestall bei Kassel. — 1/400 w. Gr.
Arch.: *Schubert*.

Fig. 154 veranschaulicht den Grundrifs eines langgestreckten, mit seinen Giebeln zwischen zwei anderen Gebäuden eingebauten grofsen Schweinestalles mit 19 Einzelbuchten, 3 Sammelbuchten, geräumiger Futtertenne und Futterküche nebst Kartoffellager.

110. Beispiel III.

Die Einzelbuchten sind in 2 Langreihen angeordnet, von denen sich 12 an der Hinterfront, 7 an der Vorderfront befinden und sowohl zum Unterbringen von 2 Ebern und 17 Muttersäuen mit ihren Ferkeln dienen, als auch nach Erfordernis für je 4 Mastschweine, also im ganzen 76 Stück benutzt werden können. Am rechten Stallende befinden sich die 3 hintereinander liegenden grofsen Sammelbuchten für insgesamt ca. 60 Ferkel und Fasel. Die Stallgasse ist gröfstenteils zu einer 3,30 m breiten Futtertenne mit 15,0 m langem Trog verbreitert. Die geräumige Futterküche nebst dem die Bodentreppe aufnehmenden Kartoffellagerraum liegen an der Vorderfront. Der gemeinschaftliche

Schweinehof ist an der Hinterfront angeordnet. Die Umfassungswände bestehen aus 1½ Stein starkem Ziegelmauerwerk und die Buchtscheidewände aus ½ steinigem, geputztem Cement-Ziegelmauerwerk. Die Gangwände sind vollständig aus Eisen hergestellt, und die Tröge bestehen aus glasiertem Steingut. Der Fußboden des ganzen Gebäudes besteht aus einer Cementbetonschicht. Die Holzbalkendecke erhielt einen unteren verlängerten Cementmörtelputz auf Falzpappe und Lattung im Dachboden einen Hartgipsestrich. Die Drempelwände bestehen aus ½ Stein stark ausgemauertem und an der Außenseite in den Gefachen geputztem Fachwerk. Das Dach wurde mit großen verzinkten Pfannenblechen eingedeckt. Die Baukosten beliefen sich im ganzen auf nur rund 12000 Mark oder, bei einer überbauten Grundfläche von rund 312 qm, auf rund 38,₄₆ Mark für 1 qm.

111. Beispiel IV. Die folgenden 3 Beispiele bringen Ställe zur Darstellung, in welchen die Buchten in 3, bezw. 4 Längsreihen angeordnet sind.

Fig. 155 ist der Grundriß eines Schweinestalles zum Unterbringen von 42 Muttersäuen und Ferkeln in ebenso vielen Buchten.

Fig. 155.

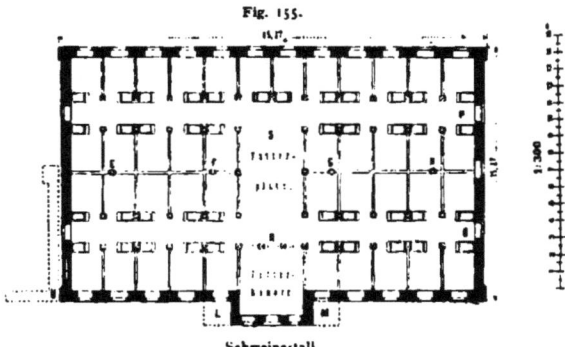

Schweinestall.

Letztere sind in 4 Längsreihen derart angeordnet, daß zwischen je zwei Buchtreihen eine Stallgasse liegt. In der Stallmitte befindet sich der Futterplatz und an diesen, nach vorn angrenzend, eine Futterkammer. Der Dachboden dient zum Unterbringen von jüngeren Hühnern, Enten und Gänsen und ist mit einem rampenartigen Aufgang T, U, V für das Geflügel und das Wärterpersonal versehen; für letzteres sind 2 Kammern angeordnet.

Die älteren Hühner und Puten sind ebenfalls im Dachboden untergebracht und haben einen Aufgang am rechten Stallgiebel erhalten. E, F, G, H sind vier Dunstschächte aus glasierten Thonröhren und L, M zwei Jauchenbehälter. Die Umfassungs- und Drempelwände des Stalles sind aus Ziegelsteinen und die ersteren mit Luftschicht hergestellt. Die Buchtenscheidewände bestehen aus ½ Stein starkem Cementmörtel-Mauerwerk mit Cementputz; die Gangwände der Buchten bestehen ganz aus Holz und die Tröge aus glasiertem Thon. Der Fußboden ist überall ein hochkantiges Klinkerpflaster in Cementmörtel. Die Decke wurde mit preußischen Ziegelkappen zwischen I-Trägern und auf gußeisernen Säulen überwölbt. Das Dach erhielt eine Asphaltpappeindeckung. Das vom Besitzer in eigener Regie ausgeführte Gebäude erforderte nur rund 12500 Mark Baukosten oder, bei einer überbauten Grundfläche von rund 380 qm, rund 32,₄₆ Mark für 1 qm.

112. Beispiele V u. VI. Fig. 156 u. 157 zeigen 2 zweckmäßige Grundrisse zu Schweineställen für die Zucht und Mastung einer größeren Yorkshire- und Berkshire-Stammherde.

Der Stall in Fig. 156 ist zum Unterbringen von 120 Stück großen Schweinen bestimmt, für welche 30 Buchten in 3 Längsreihen angeordnet sind. Die beiden äußeren Reihen (Muttersaubuchten) liegen an je einem an den Längsfronten sich hinziehenden Düngergang, welche gleichzeitig zu Ferkelfutterplätzen dienen. (Siehe auch Fig. 151, S. 111).

Die mittlere Buchtreihe (Mastbuchten) liegt zwischen 2 Futtergängen; der hintere derselben dient gleichzeitig als Düngergang für die Mastbuchten. Beide Gänge sind durch einen Quergang verbunden; am linken Giebel liegt die Futterküche.

Der Stall in Fig. 157 dient zum Unterbringen von 188 Stück Großvieh, teils in 12 an der Vorderfront und in 14 an der Hinterfront gelegenen Saubuchten, teils in 18 Mast- und 4 Eberbuchten; die beiden letzteren liegen als eine Doppelreihe in der Stallmitte. Die Anordnung der Gänge und diejenige der Futterküche ist dieselbe wie in Fig. 156.

Beide Grundrisse können in der Länge beliebig vergrößert oder verkürzt werden, passen also sowohl für die kleinsten wie für die größten Anlagen. Die beiden Längsfronten gestatten die Anlage von Schweinehöfen, während die Giebelfronten an andere Gebäude anstoßen.

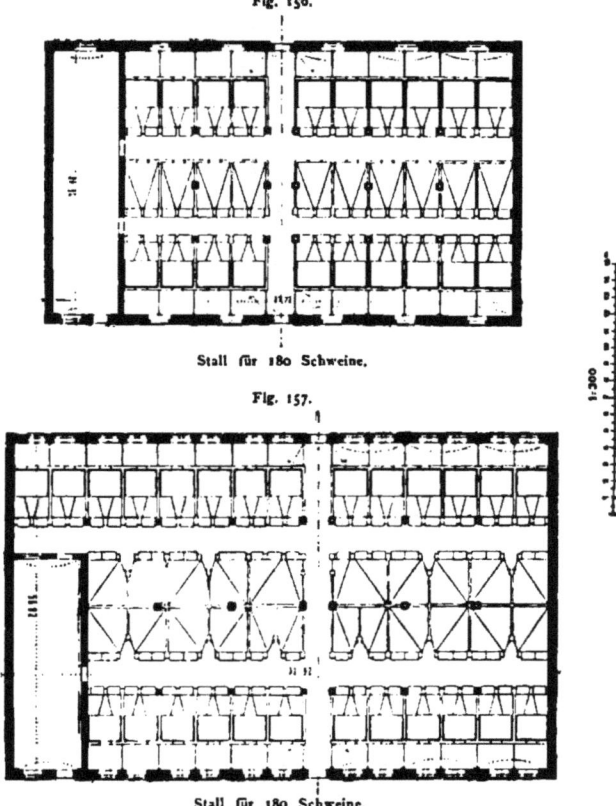

Fig. 156.

Stall für 180 Schweine.

Fig. 157.

Stall für 180 Schweine.

Die Ausführung beider Ställe ist folgendermaßen angenommen. Der Buchtenfußboden besteht aus Cementbeton nebst Holzpritschen; die Gänge sind aus Asphalt hergestellt, die Decke aus Holz oder aus breiten Cementbeton-Kappengewölben zwischen I-Trägern auf gußeisernen Säulen oder auf hochgemauerten Buchtenpfeilern, und das Dach ist ein Doppelpappdach mit Drempel.

Obgleich die bebaute Grundfläche beider Ställe verschieden groß ist, so sind die Baukosten doch bei beiden gleich hoch, nämlich zu 23 500 Mark angegeben. Für den größeren Stall mit rund 640 qm überbauter Grundfläche mag dies richtig sein, da auf 1 qm rund 37,0 Mark entfallen; für den kleineren Stall ist dies aber jedenfalls nicht zutreffend, da hier, bei einer überbauten Grundfläche von 455 qm, 1 qm rund 51,0 Mark, also 15 Mark mehr kosten würde!

113. Beispiel VII.

Die folgenden 4 Grundrißbeispiele veranschaulichen Zucht- und Mastställe, bei welchen die Buchten in Querreihen angeordnet sind.

Fig. 158 ist der Grundriß eines großen, bodenlosen Schweinestalles für 134 Stück Schweine, welche in 3 voneinander vollständig abgetrennten Abteilungen untergebracht sind.

Die rechtsliegende Abteilung enthält 12 Saubuchten, 1 Ferkelabsatz- und Fütterungsbucht und 2 Eberbuchten; die in der Stallmitte nach hinten gelegene Abteilung umfaßt 6 Buchten für je 5 Mastschweine. Auf der linken Seite liegt die Faselabteilung, welche 4 Sammelbuchten für je 15 Kleinfasel, 2 desgleichen für je 15 Großfasel und zwischen den Buchten eine geräumige Futtertenne mit langem Trog enthält. In der Mitte der Vorderfront ist die geräumige Futterküche mit einem daneben liegenden Kartoffellagerraum angeordnet. Den beiden Zuchtabteilungen schließen sich an der Vorderfront zwei große Höfe für die Säue nebst Ferkeln und für die Fasel an.

Fig. 158.

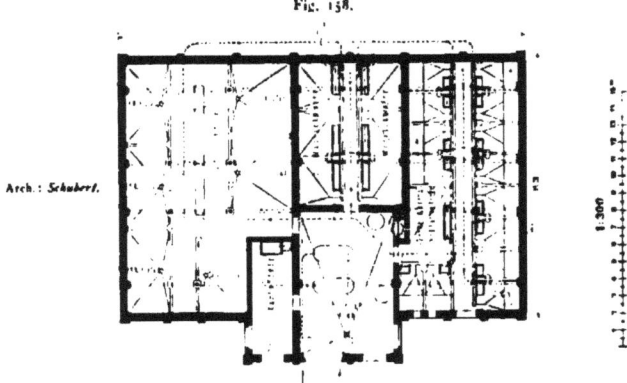

Arch.: *Schubert*.

Schweinestall ohne Dachboden.

Das Gebäude stößt mit seinen Giebeln an andere Gebäude an und wurde folgendermaßen ausgeführt. Die Umfassungswände bestehen aus 1½ Stein starkem, außen in den Wandflächen geputzten Ziegelmauerwerk; die Buchtenscheidewände sind ¾ Stein starkes Cement-Ziegelmauerwerk mit Cementputz; die Gangwände der Einzelbuchten wurden aus Holz hergestellt. Der Fußboden ist überall aus einer Cementbetonschicht gebildet; in den Einzelbuchten sind Holzpritschen angeordnet. Für die Einzelbuchten wurde eine Selbsttränke angelegt, deren Wasserbehälter im Kartoffellagerraum stehen. Der Dampfentwickler befindet sich in einer mit Dunstfang überwölbten Mauernische, um im Winter die Wärme in die Sauabteilung eindringen zu lassen. Die Erhellung erfolgt durch Dachlichter. Die Sparren haben einen Cementmörtelputz auf Rohrgewebe und Lattung erhalten und sind mit Lehmausstakung versehen. Die Eindeckung erfolgte mit hellgrauer Dachleinwand auf Schalung. Die Baukosten beliefen sich auf rund 10 700 Mark oder, bei einer überbauten Grundfläche von 369 qm, auf 29 Mark für 1 qm.

114. Beispiel VIII.

Fig. 159 stellt den Grundriß eines ebenfalls bodenlosen Schweinestalles mit einer der vorigen ähnlichen Anordnung der Räume dar.

Auf der rechten Seite liegt der Zuchtstall mit 12 Saubuchten und einer großen Ferkelabsatzbucht. Zwischen je 2 Saubuchten sind 2 kleine Ferkelfutterbuchten angeordnet. In der Stallmitte, an die Hinterfront anstoßend, befinden sich 4 Sammelbuchten für Kleinfasel, vor letzteren der Futterplatz und an der Vorderfront die Futterküche. Die beiden letzteren Räume sind vom Stall vollständig ge-

trennt. Die links liegende Stallabteilung enthält 6 Mastbuchten, 3 Eberbuchten und eine Grofsfasel-
bucht. An die Hinterfront des Gebäudes grenzen 3 Schweinehöfe.

Die gesamte Ausführung ist, mit Ausnahme des Daches, welches eine Holzcementeindeckung
erhalten hat, dem vorhergehenden Beispiel ähnlich. Die gesamten Baukosten sind zu 12 000 Mark veranschlagt; mithin entfallen, bei einer überbauten Grundfläche von 401 qm, rund 30 Mark auf 1 qm.

Fig. 160 ist der Grundrifs eines Schweinestalles für 16 bis 20 Muttersäue,
welche auf der linken Seite des Gebäudes in 13 dreireihig angeordneten Buchten
untergebracht sind.

115.
Beispiel
IX.

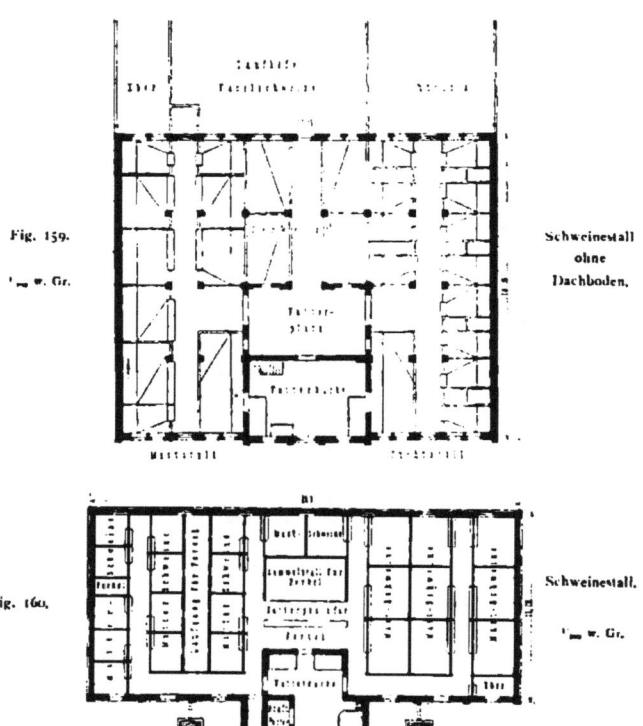

Fig. 159.
1 : w. Gr.

Schweinestall
ohne
Dachboden.

Fig. 160.

Schweinestall.
1 : w. Gr.

Zwischen den Rückwänden der 2. und 3. Buchtenreihe befindet sich ein Lauf- und Futtergang
für die Ferkel, welche durch Schlupflöcher mit Schieberverschlüssen nach dort gelassen werden. In
der Mitte des Gebäudes liegt die in der Vorderfront stark heraustretende Futterküche mit einem besonderen Raum für Kraftfutter. Neben der Küche ist die zum Streuboden und zu einer über der
ersteren liegenden Wärterwohnung führende Treppe angeordnet. Die Wohnung besteht aus Stube,
Kammer und Küche. Hinter der Futterküche liegen der Futterplatz und die Sammelbucht für die
Absatzferkel. Hinter letzterer und auf der rechten Stallseite sind im ganzen 11 Buchten für je 5 bis
6 Mastschweine und 1 Eberbucht angeordnet. Die Umfassungswände des Erdgeschosses bestehen aus
Ziegelmauerwerk; die Buchtenscheidewände sind ½ Stein starke Wände aus Cementmauerwerk mit Putz;

die Gangwände der Buchten sind aus Eisengitterwerk konstruiert. Der Fußboden wurde aus Cementbeton hergestellt; die Decke ist mit schmalen Ziegelkappen zwischen I-Trägern auf Unterzügen und gußeisernen Säulen überwölbt. Der Drempel besteht aus ausgemauertem Fachwerk, und das steile Dach wurde mit Falzziegeln eingedeckt. Die Baukosten beliefen sich auf rund 16 000 Mark oder, bei einer überbauten Grundfläche von rund 310 qm, auf rund 51,₆₀ Mark für 1 qm.

116. Beispiel X. Fig. 161 stellt den Grundriß eines Schweinestalles mit drei Abteilungen für Zucht-, Fasel- und Mastschweine dar.

Die auf der rechten Seite gelegene Zuchtabteilung enthält 12 Sau- und 2 Eberbuchten. Die in der Stallmitte angeordnete Abteilung besteht aus 6 großen Faselbuchten, welche einen mit 2 Trögen

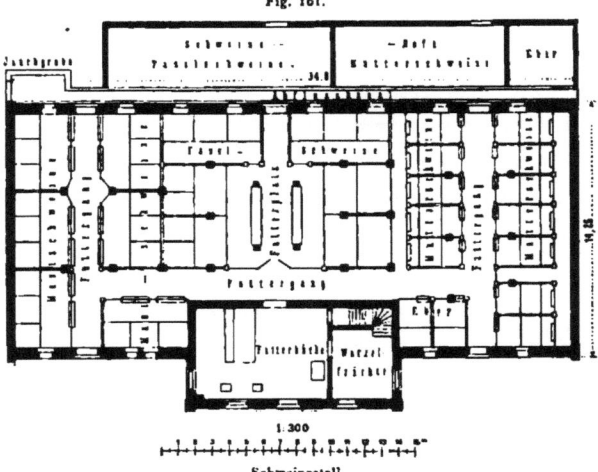

Fig. 161.

Schweinestall.

versehenen Futterplatz umschließen. In der Mitte der Vorderfront liegt die geräumige Futterküche nebst einem besonderen Raum für Wurzelfrüchte nebst anschließender Bodentreppe; beide Räume treten zur größeren Hälfte über die Vorderfront heraus. Die linke Stallhälfte umfaßt 6 geräumige Mastbuchten. An der Hinterfront des Gebäudes schließen sich getrennte Höfe für Fasel, Säue und Eber an. Das Gebäude ist im Ziegelrohbau angenommen; die Buchtenscheidewände bestehen aus Ziegelmauerwerk, die Buchtenvorderwände aus Eisengitterwerk; der in sämtlichen Buchten mit Holzpritschen versehene Fußboden ist ein hochkantiges Cement-Klinkerpflaster. Die Stalldecke wird aus Kappengewölben zwischen I-Trägern gebildet, welche auf in Cementmörtel gemauerten Klinkerpfeilern ruhen. Das mit Drempel versehene Dach ist ein doppellagiges Pappdach. Die gesamten Baukosten sind zu rund 29 000 Mark veranschlagt; mithin entfallen, bei rund 524 qm überbauter Grundfläche, rund 55,₃₀ Mark für 1 qm.

Litteratur
über »Schweineställe«.
a) Anlage und Einrichtung.

Die innere Einrichtung der Schweineställe. HAARMANN's Zeitschr. f. Bauhdw. 1876, S. 37.
WANDERLEY, G. Die Ableitung der Jauche in Ställen, spec. in Schweineställen. HAARMANN's Zeitschr. f. Bauhdw. 1878, S. 40.
Deutsche bautechnische Taschenbibliothek. Heft 51: Der Schweinestall in seiner baulichen Anlage und inneren Einrichtung etc. Leipzig 1879.

ENGEL, F. Anlage von Schweineställen. HAARMANN's Zeitschr. f. Bauhdw. 1887, S. 6.
SCHUBERT, A. Die rationelle Anlage und Einrichtung des Schweinestall-Gebäudes der Neuzeit. Molkerei-Ztg. 1891.
Stallungen für Schwarzvieh. Baugwks.-Ztg. 1898, S. 120, 137.
SCHUBERT, A. Die beste hölzerne Decke für Schweineställe. Allg. Centralztg. f. Thierzucht 1900, S. 70.

β) Ausführungen und Entwürfe.

KRÜGER. Schweinestall zu Kreyschau, ROMBERG's Zeitschr. f. prakt. Bauk. 1857, S. 303.
La plus vieille des étables à porcs. Revue gén. de l'arch. 1866, S. 66.
LIEBOLD. Schweinehaus und Kuhstall auf der Domaine Allersheim. HAARMANN's Zeitschr. f. Bauhdw. 1872, S. 104.
HAUSSMANN, G. Die Maststall-Anlage der ungarischen Borstenvieh- und Vorschufs-Gesellschaft. Allg. Bauz. 1875, S. 83.
Musterplan für landwirthschaftliche Bauten in Niederösterreich. Bl. 8: Kleinere und gröfsere Schweinestallungen. Von A. WITTMANN. Wien 1883.
RIVOALEN, E. *Construction rurale. Porcherie de Saint-Remy. La semaine des const.*, Jahrg. 4, S. 223.
KRONE, A. Schweinestall auf der Königlichen Domäne Grabitz. Centralbl. d. Bauverw. 1884, S. 323.
Beschreibung des Schweinestalles in Borghorst. Baugwks.-Ztg. 1884, S. 659.
Mangeoire de porcherie. La semaine des const., Jahrg. 10, S. 256.
Stallgebäude für etwa 20 Schweine auf dem Gute Zionsburg, W.-Pr. HAARMANN's Zeitschr. f. Bauhdw. 1887, S. 185.
ENGEL, F. Ein Gebäude zur Schwarzvieh-Zucht. Deutsches Baugwksbl. 1888, S. 294.
ENGEL, F. Schwarzviehstall für das Dominium Kinderhof in Ostpreussen. HAARMANN's Zeitschr. f. Bauhdw. 1889, S. 73.
ARP, L. Schweine- und Federviehstall für das adelige Gut Bredeneck. Baugwks.-Ztg. 1893, S. 532.
SCHUBERT, A. Schweinestallgebäude mit Schweinehöfen für 134 Schweine. Baugwks.-Ztg. 1895, S. 31, 51.
Wettbewerbentwürfe zu Schweineställen aus der Sammlung der deutschen Landwirthschafts-Gesellschaft. Berlin 1894.
SCHUBERT, A. Schweine- und Geflügelstall in Dorpat, Rufsland. Milchztg. 1898, S. 423.
Architektonisches Skizzenbuch. Berlin.
  Heft 33, Bl. 4: Schwarzvieh- und Federviehstall; von WOLFF.
WILLIAM & FARGE. *Le recueil d'architecture.* Paris.
  4e année, f. 61, 62: *Exploitation agricole des Mr. Surc à Fortuche. Porcherie;* von ROY.

6. Kapitel.
Federviehställe und Geflügelzüchtereien.
Von ALFRED SCHUBERT.

Wird die Geflügelzucht wie in kleinen Wirtschaften nur nebenher und für den eigenen Bedarf betrieben, so findet das Geflügel meist seine Unterkunft in den gesonderten Räumen der Grofsvieh- und Schweineställe, und alsdann pflegt im Winter infolge der Grofsstallwärme früher das Eierlegen zu beginnen.

Dort, wo alle Arten des Federnutzviehes, als Hühner, Gänse, Enten, Puten und Tauben, gleichzeitig oder auch einige derselben in grofser Zahl gehalten und gezüchtet werden, ist indes ein besonderes Stallgebäude erforderlich, welches in trockener Lage und in warmhaltender Bauart mit seiner Hauptfront möglichst nach Süden errichtet werden mufs.

Das Unterbringen des Geflügels geschieht gewöhnlich derart, dafs die Gänse, Enten, Puten und Perlhühner zur ebenen Erde, die Hühner im Mittelgeschofs und die Tauben im Dachgeschofs ihr Unterkommen finden.

Die Federviehställe müssen besonders reinlich, gut gelüftet und mit Ausnahme der Räume für Brut- und Masttiere hell und für Brut- und Jungvieh besonders warm sein und das Eindringen der Ratten, Katzen, Wiesel, Marder und Füchse unmöglich machen.

Die Ställe erhalten zweckmäfsig eine Heizung durch Ziegelsteinöfen oder Grudeöfen, welche indes nur an besonders kalten Wintertagen in Betrieb tritt. Die lichte Höhe aller Federviehstallräume ist je nach ihrer Gröfse mit 2,00 bis 2,30 m ausreichend.

a) Gänse- und Entenställe.

118. Gröfse und Konstruktion.

Für eine Gans rechnet man 0,25 bis 0,30 qm und für eine Ente 0,15 bis 0,20 qm Stallgrundfläche. Der für diese Schwimmvögel stets zur ebenen Erde liegende Stallraum mufs hell, freundlich, reinlich, gut lüftbar und besonders für die Enten gut trocken sein. Zweckmäfsig ist es, mit dem Stallraum einen dunkleren Raum als Lege- und Brütraum zu verbinden. Der Fufsboden erhält am besten eine 10 cm starke Cementbetonschicht und wird mit Sand und darüber mit oftmals zu erneuerndem Stroh bestreut.

Für Gänse, besonders aber für Enten ist ein Teich oder ein fliefsendes Wasser unerläfslich. Ist keines von beiden vorhanden, so mufs wenigstens ein genügend grofses Wasserbecken mit künstlichem Zu- und Abflufs, am besten in der Mitte eines umzäunten Hofes, angelegt werden.

Die bei der Herstellung der Wände, Decken etc. zu beobachtenden Rücksichten sind dieselben, wie bei den Hühnerställen und finden bei diesen (unter b) ihre Besprechung

b) Puten- und Hühnerställe.

119. Gröfse, Konstruktion und Einrichtung der Schlaf-, Lege-, Brut- und Mastställe.

Für eine Pute (ein Truthuhn) rechnet man 0,30 qm und für ein Huhn, ganz nach der Gröfse der Rasse, durchschnittlich 0,12 bis 0,30 qm Stallgrundfläche. So verlangen Landhühner und Italiener den geringsten, Cochins und Brahmas den gröfsten Platz. Das Unterbringen in geringerer Hühneranzahl erfordert, des freien Ganges wegen, verhältnismäfsig mehr Raum als eine gröfsere Anzahl. Im allgemeinen kann man auch auf 1 qm Stallfläche 5 Hühner annehmen. Mehr als 50 bis höchstens 100 Hühner dürfen in Rücksicht auf die Ansteckung bei Seuchen (Cholera, Diphtheritis) in einem Raum nicht vorhanden sein. Auf eine Bruthenne rechnet man einschl. erforderlichen Brutraumes 0,25 qm.

Die Putenställe sind zur ebenen Erde, die Hühnerställe über denselben anzulegen; erstere können unter Umständen ebenfalls in das Mittelgeschofs verlegt werden. Beide Hühnerarten verlangen ruhig gelegene, trockene, helle und zugfreie Ställe, welche im Winter warm, im Sommer kühl sein sollen, aus welchem Grunde man sie mit massiven Umfassungswänden versieht. Die Innenflächen der letzteren sind glatt zu putzen und jährlich mehrmals zu weifsen. Die Zwischenwände der Brut-, Mast- und Legeställe werden am besten als *Rabitz*- oder Gipsdielenwände, bei den übrigen Stallräumen aus Drahtgeflecht hergestellt. Der Fufsboden zur ebenen Erde erhält am zweckmäfsigsten eine 10 cm starke Cementbetonschicht, d. h. 8 cm Beton und 2 cm starken, glatten, leicht abwaschbaren Cementestrich.

Als Decke empfiehlt sich der an der Unterseite mit glattem Rohrputz versehene halbe Windelboden, der statt der oberen Dielung einen Cementestrich, noch besser einen 3 bis 4 cm starken Hartgipsestrich erhält. Am besten sind indes massive Decken, besonders die ganz ebenen *Kleine*'schen und *Schürmann*'schen Decken aus porösen Hohlziegeln oder Schwemmsteinen, ferner

Cementbetondecken, welche oben gleich wagrecht abgeglichen werden können. Die Fenster und Thüren liegen möglichst nach Süden; erstere sind zum Öffnen anzulegen und müssen vergittert werden. Die inneren Sohlbänke sind abzuschrägen, damit die Hühner sich nicht darauf setzen können. Die Thüren erhalten 0,60 bis 0,75 m Breite und 1,80 bis 1,90 m Höhe. Die Auslauföffnungen für die Hühner werden 20 cm breit und 25 bis 30 cm hoch, und zwar entweder dicht am Fufsboden oder 0,60 m hoch über demselben, angeordnet und erhalten beiderseits Schieberklappen aus starkem Zink- oder Eisenblech.

Im oberen Geschofs liegende Hühner- oder Putenställe erhalten eine Hühnerstiege oder -Treppe, deren Sprossenweite 15 bis 20 cm beträgt.

Zur Lüftung der Ställe dienen im Sommer die zur Abhaltung von Raubtieren an der Sonnenseite mit dichtem Drahtgeflecht versehenen Fensteröffnungen, welche im Winter mit verglasten Fensterrahmen verschlossen werden. Zur Lüftung dienen dann eine entsprechende Anzahl 5 cm weiter Öffnungen, welche dicht unter der Decke in den einander gegenüberliegenden Wänden liegen, außen mit Draht vergittert und innen mit einer Regulierklappe versehen sind.

Hühner und Puten erhalten im Schlafstall wagrechte, 0,4 bis 0,5 m vom Fufsboden abstehende Sitzstangengerüste. Dieselben bestehen aus 4 × 6 cm starken, schwach gehobelten und abgekanteten Latten, welche unter sich und von den Wänden ca. 40 cm entfernt bleiben und jedem Huhn 20 cm Sitzlänge gestatten.

Für ⁴/₅ der Legehennen sind 35 cm breite, 35 cm tiefe und 40 bis 50 cm hohe Nistkästen erforderlich, welche entweder bei genügender Größe des Schlafstalles im hinteren Teile desselben an der Wand, besser aber in einem besonderen, ruhig gelegenen und halbdunkeln Legestall nebeneinander oder bei großer Hühnerzahl gefachartig übereinander angeordnet werden.

Die Hühner gelangen auf einigen Leitern nach ihren Nestern, welche auf der Rückseite mit einer Drahtgazeklappe zur Eierherausnahme, — welche von einem Flure aus erfolgt —, versehen sind.

Häufig verwendet man auch Wandnester aus verzinktem Drahtgeflecht in der Form einer Viertelkugel.

Der Brutraum mufs möglichst ruhig liegen, halbdunkel, warm, zugfrei und gut gelüftet sein. Die Brutkasten sind 40 cm breite und tiefe und 70 bis 80 cm hohe Holzkasten (für Gänse und Puten entsprechend größer), welche dicht an den Wänden aufgestellt werden. Die Vorderseite wird nur durch ein 15 cm hohes Brett, die Seitenwände und der aufklappbare Deckel aus Brettern gebildet, welche mit Luftlöchern versehen sind.

Der Kastenfufsboden fehlt; der Stallfufsboden innerhalb der Kasten wird mit etwas Kalkstaub bestreut, darauf mit einem Stück frischen Rasens und dieser endlich mit Stroh bedeckt.

Die Mastställe müssen ruhig liegen, halbdunkel und kühl sein und dem einzelnen Tier nur möglichst wenig Bewegung gewähren. Die zur Mast meist verwendeten Holzkäfige bestehen aus einzelnen, durch Bretter und Latten gebildeten Zellen von terrassenartigem Aufbau, welche für Hühner 20 cm hoch, 15 cm breit und 27 cm lang sind, für alles übrige Geflügel entsprechend größer sein müssen.

Die Hühner bedürfen zu ihrem Gedeihen dringend der Bewegung im Freien, welche ihnen auf den geräumigen Wirtschaftshöfen auch zu teil wird.

Werden indes verschiedene Rassen gezüchtet, so muſs man sie notwendigerweise in einzelnen an die Stallabteilungen angrenzenden und eingezäunten Hühnerhöfen voneinander getrennt halten, damit aller Kampf und Streit vermieden und willkürliche Kreuzungen ausgeschlossen sind. Die Höfe müssen möglichst trocken sein, werden mit grobem Kies bedeckt oder, besser, zum Teile mit Gras bepflanzt; Anpflanzungen von Gebüsch oder Bäumen auf den Höfen in der Nähe des Stalles gewähren den Hühnern nicht nur schattige Orte, sondern auch sichere Zufluchtsorte gegen die Nachstellungen der Raubvögel.

Nach *Wright* bedürfen je 5 Hühner 50 q^m Hoffläche, welche bei gröſseren Rassen entsprechend auszudehnen ist. Die Höhe der Hofumzäunungen kann bei schwer fliegenden Rassen (Cochinchinas und Brahmas) 1,50 m und muſs bei den übrigen Hühnerrassen 2,50 bis 3,00 m betragen. Am zweckmäſsigsten sind 2,50 m hohe Einfriedigungen aus mit verzinktem Drahtgewebe bespannten $\bot$-Eisenstäben; sie sind billig, dauerhaft und gestatten den ungehinderten Zutritt von Luft und Sonne. Das Drahtgewebe muſs auf 60 bis 100 cm untere Höhe 2 cm, darüber 4 bis 7 cm weitmaschig sein.

c) Taubenschläge.

121. Gewöhnliche Taubenschläge. Für gewöhnliche Feldflüchter ordnet man die aus Bretterverschlägen bestehenden Taubenschläge im Dachraum der Wohngebäude, der Groſsviehställe oder der Geflügelställe, und zwar möglichst nach Osten oder Süden an; sehr zweckmäſsig ist die Anlage derselben um einen im Winter benutzten Schornstein.

Der Taubenschlag muſs recht hell und geräumig sein; man rechnet für eine Taube 0,1 bis 0,2 cbm Stallraum; 30 Paar Tauben bedürfen ungefähr einen Raum von 1,5 cbm.

Nach anderen soll der Taubenschlag viermal so groſs sein, als der von den Tauben eingenommene Fütterungsplatz; auſser diesem der Reinlichkeit wegen abgegrenzten Raum muſs noch Platz für einige Paarungskäfige vorhanden sein. Die lichte Höhe der Räume muſs mindestens 1,80 m betragen. Der Fuſsboden soll aus glatt gehobelten, gespundeten und mit Ölfarbe angestrichenen Brettern oder aus einem Lehmestrich, noch besser aus einem Cementestrich bestehen. Auch müssen die aus Mauer- oder Fachwerk oder aus Holz bestehenden Wände und die Decken, um sauber zu sein und einen freundlichen Eindruck zu machen, glatt geputzt und öfters mit Kalkmilch angestrichen werden; letzteres verhütet auch das Einnisten des Ungeziefers.

1 m hoch über dem Fuſsboden des Schlages werden gewöhnlich zwei, in gröſseren Anlagen wohl noch mehr Ausflugöffnungen von 15 $\times$ 15 cm lichter Weite angelegt, welche mit durch Schnüre oder Kettchen von unten zu hebenden Fallthüren geschlossen werden können. Vor den Öffnungen sind 2 bis 4 Stück 1,50 m lange Sitzstangen anzubringen. Das Anbringen sog. Flug- oder Trittbretter ist unzweckmäſsig, weil sie das Ansammeln einer gröſseren Anzahl von Tauben veranlassen und beim »Stoſsen« eines Raubvogels die rasche Flucht der Tauben verhindern. Zuweilen werden die Ausflugöffnungen auch durch 1,00 bis 1,25 m lange und 25 cm weite, starke Blechrohre gebildet.

Die Fensterrahmen erhalten auſser der Verglasung noch ein starkes engmaschiges Drahtgitter, damit Raubtiere und -Vögel nicht eindringen können.

Für jedes Taubenpaar sind zwei Nester erforderlich. Dieselben werden als feste Wandgefache aus Brettern hergestellt, und jedes Nest erhält 30 bis 45 cm Breite und Höhe und 35 bis 45 cm Tiefe; jedes Nest erfordert also 0,15 bis 0,20 qm

Wandfläche. Die Vorderseite der Nester wird entweder nur mit einer 8 bis 10^{cm} hohen Leiste oder mit einem Brett verschlossen, worin ein Flugloch ausgeschnitten ist. Vor jedem Nest ist ein Sitzbrettchen oder eine Sitzstange erforderlich.

Rasse- oder Ziertauben verlangen mehr Raum als Feldtauben, und zwar noch mit dem Unterschied, ob sie von großer oder kleiner Rasse und ferner ob sie freifliegende oder eingesperrt gehaltene Tauben sind. So z. B. verlangt ein Paar eingesperrter Rassetauben 1^{cbm}, 1 Paar Brieftauben hingegen nur $0{,}6^{cbm}$ Raum. Von Rasse- oder Ziertauben soll man nur etwa 15 Paare zusammenbringen, da bei größerer Anzahl leicht Unverträglichkeit und Streit ausbricht. Fig. 162 zeigt die innere Einrichtung eines Rassetaubenbodens. 182. Bessere Taubenschläge; Brieftaubenböden.

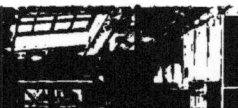

Fig. 162.

Einrichtung eines Rassetaubenbodens.

Für die Tauben sind wie in den Hühnerställen Sitzstangen anzuordnen, welche von kleinen Böcken (am besten eisernen) getragen, oder hängend an Bandeisenstäben an der Decke befestigt werden. Die Sitzstangen bestehen aus 4 bis 5^{cm} breiten, an den oberen Kanten abgerundeten und gut mit Ölfarbe angestrichenen Latten.

Fig. 163 stellt die Anordnung eines Brieftaubenbodens dar. Da die Brieftauben sehr streitlustige Tiere sind, so müssen die durchlaufenden Sitzstangen durch lotrecht aufgeschobene, oben abgerundete Brettchen von 10^{cm} Breite und 20^{cm} Höhe in 20 bis 25^{cm} lange Sitzplätze abgeteilt werden, von welchen aus die Tauben sich gegenseitig nicht mehr stören können.

Fig. 163.

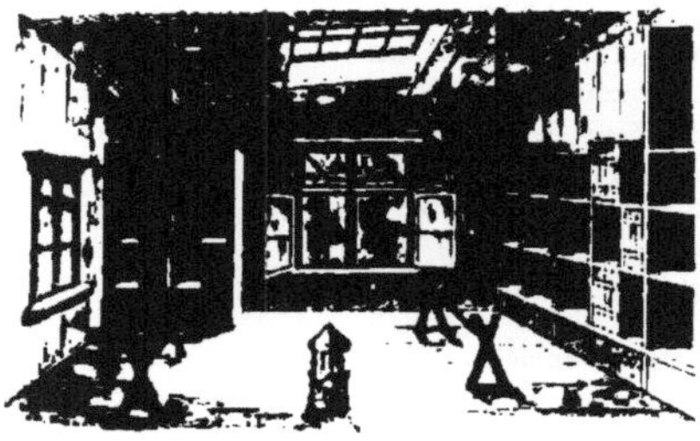

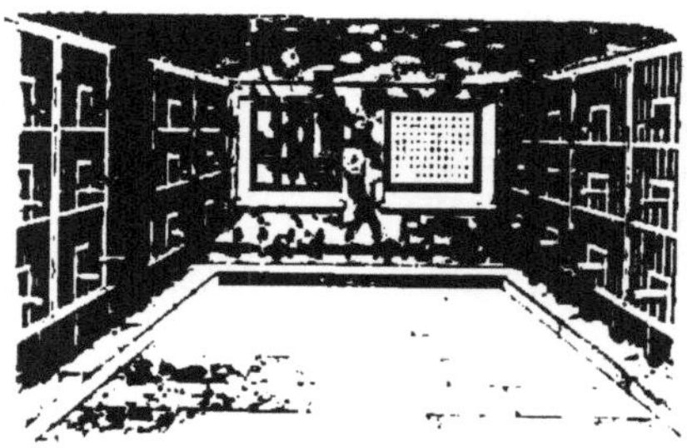

Einrichtung eines Brieftaubenbodens.

Freistehende, auf einem oder mehreren, 3 bis 4^{m} über der Erde hohen Holz- oder Steinpfosten ruhende Taubenschläge, sog. Taubenpfeiler oder -Pfähle, von runder, vier-, sechs- oder achteckiger Anlage in Holz- oder Steinkonstruktion, welche etwa 12 bis 24 abgeteilte Nisthöhlen mit ebenso vielen Fluglöchern besitzen, sind nur als eine Zierde des Hofes zu betrachten, da sie sich zur Taubenzucht nicht eignen; sie sind gewöhnlich zu enge und kalt, um das gedeihliche Fortkommen der in ihnen gehaltenen Tiere zu gestatten. 183. Freistehende Taubenschläge (Taubenpfeiler und -Pfähle).

124. Taubentürme.

Die im Mittelalter von den französischen Lehnsherren zur Erzielung eines möglichst grofsen Nutzens aus der Taubenzucht auf den Schlofshöfen und in den Abteien errichteten Taubentürme hatten meist die Gestalt runder Steintürme, in deren starken Umfassungswänden die Taubennester ausgespart wurden. Um den eigentlichen Taubenturm für Raubtiere etc. unzugänglich zu machen, wurde der Fufsboden desselben meist erst in einiger Höhe über dem Bauplatz angeordnet; das hierdurch gebildete Erdgeschofs dient dann als Stallung für andere Tiere, wohl auch zu anderen Zwecken.

Auch gegenwärtig werden in Frankreich kleinere Taubentürme von runder, vier- oder achteckiger Gestalt in Mauerwerks- oder Holzkonstruktion ausgeführt. Fig. 164 zeigt ein solches Bauwerk im Grundrifs und Schnitt.

d) Ausgeführte Beispiele von kleineren und gröfseren Geflügelställen, Luxusgeflügelhäusern und Geflügelzüchtereien.

125. Kleinere und gröfsere Geflügelställe.

In den Geflügelställen sind je nach ihrer Gröfse sämtliche unter a bis c vorgeführte Gattungen von Ställen oder doch die meisten derselben, bisweilen auch noch andere Räumlichkeiten, untergebracht. Die Bauten sind meist ein-, seltener zweigeschossig; nur für die Taubenschläge pflegt ein erhöhter Aufbau errichtet zu werden. Die Gruppierung der Räume, sowie die Gesamtanordnung des Gebäudes sind ungemein verschieden, wie die nachfolgenden Beispiele zeigen.

126. Beispiel I.

Fig. 165 ist der Grundrifs eines von *Oefele* entworfenen Stalles für 200 Hühner.

Als Baustelle dient die Ecke eines von einer Mauer umgebenen Hofes; die Hauptfront des Gebäudes mit den Eingängen ist nach Süden gerichtet. Der ganze Stall ist 7,10 m lang und 3,10 m breit, hat also 24,3 qm Grundfläche, und ist der Länge nach in drei Teile geteilt, so dafs der mittlere, als Gang dienende Teil nur 1,10 m Breite erhält. Jeder der beiden Stallräume ist durch eine Längswand in 2 Abteilungen getrennt, und jede der 4 Abteilungen ist für die Hühner unmittelbar von aufsen zugänglich. Die Scheidewände bestehen am einfachsten und billigsten aus Latten oder Drahtgewebe, die beiden äufseren Wände dagegen aus 1 Stein starkem Ziegelmauerwerk; *a* ist ferner die Eingangsthür, *b* sind Thüren nach den einzelnen Stallabteilungen und *c* die Sitzstangen; *d* ist ein Ofen zum Erwärmen des Stalles bei strenger Kälte; *e* und *f* sind vergitterte Räume für Küchlein; *g* ist ein Gang für die Hühner, und *h* sind 4 Hühnerstiegen.

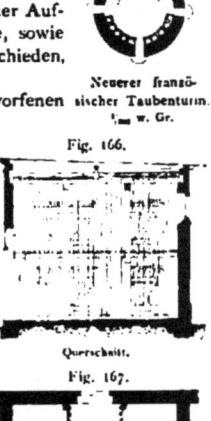

Fig. 164.

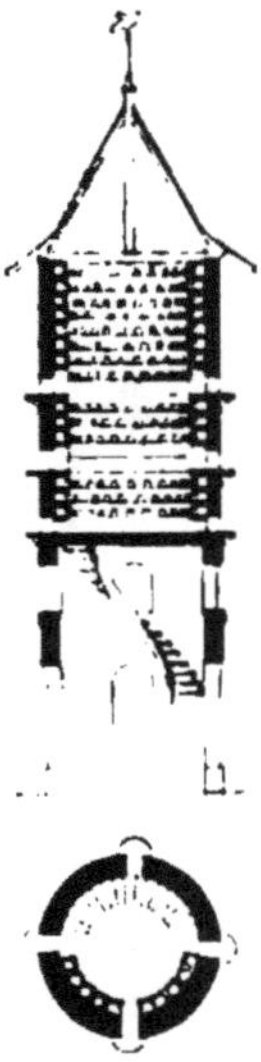

Neuerer französischer Taubenturm. 1/100 w. Gr.

Fig. 166.

Querschnitt.

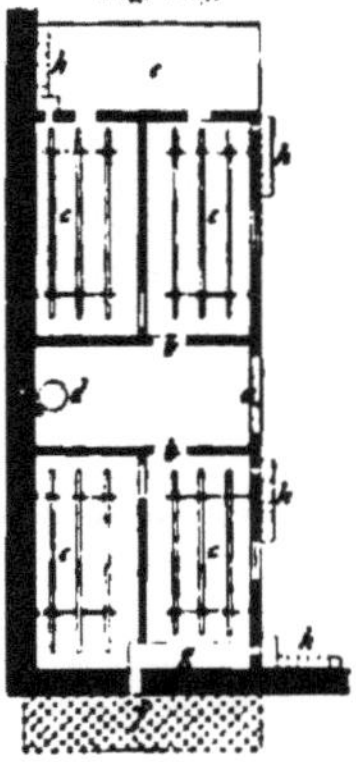

Fig. 167.

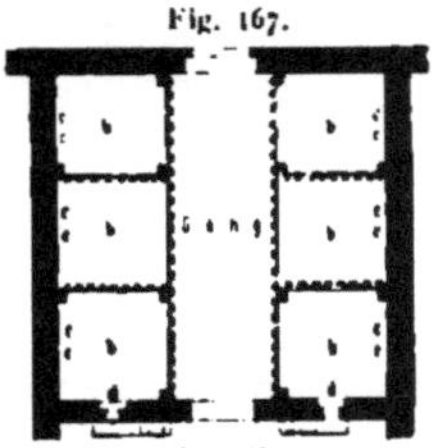

Grundrifs.
Geflügelstall. — 1/150 w. Gr.

Fig. 165.

Hühnerstall. 1/100 w. Gr.

Fig. 166 u. 167 sind der Grundriſs und der Querschnitt eines Geflügelstalles, der zwischen den Giebelwänden zweier Groſsviehställe errichtet ist.

Während des Winters wird er von letzteren aus, mittels der unter der Decke in den gemeinschaftlichen Wänden angebrachten Öffnungen c, durch einströmende warme Luft, erwärmt. Durch Lattenwände sind in zwei Geschossen je 6 Abteilungen b gebildet, deren Thüren sich nach dem Gange hin öffnen. Die zu ebener Erde befindlichen Abteilungen dienen zum Unterbringen der Gänse, Enten und Puten; in die über den ersteren gelegenen Stallabteilungen werden die Hühner gebracht, welche durch die mit Treppen verbundenen Öffnungen d ihren Aus- und Eingang haben. Die Hühnerabteilungen stehen durch 30 × 45 cm groſse, in den Scheidewänden angebrachte Thüren miteinander in Verbindung, um diejenigen Hühner, von denen während des Tages Eier zu erwarten sind, von den übrigen Tieren leicht absondern und zeitweise einsperren zu können.

Die Fuſsböden beider Geschosse bestehen aus Flachziegelpflaster mit Cementestrich, die Decke ist der gestreckte Windelboden, das Dach ein Holzcementdach.

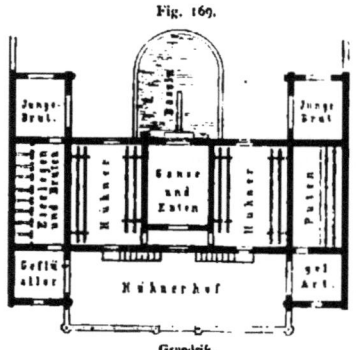

Fig. 168. 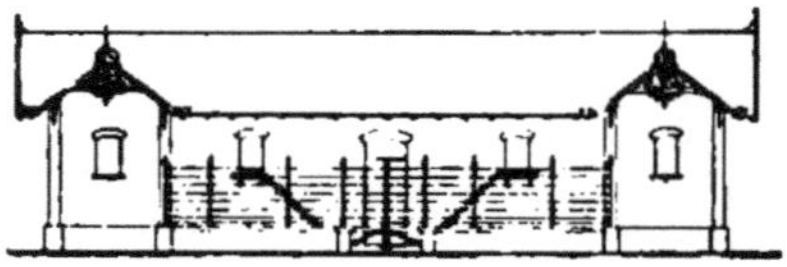
Ansicht.

Fig. 169.
Grundriſs.

Fig. 170. 
Querschnitt.
Geflügelstall. — 1/100 w. Gr.

Fig. 169 ist der Grundriſs, Fig. 168 die Vorderansicht und Fig. 170 der Querschnitt eines einstöckigen Geflügelstalles, in welchem zu ebener Erde Räume für Hühner und Puten, für Gänse und Enten, für junge Brut, sowie zwei Räume für Geflügel verschiedener Art angeordnet sind.

An der Vorderfront des Gebäudes liegt der Hühnerhof, an der Hinterfront, an den Gänse- und Entenstall anschlieſsend, ein ausgemauertes mit Wasserzuleitung versehenes Becken für die Schwimmvögel.

Fig. 171 u. 172 stellen den Grundriſs und die Vorderansicht eines von *Pavelt* in Groſs-Peterwitz ausgeführten Hühnerhauses[28]) dar.

Der kreuzförmige Mittelbau enthält zwei Hühner- und einen Putenstall und nach hinten einen Futterraum. In der Mitte führt eine Treppe zu dem turmartigen Aufbau, dessen oberes, kräftig ausladendes Fachwerkgeschoſs als Taubenschlag dient. Der Futterraum steht mit einem rückwärtigen Langbau in Verbindung, dessen Mitte der Heizraum einnimmt. Auf beiden Seiten des letzteren befinden sich je ein Brutraum und je ein Eierlegeraum. Vor dem Gebäude ist ein durch Drahtzaun eingefriedigter Hühnerhof angeordnet, an dessen beiden Querseiten sich Laubengänge anschlieſsen.

---

²⁸) Faks.-Repr. nach: Architektonisches Skizzenbuch, Heft 130, Bl. 5.

Schon das letzte Beispiel zeigt, dafs man Geflügelställe wohl auch zum Gegenstand reicherer architektonischer Durchbildung macht. In noch höherem Mafse ist dies bei solchen Geflügelhäusern der Fall, in denen Luxus- oder Zier-

Fig. 171.

Ansicht. — 1/100 w. Gr.

Fig. 172.

Arch.: *Pavelt.*

Grundrifs.

1/100 w. Gr.

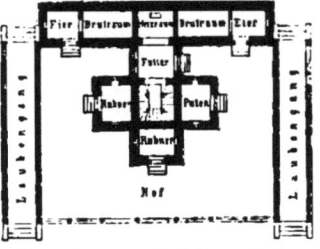

Hühnerhaus zu Grofs-Peterwitz [a].

geflügel (Pfauen, Fasanen, Zwerghühner, Zierenten etc.) gehalten wird, sei es zum Vergnügen eines Liebhabers oder Sammlers, sei es für Züchtungszwecke. Derartige Stallanlagen lassen eine sehr verschiedenartige malerische Gruppierung zu und bilden dann in ihrem turmartigen, kiosk- oder pavillonartigen Aufbau eine hervorragende Zierde jeder Garten- oder Parkanlage.

Fig. 173 u. 174 zeigen den Grundriſs und die Vorderansicht eines turmartigen Luxusgeflügelhauses.

Der kreuzförmige, mit steilen Rohrdächern überdachte Unterbau nimmt in der Mitte den durch einen dekorativen Holzvorbau zugänglichen Vorderfront den Eingangs- und Futterraum auf, von dem man in die links und rechts gelegenen beiden Räume für 30 Enten und 20 Gänse gelangt. Beide Stallräume sind an der Hinterfront mit je einem kleinen Brutraum verbunden. Die Mitte der ganzen Anlage nimmt ein Steigturm ein, welcher zu einem kleinen ausgekragten Taubenschlag führt. Im Dachraum des Unterbaues sind noch einige Hühner untergebracht.

Fig. 175 u. 176 sind der Grundriſs und die Vorderansicht eines Parkgeflügelhauses mit Volière.

Das Gebäude besteht aus einem fast quadratischen Mittelbau, welcher in der Mitte einen Futterraum enthält, dem sich an beiden Seiten zwei Brutzellen für je 2 Luxushennen anschließen. Von den beiden kleinen, als halbes Achteck behandelten Anbauten dient der rechts liegende als Eingang und im hinteren Teil als Kaninchengehege, während der linke Anbau die Kücken aufnimmt. Unter dem über dem Mittelteil befindlichen steilen Satteldach ist ein Taubenboden angeordnet, welcher mittels einer kleinen, vom Futterraum ausgehenden Treppe zugänglich ist. Die Räume unter den polygonalen Dächern sind als Futtervorratsräume ausgenutzt. An die südlich gerichtete Vorderfront des Gebäudes schließt sich eine Volière an, deren vier Einzelausläufe für die Kaninchen, je 4 Hennen und für die Kücken dienen. Die Gesamtkosten beliefen sich auf rund 2200 Mark.

Fig. 177 u. 178 stellen den Grundriſs und die Vorderansicht eines Entenhäuschens am Wasser dar, welches zur Aufnahme von 24 Enten bestimmt ist.

Die kreisförmige Anlage besteht aus 1 Stein starkem Ziegelmauerwerk, welches innen sauber geputzt und außen teilweise mit Besenputz versehen ist. Der Fußboden ist eine Hartbrand-Rollschicht in Cementmörtel auf abgerammtem Kiesbett. Das kegelförmige, abgesetzte Dach ist mit Rohr eingedeckt. Der in der Mitte des Häuschens stehend Dunstschlot mündet in der Dachspitze als *Wolpert*scher Sauger aus und bildet dadurch zugleich eine originelle Dachbekrönung. Die 5 Nistkasten bestehen aus ½ Stein starkem Verblendsteinmauerwerk und sind mit einem aufklappbaren Deckel versehen. Die gesamten Baukosten beliefen sich nur auf rund 300 Mark.

Fig. 173.

Ansicht.

Fig. 174.

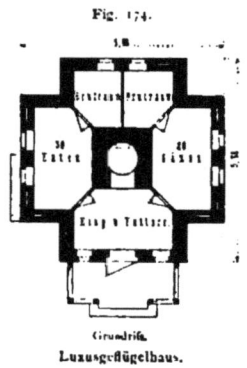

Grundriſs.

Luxusgeflügelhaus.

¹/₁₀₀ w. Gr.

Arch.: *Schubert*.

Zur Unterkunft einzelner oder mehrerer Schmuckenten, kleiner Ziergänse und Schwäne errichtet man entweder am Wasser oder auf Inselchen kleine Häuschen von einfacher wie oft sehr eleganter und eigenartiger Ausführung, und zwar zumeist in Holzkonstruktion mit Baumrindenbekleidung, Holz- oder Rohrdächern.

Fig. 179 bis 181 zeigen ein solches zur Beherbergung einiger Schwäne dienendes Miniaturbauwerk in Grundrifs, Vorder- und Seitenansicht.

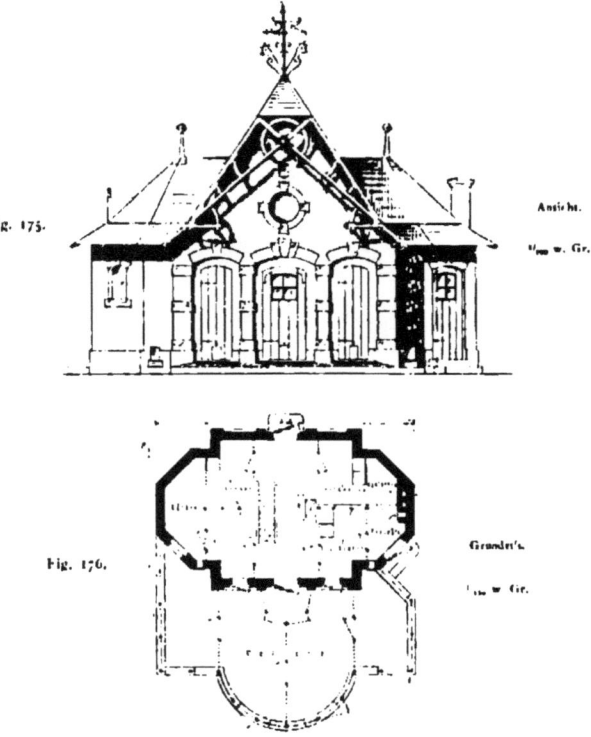

Fig. 175.   Ansicht.
                                                                          $^1/_{100}$ w. Gr.

Fig. 176.   Grundrifs.
                                                                          $^1/_{100}$ w. Gr.

Parkgeflügelhaus mit Voliére zu Warstein.
Arch.: *Schubert*.

Das Häuschen besteht aus $^1/_2$ Stein starkem, aufsen und innen mit Cementmörtel glatt geputzten Mauerwerk. Das überstehende, mit reichem Eichenholzwerk verzierte Dach wurde mit kleinem Schablonenschiefer eingedeckt. Die Kosten beliefen sich auf nur rund 85 Mark.

Fig. 182 u. 183 bilden das Beispiel einer Vogel-Voliére, wie solche in grofsen Wintergärten und in ähnlicher Ausführung auch in zoologischen Gärten üblich sind.

Die vorstehende von *Diet* entworfene Anlage zeigt eine sehr glückliche Vereinigung von Steinarchitektur, Formeisen und Drahtgeflecht und besteht aus 5 einzelnen, durch massive Wände voneinander getrennten Abteilungen, welche sich um einen grofsen Baum gruppieren und zur Aufnahme der Vögel aller 5 Weltteile dienen; jede Abteilung enthält außerdem noch einen Springbrunnen mit Fischbecken.

Schließlich seien hier noch jene Anlagen erwähnt, welche zur künstlichen Geflügelzucht, d. h. zum Ausbrüten einer großen Anzahl von Eiern mittels Brutmaschinen oder -Öfen und zur Aufzucht, sowie unter Umständen auch zur Mastung des Geflügels in großem Maßstabe dienen.

Geflügelzüchtereien.

In diesen Anlagen ist zunächst ein heizbarer Brutraum zum Aufstellen der erforderlichen Brutöfen notwendig. Als bester Brutofen gilt zur Zeit derjenige von *Sartorius* in Göttingen, welche zur gleichzeitigen Ausbrütung von 25 bis 200 Eiern eingerichtet sind. Zur Aufzucht des erbrüteten Junggeflügels

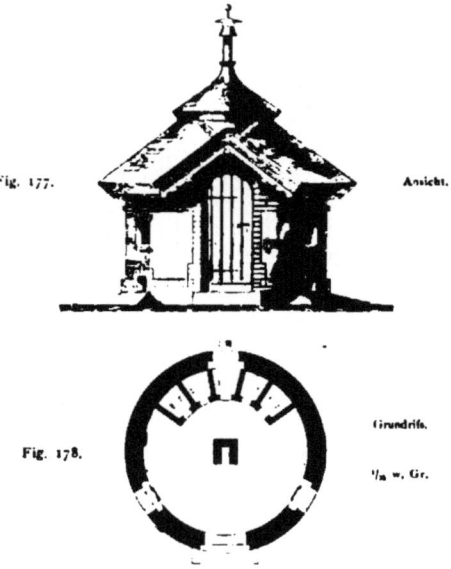

Fig. 177. Ansicht.

Fig. 178. Grundriß. $^1/_{40}$ w. Gr.

Entenhäuschen zu Braunsdorf i. S.
Arch.: *Schubert.*

dienen dann die künstlichen Glucken (ebenfalls von *Sartorius*), für 30 bis 100 Kücken eingerichtet, und die Aufzuchtkäfige, welche man entweder im Brutraum, besser aber in einem besonderen Aufzuchtraum aufstellt. Sodann ist die nötige Anzahl von Stallabteilungen für Legehühner und Junggeflügel anzuordnen; jede Stallabteilung soll nur höchstens 100 Stück Tiere aufnehmen.

Die Stallabteilungen stoßen am besten an einen gemeinsamen Futtergang an, und jede erhält einen besonderen, großen, mit Drahtgeflecht eingefriedigten Auslaufhof, der den Hühnern die nötige Bewegung gestattet und auf welchem sie auch Nahrung finden. Endlich sind Räume für die Futterzubereitung, Futtervorräte etc., sowie ein Stallraum für Hähne und ein solcher für krankes Geflügel erforderlich, des weiteren eine Stube oder selbst eine Wohnung für den Wärter.

Soll auch Mastung betrieben werden, so ist entweder ein Mastboden, am besten im Geschofs über dem Brutraume, oder statt dessen zwei getrennte Masträume zu ebener Erde für Kücken und ältere Hühner erforderlich. Enten- und Gänsezucht erfordert aufserdem noch einen genügend grofsen Teich.

Die bauliche Anlage mufs vor allem so beschaffen sein, dafs sie ohne Umbau zu jeder Zeit nach beiden Giebelseiten hin möglichst leicht und billig vergröfsert werden kann. Ferner müssen die Stallräume thunlichst warm,

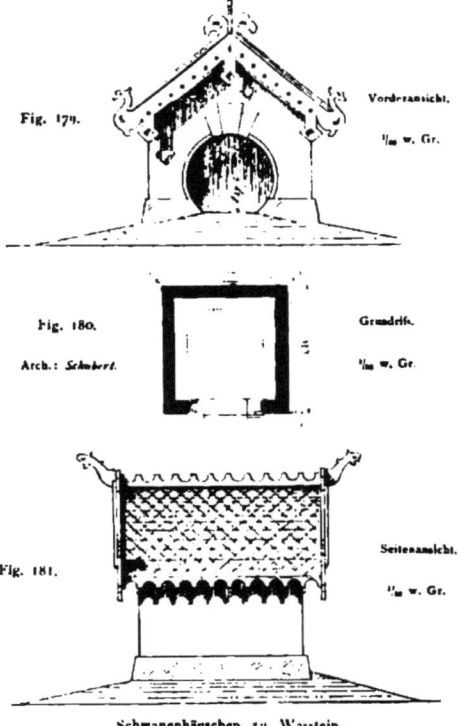

Fig. 179. Vorderansicht. $^1/_{100}$ w. Gr.

Fig. 180. Grundrifs. $^1/_{100}$ w. Gr.
Arch.: *Schubert.*

Fig. 181. Seitenansicht. $^1/_{100}$ w. Gr.

Schwanenhäuschen zu Warstein.

trocken, hell und gut gelüftet sein; die Stallvorderfront und die Auslaufhöfe sollen eine südliche Lage erhalten.

In Fig. 184 geben wir den Grundrifs einer grofsen Geflügelzucht- und Mastanstalt.

In der Mitte des Gebäudes liegen nach vorn der zur Aufstellung von 4 Brutöfen (zu je 200 Eiern) dienende Brutraum und der Aufzuchtraum, beide heizbar; im rechten Gebäudeflügel befinden sich nach vorn 5 Stallabteilungen für je 80 Stück Junggeflügel nebst 5 Auslaufhöfen. Im linken Gebäudeflügel sind in der Vorderfront 2 Lege- und Schlafställe für je 50 Stück Legehühner (Italiener) und

Fig. 182.

Fig. 183.

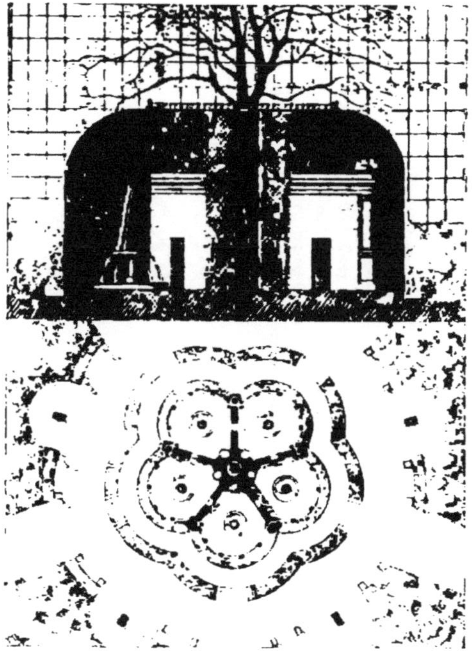

Volière in einem Wintergarten.
Entwurf von *Dart.*
ca. ¹/₁₀₀ v. Gr.

Nach: BOUVARD, J. *Concours de l'école des beaux-arts. 1re série.* Paris 1872.

9*

t desgl. für 40 bis 50 Mastlegehühner (Mantes) nebst 3 Auslaufhöfen angeordnet. Alle in der Vorderfront gelegenen Räume grenzen an einen das ganze Gebäude durchziehenden, mit Deckenlichterhellung versehenen Futtergang, welcher auch im Winter abwechselnd zur Fütterung der einzelnen Völker benutzt werden kann. An diesem Gang liegen sodann an der nördlichen Hinterfront des Gebäudes links und rechts die großen Masträume für Kücken und ältere Hühner, in der Mitte der mit einer Feuerung versehene Futterbereitungsraum und die übrigen kleinen Nebenräume.

Das ganze Gebäude ist einstöckig; auf den 1½ Stein starken Umfassungswänden ruht unmittelbar das zugleich eine warme Stalldecke abgebende Holzcementdach. Der Fußboden besteht überall aus Cementbeton. Die inneren Wände sind meist ½ Stein stark mit Pfeilervorlagen oder als 5 cm starke Rabitz-Wände ausgeführt. Die gesamte Anlage (einschl. der Höfe) nimmt ca. 1000 bis 1300 qm, also 10 bis 13 a Gelände in Anspruch. Die gesamten Baukosten belaufen sich, einschl. Inventar, auf rund 12 000 Mark.

Fig. 184.

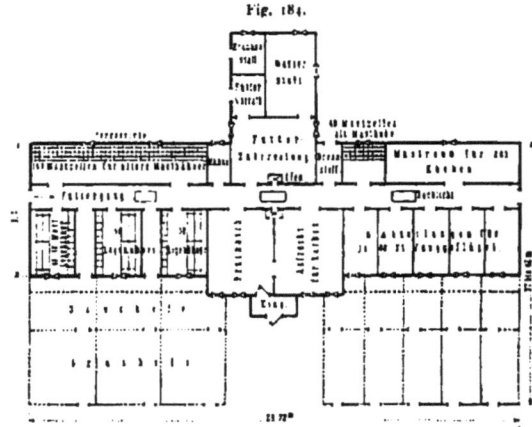

Geflügelzucht- und -Mastanstalt.
¹⁄₁₅₀ w. Gr.
Arch.: *Schubert*.

139.
Beispiel
XI.

Fig. 185 ist der Grundriß einer von der vorigen ganz abweichenden großen Geflügelzuchtanstalt.

Die Anlage zerfällt zunächst in 3 gleich große, quadratische Stallgebäude, von denen jedes 4 Lege- und Schlafstallabteilungen für je 50 Legehühner, also im ganzen 600 Hühner, enthält. Die Nistkasten sind regalartig an der Wand des Mittelganges angeordnet; dadurch wird eine leichte und schnelle Herausnahme der Eier ermöglicht. Zwischen den 2 vorderen Stallabteilungen liegt der Kücken-(Junggeflügel-)Raum und zwischen den 2 hinteren Abteilungen der heizbare Brutraum zur Aufstellung der Brutvorrichtungen. Sämtliche Stallabteilungen sind mit geräumigen Auslaufhöfen versehen. Die 3 Stallgebäude stehen durch den stark verbreiterten Mittelgang miteinander in Verbindung. Durch diese Anordnung entstehen 2 geräumige Futtervorratsräume und Futterplätze. Die an letztere angrenzenden Höfe haben durch den sehr breiten Dachüberstand ein Wetterdach, d. h. einen Schuppen erhalten, welche dem Federvieh bei schlechtem Wetter zum Aufenthalt dienen.

Die nach beiden Giebelseiten hin leicht zu vergrößernde Anlage ist, wie die vorige, eingeschossig und in derselben Bauart ausgeführt. Sie nimmt, einschl. der Höfe, 2204 bis 2313 qm oder rund 22 bis 23 a Grundfläche in Anspruch und erforderte nebst dem ganzen Inventar ca. 13 000 Mark Baukosten.

Fig. 185.

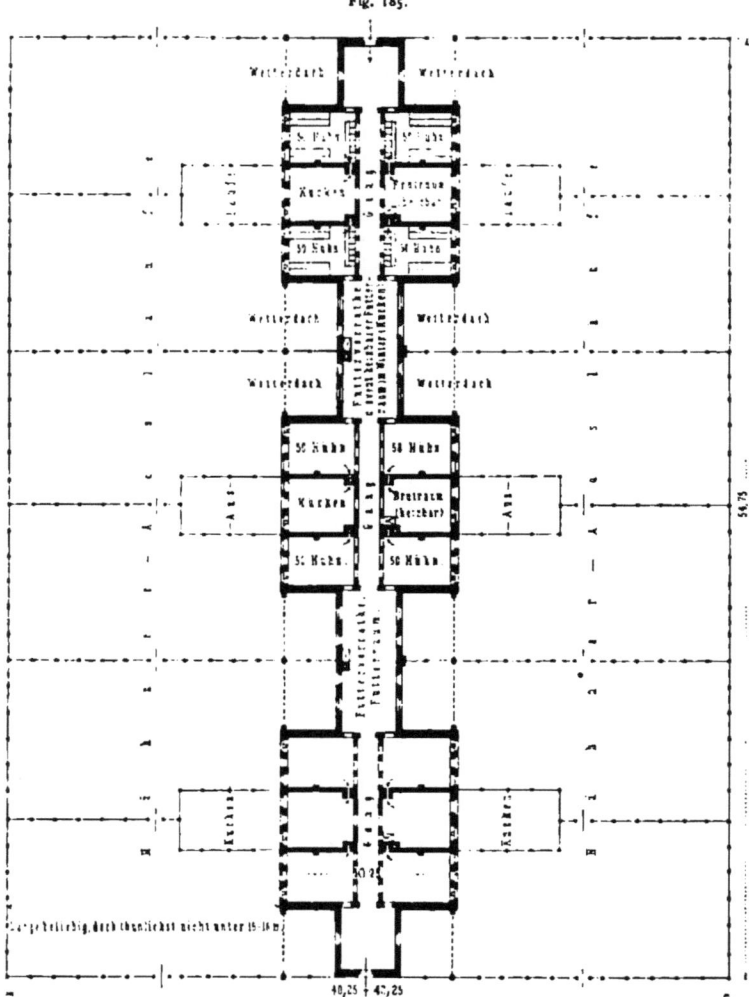

Geflügelzuchtanstalt bei Arnheim (Holland).
1/... w. Gr.
Arch.: *Schubert*.

Litteratur
über »Federviehställe und Geflügelzüchtereien«.
α) Anlage und Einrichtung.

Geflügel-Häuser. HAARMANN's Zeitschr. f. Bauhdw. 1868, S. 17.
WOLTMANN, J. J. Der Taubenschlag etc. Altona 1876.
GAUSS, H. Der Hühner- und Geflügelhof etc. Weimar 1853. — 6. Aufl. von R. OETTEL, 1876.
Deutsche bautechnische Taschenbibliothek. Heft 52: Die Federviehställe. Von L. KLASEN. Leipzig 1880.
SCHUBERT, A. Die Geflügelställe, ihre bauliche Anlage und innere Einrichtung. Berlin 1890.
SCHUBERT, A. Einzelnheiten zweckmäßiger Geflügelstall-Einrichtungen. Geflügelzüchter 1897, S. 183.

β) Ausführungen und Entwürfe.

Pigeonniers en bois. Revue gén. de l'arch. 1872, S. 57, Pl. 18.
DIET. *Détails d'une volière et de ses dépendances, à Saint Prix.* Moniteur des arch. 1876, Pl. 69, 70.
BOUSSARD, J. *Constructions et décorations pour jardins. Kiosques, orangeries, volières, abris etc.* Paris 1880.
Anlage einer Rassegeflügel-Züchterei. HAARMANN's Zeitschr. f. Bauhdw. 1883, S. 172.
Poulailler, pigeonnier de la villa de Montrival aux environs de Namur. Moniteur des arch. 1883, Pl. 40.
DALY, C. *L'architecture privée au XIX° siècle.* 2° série. Paris 1872. Vol. 2, Sect. 2, Pl. 1—4.
BERGER, J. Federviehstall mit Heizung. Baugwks.-Ztg. 1885, S. 396.
POULAILLER. *La semaine des const.*, Jahrg. 16, S. 579.
ABP, L. Schweine- und Federviehstall für das adelige Gut Bredeneck. Baugwks.-Ztg. 1893, S. 532.
Colombier du château d'Usson. La construction moderne, Jahrg. 9, S. 101.
SCHUBERT, A. Geflügelstallanlage für 190 Hühner und 45 Tauben. Deutsche landw. Presse 1892, S. 414.
Poulailler-pigeonnier à Épird. La construction moderne, Jahrg. 10, S. 77.
NEUMEISTER, A. & E. HÄBERLE. Die Holzarchitektur. Stuttgart 1895.
  Taf. 64: Hühnerstall für Herrn Kommerzienrat GAUHE in Eitorf.
  Taf. 85: Hühnerstall des Herrn Dr. TOLLE in Offenbach a/M.; von SCHRÖDER.
  Taf. 96: Federviehstall auf Rittergut Schönstädt.
SCHUBERT, A. Entenhäuschen am Wasser (für 74 Enten). Baugwks.-Ztg. 1896, S. 451.
SCHUBERT, A. Schwanenhäuschen in Warstein. Baugwks.-Ztg. 1897, S. 1616.
SCHUBERT, A. Geflügelhaus mit Volière in Warstein i. W. Baugwks.-Ztg. 1898, S. 1607.
SCHUBERT, A. Hühnerzucht- und Mastanlage für größeren Betrieb. Hannov. Landm. 1899, Nr. 16, S. 1.
Architektonisches Skizzenbuch. Berlin.
  Heft 2, Bl. 6: Taubenschlag im Park des Prinzen LUITPOLD; von GOTTGETREU.
  Heft 4, Bl. 5: Taubenhaus in Berlin; von A. SCHULTZ.
  Heft 20, Bl. 1: Schwanen- und Taubenhaus auf dem Gute des Herrn von KRUSE-NETZOW; von HITZIG.
  Heft 22, Bl. 1: Fasanerie-Gebäude bei Sanssouci; von PERSIUS.
  Heft 33, Bl. 2: Schwarzvieh- und Federvieh-Stall; von WOLFF.
  Heft 50, Bl. 6: Aviarium; von GABRIEL.
  Heft 130, Bl. 5: Hühnerhof zu Gr.-Peterwitz; von PAVELT.
  Heft 163, Bl. 6: Geflügel-Haus auf dem Gute Brotreu bei Tempelburg; von WISSMANN.
WILLIAM & FARGE. *Le recueil d'architecture.* Paris.
  2° année, f. 55: *Propriété de M. ... à Groslay*; von HERRT.
  3° », f. 66: *Métairie de Mr. Sari à l'..... Poulailler, pigeonnier, glapiers*; von ROY.
  6° », f. 32: *Poulailler et pigeonnier: propriété des Plants*; von ANDRÉ & DÉCHARD.
  17° », f. 44, 45: *Maison de garde faisanderie et chenils à Salbris*; von POLLET.

B. Baulichkeiten zum Unterbringen der Feld- und Wiesenerträgnisse.

7. Kapitel.
Feimen, offene Getreideschuppen und Feldscheunen.
Von Alfred Schubert.

Feimen, Diemen, Mieten oder Schober sind im Freien zweckmäßig aufgeschichtete Heu-, Getreide- oder Strohhaufen, welche gegen das Eindringen der Nässe geschützt, entweder auf dem Felde selbst oder auf besonderen Feimen- oder Diemenhöfen als billiger Ersatz für die kostspieligen Hofscheunen errichtet werden und außerdem durch die Freiheit in der Wahl des Platzes und dadurch ersparte Arbeit während der Erntezeit und durch die bequeme Benutzung der Dampfdreschmaschine sehr vorteilhaft sind, indes den Nachteil besitzen, daß ihr Inhalt durch Witterungseinflüsse, Vögel und Ungeziefer leidet, sowie der Brandstiftung stark ausgesetzt ist; letzterer Umstand veranlaßt hohe Feuerversicherungsbeiträge.

Form und Größe der Feimen sind sehr verschieden. Die erstere ist bald prismatisch, bald cylindrisch, bald pyramidal etc. Durch die prismatische Form wird die Anlage erleichtert und die Verlängerung der Feimen ermöglicht; die pyramidale Form gewährt den möglichsten Schutz gegen Regen.

Die Größe der Grundfläche bei runden und länglich-rechteckigen Feimen beträgt für Heu ca. 15 qm und für Getreide ca. 25 bis 80 qm. Die Höhe beläuft sich, um die Arbeit nicht zu erschweren, je nach Größe der Feimen auf 4 bis 9 m. Der Rauminhalt der Feimen ist infolge der gekrümmten Linien nicht genau zu berechnen; man kann ungefähr annehmen, daß z. B. eine runde Feime, welche 20 vierspännige Fuder zu je 18 bis 20 cbm Inhalt aufnehmen soll, 6,00 bis 6,50 m Durchmesser und bei 60 Fudern einen Durchmesser von 9,50 bis 10,00 m erfordert.

Die Entfernung der Feimen vom Hofe und voneinander beträgt nach den Bestimmungen der Feuerversicherungsgesellschaften 20, meistens sogar bis 60 m.

Die Feimen werden stets entweder auf einem Unterbaugerüst (Feimenstuhl) gegen Grundfeuchtigkeit und Ungeziefer gesichert aufgestellt oder unmittelbar auf einer trocken gelegenen Feldstelle auf einer Strohunterlage errichtet; ersteres ist der Fall, wenn sie längere Zeit, letzteres, wenn sie kurze Zeit stehen bleiben sollen. Zum Schutz gegen die Witterung bedürfen Getreidefeimen entweder einer besonderen Abdeckung mit Stroh, oder sie werden durch leicht bewegliche Dächer (Mietenschirme) geschützt.

140. Feimenstühle. Fig. 186 zeigt die Ausführung eines Gerüstes (Feimenstuhles) für gewöhnliche Heufeimen, wie solche in den Flußniederungen heureicher Gegenden mit bis 2,50 m hohen Überschwemmungen vielfach angewendet werden. Das Gerüst besteht aus einem in der Höhe des höchsten Wasserstandes aus Stielen, Stangen und Brettern errichteten Unterbau, auf welchem um einen in der Mitte desselben angebrachten, tief eingegrabenen Baumstamm das trockene Heu glockenförmig und mit einem Durchmesser von 3,80 bis 5,60 m aufgeschichtet wird und ohne jede Bedeckung bleibt.

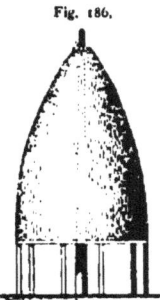

Heu-Feimengerüst.
$^1/_{100}$ w. Gr.

Die für Getreidefeimen gebräuchlichen Feimenstühle bestehen aus einem 50 bis 60 cm über der Erde liegenden viereckigen, rechteckigen, runden oder vieleckigen Fußboden, welcher von einer Balkenlage (z. B. nach Fig. 187) gebildet wird, die entweder auf gemauerten Pfeilern (Fig. 188) oder Hausteinpfeilern (Fig. 189) oder auf gußeisernen Stützen (Fig. 190) aufruht. Die letzteren sind mit einem glockenförmigen Aufsatz versehen, welcher den Mäusen das Eindringen in die Feime verwehrt. Bei den gußeisernen Stützen wird die Balkenlage häufig durch einen guß-, besser schmiedeeisernen Rost ersetzt.

141. Bewegliche Feimendächer. Die beweglichen Feimendächer müssen, um ihren Zweck zu erfüllen, d. h. die jährlichen Eindeckungskosten zu ersparen, und um die angebrochenen Feimen gegen Unwetter zu schützen, möglichst leicht und billig herstellbar und einfach zu handhaben sein. Ein sehr einfaches, bewährtes Feimendach zeigt Fig. 191. Dasselbe ist um die als Schraubenspindel ausgebildete Mittelstange des Feimengerüstes leicht drehbar und wird mit Pappe oder wasserdichtem Leinenstoff eingedeckt.

Vieleckiger Feimenstuhl.

Das Dach läßt sich bei Abnahme der Massen leicht niedriger stellen, so daß ununterbrochen weiter gedroschen werden kann, und widersteht dem Sturmwind sehr gut, da es stets auf den Garben aufliegt.

142. Offene Getreideschuppen. Den Übergang von den Feimengerüsten mit beweglichen Dächern zu den geschlossenen Getreideschuppen (Feldscheunen) bilden die offenen Getreideschuppen (Diemenschuppen).

Dies sind langgestreckte, möglichst flache und sturmsicher konstruierte Satteldächer, welche mit doppellagiger Asphaltpappe oder wasserdichtem Leinenstoff auf Schalung oder mit verzinkten großen Pfannenblechen auf Lattung eingedeckt werden und auf Ständern, Streben u. s. w. ruhen. Das am meisten gebräuchliche Pappdach erhält am besten $^1/_{10}$ bis $^1/_{15}$ der Schuppentiefe zur Höhe. Der Dachüberstand soll

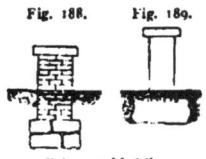

Feimenstuhlpfeiler.

ringsum nicht unter 1 m betragen. Der Schuppen ist mit den Giebelfronten, welche am besten eine wagrechte Stülpschalung erhalten, nach Südwest zu richten, damit die offenen Langfronten nicht der Witterung ausgesetzt sind.

Die ganze Holzkonstruktion muß eine leichte, wenig Holz beanspruchende und dennoch in allen Teilen des Bauwerkes eine durchaus sturmsichere, der Witterung lang trotzende sein, so dafs sie möglichst billig wird und wenig Unterhaltungskosten erfordert. Die Billigkeit kann noch durch die Anwendung von ganzem und getrenntem Rundholz zu allen Konstruktionen (mit Ausnahme der Pfetten) an Stelle des Kantholzes bedeutend vermehrt werden.

Fig. 190.

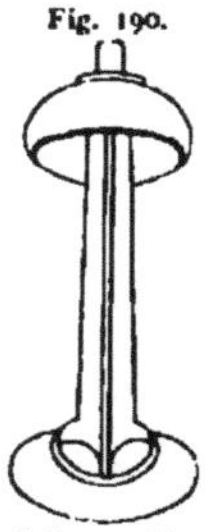

Die Binderzangen müssen mit den Stielen und Streben fest verbolzt werden, um einen unverschiebbaren Dreiecksverband herzustellen; ebenso erfordert der Längsverband lange, gut verzapfte und versatzte Kopfbänder und eine kräftige Abstrebung der Schuppenecken. Stiele und Streben sind mit den einzelnen Grundmauerwerkspfeilern durch tief herabreichende Anker zu verbinden und die Pfetten und Bindersparren mit den Stielen und Streben fest zu verklammern, bezw. zu verbolzen. Alles der Witterung ausgesetzte Holz mufs einen Karbolineumanstrich erhalten.

Feimenstuhlstütze aus Gufseisen.

Der Binderabstand soll 4,50 bis 5,00 m betragen, damit man überall bequem das Gebäude quer durchfahren und das Einbansen billig bewirken kann. Die Tiefe der Diemenschuppen soll möglichst nicht mehr als 15 bis 16 m (ausschl. Dachüberstände) betragen, um das Ausdreschen mit der Dampfdreschmaschine nicht zu sehr zu erschweren. Die Traufe soll 7 bis 8 m und der First nicht mehr als 9 m über Erdgleiche liegen; die nutzbare Höhe für das Einbansen beträgt am besten 8 m und reicht bis Oberkante Hauptzange; gröfsere Höhen erschweren und verteuern die Einbansungsarbeiten erheblich.

Fig. 191.

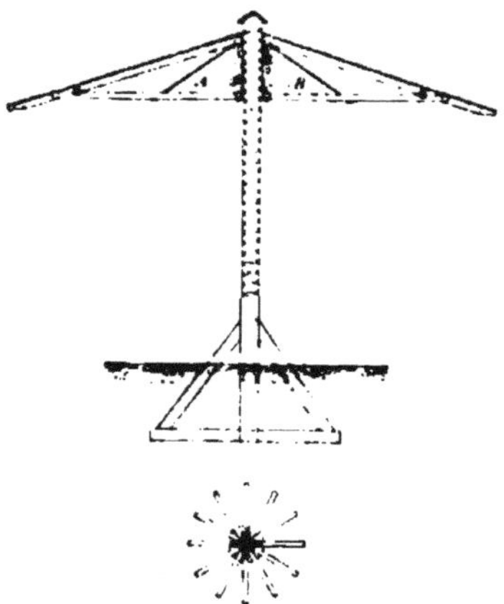

Fig. 192 bis 197 stellen 6 Stück verschiedenartig gelöste und bewährte Dachbinder für offene Diemenschuppen von verschiedener Gröfse dar.

Die Gröfse, der Raumbedarf der Schuppen hängt zunächst von der Anzahl der mit Wintergetreide bestellten Morgen ab. Man kann bei mittelgutem Boden für jeden Morgen als mittleren Ernteertrag 4,5 Schock = 270 Stück Garben annehmen, welche zusammen 20 cbm Schuppenraum beanspruchen.

Die Baukosten der Schuppen (Rundholz; doppellagiges Pappdach) belaufen sich für 1 qm überbauter Grundfläche auf etwa 8 bis 9 Mark und für 1 cbm des für die Getreidepackung ausnutzbaren Raumes auf etwa 50 Pfennige.

Bewegliches Feimendach.
Ein w. Gr.

Auf 3 bis 4 m oder auf ganze Höhe mit Bretterverschalung geschlossene Diemenschuppen, die sog. Feldscheunen, bilden den Übergang von den offenen Getreideschuppen zu den Hofscheunen mit gesonderten Tennen und Bansen und haben durch die Wandschalung den Vorzug, dafs darin das Getreide mehr gegen Diebstahl und Brandstiftung, sowie auch gegen Ungezieferfrafs und die Witterung geschützt ist, aber weniger luftig wie in den offenen Schuppen liegt

143 Feldscheunen.

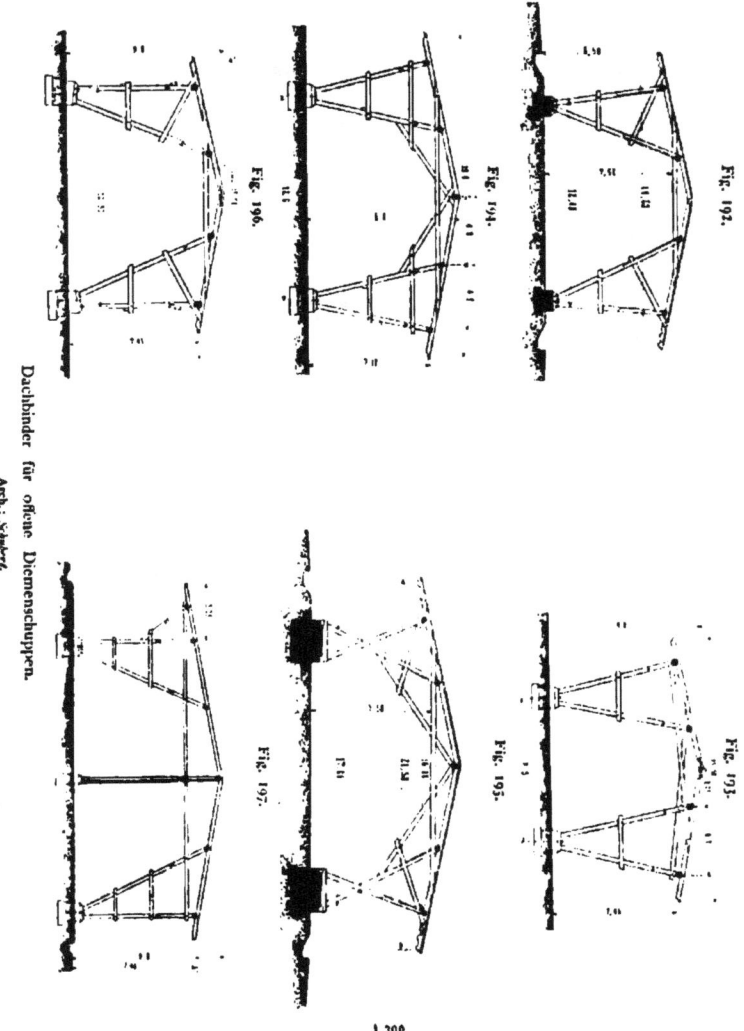

Dachbinder für offene Diemenschuppen.
Arch.: Schubert.

Bei richtiger Anordnung der Feldscheunen und günstiger Bedienung der Dreschmaschine, die im Raume selbst stehen kann, wird auch an Leuten gespart.

Die früher geschilderten Konstruktionen der offenen Getreideschuppen und die in Fig. 192 bis 197 abgebildeten Bindertypen können vielfach auch ohne wesentliche Abänderungen für Feldscheunen angewendet werden, welche sich ja von ersteren eigentlich nur durch größere Tiefe und die ringsum angebrachte Bretterverschalung nebst den Ein- und Ausfahrtsthoren unterscheiden. Die Bretterverschalung besteht entweder aus einer wagrechten oder lotrechten Stülpschalung. Die Thore sind an allen 4 Seiten der Scheune und an den Langseiten am besten in jedem zweiten Fache anzuordnen, um die Nutzbarkeit möglichst zu vermehren.

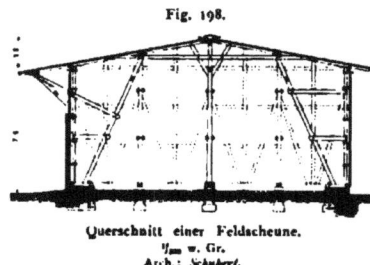

Fig. 198.
Querschnitt einer Feldscheune.
1/100 w. Gr.
Arch.: Schubert.

Feldscheunen bedürfen einer Firstlüftung, welche durch kleine Dachreiter oder durch schmale Firstschlitze erreicht wird; auch ist eine seitliche Luftzuführung erforderlich, die man dadurch herstellt, daß das oberste Schalbrett unter dem Dach durch ein verzinktes Drahtgeflecht ersetzt wird. Die Beleuchtung der geschlossenen Feldscheunen geschieht am besten durch Dachlichter aus Roh- oder Drahtglas.

Fig. 198 stellt den Querschnitt einer Feldscheune aus Kantholz mit ganz geschlossenen Wänden und Pappdach dar. Die vordere Langwand ist mit 3,00 m breitem Dachüberstand versehen; die Konstruktion der Giebelwand ist einpunktiert.

Die Baukosten der Feldscheunen belaufen sich für 1 cbm umbauten Raumes und je nach der Bauart auf ca. 1,60 bis 2,00 Mark.

8. Kapitel.
Scheunen.
Von Alfred Schubert.
a) Gesamtanlage.

Die Scheunen oder Scheuern dienen sowohl zum Aufbewahren des geernteten Getreides, als auch zum nach und nach erfolgenden Ausdrusch desselben, welcher auch in den Scheunen vorgenommen wird, sowie endlich zum Unterbringen des Strohes.

Der Getreide-Aufbewahrungsraum jeder Scheune wird Bansen, Fach oder Taß, der Dreschraum, von welchem auch das Vollpacken der Bansen geschieht, Dreschtenne, Diele, Dresch- oder Scheunenflur genannt. Die Tenne war früher beim allgemein üblichen Handdrusch unbedingt nötig, während sie seit Einführung des Dreschmaschinenbetriebes ihre Bedeutung verloren hat und mehr als Verbindungsweg dient, welcher selbst oft mit Getreide vollgebanst oder zu anderen Zwecken benutzt wird.

Die Scheune soll mit ihrer dem Wirtschaftshof zugekehrten Längsfront möglichst gegen Norden, Nordost, Nordwest oder Osten, auf trockenem, etwas erhöhten Gelände dergestalt liegen, dafs alle Arbeiten vom Wohnhause aus gut übersehen werden können und dafs die Zu- und Einfahrt eine möglichst bequeme wird.

115. Lage der Scheune; Anordnung der Tennen.

Die Lage der Tennen kann eine sehr verschiedene sein: man unterscheidet einfache oder doppelte Quertennen, welche nach der Tiefe des Gebäudes liegen, Langtennen, die nach der Länge desselben angeordnet sind und entweder einfach oder doppelt in der Mitte des Gebäudes oder auf einer oder auf beiden Seiten desselben liegen (einfache und doppelte Mittel- und Seitenlangtennen), ferner letztere in Verbindung mit einer oder mehreren Quertennen und schliefslich die einfachen und doppelten Kreuztennen, d. h. sich unter rechtem Winkel kreuzende Tennen.

Fig. 199 bis 208 zeigen verschiedene Scheunen-Grundrifsformen, in welchen die Bansen mit *a* und die Tennen mit *b* bezeichnet sind.

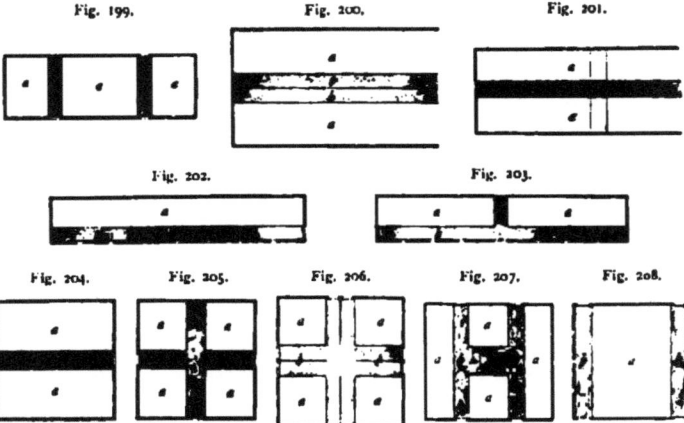

Fig. 199.

Fig. 200.

Fig. 201.

Fig. 202.

Fig. 203.

Fig. 204.

Fig. 205.

Fig. 206.

Fig. 207.

Fig. 208.

Scheunen-Grundrifsformen.

Fig. 199: Scheunen mit Quertennen. Solche Scheunen werden 10 bis 16 m und bei flachen Dächern sogar 16 bis 21 m tief erbaut. Der zwischen zwei Tennen gelegene Bansen heifst Mittelbansen und die zwischen je einer Tenne und der Giebelwand gelegenen Bansen Giebel- oder Eckbansen. Mehr als drei Quertennen und sechs Bansen darf man nicht anlegen, einmal der Feuersgefahr wegen, fürs zweite, weil die Frontmauern auf zu grofse Länge freistehen würden. In vier- und sechsbansigen Scheunen sind die aneinanderstofsenden Bansen durch $1\frac{1}{2}$ Steine starke, 30 cm über das Dach gehende Brandmauern voneinander zu trennen.

Sehr zweckmäfsig für das schnelle Einbansen und den Maschinenausdrusch ist die Anordnung von 2 nebeneinander liegenden Tennen (Doppelquertennen), von denen nur die eine vollgebanst wird.

Fig. 200: Scheunen mit doppelter Mittellangtenne werden 24 bis 30 m tief angeordnet, die eine der Tennen dient (nach Anfüllen der Bansen) ebenfalls zur Aufnahme von Getreide, während die andere im unteren Teile als Verbindungsweg leer bleibt. Scheunen mit einfacher oder doppelter Mittellangtenne können bei grofser Länge ebenfalls mit 1 oder 2 Quertennen verbunden werden. Mittellangtennen erfordern die Anlage von Dachlichtern.

Fig. 201: Scheunen mit einer Mittellangtenne erhalten 20 bis 22 m Tiefe.

Fig. 202: Scheunen mit einer Seitenlangtenne erhalten 14 bis 15 m Tiefe und solche mit zwei Seitenlangtennen 24 bis 26 m. Die Seitenlangtennen können durch darin angebrachte Luken von außen her vollgebanst werden; auf die Belassung eines freien Raumes von 6 m Länge für die erste Aufstellung der Dreschmaschine ist Rücksicht zu nehmen. Zur Beleuchtung der langen Seitentennen müssen in den Langwänden Fenster oder statt dessen einige Dachlichter angelegt werden.

Fig. 203: Scheunen mit einer oder zwei Seitenlangtennen in Verbindung mit einer oder zwei Quertennen sind üblich, wenn die Tennenlänge 50 m überschreitet, und erleichtern ungemein die Einfahrt der Wagen, das Einbansen und den Maschinenausdrusch des Getreides.

Fig. 204 bis 208 stellen Grundrißformen sog. Quadratscheunen vor.

Fig. 204 enthält, bei ca. 25 m Tiefe, zwei an einer Mitteltenne liegende Bansen; die Übelstände der letzteren können durch die Anlage einer einfachen Kreuztenne nach Fig. 205 vermindert und die Tiefe bis 29 m gesteigert werden. Noch günstiger ist die Anordnung einer Doppelkreuztenne nach Fig. 206 von 29 bis 36 m Tiefe; bei dieser können sämtliche Tennen bis auf eine vollgebanst werden.

Fig. 207 ist die Quadratscheune mit zwei Quertennen, welche durch eine kurze, aber breite Mittellangtenne miteinander verbunden werden.

Fig. 208 zeigt eine Quadratscheune, bei welcher der Bansenraum beiderseits durch je eine Quertenne (bezw. Seitenlangtenne) begrenzt ist, wodurch das Einfahren und Abladen des Getreides so erleichtert wird, daß die Tiefe bis 34 m betragen darf; eine wesentliche Steigerung dieser Vorteile ist durch die punktierte Verbindung der Quertennen mit einer Mittellangtenne zu erreichen.

Im allgemeinen haben die Scheunen mit Quertennen den Vorzug eines kürzeren, der Reinigung und Austrocknung des Getreides mehr förderlichen Luftzuges, einer leichteren Beaufsichtigung der Drescher und einer besseren, festeren Konstruktion.

Scheunen mit Langtennen, besonders mit Seitenlangtennen in Verbindung mit einer oder zwei Quertennen, haben den Vorzug einer leichteren Trennung der Winter-, Sommer- und Brachfrüchte, gestatten das gleichzeitige Ausdreschen mehrerer Getreidearten, sowie die Einfahrt mehrerer Fuhren, schnelles Einbansen und das bequeme Aufstellen der Dreschmaschine u. s. w.

Indes sind die Vor- und Nachteile der verschiedenen Tennenlagen für jeden Einzelfall weniger ausschlaggebend, als die örtlichen Verhältnisse des Bauplatzes, ferner die Stellung der Scheune zu den übrigen Hofgebäuden und zu den vom Felde führenden Wegen u. s. w.

Die Tiefe der Scheunen richtet sich, wie wir bereits im vorhergehenden Abschnitt gesehen haben, nach dem Bauplatz, der Tennenlage und besonders auch nach Art der Dachdeckung. Je flacher die Dächer sind, desto größer kann die Scheunentiefe werden. Die Länge der Giebel- oder Endbansen bei Scheunen mit Quertennen beträgt 9,00 bis 11,00 m, bei kleinsten Scheunen (Bauern- und Förstergehöften) etwa 5,00 bis 6,00 m.

Die Länge der Mittelbansen bei Scheunen mit Quertennen beträgt 13,00 bis 15,00, selbst bis 18,00 m. Die Breite der Tennen beträgt 3,80 bis 5,00 m, im Mittel 4,40 m, bei Aufstellung der Dreschmaschine 6,00 bis 6,00 m. Die lichte Höhe der Tenne (bis Tennenbalkenlage) wird bei kleinen Scheunen zu 3,50 m, bei größeren zu 4,00 m und bei sehr großen Scheunen zu 4,50 m angenommen. Die Höhe von der Tenne bis zum Dachfirst soll 8,00, höchstens 9,00 m nicht übersteigen, um das Einbansen nicht unnötig zu erschweren und zu verteuern. Flache Dächer mit geringem Höhenunterschied zwischen Traufe und Dachfirst sind steilen Dächern aus dem Umstande, daß sie fast bis zum First bequem und leicht vollbansen lassen und aus konstruktiven und anderen Gründen, stets vorzuziehen.

Die Berechnung des erforderlichen Scheunenraumes, welcher höchstens $^2/_3$ bis $^3/_4$ einer Durchschnittsernte aufnehmen soll, kann stets nur eine annähernde sein und geht von verschiedenen Annahmen aus.

Nach preußischer Ministerial-Verordnung (vom 9. Januar 1871) sind auf 100 Garben Wintergetreide (Roggen, Weizen) durchschnittlich 12,4 cbm, auf

100 Garben Sommergetreide (Hafer, Gerste) durchschnittlich 10,8 cbm und auf eine vierspännige Fuhre Erbsen oder Wicken 18,5 cbm Bansenraum zu rechnen. 1 Schock, d. h. 60 Garben Wintergetreide (je 10 kg schwer), erfordert daher 7,4 cbm, 1 Schock Sommergetreide 6,6 cbm, mithin 1 Schock beider Fruchtarten durchschnittlich ca. 7 cbm Bansenraum.

Da diese Raumangaben, besonders für gröfsere Scheunen mit freiem Raum, recht hohe sind und zudem das Veranschlagen nach Garben, rücksichtlich der schwankenden Strohlänge, Stärke der Garben u. s. w. unsicher ist, so empfiehlt sich mehr die Berechnung nach der Ertragsfähigkeit des Bodens.

Bei mittlerer Güte desselben kann man auf 1 ha = 4 Morgen durchschnittlich 100 cbm (zu 75 kg schwer) Weizen, Roggen und Gerste, 50 cbm (zu 90 kg) Hafer, 80 cbm (zu 50 kg) Mengekorn und Erbsen, 90 cbm (zu 50 kg) Klee und Heu rechnen. Bei weniger ertragsfähigem Boden kann man auch für 1 ha Körnerbau 50, bei bestem Boden 70 cbm Scheunenraum annehmen.

Die Berechnung nach dem Inhalt der Fuhren oder Fuder ist auch nur eine annähernde, da dieselbe von der Wagenlänge, der Art des Bodens und des Getreides, sowie vom Mähen und Aufladen, bezw. der mehr oder weniger dichten Lagerung des Getreides auf dem Wagen abhängt. Man kann annehmen, dafs ein vierspänniges Fuder Getreide etwa 18 bis 24 cbm Scheunenraum einnimmt.

Nach Ermittelung des für den unterzubringenden Ernteertrag erforderlichen Bansenraumes giebt man von diesem 9 bis 13 Vomhundert für die Tennen hinzu, berechnet darauf aus den Abmessungen des Scheunenquerprofils seine Gesamtfläche, dividiert alsdann mit dieser in den erforderlichen Rauminhalt und erhält so die Gesamtlänge der Scheune, die bei Anlage von Quertennen in die nötige Anzahl Bansen einzuteilen ist.

b) Konstruktion und Einrichtung.

148. Wände.
Das Grundmauerwerk einer Scheune besteht am billigsten aus Bruchsteinen, sonst aus Ziegeln oder Beton, schneidet bei gutem Boden 1,00 m tief, also frostsicher in denselben ein und wird 35 bis 50 cm hoch über Erdgleiche angelegt, mit einer Rollschicht aus hartgebrannten Ziegelsteinen in Cementmörtel abgedeckt und zur Abhaltung der aufsteigenden Grundfeuchtigkeit mit Asphalt-Isolierpappe belegt.

Die Umfassungswände können sowohl aus Bruchsteinen, Ziegelsteinen, aus Kalksteinstampfmasse, Kalksandziegeln, als auch aus ausgemauertem, verschalten oder mit Biberschwänzen oder Cementsteinen behängtem Fachwerk hergestellt werden.

Bruchsteinwände sind nur in 55 bis 60 cm Stärke und bis 4,50 m Höhe zulässig; zu dichte (hygroskopische) Bruchsteine schwitzen leicht und bewirken das Schimmeln des Getreides; deshalb dürfen Granit, Gneis, Syenit u. s. w. nicht verwendet werden.

Ziegelsteinwände werden nicht in voller Stärke, sondern aus einem System von Pfeilern und Gurtbogen mit schwachen Füllwänden hergestellt. Die an den Auflagerstellen der Binder anzuordnenden Pfeiler erhalten bei etwa 4 m Höhe 51 cm, bei gröfseren Höhen, d. h. solchen mit Drempel und bedeutender Raumtiefe, 38 × 77 cm Stärke. Die Füllwände der Gurtbogenöffnungen und die Drempelwände werden 25 cm stark und die letzteren an den Binderstellen innen mit 25 × 38 cm starken Pfeilervorlagen versehen, welche gleichzeitig die Dachfufspfette tragen. Anstatt der 1 Stein starken Füllwände kann man auch ½ Stein starke preufsische Kappengewölbe, welche zur Festigkeit in Kalkcementmörtel aufzuführen sind, einspannen.

Wände aus Kalksandstampfmasse macht man im Erdgeschofs 55 bis 60 cm und im Drempel 35 bis 40 cm stark, während die Wände aus Kalksandziegeln ½ Stein stärker als aus Ziegelsteinen hergestellt werden. Beide Baustoffe eignen sich ihrer grofsen Billigkeit wegen.

Fachwerkwände macht man bis 4 m Höhe aus 15 cm starkem Kreuzholz, über 4 m Höhe aus 20 cm starkem Ganzholz. Auszumauerndes Fachwerk ist auf 4 m Höhe zweimal, auf 5 m Höhe dreimal und auf 6 m Höhe viermal zu verriegeln. Fachwerkwände müssen der Länge nach gut verstrebt werden, und an den Bindern sowie an den Giebelwänden sind zu verbolzende Doppelstiele anzuordnen und diese mit den Sturmstreben durch Zangen fest zu verbinden, damit das Gebäude nach der Länge und Tiefe unverschiebbar gegen Stürme wird. Ausgemauerte Fachwerkwände sind in der Herstellung billiger als Bruchstein- und Ziegelwände; indes werden sie schliefslich durch die bedeutenden Unterhaltungskosten und hohen Feuerversicherungsbeträge teuerer als letztere.

Verschaltes Fachwerk eignet sich zur Erhaltung des Getreides recht gut und ist sehr billig in der Herstellung, aber recht teuer in der Unterhaltung. Die Verschalung besteht entweder aus wagrechter oder aus lotrechter Stülpschalung. Das ganze Holzwerk mufs mit Karbolineum, noch besser mit der gleichzeitig gegen Witterung und Feuer schützenden Asbestfarbe angestrichen werden. Bei verbretterten Fachwerkwänden können die kostspieligen Grundmauern zum gröfsten Teile fortgelassen und durch eingerammte Pfähle ersetzt werden, an denen die Verschalung bis auf den Erdboden hinab angenagelt wird.

Fig. 209.   Fig. 210.

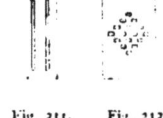

Fachwerk mit Biberschwanz- oder Cementsteinbekleidung ist teuerer als das vorhergehende, aber auch mehr gegen Feuer und Witterung geschützt. Die Steine werden an Latten festgenagelt und die Zwischenräume zwischen den Latten von innen mit Strohlehm ausgestakt.

Zum Austrocknen des Getreides sind in den Umfassungswänden des Erdgeschosses und im Drempel gegenüberstehende Luftschlitze von 15 bis 20 cm Breite und 1,00 bis 1,20 m Höhe in verschiedener, gebrochener Form anzulegen. Die letztere ist zur Vermeidung des Eindringens von Regen und Schnee nötig, erschwert auch die Brandstiftung, zumal wenn die Unterkante der Schlitze sich etwa 2 m über Erdgleiche befindet.

Fig. 211.   Fig. 212.

Luftzüge für Scheunen.

Fig. 209 u. 210 zeigen die Grundrifsformen und Ansichten zweier Luftschlitzkonstruktionen.

Nach Fig. 211 u. 212 können die Luftzüge auch entweder in lotrechter oder in wagrechter Richtung in der Mauer unterbrochen werden. Um das Eindringen der Vögel und des Ungeziefers zu verhüten, sind die Luftschlitze an der Aufsenseite mit engmaschigem verzinkten Drahtgeflecht zu verschliefsen.

In ausgemauerten Fachwerkscheunen spart man zur Lüftung Kreuzlöcher aus, die ebenfalls zu vergittern sind. Besser ist es aber, unter dem Dachüberstand die letzten Ziegelschichten der Fachwerkwände fehlen zu lassen und ein Drahtgeflecht anzunageln.

Dunstabzüge im Dachfirst sind nur bei ganz dichten Dächern (Papp-, Leinenstoff- und Holzcementdach, erforderlich und werden als Dachreiter oder Firstschlitzöffnungen angelegt.

150. Bansen- und Tennenfufsböden.

Der meist in der Höhe der Erdgleiche liegende, vielfach sogar zur Raumgewinnung bis 1 m tief im Erdboden ausgeschachtete Bansenfufsboden wird nur abgestampft, sauber eingeebnet und zuweilen mit etwas Lehm, selten mit einem flachseitigen Ziegelstein- oder Feldsteinpflaster befestigt.

Der Tennenfufsboden wird mindestens 20 bis 35 cm über das Gelände und in Gebirgsgegenden, zur bequemen Einfahrt in die oberen Stockwerke und zur Arbeitsersparnis, 4,00 bis 4,50 m hoch über der Erdabdachung als sog. Hochtenne angelegt. Der Tennenfufsboden mufs hart und fest sein, um den Schlägen der Dreschflegel, den Pferdetritten und dem Druck der Erntewagen zu widerstehen. Hierzu eignet sich als bestes und billigstes Material der Lehm.

Man fertigt die Lehmtennen auf dreierlei Art an:

1) Trockene Lehmtenne. Man trägt eine 45 bis 50 cm hohe Lage reinen Lehmes auf, gleicht dieselbe wagrecht ab und schlägt sie mehrere Stunden mit sog. Pritschbäumen fest. Nachdem die Tenne nach 48 Stunden getrocknet ist, werden alle etwa noch vorhandenen Risse zugeschlagen und dies solange fortgesetzt, als sich infolge des Austrocknens noch Risse zeigen.

Damit die Oberfläche fest und undurchlässig wird, übergiefst man die Tenne mit Ochsenblut oder Teergalle und bestreut sie, so lange diese Stoffe noch feucht sind, mit Hammerschlag und schlägt die Tenne so oft, bis sich keine Risse mehr zeigen.

2) Nasse Lehmtenne. Der 35 bis 40 cm tief ausgegrabene Erdboden wird mit Kies aufgefüllt und festgestampft; darauf bringt man eine 10 bis 15 cm dicke Thonlage, welche gestampft, mit Lehmwasser begossen und dann mit Schlägeln fest und eben geschlagen und wie vorhin befestigt wird.

3) Lehmsteintenne. Auf einer wie vorhin angelegten Unterlage werden halb trockene, vorher angefeuchtete Lehmpatzen angebracht; auf dieselben kommt eine zweite Lage Lehmpatzen, welche alsdann wie oben geschlagen und befestigt wird.

Für Dreschmaschinenbetrieb eignen sich die Lehmtennen nicht; der Fufsboden wird in diesem Falle entweder mit Damm- oder Kopfsteinen abgepflastert oder mit Schlacken- oder Cementbeton befestigt. Der Schlackenbeton wird aus 3 Teilen gesiebter Steinkohlen- oder Koksasche und 1 Teil Weifskalk hergestellt und die gehörig durchgearbeitete Masse in 15 bis 20 cm starker Lage auf einem abgerammten Kies- oder Sandbett aufgetragen, abgeglichen und so lange geschlagen, bis sich keine Trockenrisse mehr zeigen. Die besseren, aber teueren Cementbetontennen werden in 15 cm Stärke mit aufgerauhter Oberfläche hergestellt.

151. Tennenwand und Balkenlage.

Um beim Flegeldrusch das Überspringen der Körner in den Bansen zu vermeiden, mufs die Tenne auf beiden Seiten mit 1,25 bis 1,50 m hohen Trennungswänden eingefafst werden. Die Wände bestehen aus 10 × 10 cm starkem Fachwerk, ruhen auf einer kleinen Bruchsteinmauer und werden auf der Tennenseite mit 4 cm dicken wagrecht angenagelten Brettern verschalt; die ersten, 1 m breiten Fache an den Thoren bleiben, behufs Zugänglichkeit des Bansens, offen. Bei Maschinendrusch kann die Bretterverkleidung der Wände fortbleiben.

Aus den niedrigen Tennenwänden werden einzelne stärkere Pfosten (17 × 17 bis 20 × 20 cm stark) 3,50 bis 4,50 m hoch geführt, welche nebst Kopfbändern und Unterzügen die Tennenbalken tragen, die 1,20 bis 1,50 m voneinander entfernt liegen und mit lose aufgelegten Rundstangen oder starken Schwarten abgedeckt werden.

Von der Balkenlage aus geschieht das Füllen der Bansendachräume; dieselben werden zur Lagerung von Getreide, Stroh oder von Brachfrüchten benutzt.

Fig. 213 u. 214 zeigen den Grundriſs und den Querschnitt der Tennenwandkonstruktion nebst Balkenlage.

Die Tenneneinfahrtsthore müssen zur bequemen Durchfahrt mit hochbeladener Fuhre 3,50 bis 3,70 m hoch und 3,80 bis 4,00 m breit sein. Die Zufahrt nach der 20 bis 35 cm über dem Gelände gelegenen Tenne geschieht beim Massivbau über eine in dieser Höhe liegende steinerne Radeschwelle und beim Fachwerkbau über eine versenkte Holzschwelle. In beiden Fällen ist eine gepflasterte Rampe vor den Thoren nötig. Die Thoröffnungen erhalten einen Verschluſs durch Flügel- oder durch Schiebethore und schlagen stets nach auſsen auf. Die Thorflügel macht man aus 3,5 bis 4,0 cm starken, rauhen, gefugten, besser gespundeten und möglichst schmalen Brettern mit rückwärts liegenden Quer- und Strebeleisten. Mittels langer, auſsen gerade über den Querleisten liegender, starker Bänder werden die Thorflügel auf die eingemauerten Stützkloben aufgehängt. Der einfachste Verschluſs der Flügelthore ist derjenige mit dem Thorschwengel.

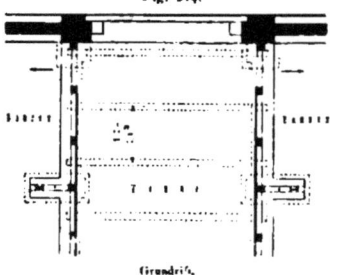

Fig. 213. 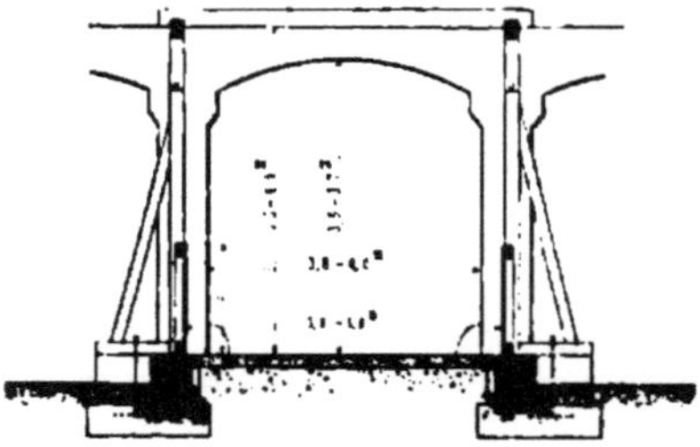
Querschnitt.
Fig. 214.
Grundriſs.
Tennenwandkonstruktion und Balkenlage.

Die Konstruktion der Schiebethore ist derjenigen der Flügelthore völlig gleich. Sie laufen mittels Rollen oder Gleitkugeln auf einer an der Wand befestigten Laufschiene und werden am unteren Rande nur geführt.

Rohr-, Stroh- und Schindeldächer sind für Gehöftscheunen gesetzlich verboten.

Die an und für sich hohen und deshalb unpraktischen, niemals hinlänglich dichten Ziegeldächer haben noch den weiteren Übelstand, daſs sie nach innen feuchte Niederschläge abgeben, welche das Getreide verderben. Dies kann bei Dachpfannen durch das Anbringen einer Stülpschalung vermieden werden, auf welcher dann Strecklatten und auf diesen erst die Dachlatten genagelt werden, bei Biberschwänzen und Falzziegeln durch Einlegen von Pappstreifen (anstatt der Holzspliesse bei ersteren). Von den Ziegeldächern ist allein nur das Falz-

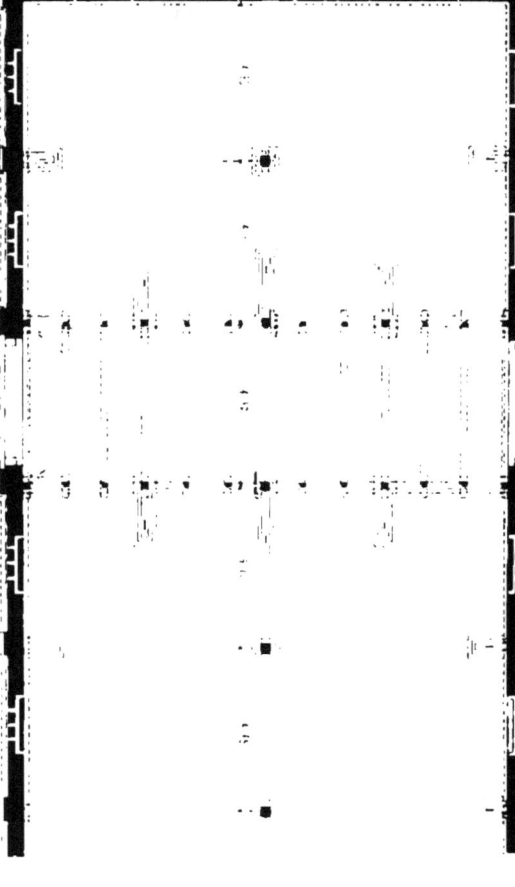

Fig. 216. Scheune mit 3 Banzen und 2 Quertennen.

ziegeldach zu empfehlen, da es infolge seiner größeren Dichtigkeit eine Dachneigung bis zu $^1/_5$ der Scheunentiefe zuläßt; der alsdann erforderliche Drempel erhält etwa 2 m Höhe. Das Schieferdach auf Lattung ist nicht dicht genug, auf Schalung eingedeckt allerdings gut, aber dann meist zu teuer; Schieferdächer müssen mindestens $^1/_4$ der Tiefe zur Höhe und dann einen etwa 1.25 m hohen Drempel erhalten.

Von den flachen Dächern, die aus wirtschaftlichen und konstruktiven Gründen den steilen stets vorzuziehen sind, ist das Holzcementdach das beste, da es außer seiner sehr geringen Neigung recht dauerhaft ist und keine Unterhaltung erfordert; jedoch ist es für die meisten Fälle leider zu teuer. Holzcementdächer erfordern bei $^1/_{30}$ bis $^1/_{40}$ der Tiefe zu ihrer Höhe einen etwa 4,25 m hohen Drempel.

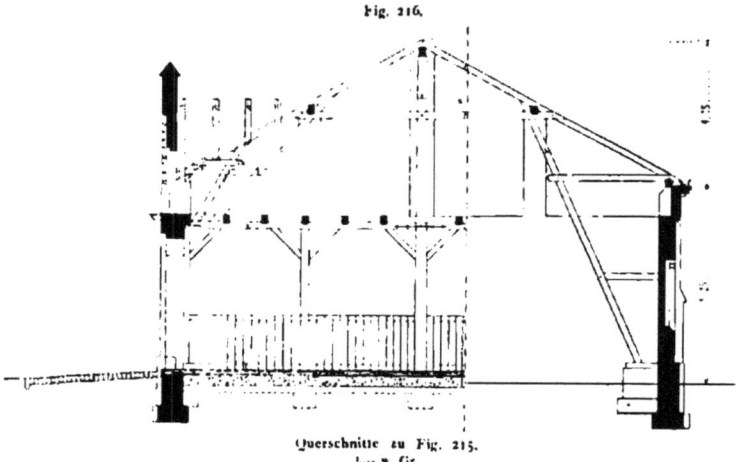

Fig. 216.

Querschnitte zu Fig. 215.
$^1/_{100}$ w. Gr.

Das gegenwärtig gebräuchlichste und billigste Scheunendach ist ein solches mit doppellagiger Asphaltpapp-Eindeckung; jedoch erfordert es sachgemäße Unterhaltung. Pappdächer erhalten $^1/_{10}$ bis $^1/_{15}$ der Tiefe zur Höhe und einen etwa 3,50 m hohen Drempel. Besser als das Pappdach, aber auch fast doppelt so teuer als dieses, ist das wasserdichte und feuersichere Leinenstoffdach.

In neuester Zeit verwendet man mit bestem Erfolge auch galvanisch verzinkte, große Eisenbleche (System der Verzinkerei-Aktiengesellschaft Geisweid, Kreis Siegen) zur Dachdeckung der Scheunen, und zwar auf Lattung.

Die Konstruktion des Dachverbandes, d. h. der Binder, soll möglichst wenig Holz erfordern, also billig und dennoch dauerhaft und sturmsicher sein und für das Einbansen ein möglichst freies Profil gewähren. Bei Scheunen mit Quertennen ordnet man in der Mitte jedes Giebelbansens 1, über jedem Mittelbansen 2 bis 3 Binder und über jeder Seite der Tenne 1 Binder an. Bei Scheunen mit Langtennen werden die Binder in 4,50 bis 5,00 m, bei Papp- und Leinenstoffdächern sogar in 5,00 bis 6,00 m Abstand voneinander aufgestellt.

Die Binderkonstruktion soll so beschaffen sein, dafs keine langen, frei schwebenden Hölzer, also Balken, tief liegende Zangen den Bansenraum durch-

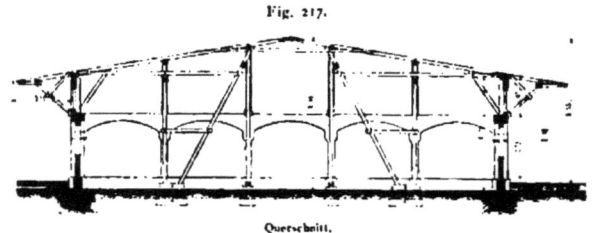

Fig. 217.

Querschnitt.

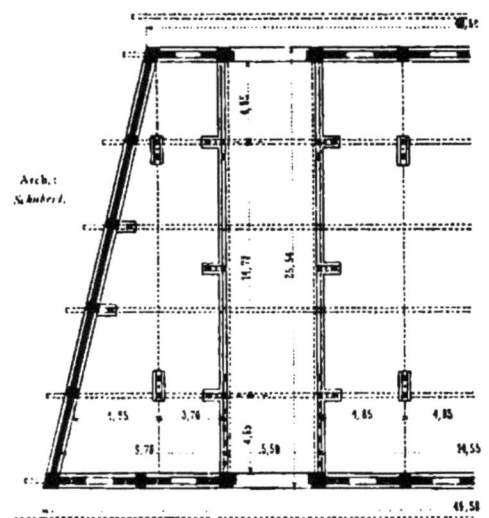

Fig. 218.

Arch.:
Schubert.

Grundrifs.
1:300

Scheune mit 3 Bansen und 2 Quertennen.

schneiden, da diese das Einbansen hindern und an ihnen das Getreide hängen bleibt, wodurch die Hölzer durchgebogen und zerbrochen werden.

Die Dachpfetten (Rähme) oder Tragsparren sind deshalb nur von schrägen, mit den Umfassungen durch Zangen gut verbundenen Stielen (Sprengböcken) allein oder von solchen in Verbindung mit Hängewerken zu unterstützen. Das erstere hat dann die Mittelpfetten, das letztere die Firstpfetten zu tragen, wodurch der Dachschub, ohne eine Berührung der Umfassungswände, möglichst auf den Erdboden übertragen wird.

Kommt es auf ganz freie Bansenräume weniger an, so können die Pfetten oder Tragsparren durch eine von der Gebäudetiefe abhängende Anzahl lotrechter Pfosten, Baumstämme (stehende Stühle), oder durch solche in Verbindung mit kleinen Hängwerken getragen werden.

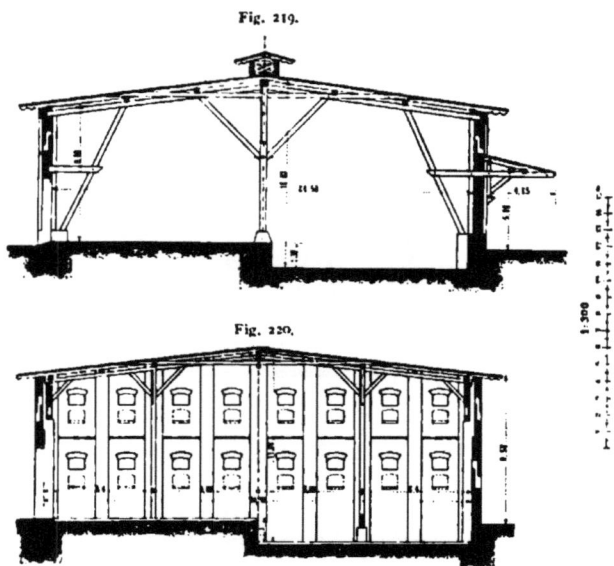

Fig. 219.

Fig. 220.

Querschnitte von Scheunen mit Quertennen.

c) Beispiele.

Fig. 215 bis 233 bilden die Zusammenstellung mehrerer, größtenteils ausgeführter und bewährter Scheunenkonstruktionen.

Fig. 215 u. 216 zeigen den Grundriß und zwei Querschnitthälften einer dreibansigen Scheune mit 2 Quertennen von 47,56 m Länge und 14,76 m Tiefe.

Die Giebelbansen sind 9,30 m und der Mittelbansen 18,60 m lang; die Tennen haben 4,60 m Breite und sind in der vorderen Längsfront mit Giebelaufbauten versehen. Die Höhe der aus Ziegelsteinen hergestellten Umfassungswände beträgt 5,10 m und diejenige des mit Falzziegeln eingedeckten Daches 4,15 m. Die Entfernung der Dachbinder beträgt 4,65 m, und die Konstruktion derselben ist sowohl in den Bansen wie über den Tennen eine wirtschaftlich möglichst bequeme und holzersparende. Die Firstpfette wird in allen Bindern von einem entrindeten Baumstamme getragen. Die Scheune hat ca. 5200 cbm Gesamtinhalt, und ihre Kosten beliefen sich auf rund 20000 Mark.

156.
Beispiel
11.

Fig. 217 u. 218 sind der Grundriß und der Querschnitt einer ebenfalls dreibansigen Scheune mit 2 Quertennen.

Die linke Giebelfront des Gebäudes verläuft von der Vorder- nach der Hinterfront in schiefer Richtung; die Länge beträgt an der Vorderfront 46,50 m, an der Hinterfront 40,50 m, und die Tiefe hat das bedeutende Maß von 26,54 m. Die beiden Giebelbansen sind 9,70 m, der Mittelbansen 14,55 m lang, und die Tennen haben, zur Aufstellung der Dreschmaschine, eine Breite von 6,50 m erhalten. Die aus Pfeilern, Gurtbogen und Füllwänden bestehenden und aus Ziegelsteinen hergestellten Umfassungs-

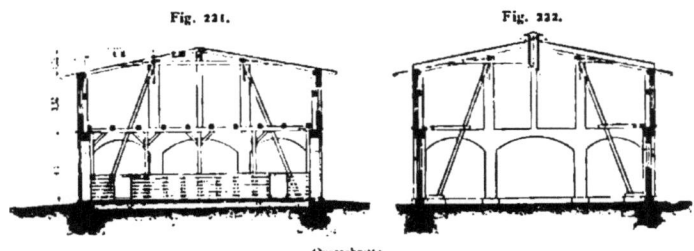

Fig. 221. Fig. 222.

Querschnitte.

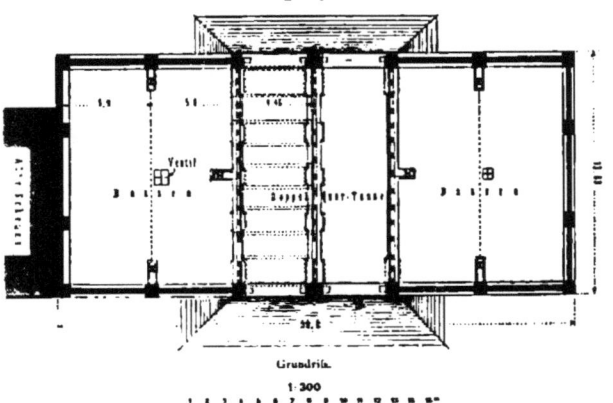

Fig. 223.

Grundriß.
1:300

Scheune mit 2 Bansen und Doppelquertennen.
Arch.: *Schubert*.

wände sind nebst dem Drempel 6,71 m hoch, und der First des mit großen verzinkten Pfannenblechen (Eisenblechen) eingedeckten flachen Daches liegt 8,90 m hoch über Erdgleiche. Das Dach hat auf beiden Langfronten einen 3,50 m breiten Überstand erhalten, welcher nicht allein den Erntefudern die trockene Unterfahrt gewährt, sondern auch von hier aus das leichte und schnelle Vollpacken der an die Langfronten angrenzenden äußeren Teile der Bansenräume gestattet, welche in beiden Frontmauern mit Luken versehen sind. Des weiteren dienen die Räume unter den Dachüberständen zur Lagerung von Grünfutter etc. und zum Unterstellen von Karren und Geräten. Die Konstruktion der 4,15 m mit voneinander entfernten Binder ist eine wirtschaftlich recht bequeme, dabei sturmsicher und möglichst holzersparend. Die Scheune hat ca. 8000 cbm Gesamtinhalt, und die Baukosten haben nur rund 17 000 Mark betragen, wobei bemerkt sei, daß der Bauherr einige Baustoffe selbst lieferte, bezw. ankaufte.

Fig. 219 veranschaulicht das Querprofil einer 24,50 m im Lichten tiefen Scheune mit Quertennen.

157. Beispiel III.

Fig. 224.

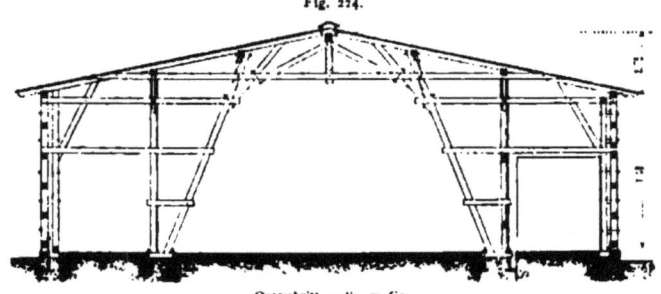

Querschnitt. — 1/250 w. Gr.

Fig. 225.

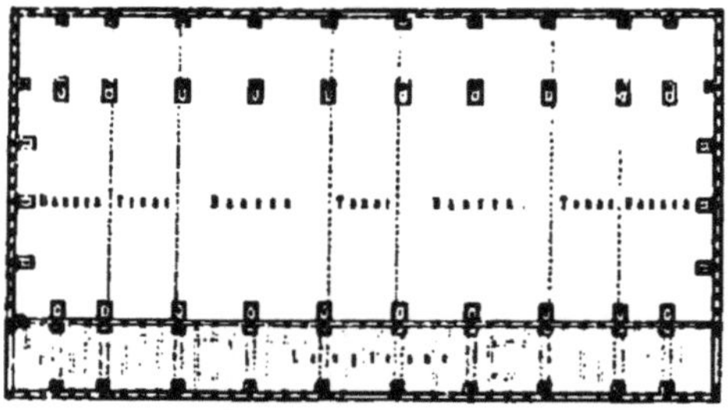

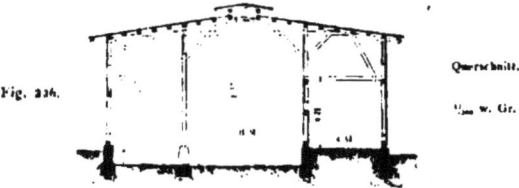

Grundriß. — ca. 1/500 w. Gr.
Scheune mit 4 Bansen, 3 Quertennen und 1 Seitenlangtenne.

Fig. 226.

Querschnitt.
1/250 w. Gr.

Scheune mit einer Seitenlangtenne.

Die 8,00 m hohen Umfassungswände bestehen aus Ziegelsteinen, und das in 10,00 m Höhe über dem 1,20 m tief in das Gelände einschneidenden Bansenfußboden liegende flache Dach ist mit doppellagiger Asphaltpappe eingedeckt. Auf der rechten Langfront befindet sich ein 4,25 m weit ausladendes Pultdach zur Unterfahrt der Erntefuder. Die Binderkonstruktion gewährt ein recht bequemes Einbansen, ist sturmsicher und möglichst holzersparend.

158.
Beispiel
IV.

Fig. 220 ist das Querprofil einer im Lichten 24,93 m tiefen Scheune mit Quertennen.

Die aus Ziegelsteinmauerwerk bestehenden, 8,30 m hohen Umfassungswände zeigen eine verhältnismäßig große Anzahl von Luftzügen in eigenartiger Anlage. Das flache Dach ist das doppellagige Pappdach; der First liegt etwa 10 m über Erdgleiche; der Bansenfußboden schneidet 1,00 m tief in das Erdreich ein. Die Konstruktion des Dachbinders ist recht zweckmäßig und holzsparend.

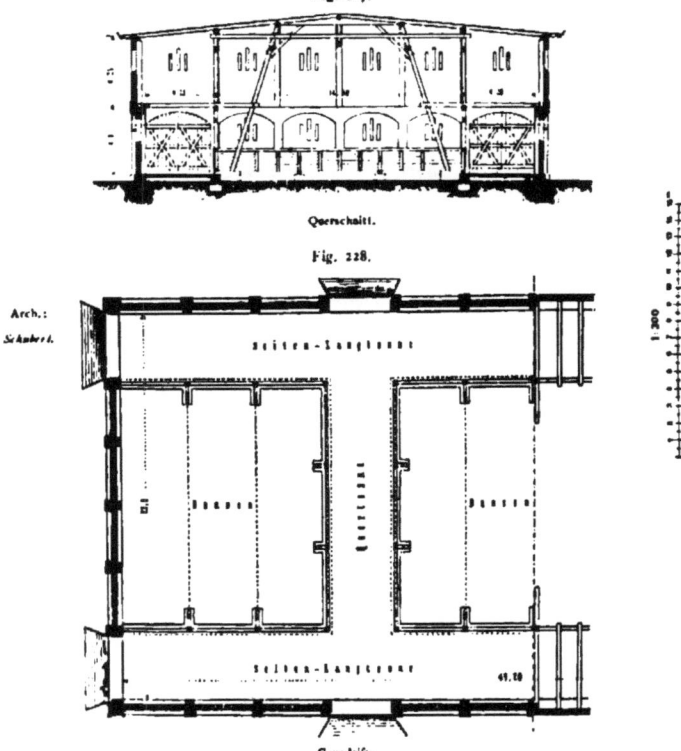

Fig. 227.

Querschnitt.

Fig. 228.

Arch.:
Schubert.

Grundriß.
Scheune mit 2 Seitenlangtennen und 2 Quertennen.

159.
Beispiel
V.

Fig. 221 bis 223 zeigen den Grundriß und die Querschnitte einer 30,00 m langen und 13,88 m tiefen Scheune mit zwei Giebelbansen und Doppelquertenne.

Die beiden Bansen sind 10,00 m lang, und jede der zwei Tennen ist 4,44 m breit. Die rechtsliegende Quertenne ist ohne Balkenlage und wird ganz vollgebaut, während die links liegende im unteren, leer bleibenden Teile als Durchfahrt nach dem Felde dient. Die Umfassungs- und Drempelwände bestehen aus Ziegelmauerwerk und sind in der Höhe des Erdgeschosses aus Pfeilern, Gurtbogen und Füllwänden hergestellt. Das flache Dach ist doppellagig mit Pappe eingedeckt, und seine Binderkonstruktion zeigt eine möglichst einfache und wirtschaftlich bequeme Anordnung. Der Gesamtinhalt der Scheune beträgt ca. 3040 cbm, und die Baukosten beliefen sich auf nur rund 8500 Mark.

Fig. 224 u. 225 stellen den Grundriſs und das Querprofil einer groſsen Scheune mit 4 Bansen, 3 Quertennen und 1 Seitenlangtenne dar.

160. Beispiel VI.

Das Gebäude ist über der Plinthe gemessen 49,00 m lang, 27,00 m tief, in den ¹/₂ Stein stark ausgemauerten Fachwerkwänden 7,00 m hoch und mit doppeltem Pappdach eingedeckt. Sämtliche Bansen und Quertennen, mit Ausnahme der Langtenne, welche bis zur Balkenlage leer bleibt, werden vollgebanst, und zwar derart, daſs zuerst die beiden Giebelbansen von den beiden seitlichen Quertennen und dann die beiden Mittelbansen von den 3 Quertennen aus vollgebanst werden. Zuletzt erfolgt das Füllen der 3 Quertennen. Die Konstruktion des Dachbinders ist durchaus zweckmäſsig und sturmsicher; der Fassungsraum der Scheune beläuft sich auf rund 11 200 cbm, und die Baukosten stellten sich auf rund 20 000 Mark.

Fig. 226 veranschaulicht das Querprofil einer Scheune mit einer Seitenlangtenne aus verschaltem Fachwerk unter doppellagigem Pappdach.

161. Beispiel VII.

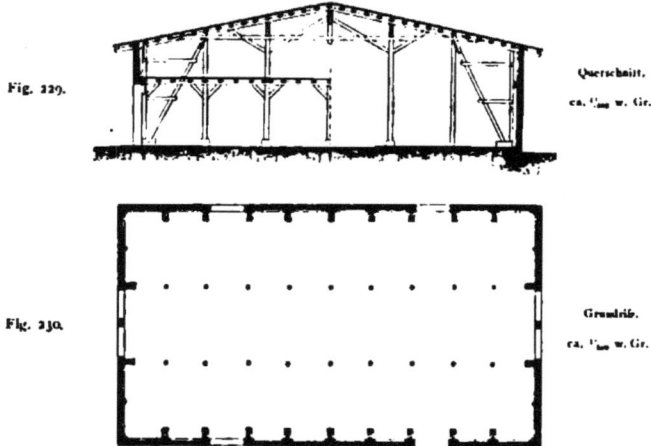

Fig. 229.

Querschnitt.
ca. ¹/₁₀₀ w. Gr.

Fig. 230.

Grundriſs.
ca. ¹/₂₀₀ w. Gr.

Scheune mit doppelter Längsdurchfahrt und 2 Quertennen.

Die lichte Tiefe der Scheune beträgt 16,50 m, wovon 4,50 m auf die Tennenbreite entfallen. Die Schalwände haben 6,50 m Höhe, und der Dachfirst liegt nur 7,50 m hoch über Erdgleiche; der Bansenfuſsboden schneidet 1,00 m tief in das Erdreich ein. Das Dach ist als Sparrenpfettendach angeordnet und zeigt eine recht praktische Konstruktion.

Fig. 227 u. 228 sind der Grundriſs und der Querschnitt einer Scheune mit 2 Seitenlangtennen in Verbindung mit 2 Quertennen.

162. Beispiel VIII.

Die Gesamtlänge der Scheune beträgt 50,74 m und die Tiefe 24,54 m; beide Giebelbansen sind je 12,50 m und der Mittelbansen 16,00 m lang. Die Bansen haben 14,00 m, beide Langtennen je 4,50 m und die Quertennen je 4,10 m Breite. Die Höhe der Umfassungswände beträgt, von Oberkante Plinthe gerechnet, 8,25 m; hiervon kommen 4,00 m auf das Erdgeschoſs und 4,25 m auf den Drempel. Die Umfassungs- und Drempelwände bestehen aus Ziegelmauerwerk, und erstere wurden aus starken Pfeilern mit Gurtbogen und Füllwänden gebildet. Das Dach ist ein Holzcementdach; die Konstruktion der Dachbinder ist möglichst einfach und derartig, daſs kein Holzteil beim Einbansen unbequem wird. Der Inhalt der Scheune beträgt ca. 10 000 cbm, und die gesamten Baukosten beliefen sich auf rund 25 000 Mark.

163. Beispiel IX. Fig. 229 u. 230 zeigen den Grundrifs und den Querschnitt einer massiven Scheune von 48,35 m Länge und 28,10 m Tiefe.

Dieselbe besitzt eine Doppel-Mittellangtenne, bezw. doppelte Längsdurchfahrt und 2 Quertennen. Die Umfassungswände sind in Ziegelsteinmauerwerk angenommen und 7,80 m hoch; das als Sparrenpfettendach konstruierte Dach ist mit doppellagiger Asphaltpappe eingedeckt. Der Scheuneninhalt beläuft sich auf rund 11 200 cbm, und die Baukosten stellen sich auf rund 27 000 Mark.

164. Beispiel X. Fig. 231 bis 233 geben den Grundrifs, Quer- und Längenschnitt einer Quadratscheune aus verschaltem Fachwerk mit einer mittleren Langtenne wieder, welch letztere als Dreschtenne dient, und mit einer der linken Traufseite parallel

Fig. 231.

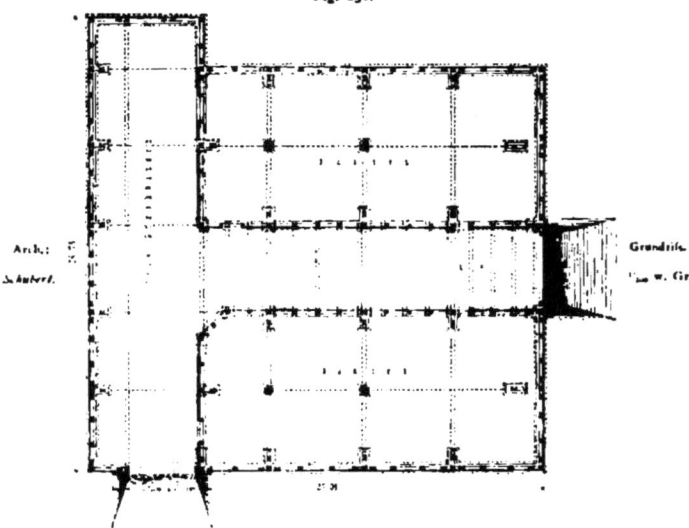

Quadratscheune aus verschaltem Fachwerk.

angeordneten Quertenne, welche um 3 m Tiefe über die Scheunenhinterfront hinaus verlängert ist und sowohl als Einfahrtstenne wie auch als Strohbansen dient.

Diese örtlichen Verhältnissen entsprungene Grundrifsanordnung hat sich im Betrieb vollkommen bewährt. Die Dreschtenne dient zum Aufstellen der Dreschmaschine und ist 6,00 m breit; die beiden Bansen sind ca. 9,10 m tief und 20,20 m lang. Der Strohbansen ist 6,50 m breit und gestattet infolge dieses Mafses und der abgestumpften Ecke der Tennenwände das Einfahren auf die Dreschtenne. Die Umfassungswände sind, von Oberkante der 40 cm hohen Plinthe an gerechnet, 6,00 m hoch; das Dach ist 2,70 m hoch; der First liegt mithin 9,10 m über Erdgleiche. Die Wände sind mit wagrechter Stülpschalung verkleidet, welche zur Sicherung gegen Feuer und Witterung mit Asbestfarbe angestrichen wurde. Das flache Dach wurde mit wasserdichter und feuersicher imprägnierter, hellgrauer Dachleinwand auf Schalung und Dreikantleisten eingedeckt. Die Dachkonstruktion ist für die Raumausnutzung zweckmäfsig und möglichst holzersparend angeordnet. Der Gesamtinhalt der Scheune beträgt rund 5200 cbm, und die Baukosten stellten sich auf rund 10 000 Mark.

Litteratur
über »Feimen, offene Getreideschuppen, Feld- und Hofscheunen«.

a) Anlage und Einrichtung.

Landwirthschaftliche Gebäude. Die Korndiemen, das Diemenhaus und die Scheune. HAARMANN's Zeitschr. f. Bauhdw. 1862, S. 105.

KOPPEN. Fruchtschuppen als Ersatz von Scheuerraum und Feimen. HAARMANN's Zeitschr. f. Bauhdw. 1872, S. 161.

Fig. 232.

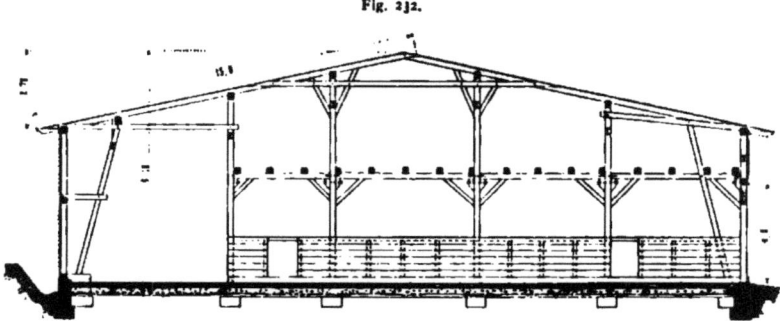

Fig. 233.

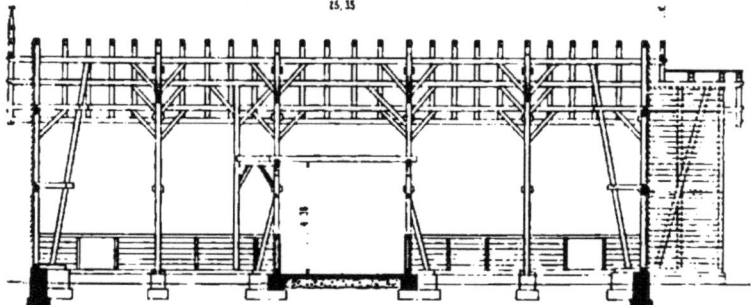

Quer- und Längenschnitt zu Fig. 231.
ca. 1/200 w. Gr.

Ueber den Bau von Getreide-Scheunen. Baugwks.-Ztg. 1872, S. 51, 60, 262, 272, 282.
HACKER. Ueber runde Scheunen. Zeitschr. d. Arch.- u. Ing.-Ver. zu Hannover 1888, S. 134.
ENGEL, F. Getreideschuppen. Baugwks.-Ztg. 1888, S. 20.
Vorschläge für Anlagen von Scheunen. Baugwks.-Ztg. 1890, S. 819.
Feldscheunen. Baugwks.-Ztg. 1890, S. 1130.
HILDEBRANDT, A. Die Radiusscheune. Baugwks.-Ztg. 1896, S. 31.
SCHUBERT, A. Diemenschuppen und Feldscheunen etc. Leipzig 1900.

3) **Ausführungen und Entwürfe.**

LINKE. Kornscheuer zu Eldena. Zeitschr. f. Bauw. 1852, S. 163.
ROEDER. Scheune auf dem Rittergute Stechau bei Herzberg an der Schwarzen Elster. Zeitschr. f. Bauw. 1854, S. 351.
HOFFMANN, E. H. Scheune in Kniewenzamosten. Zeitschr. f. Bauw. 1858, S. 454.
KRAHMER, Quadratische Scheune zu Groß-Lindar im Danziger Werder. ROMBERG's Zeitschr. f. prakt. Bauk. 1869, S. 313.
Die Scheune auf Harrhof bei Eckernförde. Baugwks.-Ztg. 1872, S. 13.
Die Riesenscheune auf Nöer bei Eckernförde. Baugwks.-Ztg. 1874, S. 566.
ENGEL. Scheune in Wanzleben für Dampfmaschinendrusch. Baugwks.-Ztg. 1876, S. 374.
The great barn at Harmondsworth. Building news, Bd. 33, S. 304.
Getreideschuppen in Luttringhausen bei Münden. Baugwks.-Ztg. 1880, S. 580.
HOTOP, F. Scheune für 650 vierspännige Erntefuhren. HAARMANN's Zeitschr. f. Bauhdw. 1881, S. 92.
Eine Feldscheune. Baugwks.-Ztg. 1883, S. 173.
ENGEL. Offene Feldscheune mit freiliegender Bedachung aus bombirtem Wellblech. Baugwks.-Ztg. 1884, S. 42.
ENGEL. Eine prämiirte Feldscheune. Baugwks.-Ztg. 1884, S. 163.
ENGEL, Scheune auf Jesow. Baugwks.-Ztg. 1885, S. 433.
Eine Scheune mit Dachbindern aus Eisen. Baugwks.-Ztg. 1885, S. 913.
Scheune für den Gutsbesitzer Herrn Fr. Martens in Neu-Tuchel. HAARMANN's Zeitschr. f. Bauhdw. 1885, S. 49.
Plan einer Scheune. HAARMANN's Zeitschr. f. Bauhdw. 1885, S. 129.
Scheune zu Oesdorf bei Pyrmont. Baugwks.-Ztg. 1886, S. 638.
ENGEL, Fr. Strohscheune auf Wahrstorf in Mecklenburg. HAARMANN's Zeitschr. f. Bauhdw. 1886, S. 89.
Diemenschuppen in Cunrau. Baugwks.-Ztg. 1887, S. 186.
Scheune in Selchow bei Berlin. Baugwks.-Ztg. 1887, S. 534.
ENGEL, F. Getreidespeicher und Remisen für Ackergeräthe etc. in Neudeck, O./Schl. Baugwks.-Ztg. 1888, S. 572.
ENGEL, F. Die Scheune auf dem Rittergute Klein-Spiegel in Pommern. Baugwks.-Ztg. 1888, S. 707.
ENGEL, F. Scheune auf Dominium Arklitten. HAARMANN's Zeitschr. f. Bauhdw. 1888, S. 89.
ENGEL, F. Die Scheune in Teistungen. HAARMANN's Zeitschr. f. Bauhdw. 1888, S. 186.
Getreideschuppen auf Rittergut Schmerbach bei Meiningen. Deutsche Bauz. 1889, S. 417.
ENGEL, F. Feldscheune auf dem Rittergute Adelsborn. Baugwks.-Ztg. 1889, S. 50.
ENGEL, F. Getreidescheune mit Kreuztennen. HAARMANN's Zeitschr. f. Bauhdw. 1890, S. 121.
Preisgekrönte Entwürfe zu Hofscheunen. Deutsche Landwirths-Gesellschaft. Berlin 1892.
Doppelscheune auf Gut Kraftshagen. HAARMANN's Zeitschr. f. Bauhdw. 1892, S. 45.
SCHUBERT, A. Massive Hofscheune mit Doppelquertenne. Baugwks.-Ztg. 1894, S. 764.
WILCKE. Quadratische Scheune auf dem Königl. Prinzl. Gute Skietz. HAARMANN's Zeitschr. f. Bauhdw. 1895, S. 145.
SCHUBERT, A. Preisgekrönter Entwurf zu einem Diemenschuppen. 1897.
Scheune des Ritterguts Koslitz bei Großenhain. Baugwks.-Ztg. 1897, S. 494.
LOBBELL. Scheune mit Langtenne. Centralbl. d. Bauverw. 1898, S. 333.
BOHNKE, F. Getreide-Scheune für Rittergut Schmerwitz bei Wiesenburg. Baugwks.-Ztg. 1898, S. 1422.
Scheune zu Bialenschyn. Baugwks.-Ztg. 1898, S. 1711.
Architektonisches Skizzenbuch. Berlin.
Heft 65, Bl. 5: Scheune für das Hofgärtner-Etablissement auf Babelsberg; von ELIS.

9. Kapitel.
Magazine, Vorrats- und Handelsspeicher für Getreide.

Getreidemagazine und Getreidespeicher unterscheiden sich von den Getreideschuppen und Scheunen dadurch, daß in letzteren das geerntete, nicht ausgedroschene Getreide aufbewahrt, bezw. ausgedroschen wird, während erstere zum Lagern und Nachtrocknen der ausgedroschenen, nicht ganz trockenen Getreidekörner bestimmt sind.

a) Getreidespeicher für landwirtschaftliche Zwecke.
Von Alfred Schubert.

Auf vielen, namentlich kleineren Wirtschaftshöfen dienen die Dachböden über Remisen, Karrenschuppen, Schirrkammern, Holzställen etc. und auch über Viehställen, obgleich dies wenig empfehlenswert ist, zur Aufbewahrung des ausgedroschenen Getreides bis zum Verkauf oder eigenen Verbrauch desselben, während für gröfsere Güter besondere Getreidespeicher erbaut werden, welche man nach ihrer Anlage und Einrichtung als Boden- oder Etagenspeicher und als Silospeicher unterscheidet.

1) Bodenspeicher.

Solche Speichergebäude erhalten mehrere Geschosse, welche sämtlich, meistens mit Ausnahme des Erdgeschosses, als Getreideschüttböden dienen und werden am zweckmäfsigsten auf einem ganz trockenen, bezw. drainierten und erhöhten, freiliegenden Bauplatze so errichtet, dafs die Langfronten des Gebäudes in Rücksicht auf den für das Korn erforderlichen Luftzug von Osten nach Westen gerichtet sind.

Zahl und Gröfse der Schüttböden sind je nach Erfordernis und örtlichen Verhältnissen verschieden. In der Regel werden aufser Erd- und Dachgeschofs zwei Zwischengeschosse, selten drei solcher ausgeführt. Das Erdgeschofs wird in der Regel als Wagen- und Geräteremise, zum Unterbringen der Feuerspritze, zu Lagerräumen etc. benutzt und kann nur dann als Schüttboden gebraucht werden, wenn unter dem ca. 60 ^{cm} über Erdgleiche erhöhten Fufsboden Luftzüge angelegt und die Umfassungswände durch Isolierschichten gegen aufsteigende Grundfeuchtigkeit gesichert werden.

Der Speicher mufs mindestens die Hälfte, höchstens zwei Drittel des durchschnittlichen jährlichen Körnerertrages aufnehmen, dessen mutmafsliche Höhe nach der Aussaat zu berechnen ist, die ebenso wie der Ertrag von der jeweiligen Bewirtschaftungsweise abhängen.

Man nimmt dabei für den Körnerertrag bei Weizen, Roggen, Gerste und Hafer die 6 bis 10fache, bei Erbsen, Bohnen, Wicken und Linsen die 8 bis 10fache Aussaat an. Dieselbe beträgt für erstere Fruchtarten für 1 ^{ha} (= 4 Morgen) bei Weizen und Roggen 2,2 ^{hl}, bei Gerste und Hafer 2,7 ^{hl} und für letztere Fruchtarten, bezw. bei Erbsen und Bohnen 2,2 ^{hl}, bei Wicken und Linsen 1,6 ^{hl}.

Die Schütthöhe des Getreides beträgt bei Weizen, Roggen und Gerste, welche durchschnittlich für 1 ^{hl} 70 ^{kg} wiegen, höchstens 60 ^{cm}, und bei Hafer, welcher 43 ^{kg} wiegt, bis zu 90 ^{cm}; hieraus ergiebt sich durchschnittlich bei 60 ^{cm} Schütthöhe für 1 ^{hl} Getreide 0,25 bis 0,30 ^{qm} Schüttbodenfläche, einschl. Gänge und Umschippeplätze.

Die Tiefe des Gebäudes darf zur Sicherung eines kräftigen Luftwechsels in den Schüttböden nicht unter 9,60 ^{m} und nicht über 12,00 bis 14,00 ^{m} betragen.

Die lichte Höhe der Bodenräume mufs das bequeme Stehen und Herumgehen erlauben und beträgt von Oberkante Fufsboden bis Unterkante Unterzug 2,00 ^{m} und die Geschofshöhe, unter Hinzurechnung der Balken- und Unterzugsstärken und des Fufsbodens, von Oberkante zu Oberkante des letzteren ca. 2,60 ^{m}.

Die Bauart der Umfassungswände mufs das Korn gegen das Eindringen von Ratten und Mäusen, sowie gegen Diebstahl und Feuer schützen. Am besten eignen sich gut gebrannte Ziegelsteine; Bruchsteine werden beim Witterungswechsel an der Innenseite feucht und müssen deshalb im Inneren mit einer 1,00 ^{m} hohen Holzverschalung versehen werden.

Der Kalksandstampfbau ist wegen der vielen Wandöffnungen weniger zum Speicherbau geeignet. Ausgemauertes Fachwerk ist nicht genügend diebes- und feuersicher; die langen, freistehenden Wände besitzen auch nicht die Tragfähigkeit der massiven Wände und sind deshalb höchstens in den oberen Geschossen verwendbar; die Gefache sind dann an der Außenseite mit Besenstippputz, innen mit Ausfugung zu versehen. Die inneren und äußeren Wandflächen der Ziegelwände werden nur sauber ausgefugt und erstere noch zweimal mit Kalkmilch, unter Zusatz von etwas Antinonnin, geweißt.

Die Wandstärken richten sich nach der Grundfläche der Böden und ihrer Belastung, sowie nach der Tragfähigkeit des Grund und Bodens. Das Erdgeschofs-Mauerwerk darf mit nicht mehr als 7 kg für 1 qcm und die Fundamentsohle, bezw. das Erdreich mit höchstens 3 kg für 1 qcm belastet werden. Gewöhnlich wird das Erdgeschofs 2 Stein, die beiden oberen Geschosse 1½ Stein und der Drempel 1 Stein stark gemacht.

Die Geschofsdecken landwirtschaftlicher Speicher bestehen ausschließlich aus Holz, d. h. aus auf Unterzügen ruhenden, von unten her sichtbar bleibenden Holzbalken mit oberer Fußbodendielung und müssen die erforderliche Tragfähigkeit besitzen, um eine ⅓ m hohe Kornschüttung mit Sicherheit zu tragen. Zur Festigkeitsberechnung der Decken ist 850 kg als Nutzlast und Eigengewicht der Drempel für 1 qm anzunehmen.

Fig. 234.

Querschnitt eines Bodenspeichers.
¹⁄₁₀₀ w. Gr.

Die 0,90 m von Mitte zu Mitte entfernt liegenden Balken ruhen auf höchstens 4,00 bis 4,50 m freiliegenden Unterzügen, welche von Doppelstielen unterstützt werden, die, durch alle Geschosse ohne Stofs hindurchgehend, die Unterzüge umfassen (Fig. 234) und mit diesen sowie untereinander gehörig verbolzt werden. Zu beiden Seiten jedes Doppelstieles liegen Balken, welche mit ersteren nicht in Berührung kommen. Die Anordnung der Doppelstiele vermeidet die ungünstige Stellung von Hirnholz auf Langholz und vermindert infolge größeren Querschnittes der Stiele und ihrer Fundamente den Druck der Gesamtlast auf die einzelnen Punkte des Baugrundes. Die Balkenlagen und Unterzüge sind mit den sämtlichen Umfassungswänden gut zu verankern. Fachwerkumfassungen müssen an den Bindern Doppelstiele erhalten, und die Richtung der Balkenlagen soll in den einzelnen Geschossen abwechseln, damit eine gleichmäßige Verteilung der Lasten auf alle Wände und eine erhöhte Standsicherheit des Gebäudes eintritt.

Der Speicherfußboden besteht am besten aus einer gut gespundeten oder gefederten und dicht gefugten Dielung von 3,5 bis 4,0 cm starken, nicht über 18 cm breiten, trockenen und möglichst astreinen Kiefernbrettern. Wo Korn auf gewölbten Decken, z. B. über Ställen lagert, ist Vorsicht nötig; besonders bei Betongewölben mit Cementestrich, da diese schwitzen und das Getreide verderben. Auf allen gewölbten Decken wird am besten ein 3 bis 4 cm starker Hartgips- oder ein 1,5 cm starker Asphaltestrich angebracht. Gewöhnliche Gips- oder Lehmestriche sind zu staubig und nicht haltbar.

Das Dach ist am besten ein flaches mit hohem Drempel (Durchschnittshöhe ca. 2,50 m), da steile Dächer ohne Drempel nicht völlig ausnutzbar sind. Die Dächer sollen einen bis 1 m breiten Überstand erhalten und werden am einfachsten und billigsten mit doppellagiger Asphaltpappe eingedeckt. Bedeutend besser, aber teurer sind Dachdeckungen mit Holzcement und imprägnierter Dachleinwand. Dächer von mittlerer Neigung können nur mit Falzziegeln eingedeckt werden, die an der Unterseite zur vollständigen Dichtung mit Haarmörtel zu verschmieren sind; zu beachten bleibt aber, daſs alle Ziegeldächer schwitzen und abtropfen.

Die Lüftung der Schüttböden geschieht durch eine gröſsere Anzahl von in beiden Langfronten angelegten Luken, welche entweder als gekuppelte 0,50 m oder als einzelne 0,80 m Breite und 1,00 m Höhe erhalten; mit ihrer Brüstung dürfen sie nur 0.50 bis 0,60 m hoch über dem Fuſsboden liegen, damit die Zugluft dicht über die Kornoberfläche hinwegstreichen kann. Der Verschluſs der Luken-öffnungen erfolgt durch zweiflügelige, um eine lotrechte Achse drehbare Läden, welche entweder nach auſsen aufschlagen und dann in einem ¹/₄ Stein tiefen Anschlag liegen oder sich nach innen öffnen lassen und ebenfalls einen Anschlag erhalten. Besser als die vorigen Lukenverschlüsse sind die um eine wagrechte Achse drehbaren, welche beim Öffnen in die Höhe gehoben und an einer an den Deckenbalken befestigten und leicht beweglichen, dünnen Eisenstange in wagrechter Stellung angehängt werden. Die Läden bestehen aus 3,5 cm starken, schmalen, gespundeten Brettern, mit rückseitig liegenden eingeschobenen Leisten. Schlieſslich können anstatt Läden auch verstellbare Jalousien verwendet werden. Damit im geöffneten Zustande der Luken keine Vögel etc. in den Speicher eindringen, müssen erstere mit verzinkten Drahtgeflechten verschlossen werden.

Die Beleuchtung der Schüttböden erfolgt häufig durch die geöffneten Luken; besser ist es aber, dieselbe von der Lüftung zu trennen und über den Luken kleine, feststehende Fenster anzuordnen. Am empfehlenswertesten ist es jedoch, auf beiden Seitenfronten eine genügende Anzahl fester guſseiserner Fenster vorzusehen oder Rohglas-, bezw. Drahtglasscheiben oder Glasbausteine einzumauern.

Die Treppe, welche die einzelnen Speicherböden mit einander verbinden muſs, liegt am besten in einem besonderen, massiv umschlossenen Treppenhaus, so daſs jeder Boden für sich abgeschlossen werden kann. Die Treppenläufe werden gerade, ohne Wendelstufen, mit ganzen Ruheplätzen angeordnet und erhalten 1,20 bis 1,30 m lange Stufen mit einem Steigungsverhältnis von 19:25 bis 20:23 cm; Setzstufen sind entbehrlich; dagegen darf ein kräftiges Handgeländer nicht fehlen. Da die niedrigen Geschosse auch mit einer Drehung einer Wendeltreppe zu ersteigen sind, so ist eine solche aus Haustein mit hohler Spindel, welch letztere in jedem Geschoſs eine Öffnung zum Hinabwerfen des Kornes hat, nicht auszuschlieſsen.

Zur Ersparung von Arbeitskraft für die Heraufbeförderung der vollen Kornsäcke dienen innen oder auſsen angebrachte Aufzugsvorrichtungen. Erstere bestehen aus einer Winde oder einem Drehkranen, nehmen jedoch viel Platz in Anspruch, erschweren die Verschlieſsbarkeit der Böden und erfordern auſserdem zum Einfahren und Abladen der Säcke eine hohe Durchfahrt, haben aber den Vorteil, daſs die Arbeit im Trockenen geschehen kann (Fig. 234). Für landwirtschaftliche Speicher sind äuſsere Aufzugsvorrichtungen, am besten als Differentialflaschenzug, am gebräuchlichsten. Der letztere wird an einem unter weiter Dachausladung befestigten Haken aufgehängt und in jedem Geschoſs eine zweiflügelige Thür nebst kleinem, plattformartigen Ausbau zum Herein-

167. Innerer Ausbau.

nehmen der Säcke angeordnet. Zum schnellen und mühelosen Herabschaffen des Getreides wird ein 30 bis 50 cm im lichten weiter Bretterkasten oder ein ebensolcher Blech- oder Thonrohrschlot angelegt, welcher mit den Schüttböden in Verbindung steht und im Erdgeschofs in einem Wägeraum oder in der Durchfahrt ausmündet.

Die ungefähren Baukosten der Bodenspeicher betragen für 1 qm überbauter Fläche bei 2 Geschossen 40 bis 50 Mark, bei 3 Geschossen 60 bis 65 Mark und bei 4 Geschossen 70 bis 80 Mark.

2) Silo- oder Schachtspeicher.

164. Zweck und Einrichtung. Die Ausbreitung des Getreides auf den Schüttböden und ein steter Luftzug über dasselbe genügt zur Austrocknung desselben und zur Vernichtung des dem Korn sehr gefährlichen Kornwurmes nicht allein, sondern es mufs auch von Zeit zu Zeit umgeschaufelt (umgestochen) werden, wodurch bei gröfseren

Fig. 235.

Lager- und Schachtboden.

Fig. 236.

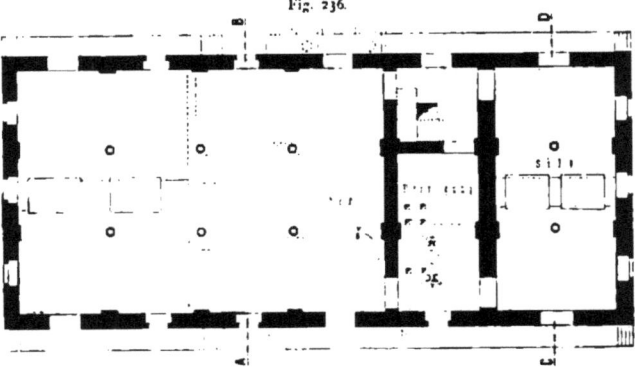

Erdgeschofs.   Vereinigter Boden-

Anlagen bedeutende Arbeitskräfte nötig werden und mithin grofse Betriebskosten entstehen.

Zur Verminderung derselben konstruierte man zuerst in Amerika die sog. Silospeicher, welche auf dem Grundsatz beruhen, das zunächst gereinigte Korn durch maschinelle Kraft (durch Elevatoren) in ununterbrochener Bewegung zu erhalten und dabei der fortwährenden Berührung mit frischer Luft auszusetzen, so dafs es bei dieser Behandlung beliebig lange aufbewahrt werden kann.

Solche Silo- oder Schachtspeicher sind in den letzten Jahren in Deutschland in grofser Anzahl seitens der genossenschaftlichen Vereinigungen von Landwirten und mit Staatsbeihilfe erbaut worden, und es hat sich bisher als am vorteilhaftesten für landwirtschaftliche Verhältnisse gezeigt, das System des Silospeichers mit demjenigen des Bodenspeichers zu verbinden, weil trockenes Getreide wesentlich billiger in Silos aufbewahrt und behandelt, hingegen feuchtes Getreide besser auf Schüttboden nachgetrocknet wird.

Da im nachstehenden (unter b, 6) von Schachtspeichern, ihrer Konstruktion und Einrichtung noch ausführlich die Rede sein wird, so sei hier nur ein Beispiel eines vereinigten Boden- und Schachtspeichers vorgeführt, nämlich der in Fig. 235 bis 238 durch Grundrisse und Querschnitte dargestellte, von der

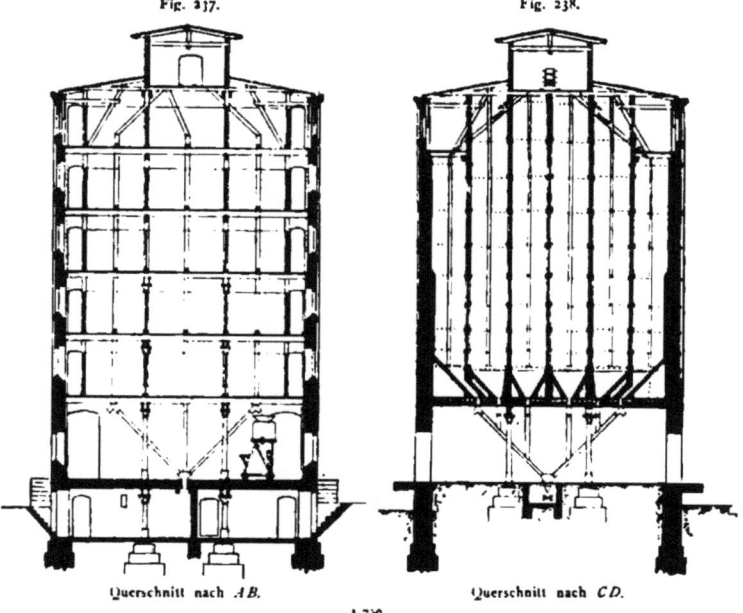

Fig. 237. Fig. 238.

Querschnitt nach *AB*.   Querschnitt nach *CD*.

und Schachtspeicher.

Maschinenfabrik für Mühlenbau, vormals *C. G. W. Kappler* in Berlin, ausgeführte Anlage für die Kornhausgenossenschaft zu Nordhausen.

Das zur Lagerung von 1 800 000 kg Getreide, und zwar für ca. 1 200 000 kg Bodenlagerung und 600 000 kg Silolagerung, eingerichtete Gebäude hat eine Grundfläche von 30,50 × 13,00 m und enthält außer einem lagerfreien Erdgeschoß von 4,00 m Höhe und 5 Lagerböden von 3,00 m Höhe, sowie 12 Siloschächte von 15,30, bezw. 12,30 m Gesamthöhe, ferner eine durch alle Stockwerke gehende, durch Bodenmauern abgetrennte Raumabteilung zur Aufnahme der Elevatoren, der selbsttätigen Wage, der Getreidereinigung, der Sortiermaschinen und Transmissionen, der Schrotmühle und einer Trockenvorrichtung, deren Heizofen im Kellerraum des Mittelbaues aufgestellt ist. Der Kellerraum dient zur Lagerung verschiedener Stückgüter und zur Aufnahme des Gasmotors, der unteren Gurttransporteure und der Elevatorfüße. Das Erdgeschoß ist nur zum Verkehr und zur Lagerung von Sack- und Stückgut bestimmt.

Das ganze Gebäude ist vollständig massiv, und die Getreideschächte sind nach der gebräuchlichsten und billigsten Konstruktion mit hochkantig gestellten Bohlen, stehenden Stielen und Ankern ausgeführt.

Der Fassungsraum eines 15,30 m hohen Getreideschachtes beträgt ca. 60 000 kg, derjenige eines 12,30 m hohen Schachtes ca. 40 000 kg, derjenige eines Bodens ca. 25 500 kg in je 12 Stück 2 m hohen Bohlenkammern von je 10 000 kg und in 9 Kammern von je 15 000 kg Inhalt. Jede der 21 Bodenkammern eines Geschosses ist mit den darunter liegenden Kammern der übrigen Geschosse durch ein lotrechtes Rohrsystem verbunden, durch welches alle Kammern unabhängig voneinander beschüttet oder entleert werden; dieses Kammersystem stellt die vorteilhafteste Lagerungsart für Bodenspeicher dar.

Die eisernen lotrechten Rohrsysteme sind so konstruiert, daß das Rohr an der Austrittstelle ganz unterbrochen werden kann, und das Getreide, auf einen kegelförmigen Streuteller auffallend, fontänenartig nach allen Seiten auf den Boden ausläuft und hierdurch, besonders bei geöffneten Fensterluken, eine sehr gute Lüftung erfährt. Das Rohrsystem ist noch mit einem Rieselsystem derart verbunden, daß in der Dielung zwischen den Balken eine größere Anzahl, ca. 4 bis 6 cm weiter Löcher angeordnet sind, welche unter der Dielung durch Reihenschieber mit korrespondierenden Löchern geöffnet oder geschlossen werden und im ersteren Falle das auf dem Boden lagernde Getreide durchfallen lassen. Ein unter dem Reihenschieber angebrachtes, sog. Spritzdach aus Winkeleisen bewirkt das Streuen des darauf fallenden Getreides, wodurch die Körner stark auseinander gezogen und so der Einwirkung der Luft in sehr erheblichem Maße ausgesetzt werden.

Durch das Rieselsystem vermag man das Getreide eines ganz voll belegten Bodens sehr schnell und ohne Kraftaufwand und mit dem Vorteil einer vorzüglichen Lüftung auf den darunter befindlichen Boden durchrieseln zu lassen. Abgesehen von der Rieselvorrichtung geschieht das weitere Bearbeiten oder Umstechen des Getreides dadurch, daß es von den Böden oder aus den Getreideschächten mittels Transportbändern und Elevator in einen anderen Schacht oder auf einen anderen Boden gebracht wird.

Das in Säcken mittels Eisenbahnwagen oder Fuhrwerk ankommende Getreide wird in einen der Schüttrümpfe geschüttet, von wo dasselbe mittels eines Hilfselevators auf eine Vorreinigungsmaschine und von da auf die selbsttätige Wage gelangt. Von hier wird die Frucht durch einen der beiden Hauptelevatoren bis in das Dachgeschoß des Mittelbaues gehoben und gelangt dort über eines der Obertransportbänder entweder nach den Getreideschächten oder durch die lotrechten Rohrsysteme nach den verschiedenen Schüttbodenkammern.

Die Getreideausgabe erfolgt aus jedem Getreideschacht oder aus jeder Bodenkammer durch die im Erdgeschoß ausmündenden Rohrsysteme mittels vorgesehener Rohrstutzen über einer automatischen Sackwage.

Die stündliche Förderleistung der Arbeitsmaschinen für Einnahme, Ausgabe und Umstechen des Getreides ist zu je ca. 15 000 kg angenommen. Zur guten Reinigung des Saatgetreides dient eine besondere Maschineneinrichtung (Aspirateur, Sortiercylinder, Tricur), die in der Stunde ca. 750 kg Roggen oder Weizen oder ca. 600 kg Gerste, bezw. ca. 450 kg Hafer reinigt.

Das Trocknen des naturfeuchten Getreides geschicht durch eine besondere Vorrichtung, bei welcher das Getreide zwischen gelochten Blechwänden in dünner Schicht abwärts geht, indem fortwährend warme Luft hindurch geblasen wird, welche von einem Ofen erzeugt und durch einen Ventilator hineingepreßt wird.

Für kranken Weizen ist die Anlage einer Waschvorrichtung erforderlich; das Trocknen nach dem Waschen geschicht dann durch Schleudern und starken Windzug mittels einer Centrifugaltrommel oder durch die vorhin beschriebene Wärmetrocknung.

Die ganze Speichereinrichtung ist so getroffen, daß, während für Getreideschächte oder Bodenspeicher eingenommen wird, gleichzeitig am anderen Teile umgestochen und gleichzeitig unter den Schächten oder dem Bodenspeicher über die fahrbare selbstthätige Wage abgesackt werden kann zur Verladung von Saatgetreide in Eisenbahnwagen oder auf Fuhrwerke. Ebenso kann gleichzeitig an anderer Stelle des Bodenspeichers von einem oberen Boden nach einem unteren mittels der Rohrsysteme umgestochen und gerieselt werden und gleichzeitig auch die Sonderreinigung mit allen anderen Handhabungen betrieben werden.

Der ganze maschinelle Betrieb geschieht durch einen 20pferdigen Gasmotor.

Die Gesamtbaukosten der Speicher werden sehr beeinflußt von der Art des Baugrundes, den örtlichen Bau- und Materialpreisen, der Art des Kraftbetriebes, der Speicherlage und der besonderen maschinellen Einrichtungen.

170. Kosten.

Als ungefähren Anhalt zur überschläglichen Berechnung der Bau- und Einrichtungskosten der Schacht- und Bodenspeicher oder Speicher kombinierten Systems kann man, je nach dem Fassungsraum der Speicher, für eine Tonne (= 1000 kg) 50,55 und so fort bis 85 Mark annehmen, wobei zu berücksichtigen ist, daß diese Sätze um so höher werden, je kleiner der Speicher ist.

b) Gröfsere Getreidemagazine und -Handelsspeicher.
Von Dr. Eduard Schmitt.

Nicht nur die Zwecke des landwirtschaftlichen Betriebes machen die Errichtung von Getreidemagazinen erforderlich; vielmehr wurden von altersher und werden auch noch gegenwärtig für eine nicht geringe Zahl von Bedürfnissen der Industrie, des öffentlichen Lebens etc. bald kleinere, bald gröfsere Gebäude notwendig, in denen man die Körnerfrüchte aufzubewahren und sie dabei vor den Witterungs-, sowie anderen schädlichen Einflüssen zu schützen hat.

171. Verschiedenheit.

Getreidemagazine sollen in Anlage, Konstruktion und Einrichtung so beschaffen sein, dafs

α) das Getreide darin vor dem Verderben geschützt ist,

β) dafs schädliche Tiere von denselben abgehalten sind, und

γ) dafs das Getreide ebenso gegen Diebstahl, wie gegen Feuersgefahr möglichst gesichert ist.

Je nach den Zwecken, denen Getreidespeicher zu dienen haben, kann man Vorratsspeicher und Handelsspeicher, je nach der baulichen Anlage und Einrichtung derselben hauptsächlich unterirdische Getreidemagazine, Bodenspeicher und Schachtspeicher unterscheiden. Im nachstehenden sollen diese und einige andere Arten von Speichern, die untereinander vielfache Berührungspunkte haben, getrennt betrachtet werden.

1) Vorratsspeicher.

Fafst man die wichtigsten Fälle in das Auge, in denen Vorratsspeicher notwendig werden, so gelangt man zu den folgenden Erwägungen.

α) Gröfsere Anstalten, welche eine bedeutende Menge von Körnerfrüchten verarbeiten, müssen solche auch in entsprechenden Mengen vorrätig halten. Deshalb findet man bei gröfseren Mühlenanlagen, Mälzereien, Brauereien, Bäckereien, unter letzteren insbesondere bei den Bäckereien gröfserer Kasernements, bei Kriegsbäckereien etc., mehrfach Niederlagen oder Magazine für Korn, Gerste etc. erbaut, die man unter die Vorratsspeicher zu zählen hat.

172. Einfache Vorratsspeicher.

Neben 6 Mühlen an einem Arme des Flusses Essonne ist das Getreidemagazin zu Corbeil (Fig. 239 u. 240**) erbaut worden; es ist im Lichten 80 m lang, 15 m tief und durch 3 Reihen Freistützen in 4 Teile geteilt. Dasselbe besteht aus Erdgeschoß, sechs 3 m hohen Obergeschossen und einem ebenso hohen Dachgeschoß. Die Stärke der Umfassungsmauern nimmt von 1,30 m (in den Fun-

---

**) Nach: Allg. Bauz. 1852, S. 232 u. Bl. 470.

damenten) bis auf 70 cm (im obersten Geschoß) ab. Die für das Magazin arbeitenden Mühlen dienen gleichfalls zum Aufwinden des Getreides bis in das Obergeschoß.

Der Getreidespeicher, den *Huart* für seine Mühle zu Cambrai zu Anfang der fünfziger Jahre errichtete, ist in Art. 201 beschrieben.

Es dürfte nicht ungeeignet erscheinen, den hier in Rede stehenden Vorratsspeichern diejenigen Getreidemagazine anzureihen, welche im Mittelalter vielfach in Verbindung mit Klöstern und Abteien erbaut worden sind. Die so weit verbreiteten Zehntrechte, welche der Kirche zustanden, führten zur Errichtung solcher Speicher. Dies waren häufig Gebäude von großer Ausdehnung und nicht selten monumentalem Charakter, die meist sehr solid konstruiert wurden, so daß noch viele derselben erhalten sind.

Als Beispiel diene der in Fig. 241 bis 243[20]) durch Grundriß, Längenansicht und Querschnitt veranschaulichte Vorratsspeicher der Abtei zu Vauclair, welche in der Nähe von Laon gelegen war und von der nur noch dieses im XI. Jahrhundert[21]) erbaute Getreidemagazin besteht. Dasselbe bildet einen rechteckigen Raum von 68 m Länge und über 13 m Breite, welcher der Quere nach durch eine Scheidewand in zwei Abteilungen, der Länge nach durch eine Säulenstellung in zwei Schiffe und der Höhe nach durch eine gewölbte Decke in zwei Geschosse getrennt ist. Das Obergeschoß ist gleichfalls überwölbt; mächtige Strebepfeiler stützen die Umfassungsmauern. An jeder Langseite führen je zwei Thüren in die beiden Abteilungen des Erdgeschosses; zum Obergeschoß führt eine Freitreppe an der vorderen Längsfront. Es scheint, daß hauptsächlich das Obergeschoß zur Aufbewahrung und Konservierung der Frucht gedient hat, während im Erdgeschoß anderweitige Erzeugnisse der Landwirtschaft gelagert worden sein dürften.

Fig. 239.

Querschnitt.

Fig. 240.

Grundriß.

Getreidemagazin zu Corbeil[20]).

173. Öffentliche Vorratsspeicher.

β) Eine nicht geringe Zahl von öffentlichen Vorratsspeichern — auch Proviant- oder Kornhäuser, Proviantmagazine genannt — älterer und neuerer Zeit hatten den Zweck, die Überschüsse guter Ernten darin aufzubewahren, um dadurch die Ausfälle ungünstiger Jahre zu decken; hierdurch sollte in wirksamer Weise den Folgen einer Hungersnot vorgebeugt oder zum mindesten dem übermäßigen Steigen der Getreidepreise entgegengearbeitet werden; auch solchen Getreideteuerungen, die nicht etwa infolge von Mißernten, sondern durch die Getreidespekulanten hervorgerufen werden, sollte auf gleichem Wege begegnet werden.

Fig. 241.

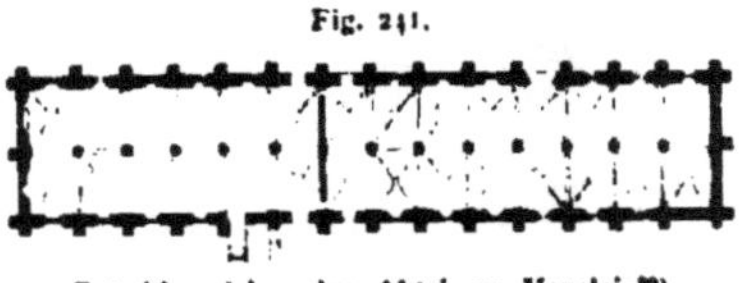

Getreidespeicher der Abtei zu Vauclair[20]).

Derartige Vorratsspeicher dienen, wie leicht ersichtlich, zum nicht geringen Teile den Zwecken der Lebensmittelversorgung, so daß die in Rede stehenden Bauwerke ein Mittelglied zwischen den im vorliegenden und den im nächsten Heft behandelten baulichen Anlagen bilden.

Obwohl Nützlichkeitsbauten, wurden solche Vorratsspeicher in früheren Zeiten nicht immer als solche ausgeführt; vielmehr wurde denselben nicht selten

---

[20] Nach: VERDIER, A. & F. CATTOIS. *Architecture civile et domestique au moyen âge et à la renaissance*. Bd. 1. Paris 1864. S. 93.
[21] Die Abtei selbst wurde 1134 gegründet.

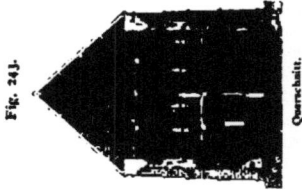

Fig. 243. Querschnitt.

Fig. 243. Getreidespeicher der Abtei zu Vauclair (bei Laon [b]). — $^1/_{600}$ w. Gr. Ansicht.

ein monumentaler Charakter verliehen. Manche städtische Kornhäuser wurden mit solchem Prunke aufgeführt, daſs sie ihrer eigentlichen Bestimmung entzogen und anderer Verwendung übergeben worden sind.

Schon im frühen Altertume wurden öffentliche Vorratsspeicher für Getreide erbaut.

Joseph riet dem ägyptischen Könige, er möge in Anbetracht der sieben unfruchtbaren Jahre, welche den sieben fruchtbaren Jahren folgen würden, Getreidevorräte in den letzteren aufspeichern, um die Bedürfnisse während der ersteren zu befriedigen. *Joseph* füllte in den ägyptischen Städten die vorhandenen und erbaute neue Magazine; 36 groſse (ohne die kleineren) Getreidemagazine sollen die Vorräte aufgenommen haben. Die neu angelegten Speicher wurden in je 7 Zellen geteilt, in deren jede der Überfluſs eines fruchtbaren Jahres gebracht wurde; die Leerung derselben während der Miſsernten geschah in der gleichen Reihenfolge, wie ihre Füllung.

Ähnliche Einrichtungen bestanden in China zu sehr früher Zeit. Der älteste Vorratsspeicher, dessen die chinesische Geschichte erwähnt, reicht mehr als 22 Jahrhunderte vor Chr. G. zurück. Dieser und mehrere sonstige später errichtete Speicher hatten allerdings einen anderen, als den in Rede stehenden Zweck; das Gesetz schrieb vor, daſs der neunte Teil aller Ernten an die Regierung abzuliefern sei; hierdurch war letztere genötigt, Magazine für die eingelieferten Körnermassen zu erbauen. Erst in den beiden Jahrhunderten vor Chr. G. entstanden öffentliche Vorratsspeicher, welche den Überfluſs ernteretcher Jahre aufzunehmen hatten; im Jahre 54 vor Chr. wurde eine groſse Zahl öffentlicher Speicher errichtet in denen die Körnermassen, welche während des laufenden Jahres nicht verbraucht wurden, auf Staatskosten eingebracht und magaziniert worden sind. Wenn auch, infolge der heutigen Gestaltung des Verkehres, diese öffentlichen Speicher an Bedeutung einigermaſsen verloren haben, so bestehen doch gegenwärtig noch in den wichtigeren Städten jeder Provinz solche Speicher, in denen alljährlich eine bestimmte Menge Reiskörner aufgespeichert wird, die zur Zeit des Mangels den Unbemittelten ohne Entgelt verabfolgt oder, obwohl ziemlich selten, zu einem angemessenen Preise verkauft werden.

Fig. 244[a]) zeigt den Grundriſs eines derartigen öffentlichen Vorratsspeichers in China. Die meisten Gebäude dieser Art zerfallen in zwei getrennte Teile: in ein kleineres Abteil, welches die Verwaltungsräume, sowie die Wohnungen des Magazineurs und des Wärterpersonals enthält, und in einem zweiten, weit

---

[a]) Nach: *Architecture chinoise. Greniers publics. Revue gén. de l'arch.* 1859, S. 108.

größeren Teil, der den eigentlichen Speicher bildet und worin niemand wohnt. Im vorliegenden Speicher entspricht der vordere Gebäudeteil dem erstgedachten Zwecke. Hat man die Vorhalle und den Vorhof passiert, so kommt man in einen Saal, worin Besuche empfangen und Beratungen abgehalten werden; links und rechts befinden sich Zimmer, Schlafräume etc.

Der rückwärtige Gebäudeteil, der eigentliche Speicher, liegt, um ihn der Bodenfeuchtigkeit mehr zu entziehen, mit seinem Fußboden um einige Stufen höher als der vordere. In diesem Teile herrscht der mit Steinplatten gepflasterte, große Hofraum vor, wo, je nach Bedürfnis, der Reis der Sonne ausgesetzt und vom Staub befreit wird. Rings um diesen Hof sind die geschlossenen Magazine angeordnet, durch Thüren von demselben aus zugänglich und durch Fenster erleuchtet. Die Reiskörner sind in oben offenen hölzernen Behältern, welche längs der Mauern aufgestellt sind, gelagert; in diese Behälter werden große Cylinder aus Weidengeflecht eingesetzt, welche, behufs Konservierung des Reises, den letzteren mit der Luft möglichst in Berührung bringen sollen.

An der rückwärtigen Seite des Haupthofes führen zwei Durchgänge nach einer Eingangshalle, welche zum Einbringen, bezw. Fortschaffen der Reisvorräte dient; daselbst werden auch das Abwägen, die Kontrolle und die sonstigen Handhabungen mit den Säcken vorgenommen.

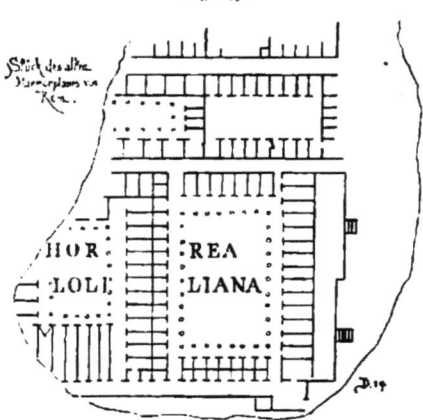

Fig. 244.

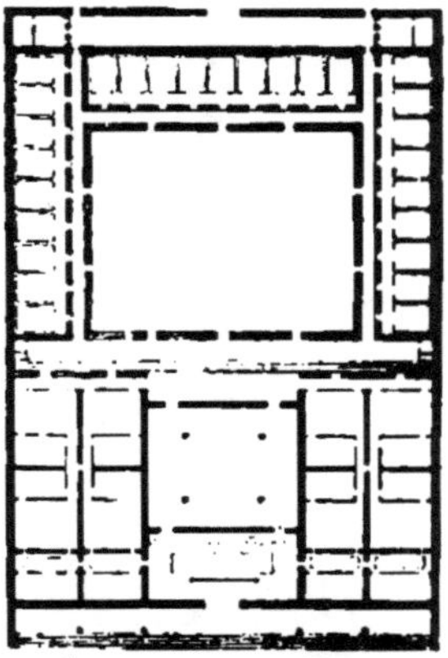

Öffentlicher Vorratsspeicher in China.[82])

Auch im alten Rom wurden öffentliche Getreidespeicher in ähnlichem Sinne und zu gleichen Zwecken erbaut; nur einige wenige von den Römern und Karthagern errichtete Getreidemagazine dürften Handelsspeicher gewesen sein.

Man bezeichnete die verschiedenen *Horrea* und *Granaria* als:

a) *Horreum subterraneum*, ein Kornmagazin, welches nach Art der unterirdischen Getreidegruben oder Silos (siehe Art. 168, S. 160) ausgeführt war;

b) *Horreum pensile*, ein trockener, auf Säulen oder auf einem Damme ruhender, luftiger Kornspeicher, und

c) *Horreum publicum*, das große öffentliche Kornhaus, worin vom Staate Getreidevorräte aufbewahrt wurden, um sie zur Zeit der Not zur Hand zu haben[83]).

Nach dem Stadtplan *Canina*'s[84]) lagen die *Granari Lolliani* hart am Tiber, in der Ecke, welche die Aurelianische Mauer mit dem Tiberfluß bildet, also in der Nähe des *Monte Testaccio*, in der *Regione XIII, Aventina*[85]). Längs

Fig. 245.

[83]) Die erste Anregung zur Errichtung solcher Vorratsspeicher scheint von *C. S. Gracchus* herzurühren.

[84]) *Pianta topografica di Roma antica con i principali monumenti* in: *Canina, L. L'architettura Romana etc.* Rom 1834. (2. Aufl. 1844.)

[85]) Die Ruinen der großen *Horrea populi Romani* sah man noch im XVI. Jahrhundert zwischen dem Aventin und dem *Monte Testaccio*; jedoch sind auch diese, wie die Überreste der anderen Speicher verschwunden.

des Flußufers waren wohl die meisten Kornspeicher errichtet; das meiste Getreide kam bekanntlich aus Sicilien etc. zu Schiff, so daß die Speicher zugleich als Ausladehallen dienten. Die öffentlichen Vorratsmagazine trugen vielfach die Namen ihrer Erbauer (*Horrea Aniceti, Horrea Vargunteii, Horrea Sejani* etc.), selbst die Namen von Kaisern (*Horrea Augusti, Horrea Domitiani* etc.).

Fig. 246.

Wie der einem alten Marmorplan nachgebildete Grundriß in Fig. 245 zeigt, scheinen die einzelnen Kornkammern in einem Viereck um einen großen Hof herum angelegt gewesen zu sein. Das Schaubild in Fig. 246 ist dem Werke *Bellori's*[86]) entnommen, der dasselbe als »*ex antiqua pictura*« bezeichnet.

Das unterirdische Getreidemagazin zu Amboise, wovon Fig. 247[87]) einen Durchschnitt giebt, soll unter *Julius Caesar* ausgeführt worden sein.

Dasselbe ist in den Kalkfelsen eines Hügels gehauen, dessen Fuß von der Loire bespült wird. Es besteht zunächst aus mehreren unterirdischen Räumen, wovon die bedeutendsten, in 4 Geschosse geteilten, in zwei parallelen Reihen angelegt und 5 m voneinander entfernt sind; in der Felsenmasse, welche sie trennt, ist eine Treppe angebracht worden. Außerdem sind 4 schachtartige Räume von 4,20 m im Durchmesser und 4,10 m Höhe vorhanden; diese scheinen hauptsächlich zum Aufbewahren von Getreide gedient zu haben. Die Schächte oder Brunnen sind mit Backsteinmauerwerk ausgekleidet und mit einem aus gleichem Stoffe hergestellten Kugelgewölbe überdeckt; dieselben stehen mit den oberen und unteren Kellern durch Öffnungen in Verbindung, welche wohl zum Füllen und Leeren der Brunnen dienten.

Fig. 247.

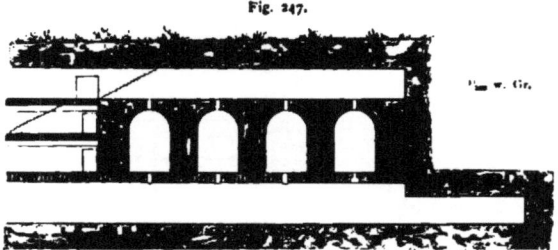

Unterirdisches Getreidemagazin zu Amboise[87]).

Im späteren Mittelalter war besonders die Unsicherheit des Landfriedens die Veranlassung zur Errichtung öffentlicher Vorratspeicher; jede Stadt mußte deren halten, zunächst für die Zeit von Belagerungen, dann auch gegen Teuerungen.

In Böhmen scheint *Karl IV.* zuerst für Getreidemagazine gesorgt zu haben.

Die Schweiz, Rußland und Deutschland haben gleichfalls, um Hungersnöten und Kornteuerungen vorzubeugen, öffentliche Vorratsspeicher erbaut. In Bern, das infolge seiner geographischen Lage, fern von den Küsten und mitten im Gebirge, sich nicht leicht das ihm fehlende Getreide verschaffen konnte, wurden Getreidemagazine angelegt.

---

[86] *Ichnographia veteris Romae cum notis J. P. Bellori*. Rom 1764.
[87] Nach: Allg. Bauz. 1852, S. 231 u. Bl. 492.

Ein solches, 1786 erbaut, ist durch den Grundriß in Fig. 248*) zur Darstellung gebracht. Dieses Magazin ist ca. 85 m lang und 20 m im Lichten tief; es besteht aus einem 6 m hohen, überwölbten Erdgeschoß und, mit Einschluß des Dachgeschosses, aus 5 Obergeschossen, jedes 8,75 m hoch. In der Mitte befindet sich eine Durchfahrt für Wagen, neben dieser die nach den Obergeschossen führende Treppe; über der Durchfahrt liegen im obersten Stockwerk Winden zum Hinaufziehen der Säcke durch die in den Fußböden angebrachten Klappenluken.

In Zürich fand sich die Stadtbehörde noch im Jahre 1848 veranlaßt, ein Getreidemagazin zur Vorkehrung gegen Teuerung und Hungersnot zu erbauen.

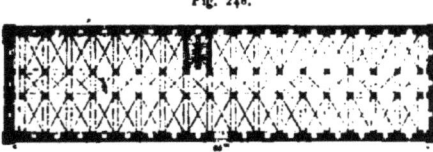

Fig. 248.

Getreidemagazin zu Bern*). — $^1/_{1000}$ w. Gr.

Dasselbe kann 500 cbm Getreide aufnehmen, eine für den Verbrauch der Stadt wohl geringe Menge, die aber dem beabsichtigten Zwecke entsprechen soll; die Baukosten dieses Vorratsspeichers haben 35 000 Franken betragen.

In Rußland hatte schon *Peter der Große* die Errichtung großer Kornspeicher angestrebt; doch führte sie erst *Katharina II.* auf den Staatsdomänen und in den Städten ein. Kaiser *Paul* wollte auch die Grundbesitzer dazu verpflichten, und sein Gebot wurde 1802 wiederholt; indes gesteht der Ministerialerlaß von 1804 zu, daß die Dorfmagazine größtenteils nur leere Rechnungen und Reflektantenverzeichnisse enthalten hätten.

Besonders glänzend in der Geschichte der öffentlichen Vorratsspeicher steht die Verwaltung *Friedrich des Großen* da, welche inmitten der Hungersnot von 1771 und 1772 nicht bloß ihrem eigenen Lande halb so hohe Kornpreise erhielt, wie sie bei den Nachbarn üblich waren, sondern auch an 40 000 fremde, nach Preußen herüber geflüchtete Bauern zu ernähren vermochte.

Diese Ergebnisse bestimmten auch Kaiser *Joseph II.* 1788 anzuordnen, daß in Österreich jeder ackerbauende Unterthan von den vier Getreidearten, die er baute, nach Abzug der Aussaat den dritten Teil derselben zum Schüttkasten der Gemeinde abzuführen solle und daß dieser Vorgang durch drei Jahre fortzusetzen sei; hierdurch sollte ein der Aussaat gleicher Sicherheitsvorrat aufgespeichert werden, aus dem im Notfalle zunächst dem bedürftigsten Landmanne Unterstützung geleistet, der Rest für andere Notleidende verwendet werden sollte. Die damaligen staatlichen und sozialen Verhältnisse in Österreich lassen es begreiflich erscheinen, daß diese Absichten nur in sehr verstümmelter Weise zur Durchführung gelangten.

In Frankreich ordnete der Konvent unterm 9. August 1790 die Errichtung von Vorratsspeichern an; doch blieb das betreffende Dekret in den Gesetzbüchern ein toter Buchstabe. *Napoleon* griff den Gedanken wieder auf, im wesentlichen allerdings nur im Interesse der Verproviantierung von Paris. Im Jahre 1807 wurde mit dem Bau des ersten großen Getreidemagazins zu Paris begonnen; der Minister *Cretet* legte am 26. Dezember des genannten Jahres den Grundstein dazu.

Fig. 249.

Getreidemagazin zu Paris**).
$^1/_{400}$ w. Gr.

Dem ersten Entwurfe gemäß sollte das Magazin 25 000 cbm Getreide aufnehmen können; diese Menge sollte, mit dem im Erdgeschoß aufzuspeichernden Mehlvorrat vereinigt, den Bedarf von Paris für 2 bis 3 Monate decken.

*) Nach: Allg. Baus. 1852, S. 231 u. Bl. 491.
**) Nach: GOURLIER, BIET, GRILLON & TARDIEU. *Choix d'édifices publics projetés et construits en France depuis le commencement du XIXe siècle*. Bd. 3. Paris 1845-50. S. 19 u. Pl. 365, 366.

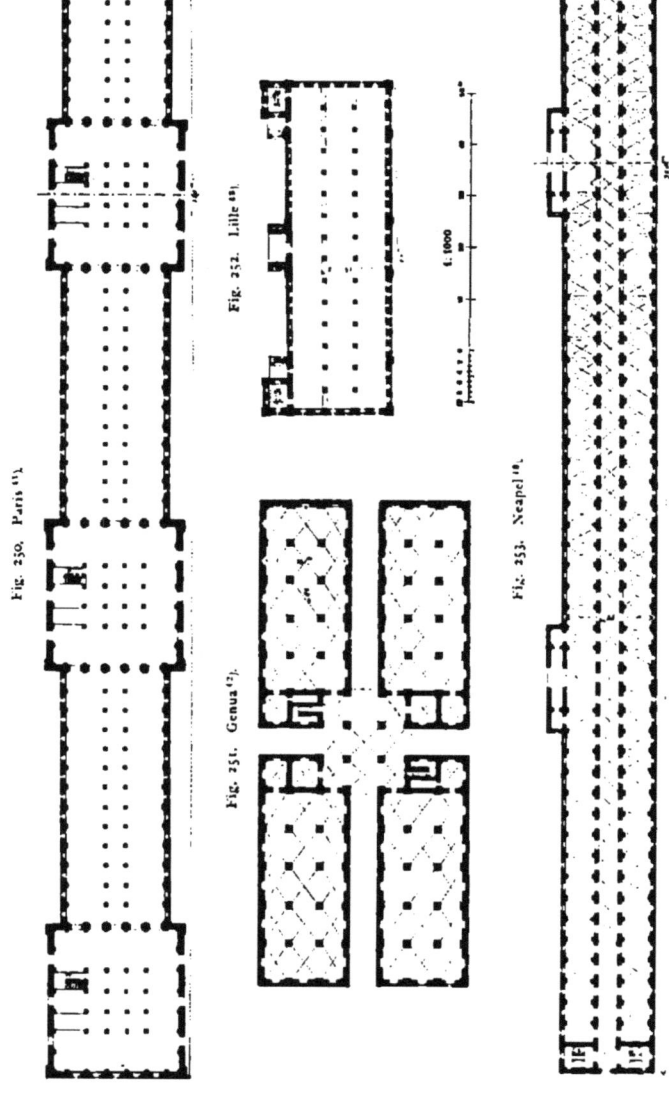

Fig. 250. Paris.
Fig. 252. Lille.
Fig. 251. Genua.
Fig. 253. Neapel.

Getreidemagazine.

Fig. 254.

Getreidemagazin zu Lyon[41]. — 1/1000 w. Gr.

Der Speicher wurde an der Mündung des Ourcq-Kanals in die Seine angelegt; er besteht, wie der Grundriſs des Erdgeschosses in Fig. 250[41]) zeigt, aus 5 Pavillons und 4 Verbindungsbauten und hat eine Länge von 350 m. Nach dem ursprünglichen Entwurf sollte dasselbe einschlieſslich des Dachraumes 6 Obergeschosse erhalten. Thatsächlich wurde das Gebäude nur in der durch den Querschnitt in Fig. 247[41]) angegebenen Ausdehnung ausgeführt; unter dem ganzen Magazin laufen Keller hin, die mit Kreuzgewölben bedeckt sind. Der Kostenaufwand für das bestehende Gebäude hat 5 Mill. Franken überschritten; wären die übrigen Obergeschosse ausgeführt worden, so würde derselbe 9,8 Mill. Franken betragen haben.

Ein zweiter französischer Vorratsspeicher ist das von *Duhamel* in Lyon erbaute Getreidemagazin (Fig. 254[41]), welches 147 m Länge und 16 m Tiefe hat; die Gesamthöhe beträgt 21 m. Das Gebäude ist in ein Erdgeschoſs und 2 gewölbte, 6 m hohe Obergeschosse (ohne Dachgeschoſs) geteilt; die Kreuzgewölbe werden von zwei Reihen Steinsäulen getragen. Das Erdgeschoſs ist seiner Feuchtigkeit wegen zum Aufbewahren des Getreides untauglich; die Obergeschosse fassen (bei 60 cm Schüttungshöhe) ca. 2700 cbm Getreide, also verhältnismäſsig wenig. Die Baukosten haben 1/2 Mill. Franken betragen.

Italien hat auch öffentliche Vorratsspeicher aus der Renaissance- und aus späterer Zeit aufzuweisen. Eines der interessantesten Bauwerke dieser Art ist der berühmte Kornspeicher *Or San Michele* in Florenz, 1336 von *Taddeo Gaddi* begonnen, 1442 vollendet[46]).

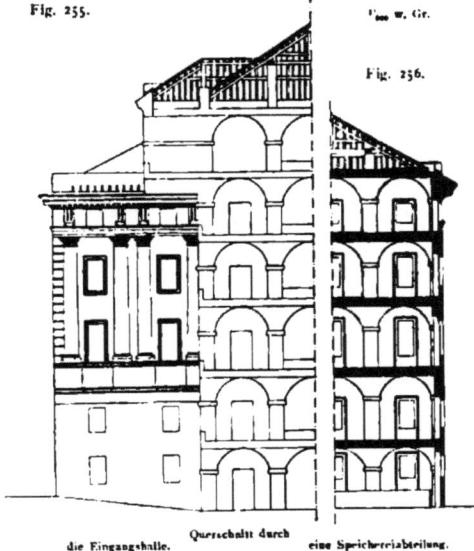

Fig. 255.   Fig. 256.   1/200 w. Gr.

Querschnitt durch die Eingangshalle. eine Speichereiabteilung.
Getreidemagazin zu Genua[47]).

Im Jahre 1355 übernahm *Orcagna* die Leitung des Baues und verwandelte die bis dahin offene Getreidehalle des Erdgeschosses in eine Kirche; das Obergeschoſs blieb Getreidemagazin. Die Faſsade zeigt einen reichen Schmuck von Statuen, den Schutzheiligen der Zünfte.

Ferner ist der 1625, wahrscheinlich von *Galeazzo Alessi*, erbaute Getreidespeicher zu Genua (Fig. 251, 255 u. 256[47]) zu erwähnen.

---

[40]) Beschreibung und Abbildungen dieses Speichers sind zu finden in: ROHAULT DE FLEURY, G. *La Toscane au moyen âge*. Bd. I. Paris 1870. S. 5 u. Pl. I—VI.
[41]) Nach: Allg. Bauz. 1852. S. 230 u. Bl. 401.
[47]) Nach: GAUTHIER, P. *Les plus beaux édifices de la ville de Gênes et de ses environs*. Nouv. édit. Paris 1845. Pl. 44 u. 45.

Derselbe besteht aus einem Ergeschofs und 4 überwölbten Obergeschossen; darüber und in der Mitte des Gebäudes erhebt sich noch ein weiteres Geschofs, wo die zur Reinigung des Getreides dienenden Vorrichtungen aufgestellt sind. Zwei sich rechtwinkelig durchkreuzende Durchfahrten dienen zum bequemen Auf- und Abladen der Getreidewagen; sie bilden im Kreuzungspunkte eine Art Vestibül. Die 4 zur Aufbewahrung des Kornes dienenden Gebäudeabteilungen sind je 36 m lang, 15 m tief und können 1500 cbm Getreide aufnehmen.

Fig. 257.

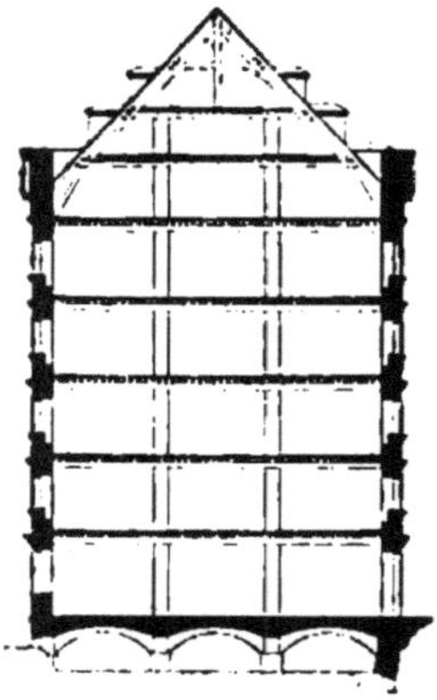

Zwei weitere italienische Vorratsspeicher sind in Fig. 253, 258 bis 260 aufgenommen.

Das Kornmagazin zu Neapel (Fig. 253 u. 258) ist am Meere gelegen und hierdurch, sowie durch seine Ausdehnung (360 m Länge bei 17 m lichter Tiefe) und seine Ausführung in dunkelroten Backsteinen weithin sichtbar. Es besteht aus einem Erdgeschofs und drei überwölbten Obergeschossen, wovon das oberste mit einer Terrasse bedeckt ist. Die 3 Obergeschosse können 8 bis 10000 cbm fassen, was in Rücksicht auf die Abmessungen des Baues eine geringe Menge ist.

In Neapel sind auch unterirdische Getreidebehälter (Fig. 259 u. 260) erbaut worden, welche den oberirdischen vorgezogen wurden, da sich das Getreide darin sehr gut erhält. Die unterirdischen, gemauerten und überwölbten Magazinsräume fassen 10 bis 12000 cbm Getreide; über denselben erhebt sich ein eingeschossiger Bau, worin das Getreide vor dem Einschütten gereinigt wird und durch den die Getreidebehälter vor dem Eindringen des Regens geschützt sind.

Getreidemagazin zu Lille.
1/... w. Gr.

Solche öffentliche Vorratsspeicher haben, so weit es sich um die Kulturstaaten Europas und Amerikas handelt, an Bedeutung vollständig verloren. Infolge der riesigen Entwickelung der Verkehrsmittel ist das Eintreten einer Hungersnot, wie solche durch Mifsernten hervorgerufen werden könnte, in unserer Zeit, wo ungarisches, russisches, amerikanisches und ägyptisches Getreide auf dem Weltmarkte in Wettbewerb stehen, kaum denkbar. Ebenso ist auch die sog. Teuerungspolitik, d. i. der Inbegriff der Mafsregeln, welche einer Getreideteuerung vorbeugen oder sie beseitigen oder ihre Wirkung mildern sollen, durch die Gestaltung der neuzeitlichen Verkehrsmittel, die es ermöglicht, an die von Getreide entblöfsten Gegenden mittels Eisenbahnen oder über den Ocean hinweg jede beliebige Menge Getreide zu schaffen, ziemlich gegenstandslos geworden.

Fig. 258.

γ) Endlich ist noch jener Vorratsspeicher für Getreide zu gedenken, die aus militärischen Bedürfnissen hervorgehen, welche in Standlagern und befestigten Plätzen erbaut werden und im Falle einer Belagerung den erforderlichen Getreidevorrat zu bergen haben.

174. Militärische Vorratsspeicher.

Die Römer hatten ihre befestigten Plätze zum Teile mit Kornspeichern ausgerüstet; die untersten der die Säulen des Trajan und Antonin schmückenden Reliefs weisen solche durch Pallisaden befestigte Magazine auf.

Das Getreidemagazin in Lille (Fig. 252 u. 257) liegt hinter den Wällen, ist 64 m lang und 18,5 m im Lichten tief. Es besteht aus einem gewölbten Kellergeschofs, einem Erdgeschofs, 4 Ober-

Getreidemagazin zu Neapel.
1/... w. Gr.

[Fußnoten:] Nach: Allg. Bauz. 1852, S. 229 bis 231 u. III, 400, 401 u. 402.
Vergl.: Roscher, W. Ueber Kornteuerungen etc. Stuttgart 1847. 3. Aufl.: Ueber Kornhandel und Theuerungspolitik. 1852.

geschossen von je 4 m Höhe und 3 Dachgeschossen; das Innere ist durch 2 Reihen Freistützen, welche die Balkenlagen tragen, in drei gleiche Teile geteilt. Die Treppen sind an den Ecken des Gebäudes in besonderen vorspringenden Bauteilen angebracht.

Die Getreidemagazine der Kriegsbäckerei in Paris sind in Art. 201, das Körnermagazin der neuen Militäretablissements in Dresden ist in Art. 208 beschrieben.

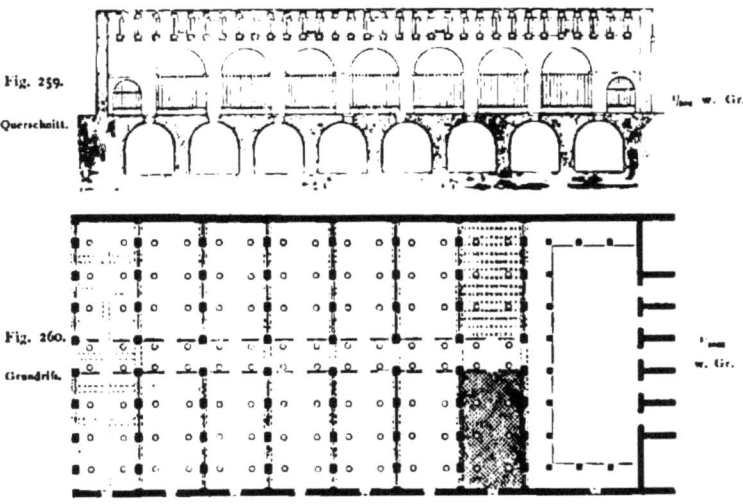

Fig. 259. Querschnitt.

Fig. 260. Grundriss.

Unterirdisches Getreidemagazin zu Neapel[15].

2) **Handelsspeicher.**

175. Städtische Getreidehallen.

Wie schon früher angedeutet wurde, sind hauptsächlich erst in neuerer Zeit Getreidespeicher erbaut worden, in denen Körnerfrüchte für die Zwecke des Getreidehandels gelagert und konserviert werden, die also den Charakter von Handelsmagazinen haben. Unter diesen sind es wieder die Handelsgetreidespeicher im engeren Sinne, deren Errichtung und wirtschaftliche Bedeutung erst der neuesten Zeit angehören. Im wesentlichen lassen sich drei Arten von Handelsspeichern für Körnerfrüchte unterscheiden.

α) In erster Reihe ist derjenigen Gebäude zu gedenken, welche in Städten für die Zwecke des Getreidemarktverkehres notwendig werden. In Städten mit bedeutendem Getreidehandel, wo nicht nach Muster und auf Bestellung ge- und verkauft wird, wo vielmehr der Käufer seine Ware in Wirklichkeit auf den Markt bringt, sind Baulichkeiten erforderlich, in denen das angefahrene Getreide, geschützt vor Regen und Schnee, zunächst zum Verkauf bereit eingestellt wird; die nicht verkauften Getreidemengen müssen in anderweiten geeigneten Räumen aufgespeichert und konserviert werden. Die Gebäude, welche diesem Doppelzwecke zu entsprechen haben, sind meist hallenartige Anlagen, weshalb für dieselben die Bezeichnung Getreidehallen ganz geeignet sein dürfte.

Ein solches Bauwerk besteht im wesentlichen aus einer Halle, worin an bestimmten Tagen der Verkauf des Getreides stattfindet, und aus einem oder mehreren Magazinsräumen. Da indes der Verkauf von Getreide der Hauptzweck einer Getreidehalle ist und da in der Regel die Verkaufshalle den räumlich bedeutendsten Teil derselben bildet, empfiehlt es sich, die fraglichen Gebäude unter die Markthallen einzureihen, und es ist demgemäß ihre Besprechung im nächsten Heft (unter B, Kap. 5) dieses »Handbuches« zu finden.

β) In getreidereichen Ländern, besonders in Ungarn, Kroatien etc., wird den Bahnen in einzelnen Monaten des Jahres Getreide in solcher Menge zugeführt, daß selbst bei Anwendung der günstigsten Fahrordnung die Bahnverwaltungen nicht imstande sind, die zugeführten Massen fortzuschaffen. Ebenso kann es vorkommen, daß auf einem Bahnhofe, auf einem Hafenplatze etc. große Getreidemengen mit der Bahn, zu Wasser etc. ankommen, welche später durch Landfuhrwerk abgeholt und den einzelnen Empfängern zugeführt werden. In beiden Fällen sind für die Zwischenzeit Magazine notwendig, welche das angefahrene Getreide bis zum Zeitpunkt der Weiterbeförderung aufnehmen und in denen die Konservierung desselben gesichert ist.

So z. B. hat die Verwaltung der österreichischen Staatsbahn im Jahre 1875 auf dem Bahnhof zu Budapest 4 Getreidespeicher mit einem Gesamtfassungsraum von über 9000 cbm Frucht erbaut.

Die Anlage und Einrichtung derartiger Sammelspeicher stimmt mit den unter γ vorzuführenden Handelsspeichern vollständig überein, so daß in dieser Beziehung auf das Nachfolgende verwiesen werden kann.

γ) Die wichtigsten Handelsspeicher für Getreide sind diejenigen, welche auf Bahnhöfen, Hafenplätzen, in Docks etc. in gleichem Sinne und zu gleichen Zwecken erbaut werden, wie die bereits im vorhergehenden Halbbande (Abt. II, Abschn. 4) dieses »Handbuches« besprochenen Handels- und Dockspeicher, Entrepôts und Lagerhäuser. Der Produzent schafft sein Getreide, das er verkaufen will, zur nächsten hierzu geeigneten Bahn- oder Schiffsstation und bringt es alsdann in den Speicher; dafür erhält er einen Lagerschein *(Warrant)*, worauf sowohl Quantität wie Qualität seiner Ware nach bestimmt normierten Klassen verzeichnet sind; für die Richtigkeit der Angabe steht die Speicherverwaltung ein. Diesen Lagerschein verkauft er, sobald ihm die Preise günstig erscheinen, an einem Börsenplatze mittels einfachen Giros. Wer Getreide braucht, kauft gleichfalls an irgend einem Börsenplatze Lagerscheine für die benötigte Quantität und Qualität Getreide etc.

Auf solche Weise entstanden in neuerer Zeit die für den Getreidewelthandel unentbehrlich gewordenen Sammelspeicher an den Haupthandelsplätzen und an sonstigen hierzu besonders geeigneten Stellen der Eisenbahnen, schiffbaren Flüsse, Kanäle. Diese Getreidemagazine, die man als Handelsspeicher im engeren Sinne bezeichnen könnte, erleichtern, wenn sie an den richtigen Plätzen erbaut, mit den erforderlichen Einrichtungen versehen und entsprechend organisiert sind, den Getreidehandel in hervorragender Weise.

Wiewohl nun derartige Speicher nur eine Abart der schon im vorhergehenden Halbbande behandelten Handels- und Dockspeicher bilden, so unterblieb ihre Besprechung an jener Stelle, weil die Anforderungen, die durch eine sachgemäße Magazinierung des Getreides bedingt werden, so eigenartige sind, daß die dadurch hervorgerufene Anlage und Einrichtung solcher Speicher gleichfalls eine eigenartige geworden ist und deshalb auch eine gesonderte Besprechung fordert. Da nun andererseits zwischen diesen Bauwerken und zwischen den landwirtschaftlichen Zwecken dienenden Getreidemagazinen, sowie den Vorratsspeichern eine nahe Verwandtschaft besteht, so dürfte die Behandlung der ersteren an dieser Stelle gerechtfertigt sein.

Handelsspeicher sind fast stets zur Aufnahme sehr großer Getreidemengen bestimmt; hierdurch und durch die weitere Anforderung, daß die Grundfläche, welche der Speicher beansprucht, möglichst klein sein soll, ist schon einerseits das Eigenartige in der Gesamtanlage bedingt; hierzu kommen noch die Anforderungen im Interesse der Konservierung der aufgespeicherten Körnerfrüchte, sowie die weitere Bedingung, daß Ein- und Auslagern thunlichst leicht und einfach, sowie mit möglichst geringem Kostenaufwande soll geschehen können, wodurch insbesondere die Einrichtung solcher Speicher eine nicht geringe Menge von Besonderheiten aufzuweisen hat.

Die Frage der Konservierung von Getreide mittels geeigneter Lagerungsverfahren hatte schon im Altertum, wenn auch nur zeit- und stellenweise, eine hervorragende Bedeutung. Schon früh erkannte man den einen der beiden für die Erhaltung der Körnerfrüchte einzuschlagenden Wege: gänzliche Verhütung des Luftzutrittes. Das zweite, gegenteilige Mittel: stete Berührung der Körner mit frischer Luft, verdrängte in späterer Zeit das erstere Verfahren vollständig, und erst in neuerer Zeit kehrte man — und zwar mit hervorragendem Erfolge — zum erstgedachten Vorgange zurück.

Handelsspeicher sind sowohl nach dem Grundgedanken der Bodenspeicher (siehe unter 4), als auch nach jenem der Schachtspeicher (siehe unter 6) ausgeführt worden; doch eignen sich erstere nur für geringere Getreidemengen und für kurze Lagerzeiten. Große Körnermassen werden auf den Welthandelsplätzen für Getreide jetzt fast ausschließlich in Schachtspeichern aufgenommen, welche wohl auch nach der in den Vereinigten Staaten üblichen Bezeichnung (*Grain-elevator*[15]) als Getreide-Elevatoren bezeichnet werden.

Vor kurzem wurde auf dem Gelände des Hamburger Bahnhofes in Berlin am Berlin-Spandauer Schiffahrtskanal in unmittelbarer Nähe des Nordhafens ein Versuchskornhaus, welches 1130 t Getreide zu fassen vermag, errichtet, welches u. a. zu vergleichenden Versuchen mit Schüttböden und Getreidespeichern in Bezug auf die Kosten der Lagerung und Behandlung des Getreides dienen soll. Zu diesem Ende enthält dasselbe 5 Schüttböden und 4 Getreideschächte.

Für die nach dem System der Bodenspeicher ausgeführten Handels-Getreidemagazine sei im folgenden[16]) der Speicher am Kaiser-Quai in Hamburg als Beispiel vorgeführt; bezüglich der Schachtspeicher muß auf die unter 6 u. 7 aufgenommenen Beispiele verwiesen werden.

Bei der Herstellung eines neuen Hafenbeckens zu Hamburg, des sog. Grasbrook-Hafens, beabsichtigte der Senat, auch dem Getreidehandel Hamburgs zu helfen, und entschloß sich daher, große Getreidespeicher zu schaffen. Da es sich bei letzteren nicht um eine längere Aufbewahrung der Frucht handeln sollte und da ferner die Möglichkeit nicht ausgeschlossen war, daß der Getreidehandel, ungeachtet der Magazine, die gewünschte Ausdehnung nicht finden würde, so wurde von der Anlage eines Schachtspeichers abgesehen und zur Ausführung eines Bodenspeichers geschritten, der auch zur Lagerung anderer Waren und Güter geeignet sein sollte.

Als Bauplatz wurde das spitzwinkelige Dreieck am Ende des Grasbrook- und Kaiser-Quais gewählt; für die Grundrißanlage war zu berücksichtigen, daß der Verkehr auf den Quais, auf denen Ladegleise und Gleise für Dampfkrahne geführt sind, nicht gestört werden dürfe. Um die gedachten Gleise etc. thunlichst ausnutzen zu können, ließ man den Speicher aus zwei zu den Quais parallelen Längstrakten bestehen, welche an der Westseite in einer Abstumpfung zusammenstoßen, deren Mitte ein Turm bildet (Fig. 261); an der Ostseite sind die Längstrakte durch einen Quertrakt verbunden, der an die ersteren zunächst unter rechtem Winkel anschließt, im mittleren Teile aber senkrecht zur

---

[15]) So genannt nach den Hebewerken, mittels deren die angefahrenen Körnermassen in die Höhe (über die Oberkante der Getreidenbächte) geschafft werden.

[16]) Nach Zeitschr. d. öst. Ing.- u. Arch.-Ver. 1871, S. 238 u. Bl. 39, 40.

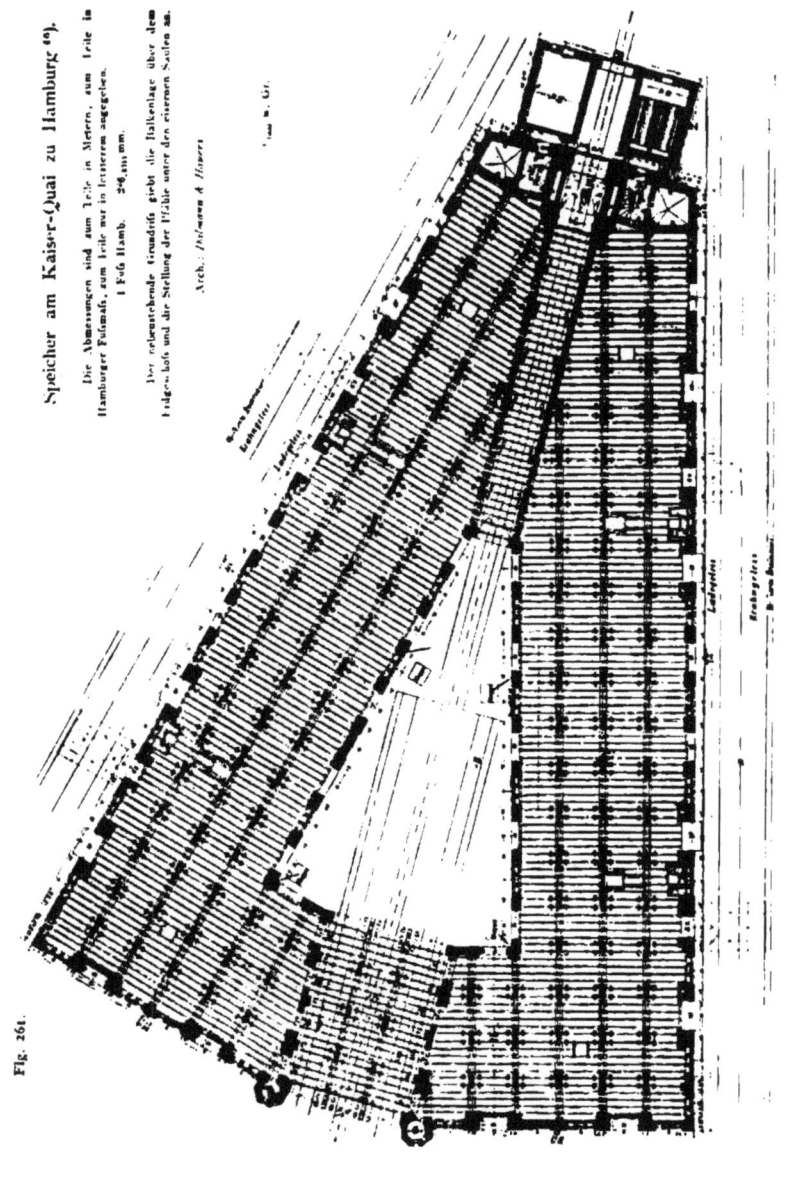

Fig. 261. Speicher am Kaiser-Quai zu Hamburg.

Halbierungslinie des spitzen Winkels, in dem die beiden Quais zusammenstoßen, gebrochen ist; diese Halbierungslinie bildet die Hauptachse der ganzen Anlage.

Die drei erwähnten Trakte umschließen einen Hof, welcher, unter Benutzung der drei in denselben geführten Eisenbahngleise, zur Manipulation mit den Warenballen zwischen dem Speicher und den Eisenbahnwagen verwendet wird. So weit die Gleise die Speichertrakte durchsetzen, sind sie von Ladebühnen eingeschlossen, deren Oberkante in der Höhe der Lastwagenböden gelegen ist (Fig. 262). In gleicher Höhe liegt auch der Fußboden des Erdgeschosses, welches hauptsächlich zu Manipulationszwecken dient und worin zu diesem Zwecke 4 große Brückenwagen aufgestellt sind.

Unter dem Speicher-, Erd- oder Hauptgeschoß liegt das Kellergeschoß, welches sich bis unter die Ladebühnen ausdehnt; in den die Hofladebühnen bildenden Decken sind 4 durch Klappen verschließbare Öffnungen eingeschnitten, bei denen Krane stehen, um die Waren aus dem Keller in die Wagen und umgekehrt schaffen zu können. In diesem Kellergeschoß werden nur solche Waren gelagert, denen die Feuchtigkeit nichts schadet.

Über dem Erdgeschoß erheben sich 4 Ober- oder Bodengeschosse zur Lagerung von Getreide, unter Umständen von anderen Waren. Jeder Boden bietet eine Lagerfläche von ca. 3000 qm dar, so daß auf jedem, bei 60 cm Schüttungshöhe, ca. 1320 cbm Frucht gelagert werden kann.

Der Dachraum über dem IV. Obergeschoß wird zur Getreidelagerung nicht benutzt.

Für den Personenverkehr zwischen den verschiedenen Speichergeschossen sind außer einer an der Ostseite gelegenen Haupttreppe noch in Türmchen 2 steinerne Wendeltreppen angeordnet; ferner liegen an jeder Langseite des Speichers 2 hölzerne Treppen, so daß an seinem Umfange im ganzen 7 Treppen verteilt sind.

Für die Handhabung der Waren sind zunächst im Inneren des Speichers 4 hydraulische Aufzüge angebracht, die vom Kellergeschoß bis zum IV. Obergeschoß

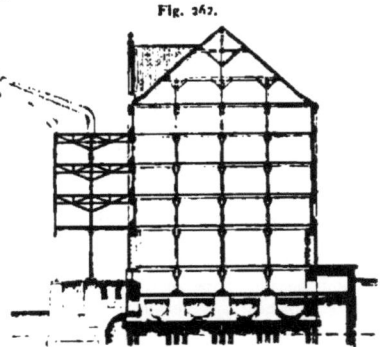

Fig. 262.

Speicher am Kaiser-Quai zu Hamburg¹⁰).
Querschnitt nach AB (Fig. 261). — 1/300 w. Gr.

reichen. Zur Förderung von Waren aus den Schiffen nach dem Speicher und umgekehrt sind an jeder Langseite desselben 2 große hydraulische Krane aufgestellt, welche über die Quaimauern hinausreichen. Damit mittels der Krane in jedem Geschoß die Warenverladung stattfinden kann, sind in jedem Obergeschoß Wandöffnungen vorhanden, die durch Schiebethüren verschließbar sind; hinter letzteren sind um wagrechte Achsen drehbare Klappen mit Gegengewichten angebracht, die im niedergelegten Zustande Verlängerungen der betreffenden Böden bilden und in dieser Lage auf gußeisernen Konsolen ruhen.

Zur Aufnahme der großen Krane sind schmiedeeiserne, sehr stark konstruierte Gerüste aufgestellt, die jedem Speicherboden entsprechend einen Ruheplatz haben (Fig. 262), welch letzterer über die ganze Quaibreite auslädt.

Sämtliche Speicherböden werden von gußeisernen Säulen getragen; jede derselben nimmt auf konsolenartigen Ansätzen zwei Unterzüge auf, die parallel nebeneinander liegen und den an dieser Stelle quadratischen Schaft der Säule zwischen sich fassen; die Tragbalken ruhen auf diesen Unterzügen und, mittels besonderer Mauerlatten, auf den Umfassungsmauern des Speichers.

Das Gebäude wurde in seinen Hauptteilen in Backsteinrohbau ausgeführt; auch die Innenwände des Speichers blieben unverputzt. In seinen Grundzügen rührt der Entwurf von *Dalmann*, in seiner architektonischen Durchführung von *Hauers* her.

3) Unterirdische Getreidemagazine.

Die Konservierung des Getreides in unterirdischen Räumen beruht darauf, daß die Fernhaltung von Licht und Luft, von Wärme und Feuchtigkeit⁴⁷) die

---

⁴⁷) Durch den vollständigen Abschluß der Fruchtkörner nach außen hin werden dieselben frei von Staub und anderen fremden Körpern erhalten; ebenso können Vögel, Nagetiere, Insekten etc. zu denselben nicht gelangen. Milde

Körner in einen erstarrungsähnlichen Zustand versetzt werden und daſs die anfangs sich entwickelnden Gase (Kohlensäure etc.) nicht entweichen können, wodurch eine Luft geschaffen wird, die für tierisches Leben unbrauchbar ist.

Die bereits in Art. 168 (S. 160) beschriebenen Silos und Getreidekeller gehören in diese Gruppe von Getreidemagazinen, ebenso alle anderen gröſseren unterirdischen Bauwerke dieser Art, wie z. B. die schon auf S. 167 u. 171 beschriebenen Magazine zu Amboise und zu Neapel.

Für gröſsere Getreidemengen können gegrabene oder in Felsen gehauene Silos kaum in Frage kommen; hierfür werden hauptsächlich gemauerte Getreidekeller zu erbauen sein[1]).

Das Abhalten des Lichtes, sowie der luftdichte Verschluſs eines solchen Magazins sind ziemlich leicht zu erreichen; nicht ganz so leicht ist es in unseren Breitengraden, eine möglichst gleichförmige Temperatur zu erzielen. Am schwierigsten ist es, die Bodenfeuchtigkeit fernzuhalten. Überzüge der Wände mit Cementputz, mit Harzlösungen, selbst solche mit Asphalt, haben sich nicht unbedingt bewährt. Vielfach verkleidet man die Wandungen der gemauerten Silos, ehe man das Getreide einlagert, mit Stroh in Form von Strohseilen, wozu man ganz trockenes Stroh verwendet; dasselbe wirkt dadurch schützend, daſs es die eindringende Feuchtigkeit vermöge seiner hygroskopischen Eigenschaften bindet.

Am erfolgreichsten läſst sich das Eindringen der Bodenfeuchtigkeit verhüten, wenn man die glatt geputzten Magazinswände zuerst mit einer Harzlösung (gekochter Steinkohlenteer mit Unschlitt versetzt) überzieht und alsdann mit einem verlöteten Metallüberzuge versieht. Dieses von *Doyère* angegebene Verfahren hat sich an den Silos zu Cherbourg, Algier, Verona etc. vollständig bewährt; *Doyère* empfiehlt die Verkleidung mit verzinktem Eisenblech oder Zinkblech.

Silos und sonstige unterirdische Getreidemagazine sind in den trockenen und wärmeren Gegenden des Südens und Ostens mehr am Platze als in den nördlicher und westlicher gelegenen Ländern. Sie sind aber auch im ersteren Falle nur für gewisse Zwecke von Wert; für den groſsen Handelsverkehr können sie kein Interesse beanspruchen, wenngleich das Getreide, sobald die erforderlichen Bedingungen erfüllt wurden, darin sich sehr lange gut erhält.

Auch ist nicht zu vergessen, daſs für sehr groſse Getreidemengen die Anlagekosten gemauerter und überwölbter Getreidekeller sehr bedeutende sind und

---

Temperatur der Luft und Feuchtigkeit der Körner begünstigen die Verheerungen des Kornwurmes und alle anderen Veränderungen des Getreides. Die Feuchtigkeit ruft Gährung und Schimmelbildung hervor; das Licht begünstigt die Entwickelung solcher Keime. Durch die Selbsterhitzung des Getreides, welche hauptsächlich im Frühjahr eintritt, wird die Ausbildung und Entwickelung gewisser Insektenlarven begünstigt.

Vitruv sagt im VI. Buche (Kap. IX): »Die Kornspeicher *(Granaria)* sind hoch und gegen Mitternacht anzulegen; denn alsdann kann das Getreide sich nicht so leicht erhitzen, sondern wird vom Nordwind abgekühlt und hält sich desto länger. Die anderen Himmelsgegenden aber erzeugen den Kornwurm *(Curculio)* und die übrigen Insekten, welche dem Getreide schädlich zu sein pflegen.«

Die furchtbaren Verheerungen durch Insekten rühren hauptsächlich vom sog. schwarzen Kornwurm *(Silophilus granarius)* und vom sog. weiſsen Kornwurm, auch Kornmotte *(Tinea granella)* genannt, her.

Siehe über diesen Gegenstand A. Vogl's »Von den Krankheiten und Feinden des Getreides« in: Kick, F. Die Mehlfabrikation. 2. Aufl. Leipzig 1878. S. 36.

[1]) Der Gebrauch, das Getreide in Silos aufzubewahren, reicht in das höchste Altertum hinauf. Die lateinischen Schriftsteller, die über den Ackerbau geschrieben haben, wie *Plinius*, *Varro*, *Columella*, *Cato*, *Hirtius*, und selbst einige Geschichtsschreiber berichten über Einzelheiten solcher Gruben, die sie *Sires* und *Horrea defossa* nannten. *Varro* berichtet darüber folgendes: »Einige Völker haben den Gebrauch, ihre Getreidespeicher unter die Erde zu legen. In Kappadokien und Thrakien sind es Grotten, die sie *Sires* nennen. Andere Völker, wie die des diesseitigen Spaniens und besonders auf dem Gebiet von Karthago und auf dem Oscer (d. h. Karthagena) bewahren ihr Getreide in Brunnen auf. Sie gebrauchen die Vorsicht, den Boden derselben mit Stroh zu bedecken und Vorkehrungen zu treffen, damit Luft und Feuchtigkeit nur in dem Moment eindringen, wo sie Getreide wieder herausnehmen; denn der Kornwurm kann ohne Zutritt der Luft nicht bestehen. Das auf solche Art eingeschlossene Getreide erhält sich 50, Hirse länger als 100 Jahre«.

daß die schwierige Entleerung derselben, welche durch kostspielige Handarbeit bewirkt werden muß, in der Praxis ein Hindernis bildet.

Andererseits soll nicht unerwähnt bleiben, daß dieses Verfahren der Getreidemagazinierung diebes- und feuersicher ist und hierin kaum von einem der anderen Verfahren erreicht wird.

181. System Dufour.
Dem Grundgedanken nach mit der unterirdischen Magazinierung des Getreides ist das von *Dufour* vorgeschlagene und erprobte Verfahren der Lagerung und Konservierung verwandt. Das reine und trockene Getreide wird sofort nach der Ernte in Fässern von 3 bis 5 ^{hl} Inhalt verpackt, deren herausgeschlagener oberer Boden durch einen gut passenden, mit einem grofsen Stein zu beschwerenden Deckel ersetzt wird; ein Schiebedeckel kann auch an seine Stelle treten. Diese Fässer werden im Speicher in Reihen aufgestellt; der Speicher selbst muß trocken und finster sein; seine Läden sind geschlossen zu halten.

Dufour behauptet, sein Getreide sei 20 Jahre lang von Wurm und Motte verschont geblieben; niemals habe sich in den Fässern eine Erhitzung gezeigt.

182. System Bella.
Die von *Bella* in Frankreich ausgeführten Getreideblechkammern, welche nur zum Teile in den Erdboden versenkt werden, beruhen auf ähnlichem Grundgedanken. Eine nähere Beschreibung derselben ist in der unten[19] genannten Quelle zu finden; der Erfolg wird ebensowohl der geringeren Anlagekosten als auch der guten Konservierung des Getreides wegen gerühmt.

4) Bodenspeicher.

183. Anlage.
Bodenspeicher, auch Etagenspeicher oder etagierte Speicher genannt, sind, wie bereits in Art. 165 (S. 157) gesagt worden ist, Magazine mit mehreren Geschossen, deren jedes einen Schüttboden für das Getreide bildet; die in Art. 165 bis 167 (S. 157 bis 160) bereits beschriebenen Getreideschüttböden sind demnach das Urbild solcher Getreidespeicher. Das Getreide jedes Stockwerkes wird auch hier durch periodisches (im Sommer alle 2, im Sommer alle 4 Wochen) Umschaufeln in Bewegung und dadurch mit der Luft in Berührung gebracht; die so erzielte Lüftung, Trocknung und Kühlhaltung der Körner dienen zu ihrer Konservierung; ebenso wird durch das Umstechen oder Umschaufeln das Fortpflanzen der Kornwürmer zerstört.

In den grofsen Getreidespeicheranlagen findet man selten eine gröfsere Schüttungshöhe als 60 ^{cm}; nur ausnahmsweise geht man hierin bis 1,20 ^{m}; in Rufsland geht man bis ca. 2 ^{m}. Frisches, besonders aber nafs eingebrachtes Getreide mufs zuerst in dünnen Schichten ausgebreitet und häufig umgewendet werden; erst wenn die Austrocknung teilweise fortgeschritten ist, können die Körner immer höher geschüttet werden.

Die Schwierigkeit einer gehörigen Überwachung über die richtige Ausführung des Umschaufelns hat im Verein mit der Erfahrung, daß eine stark ausgetrocknete Frucht nur wenige Handhabung erfordert, in manchen Fällen dahin geführt, das Getreide vor dem Dreschen in besonderen Trockenhäusern (Riegen genannt) auszutrocknen. Nachdem aber ein Getreide, welches bis zur Zerstörung der Keimfähigkeit erhitzt wurde, sich viel leichter konservieren läßt, fehlt es auch nicht an Vorschlägen und Ausführungen (z. B. *Intieri*, *Robbin* etc.), bei denen der Vorgang des Getreidedörrens systematisch durchgeführt wird.

Über Anzahl und Höhe der Geschosse ist bereits in Art. 165 (S. 157) das Erforderliche gesagt worden; man könnte bezüglich der dort angegebenen Mafse

---

[19] Rosov. *Les nouveaux silos à grains.* Gazette des arch. 1879, 285.

noch weiter herabgehen; allein für das Umschaufeln und Lüften ist eine etwas größere Höhe erforderlich. Das Erdgeschoß wird meist höher als die Obergeschosse gehalten, weil häufig Wagen in das Gebäude einfahren.

Ist der Speicher nicht bloß Vorrats-, sondern auch Handelsmagazin, so sollten im Interesse der Handhabung außer dem Erdgeschoß nicht mehr als 3 Obergeschosse ausgeführt werden; der Dachbodenraum kann gleichfalls als Magazin verwendet werden, wenn das Dach entsprechend (z. B. durch eine innere Verschalung) vollkommen vor dem Durchdringen der Feuchtigkeit geschützt wird. Meistens findet man 5 bis 6 Geschosse.

Die Schüttböden können nicht in ihrer ganzen Ausdehnung mit Getreide belegt werden; denn für das Umschaufeln ist Raum erforderlich. Ferner müssen Gänge frei bleiben, und im Winter darf das Getreide die Mauern nicht berühren. Daher ist in einem Bodenspeicher viel Raum erforderlich, und man kann nur etwa 0,2, höchstens 0,3 qm seines Rauminhaltes ausnutzen; man rechnet für 1 hl Getreide 0,3 qm Bodenfläche.

Um den Hohlraum des Speichers besser auszunutzen, hat man das Getreide nicht in flachen Beeten geschüttet, sondern Bretterwände aufgestellt, die etwa 1 m von den Umfassungswänden des Gebäudes abstehen und zwischen denen das Getreide lagert.

Dies ist z. B. in dem schon erwähnten Versuchskornhaus auf dem Hamburger Bahnhof zu Berlin (Fig. 263 bis) geschehen; dort kann jeder Boden 160 t Getreide fassen und durch lose Zwischenwände in 9 Abteilungen zerlegt werden, so daß auch kleinere Getreideposten getrennt gelagert werden können.

Für größere Handelsspeicher empfiehlt es sich, an jeder Langseite ein besonderes Manipulationsgleis anzuordnen und die Gesamtanlage so zu treffen, daß an einer Seite das Abladen, an der anderen das Beladen vollzogen werden kann. Dadurch daß, je nach örtlichen Verhältnissen, entweder auf eine starke Zu- und Abfuhr durch gewöhnliches Fuhrwerk und Eisenbahnen oder auf eine Handhabung mit Schiffen oder auf alle drei Verkehrsvermittelungen gerechnet werden muß, wird die Gesamtanlage eines solchen Gebäudes wesentlich bedingt; dieselbe wird aber auch noch durch die verhältnismäßige Stärke dieser drei Verkehrsarten beeinflußt.

Im Interesse der Eisenbahnbeförderung ist es gelegen, an den Langseiten der Speicher gedeckte Ladebühnen anzubringen; wenn dieselben ihrem Zwecke entsprechen sollen, so müssen sie, abgesehen von der entsprechenden Tragfähigkeit, auch hinreichend (nicht unter 4,50 m) breit sein.

Für die Konstruktion der Bodenspeicher gilt einerseits das in Art. 166 u. 167 (S. 157 bis 160) bereits Gesagte, andererseits das im vorhergehenden Halbbande dieses »Handbuches« über Handelsspeicher, Dockspeicher etc. bereits Vorgeführte. Daß, wegen der starken Belastung der Decken (siehe die Gewichtsangaben auf S. 158), die einzelnen Schüttböden auch hier durch Säulen oder andere Freistützen getragen werden müssen, ist selbstverständlich.

185. Konstruktion.

Da bei dem in Rede stehenden Verfahren als konservierendes Mittel ausschließlich die Luft betrachtet wird, so sind die Böden reichlich mit Fenstern und Luken zu versehen, damit man ständig Zugluft über die Getreideschicht streichen lassen kann.

Im Interesse der Feuersicherheit wären gewölbte Decken den hölzernen vorzuziehen; thatsächlich besitzen auch die im Vorhergehenden schon beschriebenen Getreidemagazine zu Vauclair (S. 164), zu Lyon (S. 170), zu Genua

---

85. Faks.-Repr. nach: Zeitschr. f. Bauw. 1879, III. 74.

(S. 170) und zu Neapel (S. 171) in sämtlichen Geschossen nur überwölbte Räume. Hingegen hat man in Rücksicht auf gröfsere Einfachheit der Konstruktion schon seit langer Zeit vielfach Balkendecken vorgezogen, wie dies die schon vorgeführten Getreidespeicher zu Corbeil (S. 163), zu Bern (S. 168) und zu Paris (S. 168) zeigen; auch der der neueren Zeit entstammende Speicher am Kaiser-

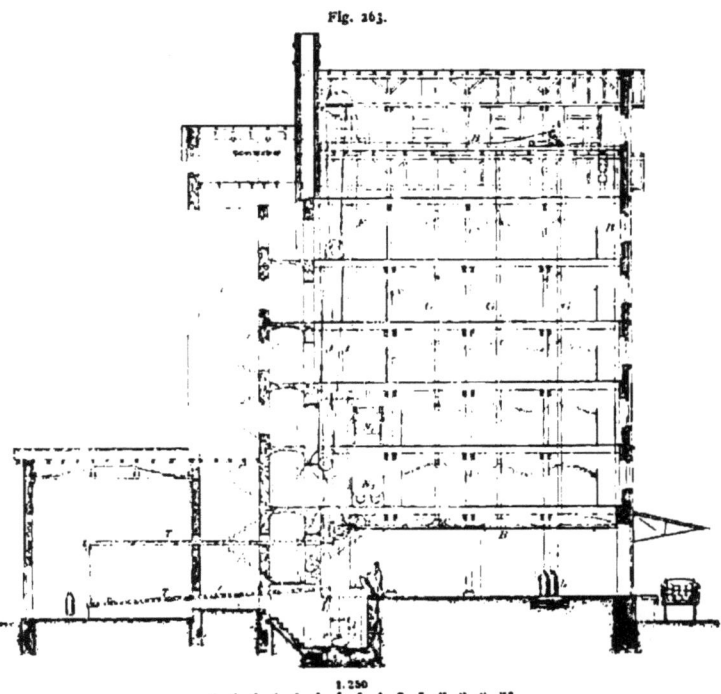

Fig. 263.

Versuchskornhaus auf dem Hamburger Bahnhof zu Berlin.
Längenschnitt durch die Schüttbodenabteilung [*].

A. Abwurfwagen.	F. Fallrohr.	JL. Becherwerke.
K. Hauptförderband.	G. Fallrohrgruppe.	N_1, I_4. Nachreinigungsmaschine.
C. Wagen.		T. Förderband.

Quai in Hamburg (siehe S. 174) und viele andere neuere Anlagen dieser Art haben Balkenlagen erhalten, wenn auch die Unterzüge hie und da durch eiserne Träger gebildet worden sind.

Über die den Luftzug erzeugenden Fenster und Luken in den Umfassungsmauern des Speichers ist bereits in Art. 167 (S. 159) gesprochen worden. Um Vögel etc. abzuhalten, werden die Luftöffnungen mit Drahtgittern verschlossen;

für die Öffnungen nach Norden und Osten genügt eine Verglasung; nach Süden und Westen sind, zur Abhaltung der Sonnenstrahlen, noch Läden erforderlich. Letztere sind so einzurichten, dafs das vom Winde gegen das Magazin getriebene Regenwasser niemals in das Innere treten kann.

Es wäre in hohem Grade erwünscht, sämtliche Fenster und Läden eines jeden Geschosses durch einen gemeinsamen Mechanismus gleichzeitig öffnen und schliefsen zu können; denn sobald ein Sturm im Anzuge ist, sollen die Öffnungen möglichst rasch geschlossen werden. In einigen Londoner Getreidemagazinen sind solche Mechanismen vorhanden. Zum mindesten mufs an den Fenstern und Läden eine Verschlufseinrichtung angebracht werden, die sehr rasches Öffnen und Schliefsen gestattet.

Bodenspeicher bedecken häufig eine so grofse Grundfläche, dafs es sehr kostspielig wäre, auf dieselben ein einziges, ungegliedertes Dach zu setzen; meist werden alsdann mehrere Satteldächer parallel nebeneinander angeordnet.

186. Einrichtung.

Fig. 264.

Für den Verkehr zwischen den einzelnen Geschossen sind aufser den Treppen noch Aufzüge erforderlich; die Getreidesäcke werden durch dieselben auf den betreffenden Boden emporgewunden, dort gewogen und ausgeleert. Zur Beförderung nach unten können diese Aufzüge gleichfalls verwendet werden; doch sind auch Rutschen ausgeführt worden, auf denen der Sack, ohne Schaden zu leiden, aus dem obersten Geschofs bis in das Erdgeschofs oder auf die Ladebühne gleiten kann; durch bewegliche Enden der Rutschen ist es auch erreichbar, die Säcke sofort in die Wagen zu fördern.

Zum Entleeren von mit Getreide gefüllten Schiffen, die an der Wasserseite des Speichers ankommen, werden in neuerer Zeit häufig bewegliche Aufsenelevatoren angeordnet, deren Leistungsfähigkeit aus Fig. 264[51]) hervorgeht. Über die Einrichtung solcher Elevatoren wird noch in Art. 197 die Rede sein.

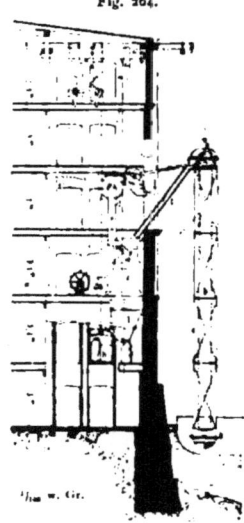

Vom Victoria-Speicher in Berlin[51])

Der Elevator ab ist mit eisernem Gehäuse versehen, oben (am Kopf) durch eine Kette mit loser Rolle am Ausleger aufgehängt und kann durch die im II. Obergeschofs des Speichers aufgestellte Winde c gehoben und gesenkt werden. Der Elevator hat seine eigene Betriebsmaschine; eine Lenkstange, deren Drehpunkt in der Lagerung der Vorlegewelle liegt, hält den Elevatorkopf immer in gleicher Entfernung von der Vorlegewelle, so dafs durch das Heben und Senken die Länge des Betriebsriemens nicht geändert wird.

Hat der Elevator das Getreide gehoben, so fällt es durch eine bewegliche Rinne e in einen Rumpf i und aus diesem in einen Wägekasten f; ist der letztere gefüllt, so tariert der Wägemeister denselben durch Zuschütten oder Hinwegnehmen von Getreide genau aus und läfst alsdann den Kasteninhalt in einen darunter gelegenen Rumpf g und aus diesem in einen auf dem Boden des I. Obergeschosses befindlichen Sack fliefsen; mittels eines Fahrstuhles h wird der letztere auf denjenigen Boden gehoben, wo sein Inhalt gelagert werden soll. Vom Fahrstuhl werden die Säcke durch Arbeiter abgetragen und ausgeschüttet[51]).

Bisweilen wird es, durch die Beschaffenheit des angefahrenen Getreides, erforderlich, Reinigungs- oder Putzmaschinen aufzustellen, welche das Reinigen und Trocknen solcher Fruchtkörner zu bewirken haben, welche in einem zur

[51]) Nach: Deutsche Bauz. 1880, S. 541.

Lagerung nicht geeigneten Zustande nach dem Speicher gebracht werden. Alsdann ist entweder in jedem Geschofs ein Raum erforderlich, worin man mit solchen Maschinen arbeiten kann, oder es mufs ein Elevator vorhanden sein, mit Hilfe dessen das zu reinigende Getreide zu der im Dachgeschofs aufgestellten Reinigungsvorrichtung gehoben werden kann.

In dem durch Fig. 264 veranschaulichten Speicher liegt über der Wägevorrichtung f ein Exhaustor d von 70 cm Flügeldurchmesser, der den im angefahrenen Getreide enthaltenen Staub aufsaugt und nach aufsen wirft.

186. Vor- und Nachteile. Handelt es sich um Vorratsmagazine, so wird man auch gegenwärtig noch in vielen Fällen den Bodenspeichern den Vorzug vor anderweitigen Anlagen geben; ebenso wird der Landwirt, der sein Getreide einige Wochen hindurch, von der Ernte bis zum Verkauf, aufbewahren will, nur in seltenen Fällen von der Schüttbodeneinrichtung abgehen. Anders ist es bei Handelsmagazinen. Für solche haben allerdings die Bodenspeicher den nicht zu unterschätzenden Vorteil dafs man selbst die kleinsten Partien von Getreide getrennt halten und dafs man das Magazin auch zur Lagerung anderer Waren (Mehl etc.) verwenden kann. Doch stehen dem erhebliche Nachteile gegenüber:

α) Das Umschaufeln konserviert zwar unter gewissen, günstigen Bedingungen das Getreide; allein es ist unzureichend in nassen Jahren, in alten, vom Kornwurm erfüllten Gebäuden, bei Getreidehaufen, die von der Lichtmotte ergriffen sind, etc.

β) Die Bodenspeicher erfordern, sobald es sich um bedeutendere Getreidemengen handelt, eine grofse Grundfläche, die unter Umständen nur schwierig und nur mit grofsen Kosten zu beschaffen ist.

γ) Auch sonst sind die Anlagekosten der Bodenspeicher grösser als diejenigen einiger noch vorzuführender Magazine, insbesondere der Schachtspeicher.

δ) Das Verfahren des Umschaufelns läfst sich schwer überwachen und ist kostspielig, so dafs auch die Betriebskosten sich hoch stellen.

ε) Bodenspeicher gestatten nicht, grofse Mengen von Getreide rasch aufzunehmen und abzugeben.

Hieraus ergeben sich ohne weiteres die Gründe, weshalb man in neuerer Zeit für die Handelsmagazine verhältnismäfsig selten und nur aus besonderen Ursachen den Grundgedanken der Bodenspeicher zur Ausführung zu bringen pflegt. Namentlich ist es ein Gesichtspunkt, durch den man geneigt wird, bei Erbauung eines Getreidespeichers zum Schüttbodensystem zu greifen: die Möglichkeit, nach Wahl oder Bedarf ebenso gut andere Waren als Getreide lagern zu können. So kommt es denn, dafs gegenwärtig viele Bodenspeicher bestehen, die früher Warenspeicher waren, und dafs man hie und da Getreidespeicher mit Bodensystem errichtet in der ausgesprochenen Absicht, die Räumlichkeiten erforderlichenfalls auch für andere Gegenstände als Körnerfrüchte verwenden zu können.

5) **Andere Getreidespeicher mit wagrechter Teilung.**

187. Wagrechte und lotrechte Teilung. Infolge ihrer Geschofsteilung lassen sich die Bodenspeicher auch als Speicher mit wagrechter Teilung bezeichnen, im Gegensatze zu den noch zu besprechenden Schachtspeichern, welche eine lotrechte Teilung des Magazinraumes aufweisen.

Aufser den Bodenspeichern zeigen auch noch andere Systeme von Getreidemagazinen die wagrechte Teilung ihres Innenraumes. Hierzu gehören insbesondere die Getreidespeicher von *Coninck*.

Ein nach dem System *Coninck* konstruierter Speicher (Fig. 265) ist gleichfalls durch wagrechte Böden in eine gröfsere Zahl von Geschofsabteilungen *I, II, III*... geteilt. Im Fufsboden jeder Abteilung sind in der Querrichtung des Gebäudes Schlitze von 2,0 bis 2,5 cm Breite, die etwa 65 bis 95 cm voneinander abstehen, angeordnet; zwischen je zwei Schlitzen ist der Fufsboden sattelförmig (wie die Querschnitte *a* in Fig. 265 dies zeigen) gestaltet. Füllt man nun das oberste Geschofs (*V*) mit Getreide, so füllen sich durch die Schlitze nach und nach alle tiefer gelegenen Geschosse; doch ist die Füllung der letzteren keine vollständige; sondern zwischen je zwei Schlitzen wird ein rinnenförmiger leerer Raum *c* verbleiben. Bringt man nun diesen Räumen *c* entsprechend in den Längsmauern des Speichers Luftöffnungen an, so wird hierdurch ein Luftumlauf durch das Innere des Getreidevorrates bewirkt; hierbei werden die Luftöffnungen durch Siebe zu schliefsen sein, deren Maschen die Getreidekörner nicht durchrollen lassen.

Fig. 265.

Getreidespeicher von *Coninck*.

Während nun bei den Bodenspeichern die Konservierung des Getreides durch Umschaufeln unterstützt wird, wird diese Verrichtung hier dadurch ersetzt, dafs man aus der untersten Abteilung *I* eine kleine Partie der Körnermasse abläfst und dieselbe mittels eines Paternosterwerkes wieder in die Höhe schafft. Hierdurch kommt die gesamte Getreidemasse in Bewegung; nunmehr gelangen andere Körner an die Oberfläche der Rinnenräume *c*, und es werden diese von der Luft bestrichen.

Auf diese Weise kann man durch allmähliches Entleeren der untersten Geschofsabteilung in verhältnismäfsig kurzer Zeit alle Geschofsabteilungen am frischen Luftzuge teilnehmen lassen.

Es ist augenfällig, dafs beim *Coninck*'schen Verfahren die Getreidemasse mit der Luft in viel innigere Berührung gebracht wird als bei den gewöhnlichen Bodenspeichern; ebenso ist sofort klar, dafs letztere, gleiche Körnermengen vorausgesetzt, einen viel gröfseren Rauminhalt beanspruchen, als die in Rede stehenden Magazine.

Wir begegnen hierbei zum ersten Male dem Grundgedanken, wonach man das Getreide nach Belieben von oben nach unten in Bewegung setzen und es hierbei einer mehr oder weniger kräftigen Lüftung aussetzen kann, einem Gedanken, der den schon mehrfach erwähnten Schachtspeichern gleichfalls zu Grunde liegt.

Auch die von *Artigues* im Jahre 1818 angegebene Speichereinrichtung strebte die Konservierung des Getreides in gleichem Sinne an.

Der *Artigues*'sche Speicher bestand aus mehreren hölzernen Kasten oder Trichtern von ca. 1,5 m Höhe und 1,2 m Seitenlänge, die in Abständen von 1 m übereinander angeordnet wurden; der Boden derselben zeigt eine Öffnung von 8 cm Weite, die mittels eines Schiebers geschlossen werden konnte. Der unterste Trichter befindet sich etwa 60 cm über dem Fufsboden. Soll das Getreide in Bewegung gebracht und gelüftet werden, so bringt man unter den untersten Trichter einen Rollkasten und öffnet ersteren, wodurch sein Inhalt sich in den Rollkasten ergiefst. Ist der unterste Trichter geleert, so schliefst man ihn und öffnet den Boden des darüber gelegenen; hierdurch wird dieser geleert und der erstere gefüllt u. s. f. In solcher Weise fährt man fort, bis sämtliche Trichter geleert und gefüllt worden sind, bis also die gesamte Getreidemasse in Bewegung gekommen ist.

6) Schachtspeicher.

Ein Schachtspeicher kennzeichnet sich dadurch, dafs der Innenraum des Bauwerkes in eine bald gröfsere, bald kleinere Zahl von hohen, prismatischen

Behältern oder Schächten zerfällt, die am unteren Ende trichterförmig gestaltet und daselbst verschließbar sind; das zu magazinierende Getreide wird (mittels Aufzüge oder sonstiger Hebewerke) in den obersten Teil des Speichers gehoben und dort in die einzelnen Schächte geschüttet. Wird nun aus einem dieser Schächte (durch Öffnen des Trichterverschlusses) eine kleine Menge Getreide abgelassen, so kommt die gesamte Körnermasse des betreffenden Schachtes in Bewegung; wird hierbei weiters für einen energischen Luftzug gesorgt, so übt dieser seine reinigende und konservierende Wirkung aus; erstere wird in der Regel auch noch durch Siebe unterstützt.

Die gesonderten Schächte gestatten die Trennung des angefahrenen Getreides nach seiner Herkunft, seinem Bestimmungsort, seinem Eigentümer etc.

Die einzelnen Getreidebehälter, die im Vorliegenden Schächte geheißen werden sollen, werden auch Kasten, Trichter, Zellen (in Amerika *Bins*) und Silos genannt. Letztere Bezeichnung ist also hier für einen anderen Gegenstand wie in Art. 168 (S. 160) u. 178 (S. 170) gewählt; im Laufe der Zeit scheint man den Namen Silo auf jeden großen Getreidebehälter ausgedehnt zu haben, dessen Höhe im Verhältnis zu seiner Querschnittsabmessung eine große ist[**].

Mit Rücksicht hierauf werden Schachtspeicher häufig auch Silospeicher oder Silos schlechtweg geheißen; in Amerika werden sie (wie schon in Art. 177, S. 174 bemerkt wurde) wegen der bei ihnen erforderlichen Hebeeinrichtungen Getreideelevatoren *(Grain elevators)* genannt; auch die deutsche Bezeichnung Getreideheber wird hie und da angewendet.

<small>191. Getreideschächte.</small>

Die Getreideschächte liegen zum Teile dicht nebeneinander; zum Teile sind Zwischenräume vorhanden, in denen Paternosterwerke oder sonstige Hebeeinrichtungen angeordnet sind, mittels deren das Getreide in die Höhe geschafft wird und deren Auslauf dem Einlauf der Schächte entspricht.

Das Lüften der aus einem Getreideschacht ausfließenden Körnermasse wird in der Regel derart ausgeführt, daß man dieselbe entweder beim Ausfließen aus dem Schacht oder, nachdem man sie gehoben hat, beim Wiedereinfallen in den Schacht eine kräftige Windfege passieren lässt.

Wie leicht ersichtlich, haben Schachtspeicher mit den *Coninck*'schen Getreidemagazinen (siehe Art. 188, S. 183) die niedergehende Bewegung der Körnermasse mit Luftzutritt gemeinsam; doch unterscheiden sich erstere von den *Coninck*'schen und von den Bodenspeichern namentlich dadurch, daß ihr Innenraum in lotrechtem Sinne untergeteilt ist, daß sie also Speicher mit lotrechter Teilung darstellen.

Schachtspeicher können, bei gleichem Rauminhalt, fast die doppelte Getreidemasse wie Bodenspeicher aufnehmen; ebenso sind erstere in Bezug auf rasches, ungemein wenig Zeit erforderndes Be- und Entladen der das Getreide holenden, bezw. bringenden Fahrzeuge im Vorteil.

In Amerika sind solche Getreidemagazine in sehr beträchtlichen Abmessungen ausgeführt worden; einzelne derselben vermögen über 500 000 hl Getreide zu fassen, 2000 bis 3000 hl in der Stunde aufzunehmen und doppelt so viel zu verschiffen.

Gegenüber den großen Vorzügen, welche von den in Rede stehenden Schachtspeichern angeführt werden konnten, muß doch auch des Übelstandes

---

<small>**. Die Bezeichnung »Silo« stammt jedenfalls vom spanischen *Silos*, was zunächst ein bestimmtes Maß und in erweiterter Bedeutung eine Getreidegrube bezeichnet, die eine solche Menge Frucht enthält. Hiervon ist wohl die Bedeutung des Wortes auf Getreidegruben überhaupt, die ja die ursprüngliche Form von Getreidemagazinen darstellen, übertragen worden.</small>

gedacht werden, dafs die gleichzeitige Abgabe und Aufnahme vieler einzelner Getreidemengen ziemlich erschwert ist

Die Getreideschächte erhalten 2 bis 4 m Querschnittsabmessung, selten unter 10 m, häufig 12 bis 15 m, bisweilen selbst 18 m und darüber Höhe. Sie erhalten eine viereckige, sechseckige oder kreisrunde Grundrifsform. Die Rücksichten, welche bei der Wahl letzterer mafsgebend sind, beziehen sich auf die vorteilhafte Ausnutzung des Raumes, auf die Standfestigkeit der Konstruktion und schliefslich auf die Kosten der Herstellung.

Die rechteckige Grundrifsform ist häufig zu finden; doch empfiehlt sich vor allem das Quadrat, weil bekanntlich dieses unter allen Rechtecken dasjenige ist, welches bei gleichem Inhalt den geringsten Umfang oder bei gleichem Umfang den gröfsten Inhalt hat. Bezüglich der Raumausnutzung sind Quadrat und Sechseck gleich vorteilhaft, während zwischen je drei sich berührenden Kreisen stets ein verlorener Zwickel entsteht. Vom Gesichtspunkt der Standfestigkeit ist jedoch die Kreisform die vorzüglichste, weil bekanntlich gekrümmte Flächen gegen Druck viel widerstandsfähiger sind, wie ebene. Da es jedoch keine Schwierigkeiten darbietet, auch dem quadratischen und vor allem dem sechseckigen Grundrifs die nötige Standfestigkeit zu verleihen, so wird man in den meisten Fällen am besten thun, das Hauptgewicht auf die vorteilhafte Raumausnutzung zu legen.

Die Getreideschächte werden aus Holz, Eisenblech, Backsteinen, in *Rabitz*- und *Monier*-Masse hergestellt.

192. Hölzerne Getreideschächte.

Hölzerne Schächte haben meist einen rechteckigen, bisweilen auch einen sechseckigen Querschnitt; die gegenüberliegenden Wandungen werden durch eiserne Bolzen, deren lotrechter Abstand nach unten zu abnimmt, miteinander verbunden; die Zwischenwände sind meist gemeinschaftlich.

In Amerika werden die Getreideschächte fast ausnahmslos aus übereinander geschichteten Bohlenlagen (aus Fichtenholz) hergestellt; an den Ecken übergreifen sie sich wechselseitig, so dafs abwechselnd je eine Lage der einen und der anderen Wand vorspringt.

Als Vorzüge der hölzernen Schachtwände sind Billigkeit, geringes Gewicht (wodurch der Unterbau gleichfalls billig wird), schlechte Wärmeleitung und hygroskopische Eigenschaft zu nennen. Einen grofsen Nachteil bildet die Feuersgefahr. Der Vorwurf, der an den Holzschächten hie und da gemacht wird, dafs sie dem Einnisten von Würmern Vorschub leisten, ist nicht gerechtfertigt; schädliche Fugen lassen sich leicht vermeiden, und die Erfahrung hat gezeigt, dafs in hölzernen Schächten Ungeziefer nicht häufiger ist, als in eisernen oder gemauerten. Um das Holz gegen die atmosphärischen Einflüsse, sowie gegen Feuersgefahr zu schützen, werden die hölzernen Schächte an den Aufsenwänden mit Schieferplatten oder mit Wellblech verkleidet.

193. Eiserne Getreideschächte.

Soll Eisenblech zur Herstellung von Getreideschächten benutzt werden, so kann die kreisförmige oder die rechteckige Querschnittsform Verwendung finden. Im ersteren Falle wird bei verhältnismäfsig geringem Kostenaufwand ein bedeutender Grad von Standfestigkeit erzielt; im zweiten Falle ist die Raumausnutzung günstiger. Bei rechteckig geschalteten Schächten wurden in neuerer Zeit in der Regel an den Endpunkten lotrechte Pfosten, aus geeigneten Form- (meist Winkel-)Eisen zusammengefügt, aufgestellt und zwischen, bezw. an diesen die Blechwand befestigt; dem nach unten zunehmenden Getreidedrucke entsprechend läfst man auch nach unten die Blechstärke zunehmen; einzelne wagrechte Winkeleisen dienen zur Versteifung der Schachtwände. Bisweilen werden auch noch Spannbolzen, die je zwei gegenüberliegende Wände miteinander verbinden und einen Teil des Getreidedruckes aufzunehmen haben, eingezogen.

Die Feuersicherheit ist der Hauptvorzug der eisernen Getreideschächte. Als Nachteile sind die geringe Wärmeleitungsfähigkeit und der Mangel jeder hygroskopischen Eigenschaft anzuführen; infolgedessen kam es schon vor, dafs die Körner an den eisernen Wandungen vollständig festgerostet waren. Auch ist die Dauer eiserner Schächte geringer als diejenigen der hölzernen und der gemauerten. Eiserne Getreideschächte verdienen daher kaum die verhältnismäfsig grofse Verbreitung, die sie in manchen Gegenden haben.

Im Versuchs-Kornhaus auf dem Hamburger Bahnhof zu Berlin sind zwei Getreideschächte aus Holz hergestellt und die beiden anderen als eiserne Cylinder ausgebildet, um durch Versuche feststellen zu können, inwieweit und unter welchen Umständen sich die eine oder andere Bauart besser zur Aufbewahrung von Getreide eignet.

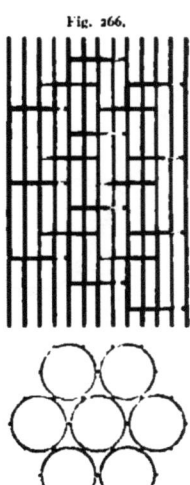

Fig. 266.

Getreideschächte aus Rabitz-Masse[b]).

194. Gemauerte und sonstige Getreideschächte.

Die Backsteinschächte werden sechseckig oder cylindrisch ausgeführt, in letzterem Falle nicht selten aus besonders für diesen Zweck geformten Hohlziegeln; bei den *Pary*'schen Speichern[a]) greifen letztere mittels Feder und Nut seitlich, oben und unten ineinander und werden an den wagrechten Fugen durch Eisenreifen zusammengehalten.

Gemauerte Schächte sind bezüglich der Konservierung der Frucht nicht ganz so schädlich wie das Eisen, da sie die Wärme weniger leiten wie letzteres; dagegen entbehren sie der hygroskopischen Eigenschaften des Holzes gänzlich. Hinsichtlich der Feuersicherheit ist Mauerwerk natürlich das allervorteilhafteste, hingegen ist die Raumausnutzung wegen der bedeutenden Wandstärken etwas ungünstig.

Die aus *Rabitz*- und *Monier*-Masse ausgeführten Getreideschächte erhalten stets cylindrische Gestalt; sie zeichnen sich durch bedeutende Feuersicherheit, durch grofse Einfachheit und Billigkeit aus. Sie sind auch dünnwandiger wie die gemauerten, nehmen also im Grundrifs weniger Raum ein.

Für die *Rabitz*-Schächte wird zunächst ein standfestes Gerippe dadurch geschaffen, dafs man in jedem Kreise 6 lotrechte Rundeisenstäbe aufstellt, an denen in bestimmten Abständen Rundeisenringe mit Draht befestigt werden (Fig. 266[b]). Um diese Ringe herum wird dann grobes Drahtgewebe gespannt und dieses endlich mit *Rabitz*'scher feuerfester Gipsmasse bekleidet. So leicht diese Konstruktion auch ist, so läfst ihre Standfestigkeit nichts zu wünschen übrig, und die Herstellung ist mit geringen Kosten verbunden.

Das Gleiche gilt von Getreideschächten aus *Monier*-Masse (Fig. 267[a]), wiewohl für beide Bauweisen bemerkt werden mufs, dafs sehr gute Ausführung Hauptbedingung ist; sonst bröckelt der Cement im Schacht allmählich ab.

---

[a]) *Pary*'s Getreidespeicher sind beschrieben in: *Bulletin de la soc. d'encourag.* 1862, S. 137 — und: *Polyt. Journ.*, Bd. 165, S. 307.

[b]) Faks.-Repr. nach: Lehnert, G. *Die Construction und Einrichtung der Speicher etc.* Braunschweig 1886.

Die grofsen Schachtspeicher in Braila und Galatz sind aus *Monier*-Masse hergestellt worden.

Eine andere Anwendung von Eisen und Cement zur Konstruktion von Getreideschächten zeigen die nach dem Patent *Schäffer-Luther* ausgeführten.

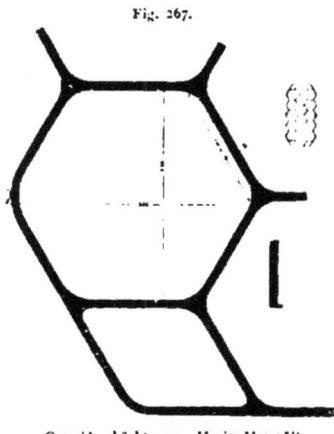

Fig. 267.

Getreideschächte aus *Monier*-Masse[b]).

Hierbei werden eiserne flache Ringe derart aufeinander gepackt, dafs zunächst ein solcher Ringanker für den einen Schacht gelegt wird, den dann ein Anker für den benachbarten Schacht zum Teil überdeckt (Fig. 268 u. 269[b]). Zwischen je zwei übereinander liegenden Ankern eines Schachtes verbleibt stets ein Zwischenraum, und es entsteht ein eisernes Schachtgerippe; die Schachtwände werden alsdann mit Cementbeton ausgegossen, so dafs eine innige und feste Verbindung der einzelnen Ringe untereinander sich vollzieht. Die schädliche Wirkung des zwischen je drei sich berührenden Kreisen entstehenden Zwickels wird bei der gewählten Anordnung der Ringe fast auf Null herabgemindert. Sonach vereinigt diese Bauart die Vorzüge der cylindrischen Querschnittsform hinsichtlich der Standfestigkeit mit der Raumausnutzung der sechseckigen; sie erscheint daher vom letztgenannten Gesichtspunkte aus vorteilhafter, als die aus *Rabitz* und aus *Monier*-Masse hergestellten Schächte.

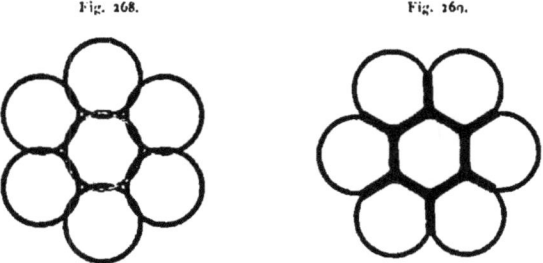

Fig. 268.   Fig. 269.

Getreideschächte nach *Schäffer & Luther*[b]).

Bereits in Teil III, Bd. 1 dieses »Handbuches« (Abt. II, Abschn 2, Kap. 3, a: Fundamente aus Sandschüttungen) ist gesagt worden, dafs Sand, der in einem prismatischen Gefäfse eingeschlossen ist, auf seine Basis einen wesentlich geringeren Druck ausübt, als er sich aus dem Gewichte der darüber stehenden Sandsäule ergeben würde. Ebenso wie beim Sande bildet sich auch bei anderen körnigen Massen, wie z. B. beim aufgespeicherten Getreide, über der Grundfläche eine nach einer be-

Dr.-Verhältnisse, Abmessungen u. s. w.

stimmten Kurve gewölbeartige Schichtung der Masse, so daß nur der unterhalb dieses Gewölbes gelegene Teil durch sein Gewicht auf die Basis des Gefäßes wirken kann.

Für die Berechnung der in Rede stehenden Getreideschacht-Konstruktionen ist die Kenntnis obiger Druckverhältnisse und der daraus sich ergebenden Beanspruchungen erforderlich. *Roberts* hat hierüber Versuche angestellt, welche mit verschiedenen Getreidesorten und mit prismatischen Gefäßen verschiedener Form, deren Boden mit einer Wägemaschine in Verbindung stand, vorgenommen wurden. Die Ergebnisse sind in der unten[65]) bezeichneten Quelle mitgeteilt, und es geht daraus hervor, daß die Höhe jener Getreidesäule, deren Gewicht dem auf die Grundfläche wirkenden Drucke entspricht, nahezu gleich ist dem Durchmesser des der Grundfläche eingeschriebenen Kreises.

Fig. 270.

Janssen stellte Versuche mit vier hölzernen Versuchsschächten quadratischen Querschnittes mit Seitenlängen von 20, 30, 40 und 60 cm an. Er fand, daß der vom Getreide gegen die Zellenwand ausgeübte Flächendruck für verschiedene Schachtweiten nahezu proportional der Seitenlänge des Schachtgrundrisses ist. Seine Versuche ergeben ferner, daß der lotrechte Flächendruck des Getreides annähernd

$$p_1 = s\left(1 - e^{-0{,}s \frac{z}{s}}\right)$$

und der mittlere Druck gegen die Schachtseitenwand

$$p_0 = 0{,}15 \; p_1 = 0{,}15 \, s\left(1 - e^{-0{,}s \frac{z}{s}}\right)$$

beträgt. Hierin bezeichnet e die Basis der natürlichen Logarithmen, s die Seitenlänge des quadratischen Schachtgrundrisses und x die Schütthöhe des Getreides im Schacht[66]).

Druckmessungen in größerem Maßstabe wurden von *Prante*[67]) an den Bernburger Saalmühlen vorgenommen; dort sind im ganzen 8 eiserne, kreisrunde, in der Hauptsache aus Blech und Winkeleisen zusammengesetzte Getreideschächte vorhanden von 3,5 und 1,5 m Durchmesser. Die Versuche an den weiten und an den engen Schächten haben deutlich erwiesen, daß der Druck des Getreides gegen die Schachtwand sehr gering ist, so lange das Getreide im Schachte ruht, daß dagegen eine mit geringer Geschwindigkeit auftretende Bewegung des Getreides im Schacht genügt, um den Wanddruck zu vervielfachen.

Querschnitt.

Schachtspeicher für
von *Gebrüder Weißmüller*

Eine theoretische Untersuchung führte *Koenen*[68]) durch, worin er zu dem vorhin angedeuteten Ergebnis kam, daß der Druck einer Schüttmasse auf den Boden eines Gefäßes sich mit wachsender Höhe derselben einem Grenzwert nähert. Er fand ferner, daß, je größer der Querschnitt eines Getreideschachtes im Verhältnis zum Umfang ist, lotrechter und seitlicher Druck um so größer werden; beim kreisförmigen Schacht sind also die Drücke am größten, beim sechseckigen größer als beim quadratischen u. s. w.

Die Getreideschächte werden entweder von den Umfassungswänden des Speichers umgeben, und letztere tragen den Dachstuhl; oder man läßt die Umfassungswände fort und stützt das Dach auf die Schachtwandungen. Im letzteren Falle müssen die nach außen gerichteten Schachtwände genügend trag-

---

[65]) Wochbl. f. Arch. u. Ing. 1883, S. 320.
[66]) Näheres siehe: Zeitschr. d. Ver. deutsch. Ing. 1895, S. 1045.
[67]) Siehe: Centralbl. d. Bauverw. 1896, S. 1124.
[68]) Siehe ebendas. 1896, S. 446.

fähig konstruiert und auch gegen äufsere Einflüsse geschützt sein. Bei Holzschächten kommen die schon erwähnten Bekleidungen mit Schiefer und Blech zur Anwendung. *Pavy* bringt, damit Feuchtigkeit und Sonnenstrahlen die Wände der Getreideschächte möglichst wenig beeinflussen, an den Aufsenwänden kleine Flugdächer jalousieartig übereinander an.

Die Abmessungen, welche den einzelnen Getreideschächten zu geben sind, hängen zum nicht geringen Teile von den Verhältnissen ab, welche die Errich-

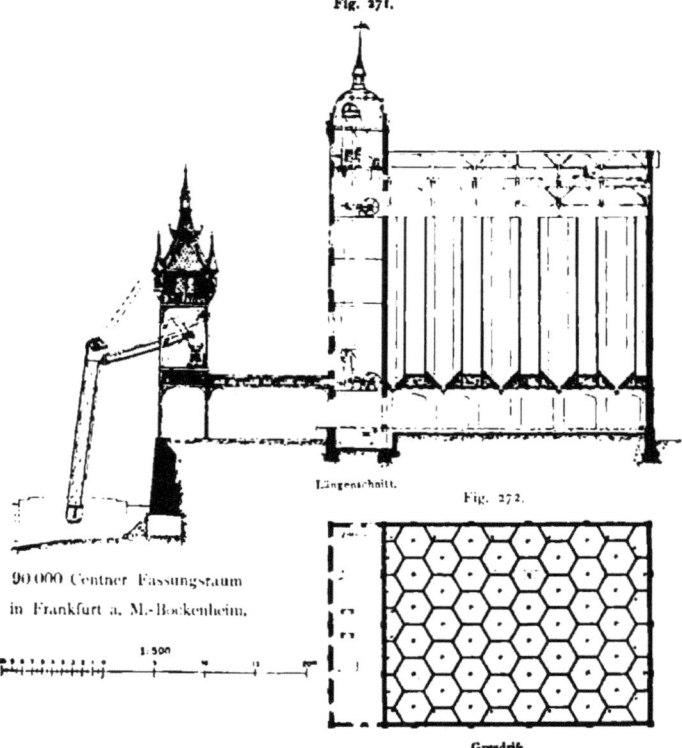

Fig. 271.

Fig. 272.

Längenschnitt.

90 000 Centner Fassungsraum in Frankfurt a. M.-Bockenheim.

1:500

Grundrifs.

tung des betreffenden Speichers hervorgerufen haben. Im allgemeinen mache man die einzelnen Schächte um so gröfser, je gröfser der Speicher selbst ist; ebenso erhält ein Magazin, welches auf ganze Schiffs- oder Waggonladungen rechnen kann, gröfsere Schächte, als ein Vorratsspeicher oder ein Magazin, bei dem die unmittelbare Abgabe an Konsumenten in den Vordergrund tritt. Endlich ist noch zu erwägen, dafs gröfsere Schächte aus ökonomischen Gründen den kleineren vorzuziehen sind.

Um kleinere Posten von Getreide gesondert magazinieren zu können, werden entweder neben den Schächten größeren Querschnittes auch einige kleinere angeordnet, oder man teilt einige derselben durch Zwischenwände.

Poty teilt seine (allerdings sehr großen) Getreideschächte von 6 = Durchmesser durch radial gestellte hölzerne oder eiserne Scheidewände, welche sich an eine in der Achse des Schachtes aufgestellte, hölzerne Spindel anschließen.

In einem Schachtspeicher zu Hamburg sind von den 130 Getreideschächten, deren jeder 136 cbm fassen kann, einige geviertelt, um kleinere Körnermengen abtrennen zu können.

Der auf der Tafel bei S. 202 dargestellte Getreidespeicher zu Budapest zeigt Schächte von sehr verschiedener Größe.

Schacht ausläufe.

Wie schon eingangs erwähnt, besitzen die Schächte gewöhnlich am unteren Ende einen verschließbaren Auslauftrichter, der die Gestalt einer umgekehrten Pyramide, bezw. eines umgekehrten Kegels hat (Fig. 270 bis 272); die Unterkante dieses Trichters ist erforderlichenfalls so hoch gelegen, daß das ausfließende Getreide unmittelbar in darunter gefahrene Fahrzeuge gelangen kann. Oberhalb der Schächte sind nicht selten Einlauftrichter oder Rümpfe angeordnet, welche der Erschütterung, die sonst durch den hohen Fall des Getreides erzeugt würde, vorbeugen sollen.

Bei allen Schachtausläufen ist es eine unangenehme Erscheinung, daß zunächst die lotrecht über dem Auslauf liegenden Getreideschichten abfließen, die an den Wandungen befindlichen dagegen bis zuletzt zurückbleiben. Diese Erscheinung wird um so fühlbarer, je spitzere Winkel die Grundrißfigur der Schächte zeigt. Hiernach tritt die Unannehmlichkeit am schärfsten beim Quadrat, am geringsten beim Kreis auf.

Man kann sich gegen den eben bezeichneten Übelstand dadurch schützen, daß man entweder statt eines Auslaufes deren mehrere für einen Schacht anordnet, oder, wenn man nur einen einzigen Auslauf zu haben wünscht, über dem eigentlichen Schachtboden einen zweiten anbringt, der mehrere sich pyramidal zuspitzende Ausgänge enthält. Allerdings wird durch solche Anordnungen die Gesamtlage verwickelter und teurer.

Hebe- und andere Beförderungs- einrichtungen.

In jedem Schachtspeicher sind zunächst Hebeeinrichtungen oder Elevatoren notwendig, mit Hilfe deren sowohl das frisch in den Speicher gebrachte Getreide als auch jenes, welches beim Bewegen und Lüften der Körnermasse aus dem Schachttrichter ausfließt, in die Höhe, d. i. über die Oberkante der Schächte geschafft werden kann.

In englischen Getreidespeichern werden bisweilen Kübel zum Heben der Körnermassen verwendet. Vorteilhafter, als diese ziemlich ursprüngliche Einrichtung, sind die nach Art der Paternosterwerke konstruierten Becherwerke.

Die meisten Becherwerke bestehen aus einem Gurt ohne Ende, welcher über zwei Riemscheiben läuft und an dem die Blechbecher befestigt sind; die eine Riemscheibe (in der Regel die obere) dient zur Bewegung, die andere zur Führung der Gurte. Die Becher schöpfen unten (aus den Getreidebehältern) die Körnermassen und entleeren sich, oben angekommen, selbsttätig (Fig. 273[*]). Statt der Blechheber werden auch Becher aus Leder und solche aus gekalkten Häuten verwendet.

Die Elevatoren wurden in manchen Magazinen geneigt aufgestellt, damit sich die Becher vollständig entleeren; indes kann man letztere auch bei lotrechter Stellung entleeren, wenn man dafür Sorge trägt, daß die obere Riemscheibe die erforderliche Umfangsgeschwindigkeit (ca 1 m) hat.

[*] Nach: *Engineering*, Bd. 36, S. 105.

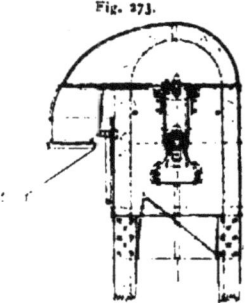

Fig. 273.

Elevator aus *Dow's* Getreidespeicher zu Brooklyn[40]. — $^{1}/_{40}$ w. Gr.

In neuerer Zeit ist mehrfach die mechanische Kraft eines durch die Rohrleitung sich bewegenden Luftstromes zur Hebung des Getreides benutzt worden, wodurch die sog. pneumatischen Getreideheber entstanden sind.

So geschieht in der *Borsig*-Mühle zu Moabit das Emporarbeiten des Getreides mittels Ansaugung durch einen Luftstrom. — *Barret* konstruierte einen Getreideelevator, welcher auf dem durch eine Luftpumpe erzeugten Vacuum beruht. — Von *Körting* rühren mehrere Hebevorrichtungen her, bei denen der Luftstrom durch einen Dampfstrahl erzeugt wird. — *Renkaye* setzt die Luft durch einen Centrifugal-Ventilator in Bewegung und regelt das spezifische Gewicht des mit den Körnern gemengten Luftstromes durch eine besondere pneumatische Vorrichtung[40]. — Die Maschinenfabrik und Mühlenbauanstalt *G. Luther*, Aktiengesellschaft, hat »pneumatische Schiffselevatoren« für den Bremer Lloyd und für die Hamburg-Amerika-Linie gebaut.

In größeren Getreidespeichern werden in der Regel auch Vorrichtungen zur wagrechten Weiterförderung der Körnermassen erforderlich. Hierzu dienen Transport- oder Förderschrauben und Transport- oder Förderbänder. Erstere bilden die ältere Einrichtung und sind nach dem Grundgedanken der archimedischen Schrauben konstruiert; sie sind für kurze Strecken heute noch das einfachste und beste Verfahren. Die Getreideschrauben drehen sich mit einer Tourenzahl von ca. 30 in der Minute in Röhren; die Richtung, in der sich die Körnermassen bewegen, ist einerseits von der Gangrichtung der Schraubenflächen, andererseits von dem Sinne, in welchem die Schraube gedreht wird, abhängig. Die Achse der Getreideschraube wird am einfachsten aus gezogenen Eisenrohren, die Gangflächen aus daran genietetem Eisenblech hergestellt; erstere wird indes auch aus Holz konstruiert (Fig. 274[41]) u. 275[42]).

In der *Borsig*-Mühle zu Moabit wird das Getreide, welches, wie schon früher erwähnt wurde, durch einen ansaugenden Luftstrom nach oben geschafft worden ist, durch Schnecken in Gängen verteilt, die durch Bodenklappen mit dem Hohlraum der eisernen Säulen, welche die Zwischendecken tragen, in Verbindung gesetzt werden können; die Verteilung des Getreides in die einzelnen Geschosse geschieht durch die gedachten Säulen.

Fig. 274.

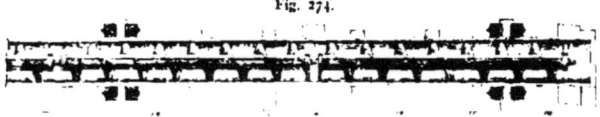

Förderschraube im Getreidespeicher zu Triest[41]. — $^{1}/_{12}$ w. Gr.

Fig. 275.

Förderschraube nach *Eugen Kreis* zu Hamburg[42]).

---

*) Vergl.: *Revue industr.* 1878, S. 201 — und: Polyt. Journ., Bd. 227, S. 131.
[41]) Nach: ETZEL, C. v. Oesterreichische Eisenbahnen, entworfen in den Jahren 1857 bis 1867. Bd. V. Wien 1872.
[42]) Faks.-Repr. nach: BUHLE, M. Transport- und Lagerungs-Einrichtungen für Getreide und Kohle. Berlin 1899.

In neuerer Zeit werden für größere Entfernungen statt der Getreideschrauben bewegte wagrechte Bänder oder Gurte zur wagrechten Weiterförderung der Körnermassen verwendet; dieselben haben sich in ökonomischer Beziehung vorteilhaft bewährt. Eine Pferdestärke soll genügen, um in 1 Stunde 50^t Körner 30^m weit zu befördern.

Die auf Rollen laufenden Förderbänder, auf denen das Getreide fortbewegt wird, erhalten je nach Bedarf 20 bis 100^{cm} Breite und bestehen meist aus einem mit Gummi getränkten Baumwollgewebe; man läßt das zu befördernde Getreide durch ein Rohr auf den mittleren Teil der Gurte fließen, so daß an den beiden Rändern unbelegte Streifen bleiben; die Fördergeschwindigkeit kann auf 2,5 bis 3,0^m gesteigert werden, ohne daß die Gefahr des Herabfallens der Getreidekörner entsteht. Soll in der wagrechten Bewegung der letzteren eine Richtungsänderung eintreten, so wird unter dem betreffenden Bande ein zweites, tiefer gelegenes angeordnet und auf dieses das Getreide herabgeworfen.

<small>Die Bandbeförderung scheint zuerst im großen Corn ware-house am Waterloo-Dock zu Liverpool durch *Amstrong* eingerichtet worden zu sein. Ein 42^{cm} breites, mit einer Geschwindigkeit von ca. 3^m in der Sekunde sich bewegendes Gummiband ist im Dachgeschoß gelegen und gestattet das Ablöschen der Körner an jeder Stelle.</small>

So einfach und vollkommen die Einrichtung der Förderbänder ist, so macht sich doch in manchen Fällen die Notwendigkeit, Tragrollen anbringen zu müssen, in unangenehmer Weise geltend. Deshalb sind auch sog. schwebende Förderbänder konstruiert worden, die außer den beiden Endscheiben keine weiteren Unterstützungspunkte nötig haben. Das eigentlich Tragende sind hierbei Drahtseile, welche das Förderband mit hinüber nehmen. Zwei in solcher Weise konstruierte, von *Schäffer-Luther* herrührende Einrichtungen sind in der in Fußnote 54 (S. 186) genannten Schrift beschrieben.

Als Motoren wurden in größeren Getreidespeichern früher fast ausschließlich Wasserkraft- und Dampfmaschinen angewendet; in neuerer Zeit sind mehrfach Elektromotoren herangezogen worden.

<small>Das bereits erwähnte Versuchs-Kornhaus auf dem Hamburger Bahnhof zu Berlin soll u. a. auch dazu dienen, Versuche mit neuen Maschineneinrichtungen für Bewegung, Reinigung und Trocknung des Getreides anzustellen.</small>

198. Reinigen des Getreides. Die Reinigung und die hierdurch bewirkte Konservierung des Getreides geschieht durch Siebe und durch Ventilatoren.

In den schon (Art. 196, S. 190) erwähnten Einlauftrichtern oder -Rümpfen, welche oberhalb der Getreideschächte angeordnet werden, sind ein oder zwei Siebe angebracht, welche die den Körnern beigemengten Unreinigkeiten zurückhalten. Diesem Siebeverfahren wird das Getreide andauernd unterworfen. Sobald dasselbe in Bewegung kommen soll, läßt man etwas davon aus dem Schacht ausfließen; die ausgeflossene Getreidemenge wird gehoben, kommt auf die Siebe, wird also neuerdings gereinigt etc.

Zur weiteren Reinigung der Körnermassen wird ein energischer Luftstrom benutzt, der auf dieselben an geeigneter Stelle einwirkt. Die leichten Verunreinigungen des Getreides werden vermöge ihres geringeren spezifischen Gewichtes in ein hierzu bestimmtes Rohr geworfen und in einen besonderen Behälter geführt oder einfach nach außen geblasen.

<small>Als Beispiel einer solchen Reinigungsvorrichtung dienen zunächst die in Fig. 276 [66]) dargestellte, dem Kornspeicher in Rostock entnommene Vorrichtung.</small>

<small>[66] Nach: Zeitschr. d. Ver. deutsch. Ing. 1898, S. 753 u. Taf. XXVI.</small>

Fig. 276.

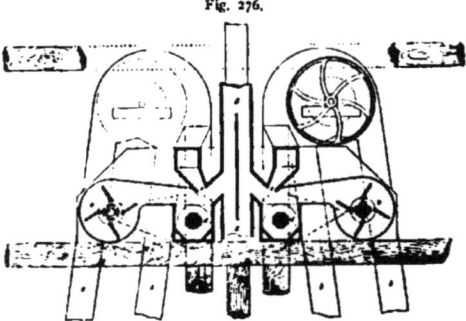

Reinigungsvorrichtung im Kornspeicher zu Rostock[43].
1/50 w. Gr.

Das durch Elevatoren in das Dachgeschoß gehobene Korn fällt durch Öffnungen c, c in die Kasten der Kornschrauben d, d, welche letztere das Korn in die verschiedenen Getreideschächte zu führen haben. Beim Herabfallen von c nach d werden die Körner von dem durch die Ventilatoren v erzeugten Luftstrom getroffen; letzterer wirft die spezifisch leichteren Verunreinigungen in das durch eine Wand geteilte, lotrechte Rohr E: der verhältnismäßig schwerste Teil dieser Verunreinigungen fällt lotrecht herab in einen darunter befindlichen Behälter, dessen Inhalt alsdann aus Kornhülsen, Unkrautsamen, leichten Getreidekörnern etc. besteht. Der Wind muß natürlich so geregelt werden, daß man keine gesunden Körner vorfindet. Die leichtesten Verunreinigungen werden mit dem Luftstrome weiter fortgerissen und gelangen in die bogenförmige Kappe des Rohres E nach abwärts, in einen daselbst befindlichen Sack.

Daß man die Verunreinigungen überhaupt auffängt, geschieht einerseits aus dem Grunde, um sich stets überzeugen zu können, daß nichts Wertvolles abgeht, anderseits deshalb, um den Unkrautsamen vernichten zu können.

Die »staubfreie Aspirations-Reinigungs-Maschine (Separator)« von *Gebrüder Seck* zu Dresden ist in Fig. 277 veranschaulicht. Bei dieser Vorrichtung findet die Saugwirkung nicht nur am Auslauf, sondern auch am Einlauf statt; infolge dessen arbeitet die Maschine staubfrei, indem der Exhaustor den Staub aus dem Getreide entfernt, bevor dasselbe die Siebe passiert.

Weiters sei durch Fig. 278[44]) die Reinigungseinrichtung in dem gewaltigen, von *G. Luther, Maschinen-Fabrik und Maschinenbau-Anstalt, Aktiengesellschaft* zu Braunschweig ausgeführten Schachtspeicher zu Braila und Galatz vorgeführt. Auf dem rechtseitigen Flügel dieses Bauwerkes ist ein besonderer Zwischenbau für die Reinigungsmaschinen eingeschaltet. In diese gelangt zunächst das aus Schiffen oder Eisenbahnwagen entnommene Getreide. Große eiserne Windputzmaschinen befreien mittels eines von einem Ventilator erzeugten Luftstromes das Getreide von den leichteren Beimengungen, die sich nicht absieben lassen. Weiters sind daselbst verschiedene Siebvorrichtungen, tafelförmig lange, geneigte Siebe mit Rüttelbewegung, sich drehende Siebcylinder, Sortiermaschine zum Ausscheiden der Unkrautsämereien etc. in Thätigkeit. Diese Reinigungsmaschinen sind in zwei Systemen gruppiert, deren jedes stündlich 150 t Getreide zu bearbeiten vermag; sie werden mittels Drahtseile von dem neben dem Speichergebäude gelegenen Maschinenhause angetrieben.

Fig. 277.

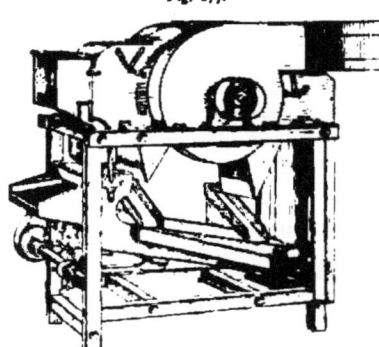

Staubfreie Aspirations-Reinigungs-Maschine (Separator) von *Gebrüder Seck* zu Dresden.

Bei sehr feuchtem und besonders bei frischem Getreide muß dasselbe einer Umarbeitung

19%. Trocknen des Getreides.

[44]) Fabr.-Repr. nach: PROMETHEUS 1898, S. 584.

unterzogen werden, um es in den für die Lagerung erforderlichen Zustand zu bringen. Dies ist zeitraubend und kostspielig. Deshalb unterwirft man solche Frucht besser einem Trocknungsverfahren, wodurch die Feuchtigkeit soweit entfernt wird, daß lagerfestes Getreide entsteht, ohne jedoch seine wertvollen Eigenschaften (Keimfähigkeit, Backfähigkeit) zu vermindern. Das Trocknen geschieht entweder mittels warmer Luft in sog. Trockenschächten oder nach dem sog. Rieselverfahren.

Fig. 278.

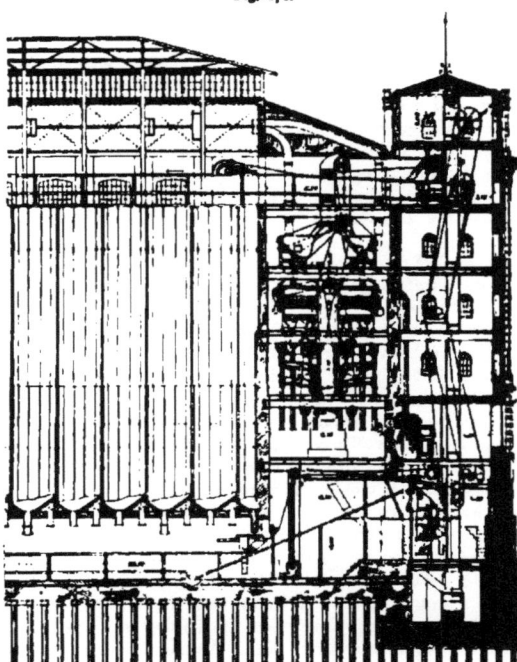

Vom Schacht-Speicher zu Braila und Galatz[1]).

100. Empfang und Abgabe des Getreides.

Die Art und Weise, wie die an den Speicher angefahrenen Getreidemassen demselben übergeben und wie die ihm zu entnehmenden Körnermengen abgegeben werden, hängt zum Teile von den örtlichen Verhältnissen, insbesondere aber von der Stellung des Speichers zu den ihn berührenden Verkehrswegen, zum Teile von der Natur der letzteren ab.

Wenn das Getreide, in Säcken gefüllt, auf gewöhnlichem Fuhrwerk nach dem Speicher gebracht wird, so genügt eine einfache Sackwinde, welche die Säcke in das oberste Geschoß des Speichers hebt, wo dieselben entleert werden.

Wird das Getreide in Schiffen an den Speicher gebracht, so sind an der dem Wasser zugekehrten Außenwand desselben Hebevorrichtungen, sog. Schiffselevatoren, anzubringen, welche in die Schiffe hinabgelassen werden und nach Art der Bagger die Körnermassen aus denselben schöpfen und in die Höhe schaffen. (Siehe Fig. 264, S. 181.)

Sind die Speicher nicht unmittelbar am Wasser gelegen, so wird auch für das Löschen der Schiffsladung die wagrechte Beförderung des Getreides erforderlich; in Amerika werden hierfür gleichfalls bewegte Gurte verwendet.

Nicht selten werden die Getreidemassen dem Speicher in Eisenbahnwagen zugeführt. Alsdann besteht die vorteilhafteste Anordnung darin, daß man das Erdgeschoß so hoch hält, damit die Eisenbahnwagen in den Speicher einfahren können; über jedem derselben ist ein Getreideheber angebracht, so daß es möglich ist, den ganzen Zug binnen kurzer Zeit zu entleeren.

Bisweilen sind neben dem Gleis große Getreidekasten gelegen, in welche der Inhalt der Waggons durch Öffnen ihrer Thür und mittels Schaufeln gebracht wird; letztere sind entweder gewöhnliche Handschaufeln, oder es sind Schaufeln, welche an einem Seile mittels einer Winde abwechselnd vorgezogen und wieder losgelassen werden und die ein Arbeiter bloß mit der Hand lenkt. Aus den gedachten Getreidekasten wird der Inhalt mittels der Elevatoren emporgefördert.

Noch ist der Wägevorrichtungen zu gedenken, welche das Gewicht der Getreidemassen vor ihrer Magazinierung festzustellen haben. Ist das zu lagernde Getreide in das oberste Geschoß gehoben, so gelangt es zunächst in das Wägegefäß und wird darin gewogen; dann erst wird es den betreffenden Getreideschächten zugeführt, bezw. beim Ausschütten durch die Windfege gereinigt.

Ist Getreide in Schiffe zu verladen, so wird dasselbe in den meisten, besonders in amerikanischen, Speichern, wenn es aus dem Schacht ausgeflossen ist, mittels eines Elevators nochmals gehoben, der Wägevorrichtung zugeführt und alsdann mittels langer Rinnen oder Schläuche in das Schiff geschafft.

Mit den vorstehenden Erörterungen sollen die allgemeinen Betrachtungen über Schachtspeicher abgeschlossen werden, und es erübrigt nunmehr, an der Hand einiger ausgeführter Bauwerke dieser Art verschiedene Besonderheiten in Anlage und Einrichtung derselben kennen zu lernen.

Speicher von *Huart*.

Die erste Anregung zum Baue von Getreidespeichern mit lotrechter oder Schachteinteilung scheint *Girard* im Jahre 1844 gegeben zu haben[*]); doch fand dieselbe keine Anwendung. In Amerika sind die ersten Schachtspeicher im Jahre 1844 errichtet worden. Die erste Ausführung eines Schachtspeichers in Europa dürfte von *Huart* herrühren, der zu Anfang der fünfziger Jahre in seiner Mühlenanlage zu Cambrai das in Fig. 279 bis 281[**]) dargestellte Bauwerk ausgeführt hat.

Dieser Getreidespeicher sollte etwa 10 000 hl Frucht aufnehmen und wurde in 10 mit einem gemeinschaftlichen Boden bedeckte Schächte A geteilt, deren jeder 4 m lang, 8 m breit und 10 m hoch ist. Die Schachtwände bestehen aus wagrechten, gespundeten Tannenbrettern, die auf lotrechte Eckständer B (Fig. 280) genagelt sind; die einander gegenüberliegenden Wände sind durch je 5 eiserne Rundstangen a mit einander verbunden. Der Boden eines jeden Schachtes wird von vier unter 45 Grad gegen die Wagrechte geneigten Flächen a' (Fig. 279) gebildet und ruht auf Balken, die in Abständen von 35 cm auf eichene, von einer Mauer getragene Schwellen gelegt sind; nach der ganzen Länge der Bodenkanten ist zum Ablassen des Getreides eine Öffnung von 6 cm Weite angebracht, die durch zwischen den Balkenfeldern angeordnete Klappen verschlossen und geöffnet werden können. Ein beweg-

---

[*]) Derselbe legte auf der Industrie-Ausstellung des genannten Jahres einen Entwurf zu solchen Getreide-Magazinen nebst einer Erklärung aus.
[**]) Nach: Allg. Bauz. 1859, S. 151 v., Bl. 56.

licher Kanal E, der unter jeder Klappe hin- und hergeschoben werden kann, nimmt die Körner beim Ausfließen aus dem Schacht auf und führt sie einem wagrechten Kasten F zu. In diesem wird das Getreide von einer Förderschraube H in Bewegung gebracht und nach einem zweiten Behälter geleitet, von dem aus ein Elevator (Becherwerk) dasselbe in die Höhe des Bodens im Dachgeschoß hebt und über den zugehörigen Schacht bringt; nunmehr werden die Körner auf das geneigte Ventilationssieb K gebracht, welches vom Elevator selbst in Bewegung gesetzt wird. Hier wird das Getreide gelüftet und von Staub, Spreu, Abfällen, Würmern etc. befreit; die durch die Drahtgaze fallenden Unreinigkeiten sammeln sich im Kasten L an. Das gereinigte Getreide gleitet alsdann auf den Ebenen h nach dem Schacht zu, in den es durch eine enge, im Deckel befindliche Spalte regenförmig fällt. Auf dem Wege nach dem Schacht werden die Körner der Einwirkung eines Ventilators M ausgesetzt, der einen Luftstrom auf die Ebenen h bläst.

Damit die Körnermasse im Schacht gleichmäßig, d. h. am Umfange mit derselben Geschwindigkeit wie in der Mitte herabsinke, sind am Boden jedes Schachtes unter 45 Grad geneigte Scheider angebracht (Fig. 281), welche in ihrer Größe und ihrem Abstande so bemessen sind, daß nach der ganzen Länge des betreffenden Abschnittes eine und dieselbe Getreidemenge mit gleicher Geschwindigkeit abfließen kann. Auf diese Weise wurde erzielt, daß die Körnermasse schichtenweise abfließt, und verhütet, daß auf den schrägen Flächen des Schachtbodens gewisse Getreidemengen unbeweglich liegen bleiben.

Die ankommenden Getreidesäcke werden mittels eines Sackaufzuges in das Dachgeschoß gehoben und dort in die Schächte entleert; dieselbe Winde dient auch dazu, das aufbewahrte Getreide hinabzulassen, wenn es vermahlen werden soll. Sämtliche mechanische Einrichtungen werden durch eine im Erdgeschoß aufgestellte Dampfmaschine von 2 Pferdestärken getrieben.

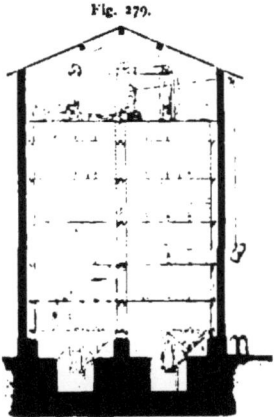

Fig. 279.

Getreidespeicher zu Cambrai[**]).
$^1/_{...}$ w. Gr.

Das *Huart*'sche Speichersystem kam zunächst im Jahre 1854 beim Bau der Getreidemagazine der Kriegsbäckerei am *Quai Billy* in Paris zur Anwendung, wurde indes dabei wesentlich vervollständigt und den praktischen Anforderungen noch besser angepaßt. Die mit hölzernen Getreideschächten ausgerüsteten Gebäude wurden 1855 durch eine Feuersbrunst zerstört; bei Wiedereinrichtung derselben wurden die Getreideschächte aus Eisen hergestellt. Fig. 283 u. 284 zeigen zwei Grundrisse, Fig. 282 einen Querschnitt[87]) des neu erbauten, ca. 30000 hl Getreide fassenden Speichers.

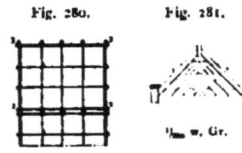

Fig. 280. Fig. 281.

$^1/_{...}$ w. Gr.

Vom Getreidespeicher zu Cambrai[**]).

Über gemauerten Pfeilern a erheben sich eiserne Freistützen A, die 3,70 m voneinander abstehen, aus Blechstreifen und Formeisen zusammengesetzt sind und das Hauptgerippe der 24 Getreideschächte bilden; diese im Mittel 16 m hohen Freistützen dienen zugleich zum Tragen der Dachkonstruktion. Die Getreideschächte nehmen 3 Geschosse ein; oben werden sie durch die Decke des II. Obergeschosses abgeschlossen.

Unter jeder Schachtreihe befindet sich ein Trog C mit einer Getreideschraube; in diesen Trog fallen die Körner aus den betreffenden Schächten, und die Schraube führt sie zu den Reinigungs- und Lüftungsvorrichtungen D, die sich im Kellergeschoß befinden. Das gereinigte Getreide wird von 8 Elevatoren, die in großen prismatischen Kasten a enthalten sind, in das III. Obergeschoß gehoben und in Verteilungsvorrichtungen E geschüttet, die gleichfalls mit Getreideschrauben versehen sind; letztere leiten die Körner in die Schächte.

[87]) Nach: Allg. Bauz. 1861, S. 214 u. Bl. 437–440.

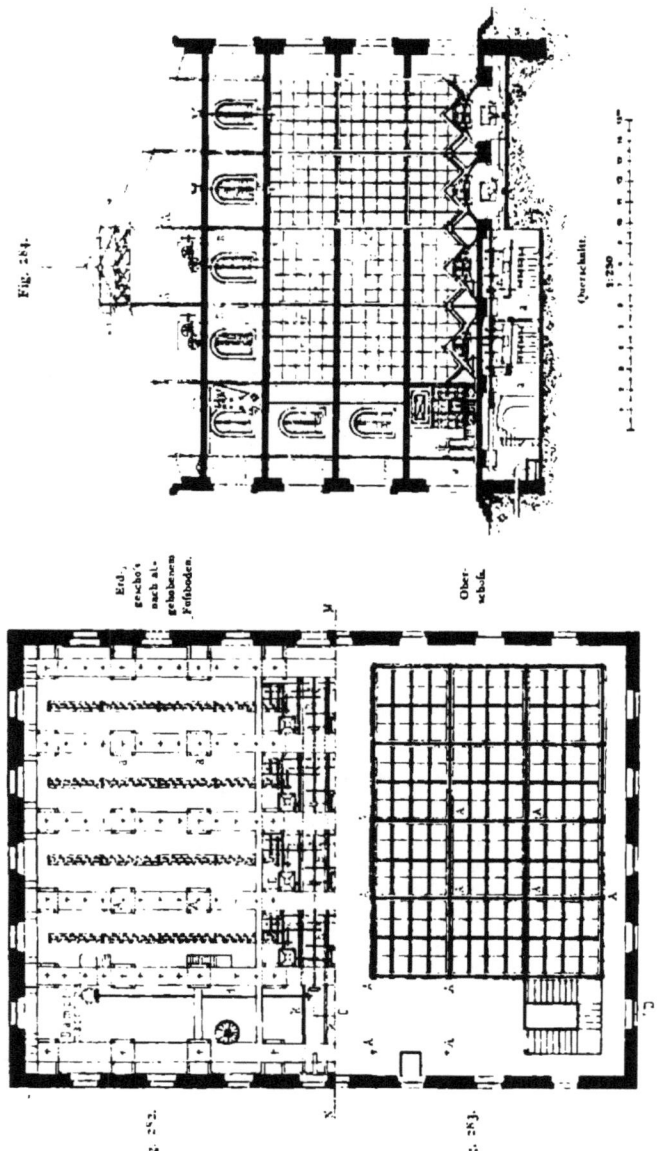

Getreidespeicher der Kriegsbäckerei zu Paris.

Eine Dampfmaschine von 25 Pferdestärken ist in einer Gebäudeecke aufgestellt und setzt alle Vorrichtungen mittels der Triebwellen c, c', d, h, n' in Bewegung. Ein Aufzug M im III. Obergeschoß dient dazu, die Getreidesäcke in die durch die Anordnung der Schächte in jedem Geschoß frei gelassenen Galerien zu befördern, wo ihr Ausleeren in die Reinigungsvorrichtung oder ihre Versendung stattfindet.

Später ist nach *Huart*'schem System ein Kornspeicher in Rostock erbaut worden, dessen Entwurf von *Saniter* herrührt und wovon ein Querschnitt in Fig. 285 **) wiedergegeben ist.

Die mit den Kornsäcken beladenen Fuhrwerke halten vor einer der 4 großen Thüren A des Speichers; jeder Kornsack wird auf einem Karren nach dem nächst gelegenen Rumpf a gebracht und dort ausgeschüttet. Sein Inhalt fällt in das Elevatorbecken B, von wo aus ein Elevator das Korn nach oben fördert; im Dachgeschoß sind je 2 Elevatoren vereinigt, und die gehobenen Körner fallen durch die Öffnungen c, c in die Kasten der Getreideschrauben d, d. Die Ventilatoren v, welche bereits in Art. 198 (S. 192) beschrieben worden sind, reinigen hierbei das Korn von leichten Verunreinigungen, die in das Rohr E geworfen und unten in einem Behälter aufgefangen werden.

Fig. 285.

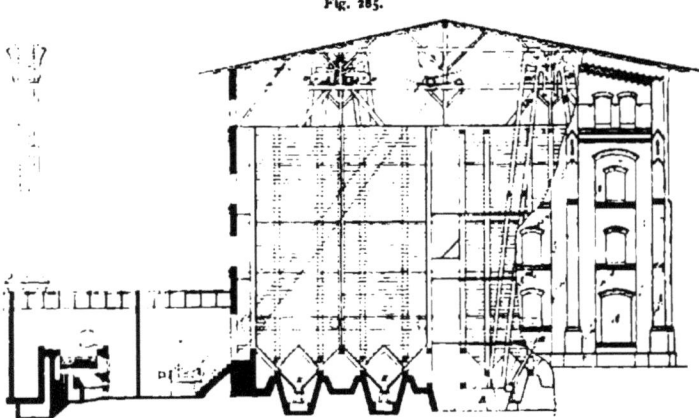

Kornspeicher zu Rostock**). — $1/_{400}$ w. Gr.

Die Kornschrauben d laufen über den Getreideschächten hinweg; die von den Schrauben abgehenden, schräg liegenden und mit innerem Siebboden versehenen Kanäle S können durch Schieber geöffnet werden und lassen das Korn in die Schächte fallen.

Die letzteren sind aus 4 hölzernen Eckstielen (25 cm stark) mit innerer hölzerner Verschalung gebildet und reichen vom Dachgeschoß bis in das Fundament; die Stiele sind in 4 verschiedenen Höhen durch sich rechtwinkelig kreuzende eiserne Zugstangen verbunden.

Die 4 großen Getreideschächte sind durch je 2 einander kreuzende Zwischenwände in je 4 Abteilungen geschieden, deren jede 5,7 m lang, 4 m breit und im Mittel 11 m hoch ist, also einen Fassungsraum von 205,2 cbm (2508 hl Korn) hat.

Soll das Umschütten des Getreides, bezw. das Entleeren einer Schachtabteilung stattfinden, so werden die bei H angebrachten Schieber geöffnet; soll das Getreide wieder nach oben gehoben werden, so läßt man es mittels einer kleinen beweglichen Brücke in den Schraubenkasten K fallen, von wo aus es wieder in das Elevatorbecken B geführt wird.

Eine mit Doppelschiebersteuerung versehene Dampfmaschine treibt sämtliche Mechanismen; 2 Mann genügen für den Speicherbetrieb.

**) Nach: Zeitschr. d. Ver. deutsch. Ing. 1868, S. 759 u. Taf. XXVI.

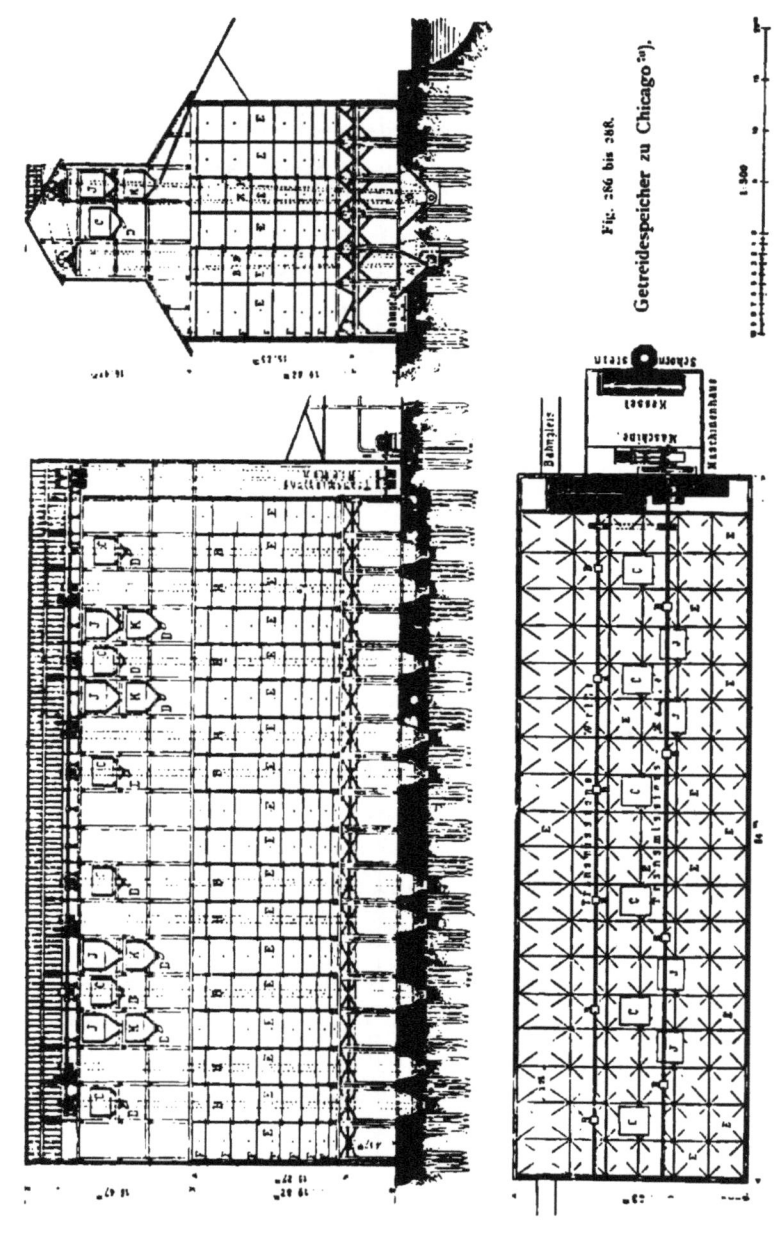

Fig. 286 bis 288. Getreidespeicher zu Chicago.

**202.
Amerikanischer
Schacht-
speicher.**

Die in den Vereinigten Staaten ausgeführten Schachtspeicher unterscheiden sich von den *Huart*'schen und den damit verwandten Anlagen dieser Art hauptsächlich durch die meist ungewöhnlichen Größenverhältnisse, durch die Art der Be- und Entladung der das Getreide ab-, bezw. zufahrenden Fahrzeuge und durch den ausgedehntesten Ersatz der Handarbeit durch Maschinen. Das Auf- und Abladen, das Lüften, das Umleeren, das Wägen etc. besorgt durchweg die viel leistende amerikanische Maschine. Mag das Getreide auf der Eisenbahn oder auf dem Schiff ankommen oder abgehen, so sind riesige Elevatoren bereit, dasselbe, ohne eine Hand an die Schaufel legen zu müssen, entweder in das oberste Speichergeschofs zu schaffen oder von dort nach unten oder von einem Schacht in den anderen zu fördern. Kähne und Schiffe legen unmittelbar am Speicher an, Eisenbahnwagen fahren unmittelbar in das Gebäude hinein etc.[69]).

Als erstes Beispiel dieser Art sei an dieser Stelle der Getreidespeicher zu Chicago (Fig. 286 bis 288[70]) vorgeführt.

Derselbe ist unmittelbar am Flusse gelegen, 64 m lang und 23 m breit. Die 108 Getreideschächte E können zusammen 180 000 hl Körner aufnehmen; sie stehen auf Freistützen 4,8 m hoch über dem Erdboden und reichen bis zur Unterkante des Daches. Das unter den Schächten vorhandene Erdgeschofs enthält an der dem Flusse entgegengesetzten Langseite ein Eisenbahngleis und die Kasten A, in welche das auf Waggons ankommende Getreide mittels Schaufeln zunächst gebracht wird; von hier aus wird es mit Hilfe der Becherwerke *(Receiving elevators)* B in die Getreidekasten *(Receiving hoppers)* C des obersten Geschosses gehoben. Aus diesen fallen die Körner durch viereckige hölzerne Rinnen *(Spouts)* D in die zum Wägen bestimmten Kasten *(Weighing hoppers)* K und aus letzteren in die Getreideschächte *(Bins)* E.

Um das Getreide zu reinigen, läfst man dasselbe in Regenform oben aus der Decke eines cylindrischen Behälters fallen, der etwa 5 bis 6 m lang ist und von unten nach oben von einem starken Luftstrom durchzogen wird; Staub, Hülsen etc. werden von letzterem mitgenommen und in einen daneben gelegenen Raum geführt, woraus sie in den Flufs gelangen.

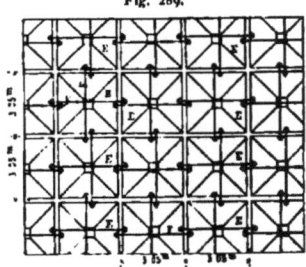

Fig. 289.

Anordnung der Getreidespeicher[70] L
¹/₁₀₀ w. Gr.

Soll Getreide in Schiffe verladen werden, so wird es zunächst aus den Schächten (durch Öffnen) des Schiebers an ihren Auslauftrichtern) in die Kasten G abgelassen, aus diesen mittels eines zweiten Becherwerkes *(Shipping elevator)* H in die Getreidekasten *(Shipping hoppers)* J gehoben, von wo es in die Schiffe gelangt.

Die Becherwerke B und H stehen lotrecht; ihre Schöpfeimer sind aus starkem Eisenblech hergestellt, 40 cm breit, 10 cm tief und 25 cm hoch. In einem kleinen Anbau des Speichers befinden sich der Dampfkessel (mit Schornstein) und die Dampfmaschine; die Kraftübertragung geschieht durch Transmissionsriemen, welche nach den beiden im Dachgeschofs gelegenen Transmissionswellen geführt sind. Das Dach zeigt in der Mitte einen 11 m breiten Aufbau, worin aufser den eben gedachten beiden Wellen noch die schon erwähnten Kasten C, J, K angeordnet sind.

Die Anordnung der Getreideschächte E geht aus Fig. 289[70]) hervor; dieselben haben 3,16 m Querschnittsabmessung und 15,25 m Höhe; F sind die Spannhölzer, durch welche die gegenüberliegenden Wände zusammengehalten werden.

Eine sehr bedeutende und bemerkenswerte Anlage ist der Getreidespeicher zu Canton bei Baltimore, welcher im November 1875 begonnen und im Dezember 1876 dem Gebrauche übergeben worden ist; die nebenstehende Tafel zeigt[71]) einen Längen- und Querschnitt, Fig. 290 den wagrechten Schnitt durch das Gebäude.

---
[69]) Vergl. Baugwks.-Ztg. 1882, S. 727.
[70]) Nach: MALÉZIEUX, M. *Travaux publics des États-Unis d'Amérique en 1870*. Paris 1873. S. 521 u. Pl. 30.
[71]) Faks.-Repr. nach: DREDGE, J. *The Pennsylvania railroad etc*. London 1879. S. 105 u. Pl. 30-33.

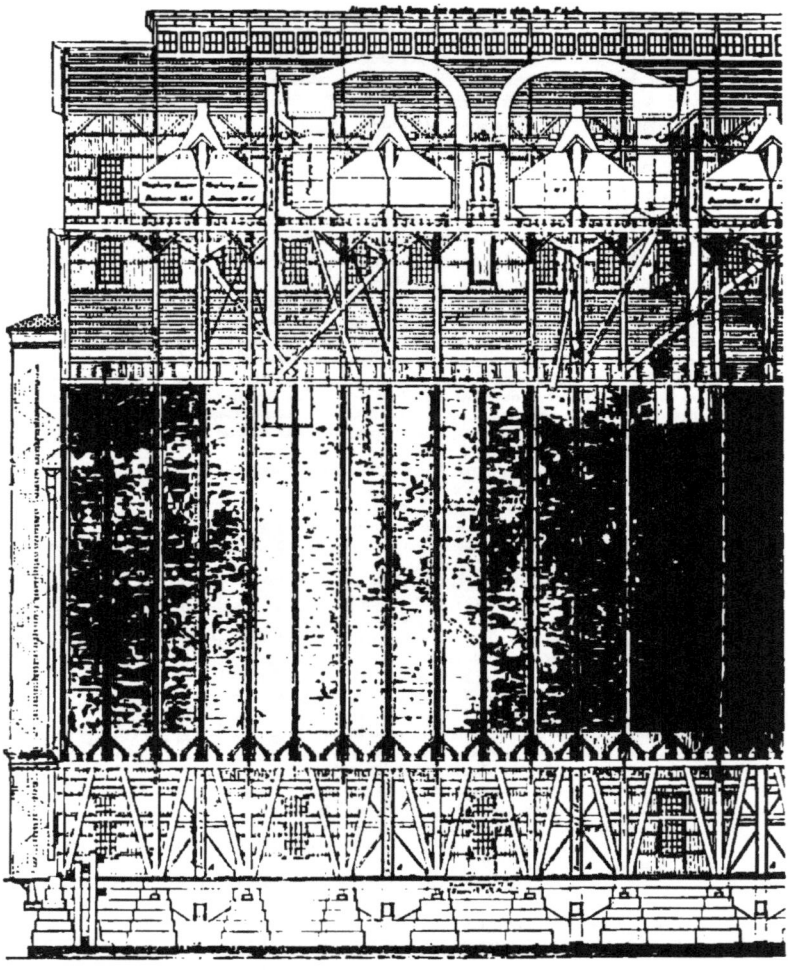

Die Abmessungen sind in engl. Fußen
und Zollen angegeben.
1 Fuß engl. = 304,80 mm; 1 Zoll engl. = 25,40 mm.

Getreidespeic

Handbuch der Architektur. IV. 3, a. (2. Aufl.)

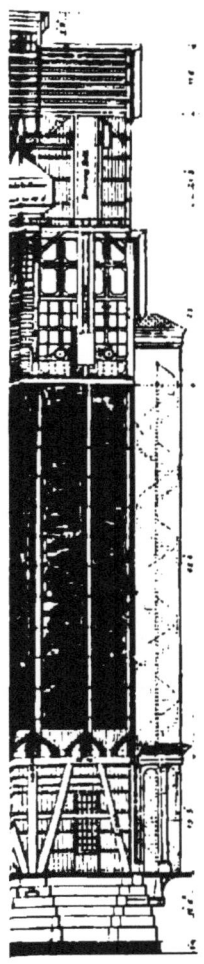 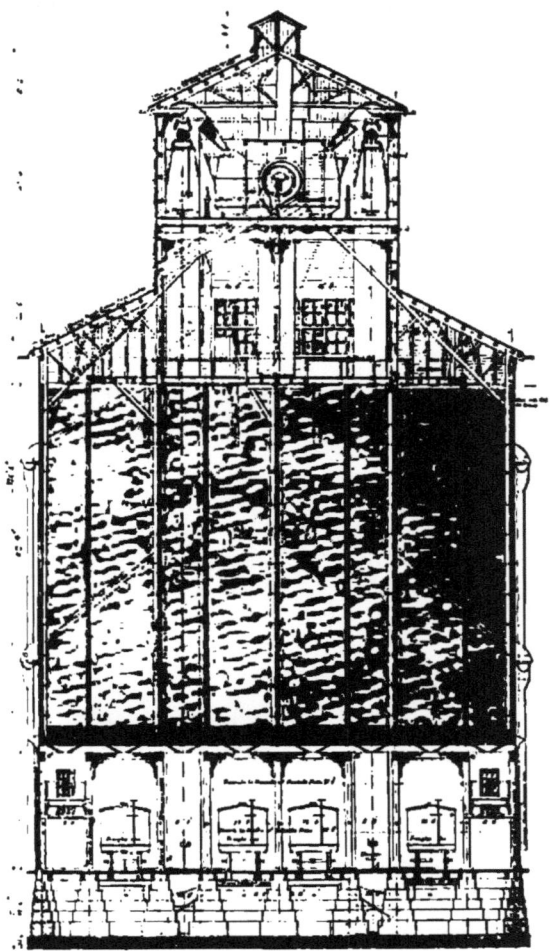

her zu Canton.

Fahr.-Repr. nach: Dumais, J.
The Pennsylvania railroad etc.
London 1879. Pl. 30 u. 31.

Fig. 290.

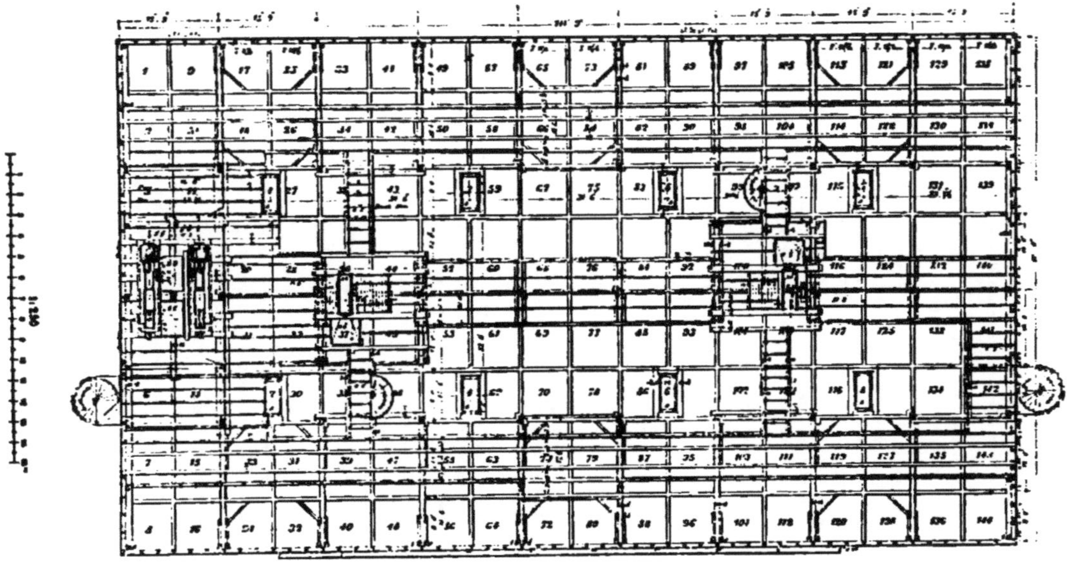

Getreidespeicher zu Canton. — Grundriß (Anordnung der Getreideschächte[71]).

Die Abmessungen sind in engl. Fußen und Zollen angegeben (1 Fuß engl. = 305,00 mm; 1 Zoll engl. = 25,40 mm).

Dasselbe ist 48,5 m lang, 24,7 m breit und bis zum Dachfirst 42,5 m hoch; der zur Lüftung dienende Dachaufsatz hat eine Höhe von 1,8 m; die Unterkante der Getreideschächte ist 5,9 m über dem Fußboden des Erdgeschosses gelegen; die Schächte selbst sind 19 m hoch.

Wie der Grundriß in Fig. 290 andeutet, sind 144 Schächte vorhanden, wovon indes nur 142 zur Getreideaufnahme bestimmt sind. Die eine Hälfte derselben hat einen lichten Querschnitt von je 2,21 × 2,21 m, die andere einen solchen von je 2,21 × 3,30 m. Die Schachtwände sind aus 6,1 × 15,2 cm starken Bohlen zusammengesetzt; an der Außenseite des Gebäudes haben die Bohlen 6,1 × 20,3 cm Querschnitt und sind mit galvanisiertem Eisenblech bekleidet. Sämtliche Schächte können ca. 176 000 hl Getreide aufnehmen; die Elevatoren können in der Stunde zusammen ca. 11 300 hl emporfördern.

Vier Eisenbahngleise sind im Erdgeschoß gelegen, neben diesen Behälter, in welche das in Waggons ankommende Getreide gebracht und aus diesen mittels der Elevatoren in das Dachgeschoß gehoben wird, wo die Reinigungs- und Wägevorrichtungen aufgestellt sind. Das abzugebende Getreide wird mit Hilfe der im Querschnitt zu beiden Seiten ersichtlich gemachten Schläuche nach den Schiffen gebracht.

Im übrigen bedürfen die beigefügten Abbildungen kaum einer weiteren Erläuterung; die (nach dem Original) darin eingetragenen englischen Bezeichnungen dürften unter Zuhilfenahme der Beschreibung des Speichers in Chicago ohne weiteres verständlich sein.

Der Kornspeicher zu Philadelphia, den die Pennsylvania-Centralbahn-Gesellschaft zu Ende der sechziger Jahre erbauen ließ, ist dazu bestimmt, das mit der Eisenbahn ankommende Korn aufzunehmen und es so lange aufzubewahren, bis es mit Landfuhrwerk abgeholt und den einzelnen Empfängern zugeführt wird. Derselbe ist durch die Einrichtung für Zu- und Abfuhr des Getreides bemerkenswert.

Das Gebäude ist 170 m lang, 38,1 m breit und bis zur Dachtraufe nahezu 11 m hoch; durch ein Gebälke, welches 6,s m über dem Erdboden gelegen ist, wird das Innere des Speichers in ein Unter- und Obergeschoß geschieden; in die Dachflächen ist eine große Zahl von Deckenlichtern aus mattem Glas eingesetzt.

Im Obergeschoß führen durch die ganze Länge des Speichers hindurch 6 Gleise, zwischen denen sich Ladebühnen von 1,2 m Höhe befinden. Unter diesen, bis auf 2,44 m Höhe über dem Erdboden abwärts führend, sind in je 3,35 m Abstand (von Mitte zu Mitte), und zwar zu beiden Seiten jedes Gleises, hölzerne Kornschächte angebracht, in deren obere Öffnungen das Korn unmittelbar von den Eisenbahnwagen aus hineingeschaufelt wird; aus den Auslauftrichtern dieser Schächte kann man das Korn (durch Öffnen einer Klappe) unmittelbar in die darunter gefahrenen Landfuhrwerke ablassen.

Im ganzen sind 600 Kornschächte vorhanden, und ein jeder faßt 211½ hl Getreide. Quer durch das Untergeschoß führen 50 gepflasterte Wege für Rollfuhrwerk; dieselben sind getrennt durch hölzernes Fachwerk, welches das Gebälke stützt, und zugänglich durch in den Speicher-Langwänden angebrachte Thore [?]).

Den amerikanischen Schachtspeichern nachgebildet ist der im Jahre 1881 bis 1883 erbaute Getreidespeicher zu Budapest, dessen Entwurf von *Ulrich*, *Flattich* und *Zipperling* aufgestellt worden ist; die Einzelpläne der Eisenkonstruktion rühren von *Kraupa* her. Die nebenstehende Tafel zeigt [78]) den Querschnitt und eine Grundrißhälfte dieses Bauwerkes.

Die (untereinander verschieden großen) Getreideschächte, hier Caissons genannt, sind aus Eisen konstruiert, ebenso ihr Unterbau; letztere sind die Schächte sind von den Umfassungsmauern ganz unabhängig. Der ganze Grundriß ist in 10 Quadrate geteilt; im Schnittpunkte je zweier Diagonalen eines Quadrates liegt ein Hauptelevator, der alle Schächte bedient, welche zum betreffenden Quadrate gehören. Die Schachtwände wurden ursprünglich Bleche von 1 bis 7 mm Stärke (nach unten zunehmend) vorgeschlagen; auf Grund der mit einem »Probecaisson« vorgenommenen Versuche entschied man sich für eine Blechstärke von 8 mm und versteifte die Wände mit L- und T-Eisen.

Im Querschnitt ist durch punktierte Linien der Hauptweg veranschaulicht, den das Getreide verfolgt, wie es z. B. vom Schiff in die Schächte und aus diesen in die Eisenbahn- oder Straßenfuhrwerke gelangt. Befindet sich das Schiff bei 1 am Ufer, so wird dasselbe durch den in der Mitte des Gebäudes befindlichen feststehenden und die zwei verstellbaren seitlichen Schiffselevatoren entladen; das Getreide kommt zunächst nach 2, wo die erste Wägung stattfindet; von dort kommt es durch eine

[77]) Nach: Zeitg. d. Ver. deutsch. Eisenb.-Verw. 1870, S. 306.
[78]) Nach: Zeitschr. f. Baukde. 1883, S. 251 u. Bl. 19, 20.

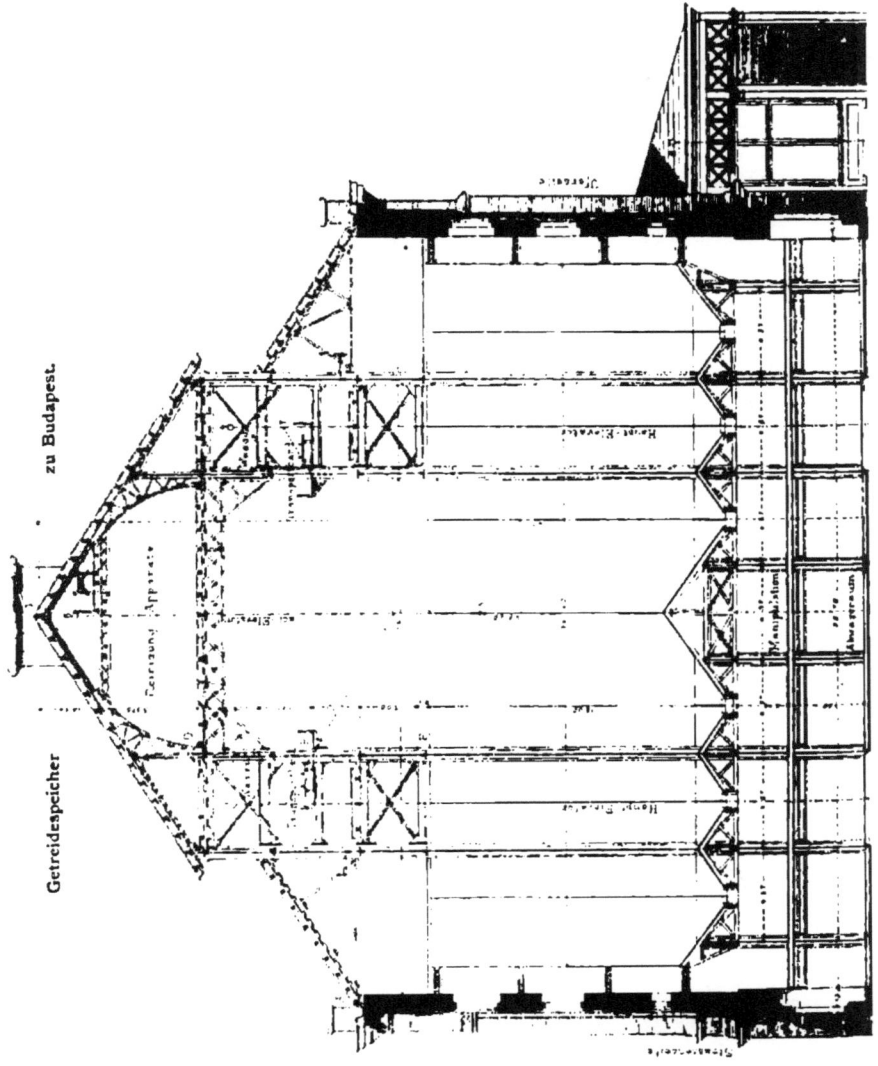

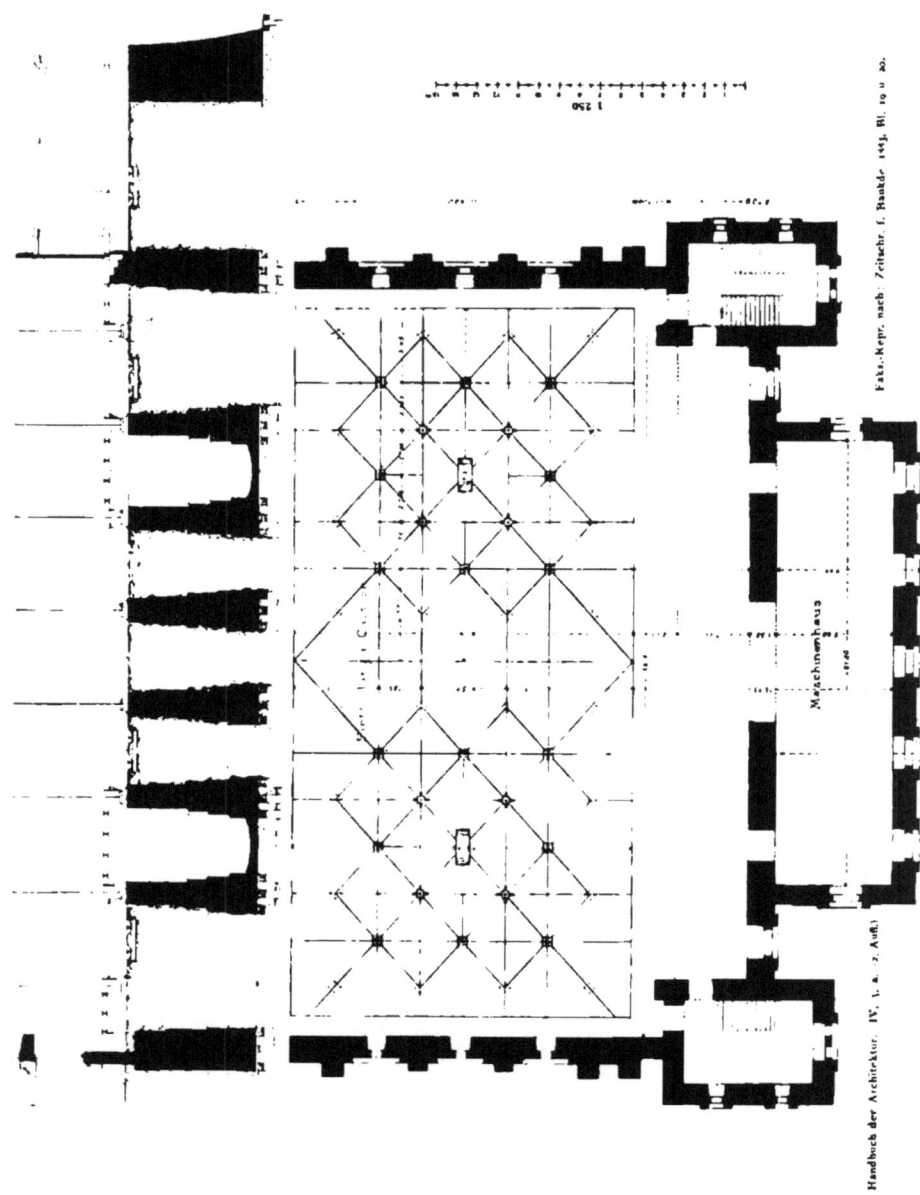

Abfallvorrichtung zum Hauptelevator 3-4, wird bei 4 abermals gewogen, gelangt von dort in die bei 7 befindliche Verteilungsvorrichtung und aus dieser entweder durch entsprechend gestellte Rohre in die Schächte oder aber zunächst in den Dachelevator und die Reinigungsvorrichtungen und dann erst in die Schächte. Aus letzteren kann das Getreide, mit Hilfe der im Manipulationsraume gelegenen Klappen, über die Wagen im Abwägeraum entweder in die Säcke abgelassen oder durch geeignet gestellte Abfallrohre in ein Fahrzeug verladen werden.

Für Getreide, welches mit der Bahn oder auf gewöhnlichem Fuhrwerk ankommt, läfst sich die Handhabung leicht verfolgen. Wird über den Schächten oder im Abwägeraum eine wagrechte Beförderung erforderlich, so sind hierfür Förderbänder vorhanden.

Zum Betriebe der ganzen Anlage sind im Maschinenhause 2 Compound-Dampfmaschinen von je 250 Pferdestärken aufgestellt. Der Fassungsraum des Speichers wird zu 390000 Met.-Ctr. Getreide angegeben, was (1 hl zu 75 kg gerechnet) 520000 hl ergiebt; die nutzbare Grundfläche des Speichers beträgt 3900 qm, so dafs auf 1 qm 133$^1/_3$ hl entfällt; die Baukosten haben auf 1 qm Grundfläche 871 Mark betragen.

Die Schiffselevatoren fördern in der Stunde mehr als 1000 hl; im Speicher können gleichzeitig 24 Bahnwagen, 4 Schiffe und 6 Strafsenfuhrwerke bedient werden.

Grundsätzlich mit den amerikanischen Getreidespeichern übereinstimmend, in den Einzelheiten aber wesentlich vervollkommnet, sind die einschlägigen in Deutschland ausgeführten Bauwerke, von denen einzelne im vorhergehenden mehrfach erwähnt, auch in den Abbildungen dargestellt worden sind. Dieselben wurden grofsenteils von *G. Luther*, Maschinenfabrik in Braunschweig, von *Gebrüder Weissmüller*, Maschinenfabrik in Frankfurt a. M.-Bockenheim und von *Nagel & Kaemp* in Hamburg ausgeführt.

7) Schachtspeicher mit Luftumlauf.

Bei den im vorhergehenden beschriebenen Schachtspeichern wird von der Lüftung der Getreidekörner innerhalb der Schächte abgesehen; sie wird nur, in der beschriebenen Weise, bewirkt, sobald man Körnermassen aus den Schächten ausfliefsen läfst. Es fehlt indes auch nicht an Speichereinrichtungen, bei denen eine Lüftung des Getreides in den Schächten selbst, bezw. in den die Schächte ersetzenden Behältern vollzogen wird. Dies geschieht entweder durch Erzeugung eines natürlichen Luftzuges oder mit Hilfe von Ventilatoren, mittels deren durch die Einflufsöffnung angesaugt oder durch die Ausflufsöffnung zugeblasen werden kann. Die bemerkenswerteren Anordnungen dieser Art sind die folgenden.

α) Die einfachste Einrichtung, um einen natürlichen Luftzug durch die Getreidemasse hindurch zu erzielen, hat *Braasch* in Anwendung gebracht. Derselbe stellt die Schachtwandungen mit Durchbrechungen her, durch welche die Luft in das Schachtinnere tritt, im Dachgeschofs ausmündet und dort durch besondere Luftrohre abgeführt wird.

Einen für einen solchen Getreidespeicher von *Braasch* aufgestellten Entwurf stellen Fig. 291 u. 292[1]) in wagrechtem und lotrechtem Schnitt dar.

Das im Grundrifs achteckige Speichergebäude, welches nahezu 1200 hl Frucht aufnehmen soll, zerfällt in 16 Schächte, wovon 15 zur Aufnahme von Getreide bestimmt sind und der sechzehnte das Treppenhaus bildet. Diese Schächte werden durch Holzwände gebildet, die aus lotrechten Balkengerippen mit beiderseitiger Bohlenbekleidung bestehen; der Hohlraum wird nicht ausgefüllt; vielmehr werden die Bohlen, um einen besseren Luftumlauf zu erzielen, mit Öffnungen von ca. 15 cm im Geviert versehen, die mit starken Drahtgeweben verschlossen sind. Wo Getreideschächte an Speicheraufsenmauern stofsen, sind diesen Luftöffnungen gegenüber Fenster angeordnet, welche, zur Abhaltung der Vögel, mit Drahtgittern versehen sein müssen.

Durch eine möglichst grofse Anzahl von Luftlöchern, welche an der Ausmündung der Schacht-

[1]) Nach: Romberg's Zeitschr. f. prakt. Bauk. 1863. S. 1 u. Taf. 1, 2.

wände im Erdgeschofs anzubringen sind, strömt die Luft durch die Schachtwände, teilt sich durch die Drahtgitter dem Schachtinhalt mit und wird, im Dachgeschofs angekommen, durch das Luftrohr *d* abgeführt.

Zur Versteifung der Schachtwände sind in verschiedenen Höhen Querriegel oder Steifen angeordnet; das Mauerwerk des Speichers ist mit Eckpfeilern und Eisenringen gesichert. Im Erdgeschofs sind auf Granitsockeln ruhende Eisensäulen aufgestellt, welche die Schächte zu tragen haben.

Ankommendes Getreide wird mittels einer im Treppenhause aufgestellten Winde nach dem Dachgeschofs gehoben und von dort in die Rümpfe *a* geschüttet; in letzteren halten Siebe die Verunreinigungen des Getreides zurück. Soll eine kräftige Lüftung der Körnermasse stattfinden, so nimmt man (durch Öffnen des Schiebers in den Rohren *b* und Benutzung der Winde) das Umleeren des Schachtinhaltes vor.

Fig. 291.

Es ist leicht ersichtlich, dafs nur kleine Speicheranlagen nach diesem Grundgedanken mit Erfolg zu errichten sein werden; für grofse Getreidemassen ist die ausreichende Durchlüftung derselben auf solchem Wege nicht zu erzielen.

Speicher von Sinclair.

β) Zu den in Rede stehenden Getreidespeichern gehören ferner die Getreidespeicher von *Sinclair*. Unter sattelförmig gestalteten Halbrohren entstehen mit Körnern nicht gefüllte Kanäle, innerhalb deren ein beständiger Luftumlauf stattfindet; hiermit ist auch die stete Wechselwirkung zwischen der Luft in diesen Kanälen und der zwischen den Getreidekörnern befindlichen Luft erzielt. Wie die Erfahrung gezeigt hat, geschieht die Lüftung und die dadurch erzielte Konservierung des Getreides in ausreichendem Mafse, und nur bei frischen und feuchten Körnern wird während der gefährlichen Jahreszeit das Umleeren des Speichers erforderlich.

Lotrechter Schnitt.

Fig. 292.

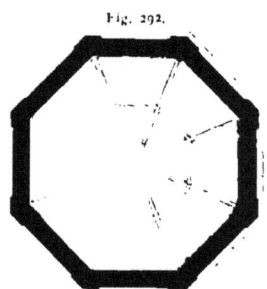

Wagrechter Schnitt nach *A A.*
Getreidespeicher von *Braasch*²¹).
¹/₁₀₀ w. Gr.

Die *Sinclair'sche* Einrichtung erfordert eine möglichst freie Lage des Speichers und die Berücksichtigung der herrschenden Windrichtung; für gröfsere Speichergruppen ist hiernach eine solche Konstruktion nicht gut anwendbar.

Speicher von Salaville.

γ) Beim Getreidespeicher von *Salaville* wird der Boden der einzelnen Abteilungen aus Rohren gebildet, welche mit zahlreichen kleinen Löchern versehen sind und mit einer Luftkammer in Verbindung stehen; letztere wird durch einen oder mehrere Ventilatoren mit Prefsluft gespeist. Beim Anlassen des Gebläses durchdringt der Luftstrom die zahlreichen feinen Zwischenräume zwischen den Getreidekörnern, kühlt letztere ab und führt den Staub nach oben, der sich endlich mit dem Luftstrom verflüchtigt.

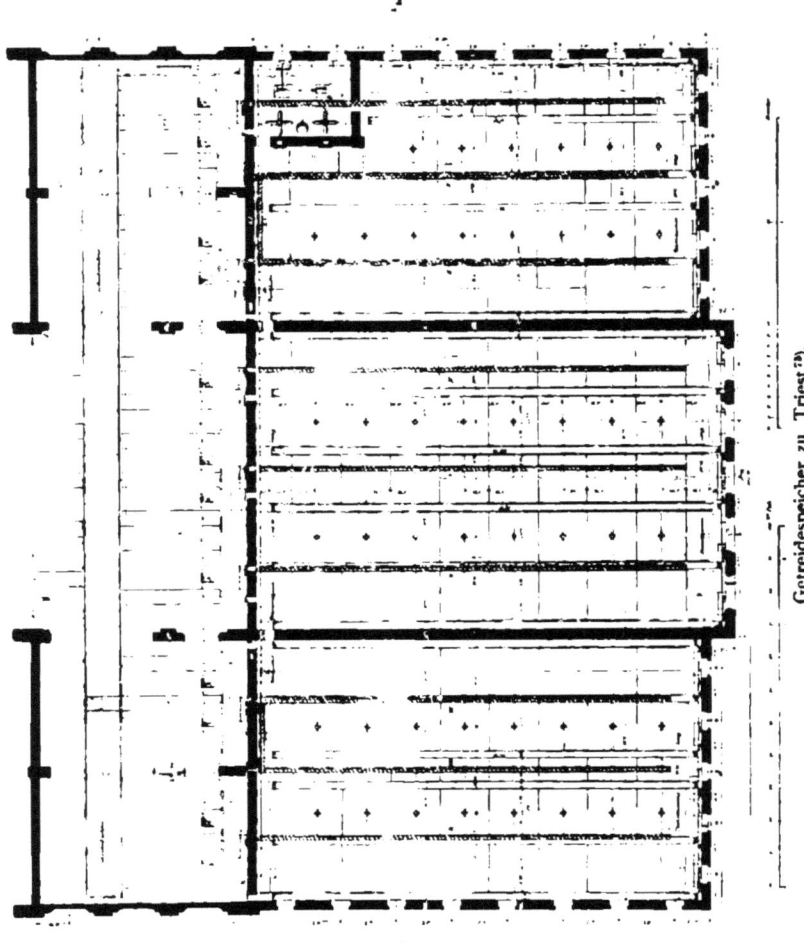

Fig. 293. Getreidespeicher zu Triest.

Speicher von Devaux.

b) Die von *Devaux* konstruierten Speicher haben Getreideschächte von quadratischem Querschnitt und 1,6 bis 2,2 m Seitenlänge erhalten; dieselben sind aus durchbrochenem Eisenblech hergestellt. In der Achse jedes Schachtes steht ein lotrechter, gleichfalls aus durchbrochenem Eisenblech konstruierter Cylinder; der ringförmige Zwischenraum zwischen diesem Cylinder und der äufseren Schachtwandung wird zur Lagerung des Getreides benutzt.

Jeder Getreideschacht hat an der zugänglichen Seite in Abständen von 1,00 bis 1,25 m kleine verschliefsbare Öffnungen und nahe am Boden eine gröfsere, gleichfalls verschliefsbare Thür; die ersterwähnten kleineren Öffnungen dienen zur Untersuchung des Getreides in verschiedenen Höhen; die gröfsere Öffnung ist zum Entleeren des Schachtes bestimmt.

Der innerhalb des Getreideschachtes befindliche Cylinder steht mit der äufseren Luft durch kleine Kanäle in Verbindung, welche abgeschlossen werden können und mittels weiterer, gleichfalls verschliefsbarer Kanäle mit einem Hauptluftkanal in Verbindung stehen. In letzteren wird durch einen Ventilator Luft entweder eingetrieben oder Luft daraus gesaugt. Im ersteren Falle wird der Cylinder oben durch einen Deckel geschlossen, so dafs die eintretende Luft durch die Öffnungen des Cylindermantels in die Getreidemasse getrieben wird und durch die Löcher der äufseren Schachtwandung entweicht; im zweiten Falle wird die in den Zwischenräumen der Getreidemasse enthal-

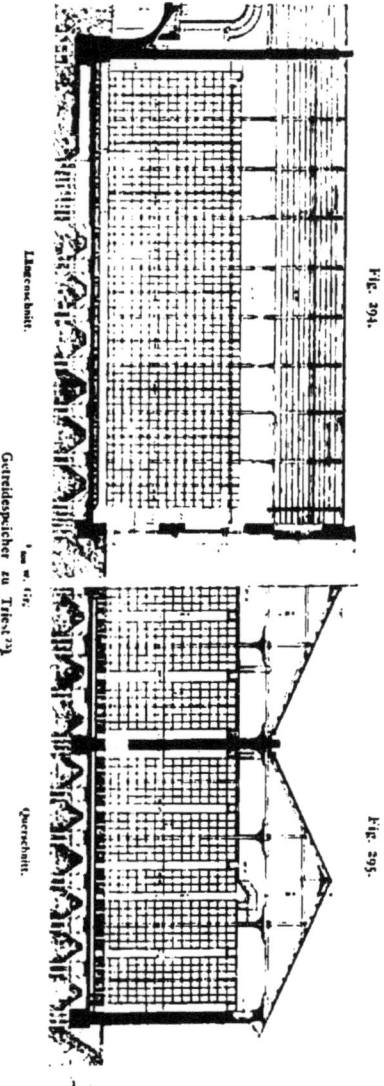

Getreidespeicher zu Triest.[*]

Längenschnitt. Fig. 294.

Querschnitt. Fig. 295.

[*] Faks.-Repr. nach: Etzel, C. v. Oesterreichische Eisenbahnen, entworfen und ausgeführt in den Jahren 1857 bis 1867. Bd. V. Wien 1872. Bl. 38–49.

Fig. 296 u. 297.

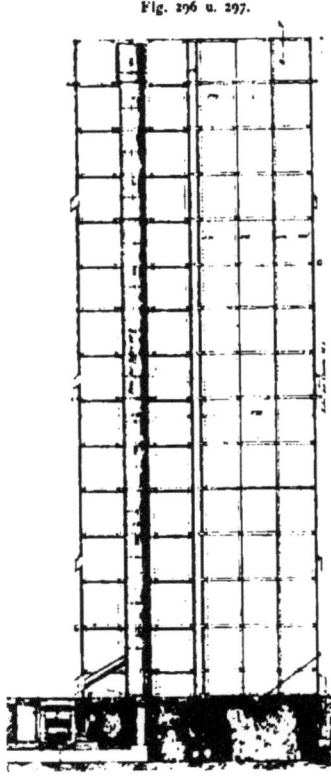

Vom Getreidespeicher zu Triest [73].
1/... w. Gr.

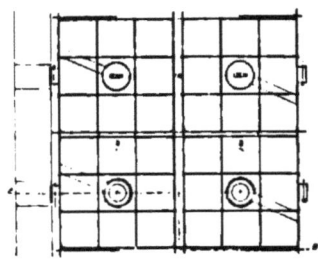

tene Luft nach dem Cylinder zu angesaugt und entweicht durch den Ventilator, während durch die Durchbrechungen der äufseren Schachtwandung frische Luft nachdringt.

Nach angestellten Berechnungen und aus der Erfahrung ergiebt sich, dafs im *Deraux*'schen Getreideschacht von 19 m Höhe bei einer Querschnittsabmessung von 1,6 m ca. 30,5 hl und bei einer Querschnittsabmessung von 2,2 m ca. 61 hl gelagert werden können; auf 1 qm Speichergrundfläche kann man ca. 12,5 hl Körnerfläche magazinieren.

Nach *Deraux*'schem Grundgedanken ist durch *Flattich* der grofse Getreidespeicher zu Triest, in Fig. 293 bis 295 [75]) dargestellt, ausgeführt worden.

Das Getreide wird in Eisenbahnwagen angefahren und auf Schiffen weiter befördert; das Bahnhofsplanum liegt ca. 7 m höher, als der Boden der Getreideschächte und als die Strafse. Die 474 Schächte sind in Reihen zu 17 aufgestellt; sie haben 2,2 m Seitenlänge, 13,1 m Höhe, und jeder derselben kann 61,5 hl Getreide aufnehmen. Zwischen je zwei Doppelreihen ist ein Gang von 95 cm Breite angeordnet; im übrigen stehen die Schächte ziemlich nahe aneinander (in 8 bis 18 cm Entfernung). In den Schachtwänden, welche dem gedachten Gange zugekehrt sind, befinden sich verschliefsbare Öffnungen behufs Untersuchung des Getreides.

Die beladenen Eisenbahnwagen werden mittels einer Schiebebühne an die nächst gelegene Speicherwand gefahren; neben dieser sind Einwürfe, bezw. Holztrichter in den Boden eingelassen, in welche das Getreide entleert wird und aus denen es in gemauerte Getreidebehälter fällt. Mit jedem dieser Behälter steht ein Elevator in Verbindung, der das Getreide in die wagrechten Förderschrauben (Fig. 274, S. 191) hebt, welche über den Schächten angeordnet sind; aus der Röhre der Getreideschraube fallen die Körner durch ein System von Seitenröhren in die einzelnen Schächte; da diese Seitenröhren verschliefsbar sind, so kann das eingeschüttete Getreide nach Belieben in den einen oder anderen Schacht gebracht werden.

Die Entnahme von Getreide geschieht in nachstehender Weise. Unter jedem zwischen den Schachtreihen angeordneten Gange befindet sich ein gedeckter Kanal mit einem über Rollen laufenden Förderband. Die Körnermasse des zu entleerenden Schachtes läfst man auf das in Bewegung gesetzte Band ausfliefsen, wodurch sie nach einem

Sammelkasten gebracht wird, der an der den Schiffen zugekehrten Speicher-Aufsenmauer aufgestellt ist; aus diesem wird durch einen zweiten Elevator das Getreide so hoch gehoben, dafs es durch ein schräges Rohr, einen Schlauch etc. von selbst in das Schiff geführt wird.

Die Getreideschächte (Fig. 296 u. 297) sind aus einem Winkeleisengerippe gebildet, auf welches die 1 mm starke Blechwand genietet ist; die Durchbrechungen der letzteren haben 1,2 mm lichte Weite und sind (von Mitte zu Mitte) 19 mm voneinander entfernt. Der in der Mitte jedes Schachtes angeordnete Cylinder hat 47 cm Durchmesser und ist ca. 30 cm niedriger als der Schacht; seine Wandungen sind gleichfalls durchlöchert; unten steht er mit dem Ventilator in Verbindung. Aus letzterem tritt die geprefste Luft in den oben geschlossenen Cylinder, aus diesem in die Körnermasse und schliefslich durch die Schachtwandung nach aufsen. Die Konservierung des Getreides wird hierdurch allein bewirkt; dasselbe wird, um es vor dem Verderben zu schützen, nicht in Bewegung gesetzt.

Der Speicher besitzt 2 Ventilatoren, 12 Förderbänder, 7 grofse und 18 kleine Elevatoren und 9 Getreideschrauben; die letzteren machen 29 Umdrehungen in der Minute; die Geschwindigkeit der Förderbänder beträgt 1,4 m, diejenige der Becher am Elevator 98 cm in der Sekunde. Jeder Aufzug, jede Schraube und jeder Gurt befördern in der Stunde 32 bis 35 hl Getreide.

Der Betrieb aller Maschinen geschieht durch Dampfkraft; hierzu sind 2 Dampfkessel und eine Dampfmaschine vorhanden, welche letztere eine Normalleistung von 35 Pferdestärken hat.

So gut die mit *Devaux*'schen Getreidespeichern erzielten Erfolge auch sind, so lassen sich beim Betrieb derselben ökonomische Bedenken nicht unterdrücken. Die Ventilatoren erfordern einen nicht geringen Kraftaufwand, und die Kosten des letzteren könnten vielleicht besser und zweckmäfsiger zum zeitweisen Umleeren der Getreidemassen verwendet werden; denn die Reibung der Getreidekörner beim Herabsinken reicht erfahrungsgemäfs aus, um die Kornwürmer zu vernichten. Auch dürfte das Durchlochen der Schacht- und Cylinderwandungen nicht unerhebliche Mehrkosten veranlassen.

ε) Um die, sozusagen, kostenfreie Lüftung der Getreidemassen nach *Sinclair*-schem Grundgedanken auszunutzen, hat *Artmann* einen Drain-Ventilations-Speicher angegeben, der sich in gewissem Sinne als Vereinigung der Systeme *Sinclair* und *Devaux* auffassen läfst.

Die Getreideschächte bestehen aus einem mit Blechwänden umschlossenen Raume; die Blechwände sind untereinander durch Drainrohre abgesteift. Dort, wo die Schächte aneinander stofsen, also in der gemeinschaftlichen Scheidewand, befinden sich eiserne Lüftungsschlote, die zugleich die lotrechte Versteifung dieser Wände bilden und in welche die Drainrohre münden. Nach aufsen stehen die Drainrohre um einige Centimeter vor, damit kein Wasser in dieselben gelangen könne.

Da die Temperatur innerhalb der Getreidemasse nur vorübergehend derjenigen der äufseren Luft gleich werden kann, meistens aber von derselben verschieden sein wird, mufs im Lüftungsschlot eine Luftbewegung stattfinden, welche sich auf die wagrechten Drainrohre, die in den Schlot münden und die Körnermasse durchsetzen, fortpflanzt.

Eine etwas eingehendere Beschreibung solcher Speicher ist in der unten [*]) genannten Quelle zu finden.

8) Sonstige Speicheranlagen.

Aufser den im vorstehenden vorgeführten Systemen von Getreidespeichern fehlt es nicht an einschlägigen Ausführungen und Entwürfen, welche in keine der besprochenen Gruppen eingereiht werden können. Einige derselben, so weit sie eine bemerkenswerte grundsätzliche Abweichung zeigen oder Eingang in die Praxis gefunden haben, mögen im folgenden Aufnahme finden.

α) Eine Vereinigung der beiden Grundgedanken, welche den Speichern mit wagrechter Teilung (siehe Art. 187, S. 182) und jenen mit lotrechter Teilung (siehe Art. 190, S. 184) zu Grunde liegen, wurde von *Opitz* in Anwendung gebracht. Sein Speicher ist (wie die Bodenspeicher) mehrgeschossig; jedes Ober-

[*]) Zeitschr. d. öst. Ing.- u. Arch.-Ver. 1871, S. 102 u. 103.

geschofs zerfällt (am besten mit Hilfe eiserner Träger) in einzelne quadratische Felder, und jedes Feld wird als flacher eiserner Trichter ausgebildet; jeder der Trichter ist unten mit einem Verschlufsschieber versehen. Im untersten (Erd-) Geschofs vereinigen sich sämtliche Trichter in einem einzigen grofsen Sammeltrichter, unter welchem einige Hohlcylinder angeordnet sind, deren Hohlraum so geregelt werden kann, dafs jeder derselben eine bestimmte Menge Körner (z. B. 50 kg) fafst. Unter diese Hohlcylinder werden die zu füllenden Säcke gebracht. Der Sammeltrichter des Erdgeschosses läfst sich öffnen, wobei die Hohlcylinder gefüllt werden; der Boden letzterer läfst sich gleichfalls öffnen, so dafs die Säcke gefüllt werden können.

Fig. 298.

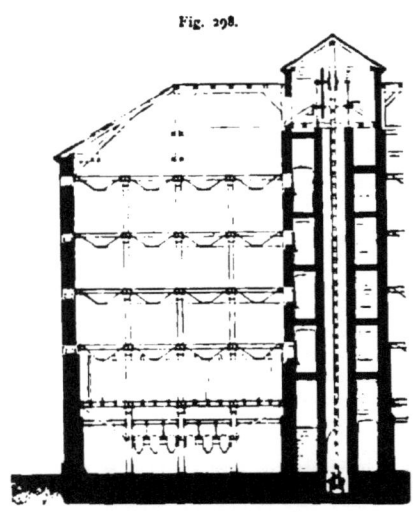

Lotrechter Schnitt. — 1/... w. Gr.

Fig. 299.

Grundrifs. — 1/... w. Gr.

Körner-Magazin in Dresden.[17].

Die zu magazinierenden Körnerfrüchte werden (am besten mittels eines Elevators) in das oberste Geschofs gehoben und dort mit Hilfe einer beweglichen Rinne gleichmäfsig auf die einzelnen Trichter verteilt. Sind die Trichter dieses Geschosses entsprechend gefüllt, so werden dieselben unten ein wenig geöffnet; die Körner fallen alsdann in die Trichter des darunter gelegenen Geschosses und lagern sich dort mit ziemlich viel Zwischenraum aufeinander. In solcher Weise fährt man, je nach Bedarf, von Obergeschofs zu Obergeschofs fort, bis endlich die Körner in den Sammeltrichter des Erdgeschosses, bezw. in die darunter befindlichen Hohlcylinder gelangen und von dort zur Ausgabe kommen.

In den Obergeschossen wird durch Fenster, die zwischen den Trichtern angebracht sind, für Luftzug gesorgt, der insbesondere während des Niederfliefsens der Körner von einem Geschofs in das tiefer gelegene seine trocknende und reinigende Wirkung ausübt.

Die Baukosten solcher Speicher sollen sich zu jenen der Bodenspeicher wie 1 : 3 verhalten; die Betriebskosten der ersteren sollen sich noch viel günstiger stellen.

Nach dem System *Opitz* wurde im Fouragehof der neuen Militär-Etablissements zu Dresden ein Körnermagazin erbaut, welches 6 Mill. Kilogr. Frucht aufnehmen kann, nach der Bahn und nach dem Magazinhofe an 24 Stellen unmittelbare Annahme und Ausgabe gestattet.

Dieses Magazin, wovon in Fig. 298 u. 299[77]) ein Teil im Grundrifs und lotrechten Schnitt dar-

---

[17] Nach: Die Bauten, technischen und industriellen Anlagen von Dresden. Dresden 1878, S. 270.

gestellt ist, ist 101 m lang, 11,5 m tief und besteht aus 4 Blocks zu je 5 Geschossen, von denen jeder in der Mitte ein Treppenhaus mit Paternosteraufzug und rechts und links je ein Speicherabteil hat. Jedes Obergeschoß hat 16 Trichter von 2,5 m Seitenlänge; unter dem Sammeltrichter des Erdgeschosses befindet sich die Ausgabekammer, in der die 12 Ausgabecylinder (zu 1 hl) in 2 Reihen vom Sammeltrichter herabhängen. In 2 Stunden können über 5000 hl Getreide vorschriftsmäßig gesackt und verladen werden.

209. Anwendung von Kohlensäure etc.

β) Um die im Getreide sich einnistenden und dasselbe zerstörenden Insekten zu vertilgen, hat man in die Körnermasse Gase, welche dieselben töten, der Frucht aber nicht schaden, einströmen lassen. Der Getreidebehälter bildet alsdann ein luftdichtes Gefäß, welches man durch Einsenken von Becken mit glühenden Kohlen ganz mit Kohlenoxyd und Kohlensäure anfüllt, worauf das Getreide eingebracht wird.

Chaussenot in Paris vernichtet die Insekten zum Teile durch einen auf eine gewisse Temperatur erwärmten Luftstrom, zum Teile durch Einströmen eines tödlichen Gases. In den Getreidebehälter wird eine gewisse Menge ausgedehnter Luft eingeführt, welche in einem mit einer Feuerung versehenen Behälter erzeugt wird; dieser Luftstrom wird durch das Ansaugen nach einem Schornstein hin verstärkt. Während dieses Ausströmens werden die durch Verbrennung der Kohle entstehenden Gase durch Ansaugen angezogen, so daß der Behälter bald ganz mit Kohlenoxyd und Kohlensäure gefüllt ist [78]).

210. Bewegliche Getreidebehälter.

γ) Abweichend von den bisher beschriebenen Speicheranlagen sind diejenigen Getreidemagazine, in denen die Körner in beweglichen und gelüfteten Behältern aufbewahrt werden. Ein cylindrisches Gefäß, welches um seine wagrechte Achse drehbar ist, erhält einen durchbrochenen Mantel und im Inneren durch Zwischenwandungen verschiedene Abteilungen, die nur zum Teile mit Getreide gefüllt werden. Dreht man mittels eines geeigneten Motors den Behälter, so kommt die Körnermasse in Bewegung, und die Luft tritt von außen in dieselbe ein; durch ein central angeordnetes Rohr, das mit einem Centrifugalventilator in Verbindung steht, wird die Luft der Getreideabteilungen fortwährend angesaugt.

Parmentier hat den Gedanken, bewegliche und gut gelüftete Behälter für die Aufbewahrung von Getreide anzuwenden, zuerst ausgesprochen; *Vallery* scheint die erste derartige Vorrichtung, deren nähere Beschreibung in der unten [79]) genannten Quelle zu finden ist, konstruiert zu haben; *d'Auxy* änderte denselben in einigen Einzelheiten ab [80]).

Die hohen Kosten dieser Einrichtung und der verhältnismäßig große Raum, den das zugehörige Gebäude einnimmt, bildeten das Haupthindernis, daß solche Speicher in die Praxis Eingang fanden.

Litteratur
über größere »Magazine, Vorrats- und Handelsspeicher für Getreide«.

α) Anlage und Einrichtung.

FRANZ, F. Ch. Staatswirthschaftliche Abhandlungen über ältere und neuere Magazin- und Versorgungsanstalten in ökonomisch-physikalischer und historisch-politischer Hinsicht. Hof 1803.

Rapport fait par M. PAYEN *sur l'appareil de M.* VALLERY, *dit grenier mobile, destiné à la conservation des grains.* Bulletin de la soc. d'encourag. 1839, S. 115. Polyt. Journ., Bd. 75, S. 184.

D'ARCET. Ueber den Bau und die Anwendung der Silos im nördlichen Frankreich. *Recueil de la soc. polyt.* 1841, S. 45. Polyt. Journ., Bd. 81, S. 336.

BUJANOVICS, F. v. AGG-TELEK. Ueber die verschiedenen Methoden der Aufbewahrung des Getreides etc. Pesth 1846.

HUART, H. *Système complet d'emmagasinage et de conservation des céréales. Publication industr.* 1855, S. 286. Polyt. Journ., Bd. 135, S. 99.

[78]) Näheres hierüber in: Allg. Bauz. 1859, Notizbl., S. 355.
[79]) Allg. Bauz. 1852, S. 227.
[80]) Siehe: *Bulletin de la soc. d'encour.* 1861, S. 641 – und: Polyt. Journ., Bd. 163, S. 265.

DUFOUR, M. Ueber die Aufbewahrung des Getreides. Polyt. Journ., Bd. 118, S. 229; Bd. 119, S. 229. Zeitschr. d. öst. Ing.- u. Arch.-Ver. 1856, S. 149.
Ueber die Aufbewahrung des Getreides in Magazinen und Silos. Allg. Bauz. 1852, S. 223.
PAYEN. Ueber Silos und Speicher zur Aufbewahrung des Getreides. Polyt. Journ., Bd. 125, S. 254. ROMBERG's Zeitschr. f. prakt. Bauk. 1853, S. 263.
SCHÜCK, R. Die neuesten Erfolge der Silos in der Provinz Sachsen. Polyt. Journ., Bd. 132, S. 221.
DOYÈRE, L. *Mémoire sur la conservation des grains.* Comptes rendus, Bd. 41, S. 1240. Polyt. Journ., Bd. 139, S. 450.
Schüttboden von CONINCK zu Havre. Zeitschr. d. öst. Ing.- u. Arch.-Ver. 1855, S. 466.
Die Reinigung und Aufbewahrung des Getreides. Allg. Bauz. 1856, S. 231.
SCHÜCK, Die Silos in der Provinz Sachsen. ROMBERG's Zeitschr. 1856, S. 27.
CONINCK. Schüttboden zur Aufspeicherung großer Getreidemengen in möglich kleinstem Raume, wo dieselben dennoch entsprechend gelüftet werden können. Polyt. Journ., Bd. 140, S. 267.
DOYÈRE, L. Neue Einrichtung und Behandlung der Silos (Korngruben). Mitth. d. Gwbver. zu Hannover 1858, S. 35. Polyt. Journ., Bd. 148, S. 346.
Die Aufbewahrung des Getreides in Behältern nach der Erfindung des Herrn CONINCK zu Havre. Allg. Bauz. 1859, S. 19.
Architecture chinoise. Greniers publics. Revue gén. de l'arch. 1859, S. 108.
Razionelle Aufbewahrung des Getreides in Silos oder Korngruben. Allg. Bauz. 1860, S. 245.
HUART, H. *Système complet d'emmagasinage et de conservation des céréales.* Publication industr. 1860, S. 286.
Rapport fait par M. Benoît sur le silo agricole ou grenier mobile de M. le marquis d'Auxy. Bulletin de la soc. d'encourag. 1861, S. 641. Polyt. Journ., Bd. 163, S. 265.
FLATTICH, W. Ueber die Anlage und Einrichtung von Getreidemagazinen bei Eisenbahnen nach DEVAUX' System. Zeitschr. d. öst. Ing.- u. Arch.-Ver. 1862, S. 77.
Das neue privilegirte A. DEVAUX'sche System von Getreidespeichern. Polyt. Journ., Bd. 169, S. 470.
Das neue A. DEVAUX'sche System von Getreidespeichern. HAARMANN's Zeitschr. f. Bauhdw. 1864, S. 56.
Corn warehousing machinery. Engng., Bd. 9, S. 51, 70, 88.
ARTMANN, F. Die Handelsspeicher für Getreide. Zeitschr. d. öst. Ing.- u. Arch.-Ver. 1871, S. 94.
HENNINGS, C. Die Bedeutung der Getreidemagazine älterer und neuerer Zeit. Notizbl. d. techn. Ver. zu Riga 1873, S. 41.
HENNINGS, C. Ueber Etagenspeicher, Getreide- und Petroleummagazine. Notizbl. d. techn. Ver. zu Riga 1875, S. 92.
OPITZ. Ueber eine neue, ihm patentirte Konstruktion von Getreide-Magazinen. Deutsche Bauz. 1876, S. 519. Baugwks.-Ztg. 1879, S. 677.
SCHÄFER. Fruchtspeicher, im Besonderen Getreidespeicher. Deutsche Bauz. 1878, S. 502.
BARTELS, H. Betriebs-Einrichtungen auf amerikanischen Eisenbahnen. I. Bahnhofsanlagen und Signale. Berlin 1879. — S. 76: Die Anlagen für den Getreidetransport.
ROSOY. *Les nouveaux silos à grains.* Gaz. des arch. et du bât. 1879, S. 285.
Getreide-Speicher. Baugwks.-Ztg. 1882, S. 727.
Poulson's grain elevator. Engng., Bd. 36, S. 314.
La production et le commerce des grains aux États-Unis - Élévateurs et magasins à grains. Le génie civil, Bd. 3, S. 619.
THILO, E. Die öffentlichen Lagerhäuser mit Warrant-Ausgabe und die Elevatoren in ihrer Bedeutung für Rußland und namentlich Riga. Leipzig 1884.
Élévateurs de grains. Revue industr. 1884, S. 184.
Getreidebeförderung und Elevatoren in America. Centralbl. d. Bauverw. 1885, S. 127.
Bericht der Commission für die Vorarbeiten zur Errichtung eines öffentlichen Lagerhauses für den Getreidehandel in Riga. Rigasche Ind.-Ztg. 1885, S. 13. — Auch als Sonderabdruck erschienen: Riga 1885.
LUTHER, G. Die Construction und Einrichtung der Speicher speciell der Getreide-Magazine in ihren neuesten Vervollkommnungen. Braunschweig 1886.
POTTER, TH. *The construction of silos etc.* London 1886.
WEISMÜLLER, Gebr. Maschinelle Einrichtungen für den Getreide-Verkehr etc. Bockenheim-Frankfurt a. M. 1888.
CLAUSSEN. Getreide-Speicherbauten und Speicherbetrieb. Annalen f. Gewbe. u. Bauw., Bd. 27, S. 5, 21.
SHAPION, W. *Grain stores and machinery.* Engng., Bd. 52, S. 297.
SWATOSCH, J. Moderne amerikanische Mühlen-Anlagen und Getreide-Elevatoren. Zeitschr. d. öst. Ing.- u. Arch.-Ver. 1895, S. 91.

Jansen, H. A. Versuche über Getreidedruck in Silozellen. Zeitschr. d. Ver. deutsch. Ing. 1895, S. 1045.
Silos aus Holz. Deutsche Baugwksbl. 1894, S. 525.
Ramm, E. Construction und Betrieb eines einfachen amerikanischen Getreidehauses, Stuttgart 1896.
Koenen, M. Berechnung des Seiten- und Bodendrucks in Silozellen. Centralbl. d. Bauverw. 1896, S. 446.
Prantl, Messungen des Getreidedruckes gegen Silowandungen. Zeitschr. d. Ver. deutsch. Ing. 1896, S. 1122.
Getreide-Speicheranlagen. Uhland's Techn. Rundschau 1896, Gruppe IV, A, S. 1; Gruppe V, B, S. 1.
Mechanische Einrichtungen für Kornspeicher. Haarmann's Zeitschr. f. Bauhdw. 1896, S. 81, 89, 97.
Getreide-Silo-Speicher. Prometheus 1898, S. 582, 599.
Buhle, M. Transport- und Lagerungs-Einrichtungen für Getreide und Kohle. Berlin 1899.

β) Ausführungen und Entwürfe.

Gauthier, P. Les plus beaux édifices de la ville de Gênes et de ses environs. Nouv. édit. Paris 1845. Ire partie. Pl. 44 et 45: Greniers publics, place San Tomaso.
Gourlier, Biet, Grillon & Tardieu. Choix d'édifices publics projetés et construits en France depuis le commencement du XIXme siècle. Paris 1845—50.
3e vol., Pl. 365, 366: Grenier de réserve à Paris.
Braasch, Ueber Getreide-Speicher. Romberg's Zeitschr. f. prakt. Bauk. 1853, S. 9.
Keil, Ueber die Mühlen-Anlagen bei Bromberg, namentlich über den Bau der Rother-Mühle. 4. Der Bau des Getreide- und Mehlspeichers. Zeitschr. f. Bauw. 1855, S. 17.
Stadler, Getreide-Magazin in Zürich. Romberg's Zeitschr. f. Bauk. 1858, S. 1.
Getreidemagazine am Bassin de la Villette und in der Kriegsbäckerei zu Paris etc. Allg. Bauz. 1861, S. 204.
Benoit, Sur le grenier conservateur de M. Pavy, à la ferme de Girardet. Bulletin de la soc. d'encourag. 1862, S. 137. Polyt. Journ., Bd. 165, S. 307.
Verdier, A. & F. Cattois. Architecture civile et domestique etc. Paris 1864.
Tome Ier, pag. 93: Grenier d'abondance de l'abbaye de Vauclair.
Werner, H. Kornspeicher mit Maschinenanlage in Rostock. Zeitschr. d. Ver. deutsch. Ing. 1868, S. 759.
Becker, Ueber Kornspeicher in Triest. Notizbl. d. techn. Ver. in Riga 1869, S. 110.
Kornspeicher der Pennsylvania-Centralbahn zu Philadelphia. Zeitg. d. Ver. deutsch. Eisenb.-Verw. 1870, S. 296. Deutsche Bauz. 1870, S. 165.
Etzel, C. v. Oesterreichische Eisenbahnen, entworfen und ausgeführt in den Jahren 1857—67. Band V. Wien 1872. — Bl. 38—49: Getreide-Magazin in Triest.
Gruber, F. Der Speicherbau am Kaiserquai in Hamburg. Zeitschr. d. öst. Ing.- u. Arch.-Ver. 1874, S. 238.
A new grain elevator. Scientif. American, Bd. 33, S. 383.
The Canton elevator. Engng., Bd. 23, S. 485, 519, 523, 524, 539, 542.
Drydge, J. The Pennsylvania railroad. London 1879. — S. 105: The Canton elevator.
Hennicke, J. & von der Hude, Die Victoria-Speicher in Berlin. Deutsche Bauz. 1880, S. 257.
Engel, Der Getreidethurm von Huart in Cambrai. Baugwks.-Ztg. 1882, S. 579.
Heck, Zu dem Getreidethurm von Huart in Cambrai. Baugwks.-Ztg. 1882, S. 632.
Seffehlner, J. Die Bauanlagen der Lagerhäuser und des Getreide-Elevators zu Budapest. Zeitschr. f. Baukde. 1883, S. 223.
Dow's grain stores, Brooklyn, New-York. Engng., Bd. 36, S. 232, 238, 362, 402.
Die Elevator-Anlage in Budapest. Wochschr. d. öst. Ing.- u. Arch.-Ver. 1885, S. 118.
Effmann, W. Mittelalterliche Speicherbauten im Münsterlande. Deutsche Bauz. 1888, S. 190.
Mittelalterliche Speicherbauten in Rheinhessen. Deutsche Bauz. 1888, S. 211.
Schäffer, A. Ueber den Umbau des Silospeichers zu Hamburg. Wochbl. f. Arch. u. Ing. 1884, S. 485. Deutsche Bauz. 1884, S. 555.
Getreidemagazin (Silo) mit Reinigungsanlage, System Kubon, für grosse Mühlen. Pract. Masch.-Const. 1884, S. 316.
Lepany, G. Magasins à grains de Dow, à Brooklyn. Le génie civil, Bd. 6, S. 6.
Ulrich, Ch. Elevator der Hauptstadt Budapest, System »Ulrich«. Wien 1885.
Fifty-ton floating grain elevator. Engng., Bd. 39, S. 307.
Camut, E. Charpente en bois. Un magasin à blé, à Paris. La semaine des const., Jahrg. 11, S. 21.
Arndt, C. Die Silospeicher von Galatz und Braila. Zeitschr. d. Ver. deutsch. Ing. 1892, S. 973, 1005.
Silo-Speicher der Sun Flour Mills in Bromley. Pract. Masch.-Constr. 1894, S. 181.

Silos et élévateurs à grains des docks Alexandra à Liverpool. Le génie civil, Bd. 28, S. 135.
Nouveau magasin à blé des moulins de Montrouge, rue Friant, à Paris. Nouv. annales de la constr. 1895, S. 152.
Getreide-Silo in Fiume. Prakt. Masch.-Constr. 1896, S. 191.
Getreide-Silo. Uhland's Techn. Rundschau 1896, Gruppe IV, S. 13.
Siloanlage. Uhland's Techn. Rundschau 1896, Gruppe IV, S. 25.
Combinationsspeicher in Mezöhegyes. Uhland's Techn. Rundschau 1896, Gruppe IV, S. 35.
Silo-Speicher. Uhland's Techn. Rundschau 1896, Gruppe IV, S. 45.
Silo-Anlage. Uhland's Techn. Rundschau 1896, Gruppe V, S. 25.
Luther, G. Die Silo-Speicher in Braila und Galatz. Braunschweig 1897.
Silo- und Bodenspeicher der Freihafen-Gesellschaft in Kopenhagen. Oest. Monatschr. f. d. öff. Baudienst 1897, S. 483.
Silospeicher in Braila und Galatz. Pract. Masch.-Constr. 1897, S. 3.
Ein Getreide-Silo in Greenwich. Baugwks.-Ztg. 1897, S. 910.
Les silos des ports de Braila et de Galatz. Le génie civil, Bd. 31, S. 37.
A grain silo at Greenwich. Builder, Bd. 72, S. 400.
Combinirte Silo- und Bodenspeicher-Anlage, entworfen von der Maschinenfabrik für Mühlenbau vorm. C. G. W. Kapler in Berlin. Uhland's Techn. Rundschau 1898, Gruppe IV, S. 28.
Magasin et élévateur à grains à Copenhague. Le génie civil, Bd. 32, S. 302.
Bork. Versuchs-Kornhaus auf dem Hamburger Bahnhofe in Berlin. Zeitschr. f. Bauw. 1899, S. 237.
Der grosse Getreide-Silospeicher im Hafen von Genua. Prakt. Masch.-Konstrukteur 1900, S. 65.
Der große Silospeicher im Hafen zu Nikolajew. Uhland's Techn. Rundschau 1900, Ausg. IV, S. 59.

C. Gutswirtschaftliche und bäuerliche Gehöftanlagen.
Von Alfred Schubert.

III. Wirtschaftshöfe.

Alle Gebäude, welche zu einem unmittelbaren Landwirtschaftsbetriebe erforderlich sind, wie:

1) die Wohnungen für den Betriebsleiter, die Beamten, das Gesinde, die Gutstagelöhner,

2) die Stallungen für Nutz- und Zugvieh,

3) die Aufbewahrungsräume für Vorräte, für Karren, Maschinen und Geräte etc. (Scheunen, Schuppen u. s. w.),

4) die in manchen Wirtschaften erforderlichen Werkstätten für Handwerker (Schmiede und Stellmacher) und

5) die Gebäude zum Betrieb technischer Nebengewerbe bilden in ihrer Vereinigung, d. h. in ihrer Gruppierung um einen freien Platz, den Hofraum, den Wirtschaftshof (Gutshof, Gehöft), dessen Ausdehnung, bezw. Anzahl und Gröfse der Gebäude teils von der Gröfse und Ertragsfähigkeit des Geländes, teils von der Bewirtschaftungsweise des letzteren, ferner von den Verkehrs-, Absatz- und Arbeiterverhältnissen und vom Vorhandensein technischer Nebengewerbe abhängt.

Da fehlerhafte Anordnungen sich nur sehr schwer oder gar nicht wieder gut machen lassen, so ist der zur Stellung der Gebäude erforderliche und von den letzteren umschlossene Hofraum zuerst genau zu veranschlagen.

Die Lage des Wirtschaftshofes, die Hoflage, mufs möglichst in der Mitte des ganzen Gutsgeländes, namentlich des Ackerlandes gewählt werden, damit die Entfernung nach allen Schlägen des Ackerlandes eine ziemlich gleiche ist; zu weit entfernte Schläge benachteiligen durch ihre Bestellung und Aberntung die gesamte Wirtschaft.

Ein trockenes, erhöhtes, von Nord nach Süd gerichtetes und gegen kalte Winde geschütztes Gelände eignet sich am besten, während ungesunde, Überschwemmungen ausgesetzte Niederungen, sowie grofse, den Wasserabzug erschwerende Ebenen und steile Höhen, welche die Ab- und Anfuhr von Lasten erschweren, als Baustellen der Wirtschaftshöfe zu vermeiden sind.

Sehr wichtig für die Hoflage ist das Vorhandensein eines guten, stets fahrbaren Weges bis zur nächsten öffentlichen Strafse oder Eisenbahn, vor allen Dingen aber das Vorhandensein oder die Möglichkeit leichter Beschaffung reichlichen und guten Trinkwassers; unberechenbar sind die Vorteile, welche dem Wirtschaftshofe durch seine Lage in der Nähe von fliefsendem Wasser erwachsen.

Nach *Baxio*[*]) ist der Wasserbedarf für einen Wirtschaftshof nach folgenden Durchschnittssätzen zu veranschlagen:

	täglich	jährlich
Für alle Bedürfnisse einer erwachsenen Person	10	3,65
für ein Pferd mittlerer Größe, einschl. des zur Wartung und Stallreinigung nötigen Wassers	50	18,25
für ein Stück Rindvieh, welches einen Teil des Jahres Grünfutter erhält, einschl. des zur Wartung und Stallreinigung nötigen Wassers	30	10,95
für ein Schaf, welches einen Teil des Jahres weidet, im Winter Rüben erhält	2	0,73
für ein Schwein, welches zum Teil das in der Haushaltung schon gebrauchte Wasser erhält und gereinigt wird	2	0,73
	Liter	Kubikmeter

Die Grundform des Hofes kann quadratisch, rechteckig, elliptisch etc. sein; die beste Form ist unbestreitbar ein längliches Rechteck (bei kleineren Wirtschaften auch ein Quadrat), auf dessen schmaler, möglichst südlicher Seite sich das Wohngebäude des Besitzers oder Verwalters befindet; denn bei dieser Grundform lassen sich die Gebäude am besten übersehen.

Bei der Zusammenstellung aller Gebäude zu einem Wirtschaftshofe sind im allgemeinen folgende Regeln zu beachten:

1) Die wichtigsten Gebäude müssen vom Wohnhause übersehen werden können, die Thüren aller Wirtschaftsgebäude sich nur nach dem Hofraum öffnen und versteckte und tote Winkel sorgfältig vermieden werden.

2) Die Gebäude müssen unter sich eine solche Verbindung haben, wie Zweck und Absicht erfordern.

3) Der von den Gebäuden umschlossene, leicht zu übersehende Hof muſs von einer den wirtschaftlichen Verkehr auf demselben förderlichen, auch eine Vermehrung oder Vergröſserung der Gebäude gestattenden Gröſse sein, darf aber dagegen niemals zu grofs angelegt werden, um nicht durch zu weite Entfernungen der Gebäude unter sich die Wege nach denselben unnötig zu verlängern und die Beaufsichtigung der Hofarbeiten zu erschweren.

4) Die Entfernung der Gebäude zwischen ihren Giebelfronten soll 7 bis 11 m betragen, damit Feuersbrünste nicht so leicht um sich greifen können; als beste Breite des Hofes kann die 5- bis 8fache Tiefe des Hauptwirtschaftsgebäudes angenommen werden.

Da Anzahl und Gröſse der Gebäude, wie bereits erwähnt, von der Gröſse und Ertragsfähigkeit des Geländes etc. abhängen, so kann man groſse Wirtschaftshöfe (Gutshöfe) und Bauernhöfe (Gehöfte) unterscheiden.

Die deutsche Reichsstatistik zählt zu den Gutsbetrieben alle solche über 100 ha, zu den bäuerlichen Betrieben solche mit 2 bis 100 ha landwirtschaftlich benutzter Fläche und unterscheidet dabei zwischen kleinbäuerlichem (2 bis 5 ha), mittelbäuerlichem (5 bis 20 ha) und groſsbäuerlichem Betrieben (20 bis 100 ha).

10. Kapitel.
Gutshöfe.

Wirtschaftshöfe ohne Dampfbetrieb und mit Unterbringung der geernteten Halmfrüchte in Scheunen bedürfen geräumiger, rechteckiger oder quadratischer Hofräume, welche zwischen den Gebäuden einen freien Verkehr gestatten.

111. Wirtschaftshöfe ohne Dampfbetrieb.

---

*) BAILLY, BIXIO & MALEPEYRE. *Maison rustique du XIXe siècle etc.* Paris 1863-65.

Das Wohngebäude des Besitzers oder Verwalters liegt am besten an der Südseite des Hofes; die Zimmer des Wirtschaftsleiters und die Verwalterstuben, Küchen und Speisekammern befinden sich an der Nordseite, die übrigen Wohn- und Schlafräume an der Süd- und Ostseite des Gebäudes.

Die Pferde- und Rindviehställe sind westlich und östlich vom Wohngebäude und aufserdem der Kuhstall in möglichster Nähe desselben anzulegen, weil er besonders gut beaufsichtigt werden mufs.

In gleicher Richtung mit den Rindviehställen liegt die Molkerei, jedoch so, dafs auch hier die leichte Beaufsichtigung vom Wohnzimmer des Wirtschaftsleiters aus möglich ist.

Der Schweinestall wird am besten hinter der Molkerei und der Schafstall auf der östlichen Seite im Hintergrund des Hofes angeordnet, wodurch für die Lämmer ein sonniger und warmer Platz gewonnen wird. Die Scheunen erbaut man in einer wegen der Strohbeförderung nach den Ställen nicht zu weiten Entfernung und am besten an der nördlichen Hofschmalseite; sie schützen dann durch ihre Gröfse und Höhe den Hofraum vor kalten Winden.

Speichergebäude erhalten ebenfalls eine nördliche oder östliche Lage; Schuppen, Wagenremisen etc. errichtet man am besten auf der westlichen Langseite des Hofes.

Die sämtlichen Gebäude sollen zu einander und in solchen Entfernungen voneinander errichtet sein, dafs bei einer Feuersbrunst die Rettung der nicht brennenden Gebäude, sowie des darin enthaltenen lebenden und toten Inventars nicht zu sehr erschwert wird.

Die Zwischenräume zwischen den Gebäuden werden zum Abschlufs des Hofes durch Ziegelstein-, Bruchstein- oder Kalksandstampfmauern oder dergl. geschlossen.

Zur bequemen Ein- und Abfahrt zu und von den Scheunen, Schuppen, Futterböden und Düngerstätten ist auf beiden Seiten des Wohnhauses je ein Einfahrtsthor anzuordnen; bei besonders langgestreckten Höfen empfiehlt sich auch die Anlage eines oder zweier Thore zwischen Scheune und Schafstall.

Die Düngerstätten und Jauchenbehälter sind unmittelbar neben den Ställen oder, besser, mit einem mindestens 4 bis 6 m breiten Abstand von denselben für die Durchfahrt anzulegen, damit die Beförderung des Düngers aus dem Stalle möglichst leicht und schnell geschehen kann.

Die beste Behandlung des Düngers besteht darin, dafs man denselben längere Zeit hindurch im Stalle unter dem Vieh liegen läfst, wodurch nicht allein einem Verlust an Dungstoffen vorgebeugt, sondern auch erheblich an Arbeit gespart und eine Düngerstätte unnötig wird; näheres über diese Art von Ställen (Tiefställe) siehe Art. 69 (S. 74).

Die Aborte werden am besten auf den Jauchenbehältern errichtet.

Die Brunnen sind in der Nähe der Ställe, jedoch mit einem Abstand von mindestens 6 m von diesen, sowie von Düngerstätten und Jauchenbehältern anzulegen.

Sehr oft wird auch eine Pumpe im Viehstalle selbst, in der Nähe der Futtergänge und Krippen, angelegt, welche mittels Rohrleitungen das Wasser in die Ställe schafft und seine leichte Verwendung zum Tränken des Viehes und zur Stallreinigung ermöglicht.

Eine Pferdeschwemme, welche gleichzeitig als Wasserbecken für Feuersbrünste und als Teich für Enten und Gänse dient, findet ihren Platz in der Hofmitte.

Kartoffel- und Rübenvorräte werden teils auf dem Hofe, teils hinter den Kuh- und Schafställen, in Mieten aufbewahrt, teils aber auch, entweder in besonders errichteten oder unter den Scheunenbansen und Futterräumen der Vieh- und Schweineställe angelegten Kellern untergebracht.

Wohnhäuser für Arbeiterfamilien mit kleinen Gärten errichtet man am besten hinter dem Wirtschaftshofe, in östlicher oder westlicher Lage.

Falls eine Spiritusbrennerei angelegt werden soll, so muſs sie in der Nähe derjenigen Ställe liegen, in welchen die Schlempe verfüttert wird. Dies sind in der Regel die Kuh-, Ochsen- und Schweineställe, nach welchen die Schlempe am besten mittels einer in natürlichem Gefälle verlegten Thonrohrleitung oder, falls dies nicht angeht, mittels einer unterirdisch und frostfrei verlegten guſs-

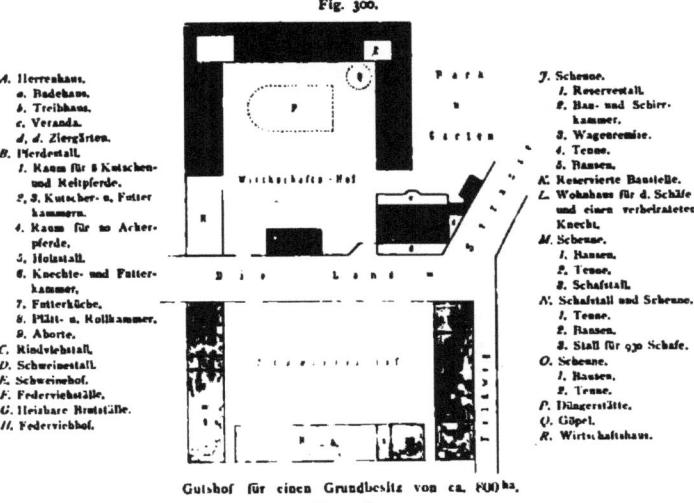

Fig. 300.

Gutshof für einen Grundbesitz von ca. 800 ha.

eisernen Rohrleitung mit Saug- und Druckpumpe oder Montejus nach dem Futterraum des Stalles befördert und hierdurch jegliche Arbeit und Zeit gespart wird.

Ebenso werden Bierbrauereien und Stärkefabriken in der Nähe der Viehställe errichtet, damit die Treber und die Rückstände der ausgewaschenen Kartoffelfasern (die Pulpe) als Viehfutter nur einen kurzen Weg bis in die Viehkrippen zu machen haben.

Rübenzuckerfabriken müssen wegen ihres Umfanges und der Ausdehnung eigene Höfe erhalten, werden aber gewöhnlich in der Nähe des Gutshofes errichtet, damit die in der Fabrik zu verwendenden Gespanne nicht weit entfernt sind und die Rübenschnitzel, ein wertvolles Rindvieh- und Schaffutter, nicht weit transportiert zu werden brauchen.

Bei sehr groſsen Gutshöfen trennt man die Höfe den einzelnen Bedürf-

113. Beispiel.

nissen oder Zuchten entsprechend oder durch örtliche Verhältnisse genötigt in besondere Scheunen-, Schäferei- etc. Höfe.

Fig. 300 stellt den Lageplan eines solchen Gutshofes für einen Grundbesitz von ca. 800 ʰᵃ dar.

Der Hof wird von der Landstraße durchschnitten und in zwei Höfe, den Wirtschaftshof und den Schäfereihof, geteilt, welche trotzdem beide sowohl vom Herrenhause, als von der Schäferwohnung aus übersehen werden können. An Vieh ist vorhanden: 8 Kutschen- und Reitpferde, 20 Ackerpferde, 26 Zugochsen, 45 Kühe, 18 Stück Jungvieh und 2000 Schafe.

Die Aussaat beträgt 310 ʰˡ Roggen, 290 ʰˡ Hafer, 33 ʰˡ Gerste, 26,4 ʰˡ Erbsen und ca. 75 ʰᵃ Kartoffelpflanzung. Der bedeutende Ernteertrag des Getreides wird außer in den auf dem Hofe befindlichen Scheunen noch in 3 in der Nähe desselben errichteten Scheunen, sowie in Feimen untergebracht, welch letztere bei günstiger Witterung gleich auf dem Felde ausgedroschen werden. Der Ausdrusch des gesamten Getreideertrages geschieht durch eine Dreschmaschine mit 4 pferdigem Göpel. Außerdem ist ein besonderes Göpelwerk zum Betrieb einer Häckselschneide vorhanden.

Fig. 301.

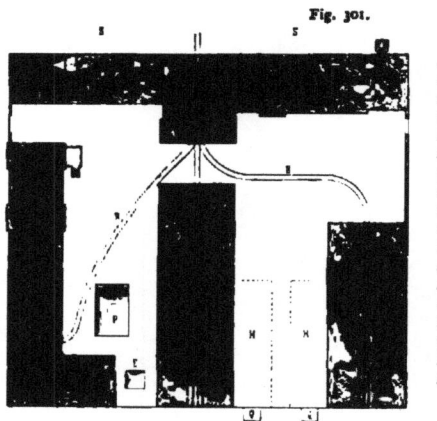

A. Wohnhaus des Besitzers.
B. Wirtschaftshaus.
C. Stall für 14 Pferde und 12 Ochsen.
D. Stall für 12 Schweine.
E. Schweinehof mit Suhle.
F. Stall für 64 Kühe.
G. Jungviehstall für 48 bis 60 Stück.
H, H. Viehhöfe.
J, J. Kutschen- und Maschinenschuppen.
K. Karrenschuppen.
L. Dresch- und Futterbereitungsgebäude.
M. Kartoffeleinfahrt.
N. Brennereigebäude.
O. Kesselhaus und Brennstoffschuppen.
P. Düngerstätte.
Q, Q. Jaucheubehälter.
R, R. Schienengleise.
S, S. Feimenhöfe.

Gutshof mit Spiritusbrennerei im Königreich Sachsen.
¹⁄₇₀₀₀ w. Gr.

114. Gutshöfe mit Dampfbetrieb.

Gutshöfe mit Dampfbetrieb arbeiten entweder mit feststehenden oder mit fahrbaren Dampfmaschinen (Lokomobilen); die ersteren sind vorteilhafter, weil man mit ihnen gleichzeitig alle Arbeiten ausführen lassen kann, was bei der Lokomobile kaum möglich ist. Nach *Hartstein* gewährt die Einführung der Dampfkraft in der Landwirtschaft folgende Vorteile:

1) unmittelbare Kostenersparnis;
2) regelmäßige Ausführung mancher Arbeiten, namentlich der Futterbereitung, welche beim gewöhnlichen Wirtschaftsbetrieb wegen Mangels an Arbeitskraft oder wegen zu großer Kosten nicht regelmäßig durchzuführen sind;
3) Benutzung günstiger Konjunkturen des Getreidehandels;
4) rechtzeitige Beschaffung des Saatgetreides;
5) schnelle Erlangung von Betriebskapital;
6) Ersparnis an Gebäudekapital, namentlich bei Scheunen, welche bei letzteren und bei einem Betrieb mit feststehender Dampfmaschine dadurch möglich ist, daß das in Feimen gesetzte Getreide bei günstiger Witterung nach

der nur kleinen Scheune gefahren, dort sofort ausgedroschen, teils in derselben belassen, teils in den Stallungen untergebracht wird, während bei einem Lokomobilbetrieb der größere Teil der Getreidefeimen bei günstigem Wetter im Freien ausgedroschen und das Stroh entweder aufgefeimt oder nach den Ställen gebracht wird;

7) Einbringen von Handarbeitskraft in stark beschäftigten Arbeitsperioden.

Gutshöfe mit feststehenden Dampfmaschinen erlangen eine möglichst centralisierte Hoflage, d. h. die Gebäude desselben müssen (natürlich unter voller Berücksichtigung wirtschaftlicher und örtlicher Verhältnisse) im engsten Zusammenhang stehen, bezw. größtenteils aneinander gebaut, aber durch Brandmauern voneinander getrennt werden.

_{215.
Höfe mit
feststehender
Dampfmaschine.}

Fig. 302.

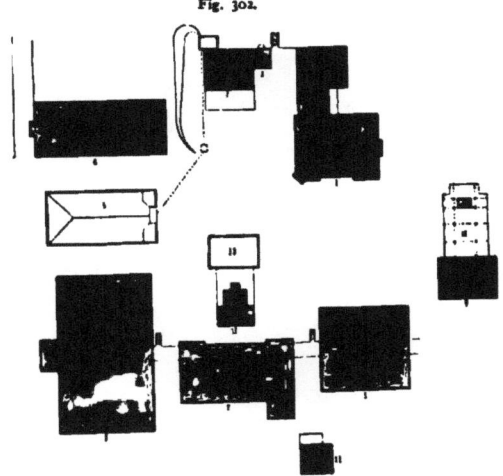

Wirtschaftshof zu Landonvillers.
¹/₁₀₀₀ w. Gr.

Die besten Anlagen mit feststehenden Dampfmaschinen sind die englischen und schottischen Farmen, bei welchen die Dampfmaschine den Mittelpunkt des Gehöftes bildet und alle Arbeiten besorgt. Sie drischt, schrotet und mahlt das Korn, quetscht die Ölkuchen, schneidet Rüben und Häcksel, wäscht Kartoffeln, treibt die Holzsäge, speist die Wasserleitung, drückt die Jauche in Rohrleitungen nach den entferntesten Schlägen; sie entrahmt die Milch, buttert und dämpft mit dem abziehenden Dampf das Viehfutter und erwärmt die Wohnräume.

Obgleich die Anwendung der feststehenden Dampfmaschine auf deutschen Höfen, trotz ihrer großen Kraftentwickelung und vielseitigen Anwendung und ihrer geringeren Abnutzung, des regelmäßigeren Ganges und des geringeren Brennstoffverbrauches gegenüber der Lokomobile nicht sehr häufig ist, weil die Bauart der Höfe nicht geschlossen genug ist, so veranschaulichen wir dennoch in den Fig. 301 bis 303 und auf einer Tafel die Lagepläne von vier Gutshöfen mit feststehenden Dampfmaschinen.

Fig. 301 stellt den Lageplan eines Gutshofes im Königreich Sachsen dar, auf welchem die zum Betrieb der Spiritusbrennerei verwendete stehende Dampfmaschine zugleich zum Ausdrusch des Getreides, zum Häckselschneiden etc. benutzt wird.

Auf den Schienengeleisen R, R wird das zubereitete Futter nach den Ställen gebracht, und von den Feimenhöfen S, S wird das auszudreschende Getreide nach der Dreschhalle L geschafft.

Fig. 302 ist der Lageplan eines durch ein Preisausschreiben der Deutschen Landwirtschafts-Gesellschaft im Jahre 1891 für das Schloß Landonvillers in Lothringen gewonnenen Entwurfes zu einer Hofanlage, welche mittlerweile ausgeführt wurde.

Fig. 303.

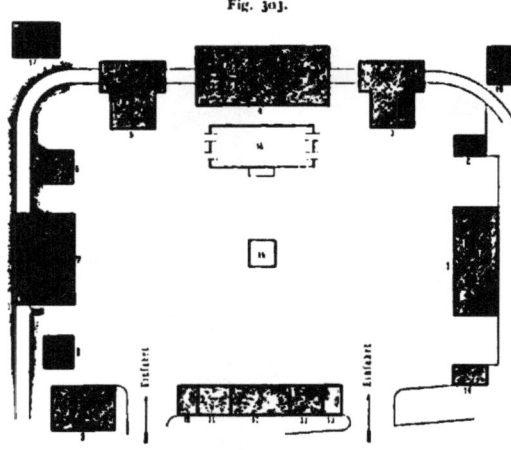

Wirtschaftshof zu Landonvillers. — Entwurf.

Der Hof umfaßt folgende für den Betrieb durch eine feststehende Dampfmaschine zweckmäßig gruppierten Gebäude:

1) Wirtschaftshaus mit den Wohnungen und Geschäftsräumen des Rentmeisters und der Inspektoren, Räume für das Gesinde, Wirtschafts- und sonstige Nebenräume.

2) Rindviehstall für 108 Stück Großvieh, 45 Stück Jungvieh und 25 Stück Kälber; Dachboden für 3500 cbm Heu.

3) Pferdestall für 20 Ackerpferde, 12 *Boxes* für Zugpferde mit Nebenräumen.

4) Schweinestall für 30 Mast- und 6 Mutterschweine.

5) Schafstall für 50 bis 60 Stück

6) Scheune mit 6000 cbm Inhalt und einer Hochtenne, welche mit Maschinen- und Speichergebäude und Rindviehstall in Verbindung steht.

7) Maschinen- und Speichergebäude, welches zwischen Rindviehstall und Scheune liegt; das Maschinenhaus enthält einen Raum für die Dampfmaschine von 16 Pferdestärken, einen Futtermengeraum, ferner sämtliche Arbeitsmaschinen, auch die Dynamomaschine zur elektrischen Beleuchtung und eine Eismaschine. Neben dem Maschinenhaus liegt die Centrifugenmolkerei und ein Dampfbad, im Dachraum der 500 qm große Getreideschüttboden mit Elevator und ein Wasserturm. Die Unterkellerung

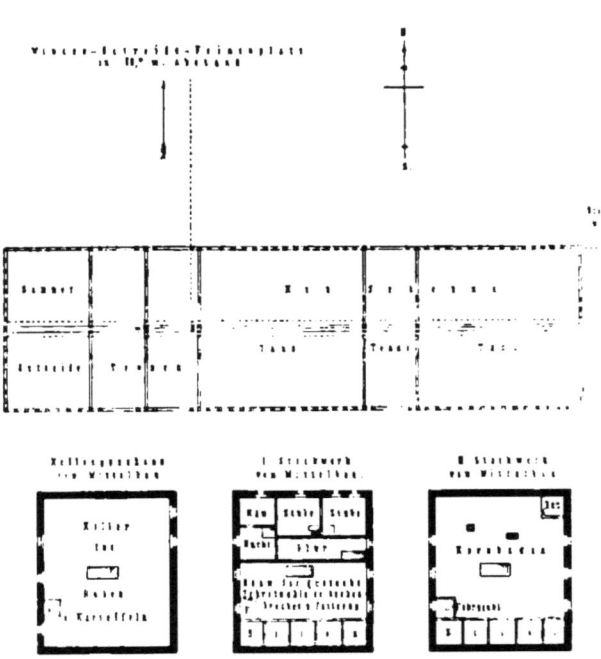

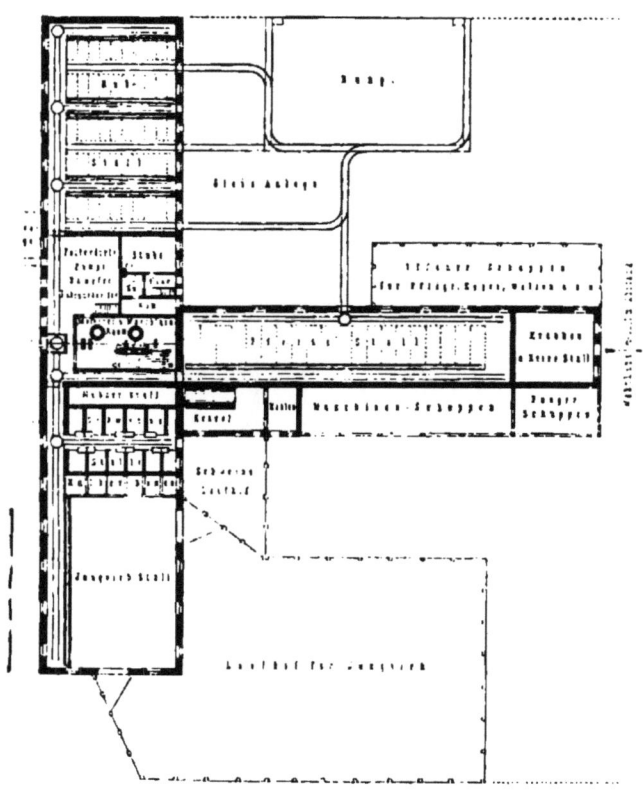

kreuzförmiger Anlage.

dient zur Rübenaufbewahrung und steht mit der im Erdgeschofs befindlichen Rübenwäsche und -Schneide durch Aufzug in Verbindung.

8) Das neben dem Maschinengebäude liegende Kesselhaus mit Kohlenschuppen und Geflügelstall.
9) Hundezwinger, Eiskeller, Schmiede und Schreinerei, Wagenschuppen und Krankenstall, Düngerstätte und Schwemme.

Fig. 303 zeigt den Lageplan eines gleichfalls aus vorerwähntem Preisausschreiben siegreich hervorgegangenen Entwurfes.

Der Hof ist hier bedeutend geräumiger; die Gebäude sind zahlreicher und stehen in weniger günstiger Gruppierung wie beim vorigen Beispiel, so dafs der Betrieb mittels feststehender Dampfmaschine etwas erschwert würde.

Die nebenstehende Tafel zeigt endlich den ebenso interessanten, als geschickten Entwurf zu einer kreuzförmigen Hofanlage für einen Grundbesitz von 150 bis 250 ʰᵃ und zur Haltung von 20 Pferden, 50 Kühen, 50 Jungvieh und 50 Schweinen.

Die grofsen Vorzüge dieser Hofanlage, bei welcher der ganze Maschinenbetrieb im Kreuzungspunkt der Gebäude liegt, bestehen darin, dafs dieselbe sich nach jeder einzelnen Seite ohne Schwierigkeit und Änderungen leicht erweitern läfst, und dafs die ganze Bauart nicht nur den Wirtschaftsbetrieb erheblich verbilligt, sondern auch im vorliegenden Falle die im Verhältnis zum Grundbesitz bescheiden zu nennende Bausumme von nur rund 66000 Mark erfordert.

Die Benutzung des Lokomobilbetriebes wird zunächst durch eine ungünstige, nicht die Mitte der Felder einnehmende Lage des Wirtschaftshofes bedingt, sodann durch eine bedeutende Ausdehnung desselben, weiten Abstand der Hofgebäude oder schliefslich durch mehrere zum Hauptgut gehörige Vorwerke.

Die Lokomobile kann dann überall dorthin gebracht werden, wo ihre Kraft erforderlich ist, so dafs z. B. mit Leichtigkeit von Hof zu Hof ausgedroschen oder diese ganze Arbeit auf das Feld verlegt oder dafs andere Arbeiten, wie Häcksel- und Rübenschneiden, Mahlen und Schroten etc., vorgenommen werden können, und dafs die Lokomobile sich endlich zum Ziehen des Dampfpfluges und zu Entwässerungen benutzen läfst.

Fig. 304 ist der Lageplan eines grofsen Gutshofes in Oberschlesien mit Lokomobilbetrieb.

Zur Erleichterung des Verkehrs auf dem Hofe sind die Wege auf demselben chaussiert worden, während sorgfältig gehaltene Rasenplätze demselben ein ansprechendes Aussehen verleihen. Ein kleiner Obst- und Gemüsegarten schliefst sich dem Wohnhause des Inspektors an; er ist durch einen Gitterzaun vom Hofraum abgetrennt.

Im Obergeschofs des Molkereigebäudes N befinden sich Wohnzimmer für unverheiratete Wirtschaftsbeamte; die Gesindewohnhäuser O, P, Q sind zweistöckig und dienen zur Aufnahme von je 8 Familien.

Auf vielen mit einem Gewerbebetrieb verbundenen Wirtschaftshöfen ist eine unmittelbare Kraftübertragung nicht möglich, weil die gewerbliche mit Dampfkraft arbeitende Anlage erst später zur Ausführung kam und die Lage der Hofgebäude zu einander keine geeignete ist.

Man hat in diesen Fällen versucht, die im Gewerbebetrieb nicht voll ausgenutzte Maschinenkraft mittels langer, schwerfälliger Drahtseilübertragungen für den Hofbetrieb nutzbar zu machen, die ihren Zweck nur halb erfüllen, indem sie an grofsem Kraftverlust und häufigen Ausbesserungen leiden.

In solchen Fällen ist die elektrische Kraftübertragung sehr am Platze, umsomehr, als gleichzeitig eine feuersichere, elektrische Beleuchtung eingeführt werden kann.

Die Verwendung der Elektricität im Hof- und Feldbetriebe ist bereits zur Zeit eine sehr mannigfache. So hat die allgemeine Elektricitäts-Gesellschaft in

Berlin auf einer grofsen Anzahl von Gütern mit landwirtschaftlich-industriellem Maschinenbetrieb teils nur elektrische Beleuchtungs- oder nur elektrische Kraftübertragungsanlagen oder beide Anlagen zusammen ausgeführt. Bei einzelnen Anlagen beschränkt sich der elektrische Dreschbetrieb auf den Gutshof; bei

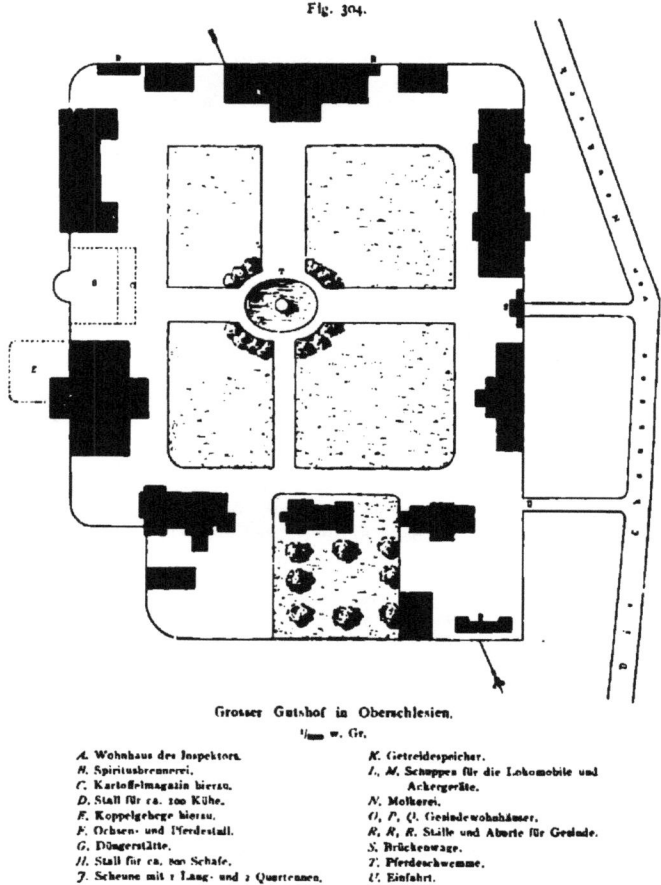

Fig. 304.

Grosser Gutshof in Oberschlesien.
$1/_{mm}$ w. Gr.

A. Wohnhaus des Inspektors.
B. Spiritusbrennerei.
C. Kartoffelmagazin hierzu.
D. Stall für ca. 100 Kühe.
E. Koppelgebege hierzu.
F. Ochsen- und Pferdestall.
G. Düngerstätte.
H. Stall für ca. 800 Schafe.
J. Scheune mit 1 Lang- und 2 Querfennen.
K. Getreidespeicher.
L., M. Schuppen für die Lokomobile und Ackergeräte.
N. Molkerei.
O, P, Q. Gesindewohnhäuser.
R, R, R. Ställe und Aborte für Gesinde.
S. Brückenwage.
T. Pferdeschwemme.
U. Einfahrt.

anderen erstreckt er sich auch auf die Feldscheunen und auf das freie Feld, oder der elektrische Kraftbetrieb beschränkt sich nur auf die Futterbereitungsmaschinen. Sodann wurden elektrische Anlagen auf Gütern ohne landwirtschaftlich-industriellen Maschinenbetrieb ausgeführt, die über irgend eine noch nicht voll ausgenutzte Betriebskraft (Turbine, Wasserrad, Lokomobile) verfügen oder auf denen eine solche erst geschaffen werden mußte.

Nachdem die elektrischen Beleuchtungs- und Kraftübertragungsanlagen sich zunächst für den Betrieb grofser Güter voll und ganz bewährt haben, werden sie sich mit der Zeit auch für kleinere Betriebe, namentlich im Genossenschaftsverbande, einbürgern.

Fig. 305 giebt den Lageplan einer von der Allgemeinen Elektricitäts-Gesellschaft zu Berlin auf dem Rittergut Lancken (Insel Rügen) ausgeführten umfangreichen elektrischen Kraftübertragungs- und Beleuchtungsanlage.

Der Gutshof Lancken liegt etwa in der Mitte der Felder und grenzt im Norden an das Vorwerk Dargast, im Westen an das Vorwerk Clementelwitz, im Süden an das Vorwerk Mukrahn und endlich im Osten an den an der Seeküste gelegenen Park des Schlosses Dwasieden und an den dort angrenzenden sehr bedeutenden Kreidebruch.

Fig. 305.

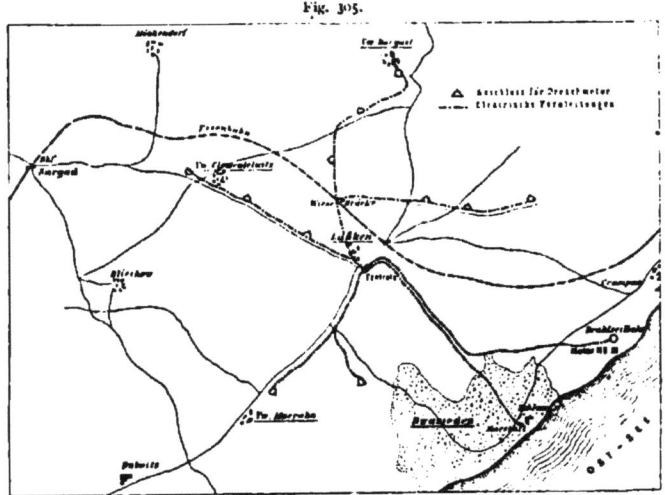

Lageplan der elektrischen Kraftübertragungs- und Beleuchtungsanlage des Rittergutes Lancken.

Die Anlage umfaßt die Beleuchtung der Gutsgebäude (Scheunen, Molkerei, Pferde-, Kuh-, Schweine- und Schafställe, Werkstätten und Magazine) in Lancken, des Schlosses Dwasieden und die Kraftübertragungsanlage für den Betrieb einer Schrotmühle und einer Häckselschneide auf dem Gutshofe, sowie einer fahrbaren Dreschmaschine für den Gutshof und die Vorwerke und endlich einer Drahtseilbahn für den Kreidetransport aus dem Kreidebruche nach der Entladestation an der Ostsee.

Die Erzeugung der elektrischen Energie für sämtliche Betriebe erfolgt in einer dicht am Gutshofe Lancken erbauten und mit einer feststehenden Lokomobile von *Wolf* ausgerüsteten Centralstation. Die Lokomobile leistet bei 100 Umdrehungen in der Minute und bei 7 Atmosphären Dampfspannung ca. 28 effektive Pferdestärken. Dieselbe arbeitet auf einem Vorgelege, das 300 Umdrehungen in der Minute macht und zum Antrieb zweier Dynamomaschinen dient, von denen die eine bei 1450 Umdrehungen in der Minute und 110 Volt Spannung etwa 6600 Watt leistet, während die andere bei 1050 Umdrehungen und 500 Volt etwa 16000 Watt erzeugt. Die erste Maschine arbeitet abends in Verbindung mit einer Akkumulatorenbatterie aus 60 Elementen, die tagsüber von derselben geladen wird, für die Beleuchtung des Gutes Lancken; die zweite Maschine liefert die Beleuchtung für das Schloß Dwasieden (314 Glühlampen) und den gesamten Kraftbedarf für die landwirtschaftlichen Maschinen und die Drahtseilbahn. Von jeder der beiden Dynamomaschinen wird der erzeugte Strom nach einer Schalttafel geführt und von hier aus mittels 6 Fernleitungen über das ganze ausgedehnte Gebiet des Rittergutes verzweigt.

11. Kapitel.

Bauernhöfe.

Die deutschen Bauernhöfe, welche entweder einzeln in der Mitte der zu ihnen gehörigen Ländereien liegen und Einzelhöfe, Kolonate, Meiereien etc. bilden oder zu Dörfern vereinigt sind, haben, teils durch die Art ihrer Bewirtschaftung, teils infolge volkstümlicher Gebräuche oder provinzieller Überlieferungen verschiedene Gestaltungen erfahren, von denen besonders in Norddeutschland bis jenseits des Mains das altsächsische oder westfälische Bauernhaus und fränkische oder thüringische, ferner in Süddeutschland bis in die Alpen hinein das schwäbische oder schweizerische Bauernhaus die Grundformen bilden.

a) Altsächsisches Bauernhaus.

218. Ältere altsächsische Bauernhäuser.

Das altsächsische Bauernhaus in Fig. 306 umfaßt unter einem Dache sowohl die Wohnung, als auch die Viehställe und die Räume zur Aufbewahrung der Ernte. Dieselben reihen sich um einen großen Mittelraum (Tenne, Diele, Öhrn), welcher außer zum Dreschen zu den verschiedensten Arbeiten dient. Im Hintergrunde des nach beiden Seiten flügelartig angeordneten Mittelraum es liegt der Herd, und hier schließt sich die aus drei Räumen bestehende Wohnung an.

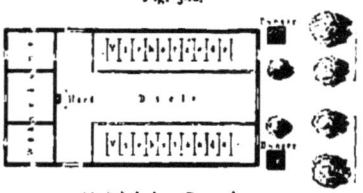

Altsächsisches Bauernhaus.
$\frac{1}{200}$ w. Gr.

In dem einstöckigen, gewöhnlich mit hohem Strohdache versehenen Gebäude gewährt die übersichtliche, alle Wege abkürzende Lage der Räume zu einander allerdings den Vorteil einer bedeutenden Ersparnis an Zeit und Arbeit, welcher aber durch die infolge der Vereinigung von Menschen, Vieh und Ackerprodukten entstehende Feuergefährlichkeit, ferner durch das Eindringen der Stalldünste in die Wohnung, die Gefahr der Übertragung der Viehseuchen auf die Menschen und endlich durch das sehr viele Zeit erfordernde und gefährliche Hinauf- und Hinunterschaffen der Ernte in den hohen Dachraum völlig aufgehoben wird.

219. Neuere westfälische Bauernhäuser.

Diese Nachteile haben, ohne dieselben und besonders die große Feuersgefahr kaum zu verringern, zum Verlegen der Viehstände in Anbauten an den Langseiten oder zum Anbringen besonderer, von außen zugänglicher Stallthüren geführt, wie dies Fig. 307, der Grundriß eines neueren westfälischen Bauernhauses, zeigt.

An der 5,65 m breiten und 11,90 m tiefen Tenne, deren Einfahrt an der Ostseite des Gebäudes liegt, schließen sich seitlich die Viehställe an, deren Balkendecke in gleicher Höhe mit der Tenne liegt. Der Raum über den Ställen, Hielen genannt, dient zur Aufbewahrung von Rauhfutter.

An der Westseite des Hauses und im Anschluß an die Tenne befindet sich die Wohnung mit 3 Stuben und der sehr geräumigen Küche, welche zugleich als Eingangsflur der Wohnung dient. Oft

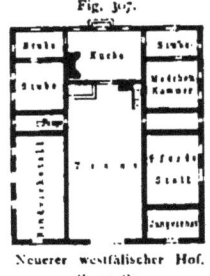

Neuerer westfälischer Hof.
$^1/_{400}$ w. Gr.

ist an Stelle des Schornsteines nur ein Gewölbe (Schweifl) über dem Herd gespannt, und der Rauch finden dann seinen Abzug durch den Boden und das Dach.

Über den Wohnräumen befinden sich der Kornboden, Wirtschafts- und Schlafkammern und über der Tenne der Bansen; erstere ist so hoch, dafs der höchste beladene Erntewagen einfahren kann.

Werden die Gebäude ganz aus Fachwerk errichtet, so bildet der Küchenschornstein den einzigen massiven Teil desselben. Die Sparren des hohen, halb abgewalmten Daches werden gewöhnlich so weit über die Umfassungswände herabgeführt, dafs die letzteren nur 2,00 bis 2,50 m Höhe erhalten. An beiden Langseiten des Gebäudes schliefsen sich in der Länge der Ställe die Düngerstätten an, so dafs der Mist unmittelbar aus den Ställen auf diese geworfen werden kann. Die Fütterung der Tiere erfolgt von der Tenne aus, gegen welche sie mit den Köpfen gerichtet sind; werden Nebenbaulichkeiten ausgeführt, so dienen sie nur als Wagen und Holzschuppen, ferner zur Aufnahme des Backofens und der Mastschweine, niemals aber als abgesonderte Viehställe.

Eine verbesserte Anordnung des altsächsischen Bauernhauses zeigen auch die neueren ostfriesischen Platzgebäude, von denen Fig. 308 als Beispiel dienen möge.

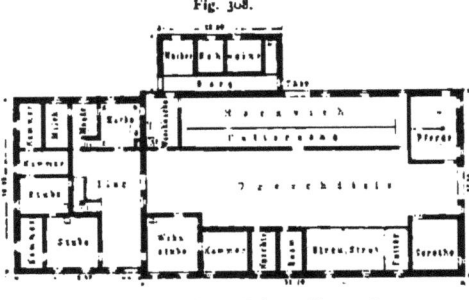

Ostfriesisches Platzgebäude. — $^1/_{400}$ w. Gr.

Das sich der Dreschdiele mit den Viehställen etc. anschliefsende Wohnhaus enthält folgende, den darin befindlichen geräumigen Flur umgebende Räume: drei Stuben, von welchen die Wohnstube auch von der Tenne aus zugänglich ist, ferner drei Kammern, eine Milchstube, eine Mägdekammer und eine Küche, über welcher sich in der Ausdehnung von a, b, c, d die Räucherkammer befindet; der Kellerzugang geschieht von der Küche aus, bei e.

An der Dreschdiele liegen auf der einen Seite aufser der Wohnstube noch eine Kammer, ferner eine Knechtekammer, ein Raum für ungereinigtes Korn und Kartoffeln und Räume für Futter, Geräte und Geschirre. Auf der entgegengesetzten Seite befinden sich die Stallräume für 4 Pferde und für 20 Stück Rindvieh mit besonderem Futtergang, und zwischen Stallräumen und Küche liegt die mit einer Pumpe f versehene Waschküche, welche mit dem Stallanbau, der eine Kälberbucht, zwei Schweinebuchten und einen Abort enthält, in vorteilhafter Verbindung steht.

b) Fränkisches oder thüringisches Bauernhaus.

Diese Art des Bauernhauses unterscheidet sich dadurch vom altsächsischen Hause, in welchem die mit einem Herde ausgestattete Tenne für alle Arbeiten dient, dafs für die verschiedenen Wirtschaftszwecke besondere, um einen meist quadratischen Hofraum gelegene Gebäude und als Wohnung abgesonderte Räume vorhanden sind und die Küche nur eine untergeordnete Stelle einnimmt.

Fig. 309 zeigt die einfachste und ursprünglichste Bauweise eines fränkischen Bauernhofes.

Dem Wohnhause schließt sich der Pferde- und Kuhstall an; die Scheune nimmt eine zweite Seite des Hofes, der Schaf- und Schweinestall die dritte Seite desselben ein; neben dem Schafstall befindet sich ein Schuppen oder eine Futterkammer. An der vierten Seite sind Thorhaus, Schüttboden und Auszugshaus untergebracht.

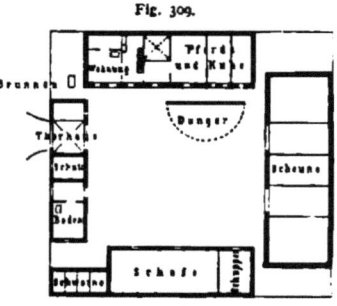

Ursprünglicher fränkischer Bauernhof.

Der zuerst südlich bis zum Main und zur Rheinpfalz verbreitet gewesene fränkische Bauernhof hat sich im Lauf der Zeit vielfachen Wandlungen unterworfen, ohne jedoch seinen Grundgedanken aufzugeben, nördlich bis zur Ostseeküste erstreckt und ist besonders in den Provinzen Preussen, Pommern, Posen und Schlesien, in der Lausitz und im Königreich Sachsen heimisch geworden.

Neuere fränkische Bauernhäuser.

Für die neueren fränkischen Bauernhäuser ist die selbst dem kleinsten Hause nicht fehlende Vorhalle am Giebel charakteristisch.

Die Anlage in Fig. 310 zeigt an der Strafsenseite die Vorhalle, daran anstofsend den Flur mit der Bodentreppe *d*, dem Gesindebett *e* und dem Getreidemahlstein *f*.

In der Wohnstube ist *h* der Backofen, über welchem der Schlot sich befindet; *i* ist ein offener, kaum 30 cm erhöhter Herd zum Kochen und Einheizen mit der Kappe darüber, die sich auf das Holz *l* stützt. (Dieser Herd wird jetzt meist durch einen Kochofen in derselben Stellung ersetzt, welchen eine Ofenbank umgiebt.) *k* bezeichnet einen kleinen, in der Höhe von 95 cm angebrachten Sommerkamin mit kleiner Kappe, auf dem der Leuchtspan brennt; *m* ist ein Kochofen, erhöhter Ruheplatz vor und über dem Backofen; *n* ist ein grofses, *o* ein kleines Bett, *p* ein Tisch mit Bank, *q* das Spülfafs auf Füfsen und *r* ein Spind. An die Kammer und an den Stall schliefsen sich mit Strohschoben eingedeckte, als Keller dienende Gruben an. Die Scheune steht meist dem Stalle gegenüber. Das hohe, mit Stroh oder Schindeln gedeckte Dach des Hauses ist in der Regel abgewalmt.

c) Schwäbisches oder schweizerisches Bauernhaus.

Schwäbische Bauernhäuser.

Das schwäbische oder Schweizerhaus findet man in Süddeutschland bis in die Alpen hinein in verschiedenen Anordnungen verbreitet; es ist quadratisch oder rechteckig, mehrgeschossig, enthält viele Zimmer und Kammern, von denen einzelne von aufsen durch ringsumlaufende Galerien oder Altane unter einem weit überstehenden Dache, andere von der Diele aus zugänglich sind.

Im Gebirge liegen die Ställe gewöhnlich in den massiven Unterbauten, welche das abhängige Gelände erfordert; als Scheunen dienen besondere, luftig konstruierte Holzbauten, welche vom Hause einige Schritte entfernt liegen.

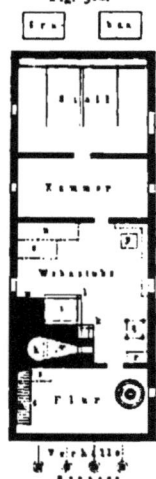

Neueres Bauernhaus.

Fig. 311 bis 313 sind die Grundrisse eines dreigeschossigen schwäbischen Bauernhauses.

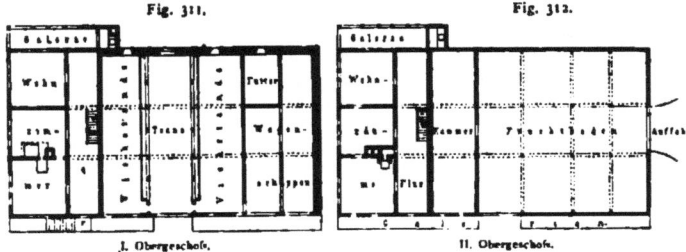

Fig. 311. I. Obergeschofs.
Fig. 312. II. Obergeschofs.
Fig. 313. Erdgeschofs.

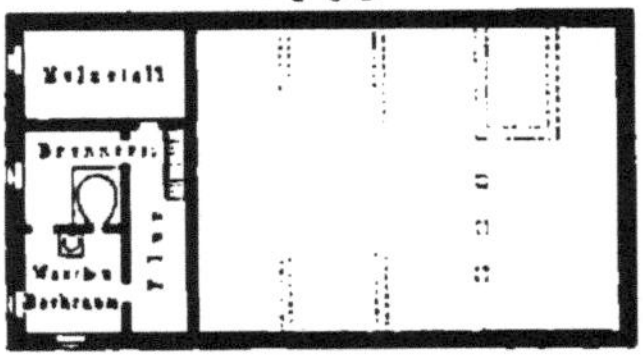

Schwäbisches Bauernhaus. — ca. 1/100 w. Gr.

Dasselbe enthält Stallung, Futterboden und Schuppen, steht auf abhängigem Gelände und ist mit einer Auffahrt nach dem Futterboden versehen. Im Erdgeschofs (Fig. 313) befinden sich ein Holzstall, ein Raum, in welchem eine kleine Branntweinbrennerei betrieben wird, der Wasch- und Backraum und ein Flur. Im I. Obergeschofs (Fig. 311) sind Wohnzimmer, eine Galerie, auf welcher sich der Abort befindet, ferner Stände für das Vieh, welches von der Tenne aus gefüttert wird, der Wagenschuppen und eine Futterkammer untergebracht; dieses Geschofs ist von außen durch die Treppe *r* und im Inneren vom Flur *y* aus zu erreichen. Das II. Obergeschofs (Fig. 312) umfaßt 3 Wohnräume, den Hausflur, drei Galerien, eine Kammer und den Fruchtboden, zu welchem die Auffahrt führt.

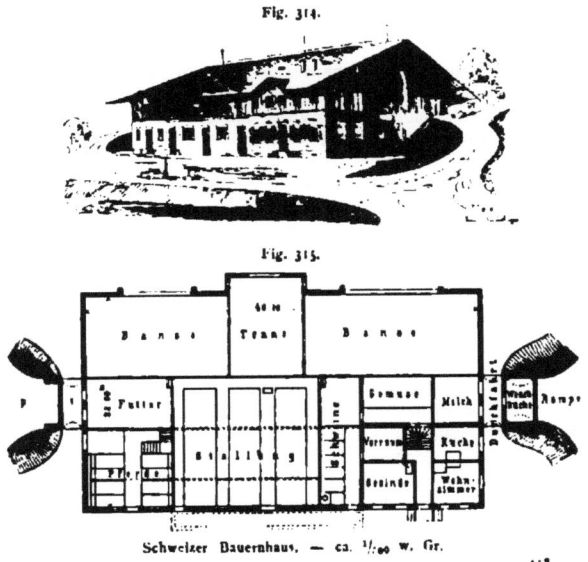

Fig. 314.

Fig. 315.

Schweizer Bauernhaus. — ca. 1/100 w. Gr.

224. Schweizer Bauernhäuser. Ein schweizerisches Bauernhaus wird durch den Erdgeschoſsgrundriſs in Fig. 315 und durch das Schaubild in Fig. 314 veranschaulicht.

Das Dachgeschoſs ist mit einer von zwei Rampen p aus zugänglichen Längsdurchfahrt versehen, eine Anordnung, welche nicht allein für das Einbringen der Ernte sehr zeitersparend ist, sondern auch eine entsprechende Gruppierung der Stallungen und sonstigen Wirtschaftsräume im Erdgeschoſs ermöglicht und schließlich bei plötzlich eintretendem schlechten Erntewetter 6 bis 8 beladenen Wagen ein schützendes Unterkommen gewährt.

Die Stallung in Fig. 315 kann 30 Kühe aufnehmen; unter den beiden Rampen p sind überwölbte Seitendurchfahrten i angeordnet.

d) Bauernhöfe der Gegenwart.

225. Bauart und räumliche Bedürfnisse neuerer Bauernhöfe. In der Jetztzeit richtet sich die Gesamtanlage eines Bauernhofes, d. h. die Anzahl und Größe der Gebäude, selbstverständlich ebensowohl nach der Größe und Bewirtschaftungsweise der Ländereien, als auch bezüglich der Lage der einzelnen Gebäude zu einander nach provinziellen Gewohnheiten und nach bestimmten allgemein gültigen Regeln, wobei zu beachten ist, daſs die Vorzüge des fränkischen Gehöftes und die Vorschriften der ländlichen Baupolizeiordnungen, welche meistens eine bestimmte Entfernung zwischen Wohngebäuden und Ställen oder Scheunen vorschreiben, dieser Bauart bei Neuanlagen mehr und mehr den Vorrang vor der altsächsischen verschafft haben.

Während die fränkische Bauart gerade für große Bauernhöfe, nach der deutschen Reichsstatistik solche von 20 bis 100^{ha} Grundbesitz, die gebräuchlichere ist und dieselben sich von Gutshöfen nur durch ihren kleineren Umfang unterscheiden, kommt für mittelgroße Bauernhöfe (5 bis 20^{ha}) die gemischte Bauart zur Anwendung, welche sich aus der altsächsischen und fränkischen entwickelt hat, bei der die Wohnung und Viehställe unter einem Dach liegen, aber durch eine Brandmauer voneinander getrennt, die Scheune dagegen abgesondert davon als besonderes Gebäude errichtet wird. Besser ist jedoch das nur teilweise Zusammenbauen des Wohnhauses und des Stalles durch einen Zwischenbau, der als Viehfutterküche, Waschraum und dergl. dient, eine vielfach auch bei großen Bauernhöfen der Jetztzeit beliebte Bauart.

Bei der Anlage kleiner Bauernhöfe, d. h. solche von sog. „freien Arbeitern" bewohnten Gehöften, die nur über 2 bis 5^{ha} Grundbesitz verfügen, wird meistens die altsächsische Bauart, und zwar aus dem wichtigsten Grunde beibehalten, weil eine solche Anlage bei weitem billiger ist als eine gleichartige mit getrennten Gebäuden und weil die Wärme besser zusammengehalten wird.

Gegen diese Bauart der kleinsten Bauernhöfe ist auch nichts einzuwenden, wenn der Stall durch einen Flur, besser durch eine geräumige Tenne von der Wohnung geschieden und wenn die beiden ersteren mittels einer durch den Dachraum hindurch gehenden Brandmauer voneinander getrennt werden und das Dach des Gebäudes eine feuersichere Eindeckung erhält.

Die vereinzelt liegenden oder Dörfer bildenden Bauerngehöfte beanspruchen bezüglich der Befriedigung der räumlichen Bedürfnisse folgende Rücksichten. Das Wohnhaus, welches in Dörfern, praktischen Erwägungen entsprechend, entweder an der Straße oder im Hintergrund des Hofes errichtet wird, muſs je nach der Größe des Grundbesitzes im Erdgeschoſs 1 bis 3 Wohnstuben, 1 bis 3 Schlafkammern, eine meist als Eſsstube dienende und deshalb geräumige Küche, erforderlichenfalls mit Backofen, unter Umständen einen Raum zur Viehfutterzubereitung, zum Waschen und Backen, ferner eine Speisekammer und einen geräumigen Flur erhalten.

Im Kellergeschofs sind 2 bis 3 Vorratsräume und dort, wo die Verarbeitung der Milch zu Butter für den Verkauf im eigenen Betriebe vorgenommen wird, auch noch eine möglichst nach Norden gelegene Milchstube anzuordnen. Das Dachgeschofs dient dann zur Anlage von Gast-, Gesinde- und Vorratskammern und zur Herstellung einer Räucherkammer; Gesinde-, bezw. Mägde- und Knechtekammern werden auf gröfseren Höfen auch vielfach in den Ställen untergebracht.

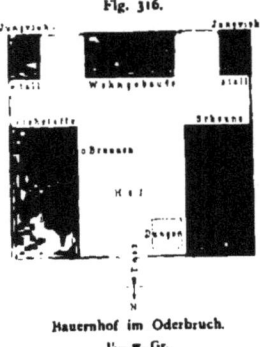

Fig. 316.
Bauernhof im Oderbruch.

Rindvieh, Pferde und Schweine sind bei geringer Anzahl in einem Stalle vereinigt, aber doch möglichst voneinander getrennt aufzustellen, und die Fütterung geschieht dann von einem gemeinsamen Futtergang oder einer -Tenne aus. Zuweilen wird auch der Schweinestall in einem besonderen Anbau untergebracht oder ein freistehendes kleines Gebäude errichtet.

Die Scheune, welche wegen des an das Vieh zu verabreichenden Strohes möglichst nahe am Stalle liegen soll, wird ebensowohl mit 1 bis 2 Quertennen oder 1 Doppelquertenne, als auch mit 1 Seitenlangtenne mit oder ohne Quertenne ausgeführt.

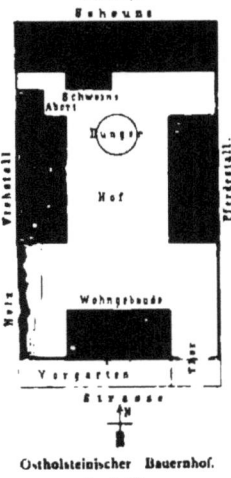

Fig. 317.
Ostholsteinischer Bauernhof.

Die Düngerstätte mit Jauchenbehälter liegt am besten in mindestens 3 bis 4 ^{m} Entfernung vor dem Stallgebäude; der Abort wird entweder in den Ställen eingebaut oder an diese oder an die Scheune angebaut, am besten aber auf dem Jauchenbehälter errichtet. Vielfach wird auch ein Schuppen zum Unterbringen von Karren, Geräten und Brennholz errichtet, am besten im Anschlufs an die Scheune. Auf gröfseren Höfen fehlt auch selten eine überdachte Göpelanlage. Ein Brunnen, in der Ausführung als einfachster Ziehbrunnen oder bis zu derjenigen als Rohrkesselbrunnen, ist in der Regel erforderlich und mufs vom Stalle und der Düngerstätte etc. mindestens 6 ^{m} entfernt sein.

Der teils von Gebäuden, teils von Umzäunungen eingeschlossene und mit einer bequemen Einfahrt versehene Hof mufs genügend freien Raum bieten, um mit beladenen Wagen bequem umwenden und an den Gebäuden entlang fahren zu können, und der an letzteren vorbeiführende Weg ist in genügender Breite zu pflastern.

Die Gesamtanlage mufs stets die Möglichkeit einer späteren Vergröfserung der Gebäude gestatten, ohne dafs der Hof seine Übersichtlichkeit und bequeme Benutzbarkeit einbüfst.

216. Beispiel neuerer Bauernhöfe in verschiedener Bauart.

Nach fränkischer Bauart errichtete Bauernhöfe zeigen Fig. 316 u. 317.

Fig. 316 ist der Lageplan eines im Oderbruch und im Dorfe gelegenen Bauernhofes; das Wohnhaus liegt hier im Hintergrunde des fast quadratischen, von Nord nach Süd gerichteten Hofes.

Fig. 317 ist der Lageplan eines ostholsteinischen Hofes für ca. 70 ha Ackerland, auf welchem 30 Kühe, 8 Pferde, 3 Schweine und 6 bis 9 Schafe gehalten werden. Das Wohngebäude grenzt hier mittels eines Vorgartens an die Dorfstrafse; die grofse Scheune mit angebautem Schweinestall hat 2 Bansen, 1 Quer- und Seitenlangtenne.

Fig. 318 bis 324 zeigen eine Anzahl von Lageplänen der von Bauern aus allen Teilen Deutschlands in den Ansiedelungsgebieten Posens und Westpreufsens errichteten Gehöfte. Dieselben sind je nach der Herkunft der Besitzer, der Gröfse des Ackerlandes und der verfügbaren Geldmittel von verschiedener Bauart[22]).

Fig. 318 stellt den Lageplan eines in Zedlitzwalde errichteten und einem Brandenburger gehörigen Hofes für 24 ha Ackerland dar. Wir sehen hier die rein fränkische Bauart. Die Ausführung ist sparsam; die Stallungen sind überwölbt und die Stallgänge gepflastert; die Krippen bestehen aus Stein; hingegen sind die Stände und die Düngerstätte nicht gepflastert; eine besondere Futterküche fehlt. Die Baukosten, welche bei allen Ansiedelungshöfen durchschnittlich 480 Mark auf das Hektar betragen, belaufen sich bei vorstehendem Beispiel auf 400 Mark für 1 ha.

Fig. 319 zeigt ein gleichfalls in fränkischer Bauart errichtetes Posener Gehöft (Radlowo) für 22 ha Grundbesitz. Die ganze Anlage weist eine gute Raumverteilung etc. auf, und der Hof ist abgeschlossen. Die auffallend grofse Scheune besitzt eine Doppelquertenne; das Stallgebäude enthält eine besondere Stallabteilung für Pferde, eine gemeinschaftliche

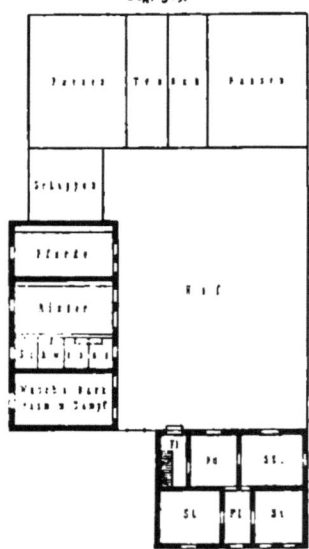

Brandenburger Gehöft (Zedlitzwalde — 24 ha), ca. 1/400 w. Gr.

Fig. 319.

Posener Gehöft (Radlowo — 22 ha), ca. 1/400 w. Gr.

[22]) Nach: Illustrirtes Landwirthschafts-Lexikon, Berlin 1889.

für Rinder und Schweine und einen Wasch- und Backraum mit Futterdämpfer; Aborte und Brunnen fehlen. Die Baukosten betragen weniger als 480 Mark für 1 ʰᵃ.

Fig. 320 u. 321 sind Beispiele für Hofanlagen, bei welchen das Wohnhaus und das Stallgebäude durch einen Übergangsraum miteinander verbunden sind.

Fig. 320 zeigt den Lageplan eines westfälischen Ansiedelungshofes in Bismarcksfelde für 15 ʰᵃ Grundbesitz. Das Wohnhaus und das quadratische Stallgebäude, worin Rinder, Pferde und Schweine ohne Trennungswände untergebracht sind, hängen durch einen mit dem Hof in Verbindung stehenden kleinen Flur zusammen. Die große Scheune hat eine Quertenne und am oberen Giebel einen Remisenanbau. Die Ausführung dieser und anderer westfälischer Höfe ist eine gute, mit zeitgemäßen Einrichtungen für die Futterbereitung und Stallwasserleitung. Die Baukosten belaufen sich auf 450 Mark für 1 ʰᵃ.

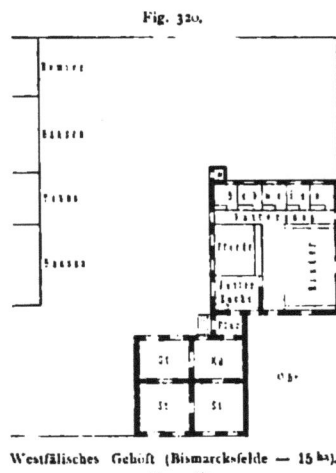

Fig. 320.

Westfälisches Gehöft (Bismarcksfelde — 15 ʰᵃ).
ca. ¹/₁₀₀ w. Gr.

Fig. 321 ist der Lageplan eines Lippe-Detmold'schen Ansiedelungsgehöftes in Leiperode für 24 ʰᵃ Grundbesitz. Das Stallgebäude, welches getrennte Räume für Rinder, Pferde und Schweine, eine Futtertenne und Knechtekammer aufweist, steht auch hier durch einen Übergangsraum (Wasch- und Futterküche) mit dem Wohnhaus in zweckmäßiger Verbindung. Die auffallend große Scheune besitzt 3 Bansen und 2 Quertennen. Die Kosten der Hofanlage belaufen sich bei guter Bauausführung auf 470 Mark für 1 ʰᵃ.

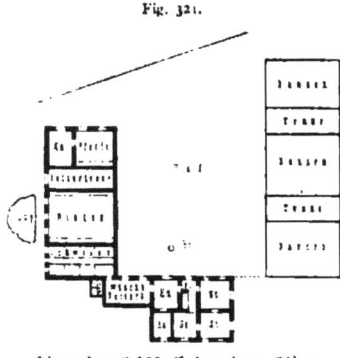

Fig. 321.

Lippesches Gehöft (Leiperode — 24 ʰᵃ).
ca. ¹/₁₀₀ w. Gr.

Fig. 322 u. 323 sind Beispiele kleinerer Hofanlagen nach verbesserter altsächsischer Bauart. Hier befindet sich die Stallung mit der Wohnung unter einem Dach und ist von dieser durch eine Brandmauer getrennt; die Ernte wird in einem besonderen Scheunengebäude untergebracht.

Fig. 322 zeigt ein westpreußisches Gehöft in Brachlin für nur 5 ʰᵃ Grundbesitz. Das Wohnhaus zeigt den in Westpreußen beliebten Doppelflur mit dunkler Küche; Rinder, Pferde und Schweine stehen ungetrennt in einem Stallraum; die Scheune, 2 Bansen mit 1 Quertenne, liegt hinter dem Wohnhaus; Abort und Brunnen fehlen. Die Ausführung ist bei diesen Anlagen meist sehr dürftig, und die Baukosten sind dementsprechend niedrig.

Fig. 323 ist der Lageplan eines sächsischen Ansiedelungsgehöftes in Murke für 12 ʰᵃ Grundbesitz. Das sehr geräumige Wohnhaus ist auch hier durch eine Brandmauer vom Stalle getrennt, und hinter demselben liegt die Scheune mit 1 Quertenne. Die Baukosten belaufen sich auf 450 Mark für 1 ʰᵃ.

Fig. 324 u. 325 veranschaulichen endlich Lagepläne neuzeitlicher westfälischer Bauernhäuser, bei denen Wohnung und Stall durch eine Brandmauer voneinander getrennt sind, aber die Futtervorräte und Ernte doch noch im Dachboden des Gebäudes untergebracht werden.

Fig. 324 ist ein in Biechowo (Posen) ausgeführtes Bauernhaus für 19 ʰᵃ Grundbesitz und Fig. 325 eine Gehöftanlage für den kleinsten Grundbesitz von 1 bis 3 ʰᵃ (Häuslereigehöft). Die aus 3 Räumen und einem Flur bestehende Wohnung ist durch eine Einbans- und Dreschdiele vom Stalle getrennt. Dieser enthält einen Raum für 1 Kuh und 1 Kalb und eine Bucht für 2 bis 3 Mastschweine. Am Stallgiebel liegt die geräumige Düngerstätte, und im Dachboden befindet sich 1 Giebelkammer mit 2 Abseiten und der Heu- und Kornboden.

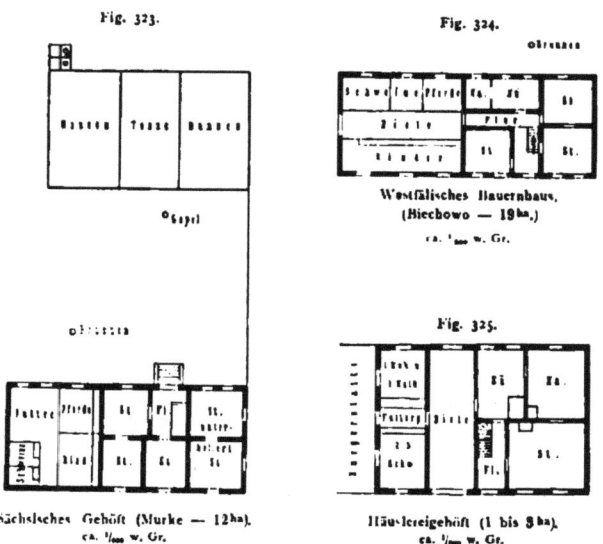

Fig. 322.

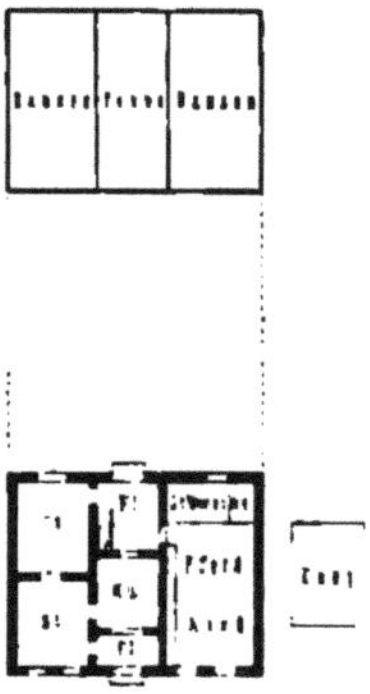

Westpreußisches Gehöft. (Brachlin — 5 ʰᵃ.) ca. ¹⁄₆₀₀ w. Gr.

Fig. 323.

Sächsisches Gehöft (Murke — 12 ʰᵃ). ca. ¹⁄₆₀₀ w. Gr.

Fig. 324.

Westfälisches Bauernhaus. (Biechowo — 19 ʰᵃ.) ca. ¹⁄₆₀₀ w. Gr.

Fig. 325.

Häuslereigehöft (1 bis 3 ʰᵃ). ca. ¹⁄₆₀₀ w. Gr.

e) **Landwirtschaftlich feuersicherer Tiefbau.**

Die im sächsischen Bauernhaus getroffene Anordnung, sämtliche zu einem Wirtschaftsbetrieb erforderlichen Räume in einem Gebäude, unter einem Dach, zu vereinigen, wurde von *E. H. Hoffmann* in dem von ihm erfundenen »Tiefbau«, unter Berücksichtigung der Feuersicherheit, möglichst guter Beleuchtung, ausreichender Lüftung und möglichster Billigkeit von neuem für die Landwirtschaft nutzbar gemacht und in mehreren Fällen zur Anwendung gebracht.

Die Vereinigung des ganzen lebenden und toten Inventars und der Ernteerträgnisse, sowie des gesamten Wirtschaftsbetriebes auf einem Punkt macht diesen bequem und übersichtlich und gestattet die ausgedehnteste Anwendung und Ausnutzung der Dampfkraft. Die aber durch die Vereinigung des ganzen Wirtschaftsbetriebes auf einen Punkt bedingte Feuersicherheit wird durch die ausschliefsliche Anwendung von Ziegelsteinen zu Wänden und Decken, welch letztere aus breiten Kappengewölben zwischen Gurtbogen bestehen und auf einem System starker Pfeiler ruhen, erreicht; die Füllwände zwischen den Pfeilern sind dabei möglichst schwach und je nach ihrem Zweck teils mit, teils ohne Luftschicht versehen. Die Beleuchtung der sehr tiefen Räume wird durch sehr breite, bis zur Decke reichende, mit grofsen, fest vermauerten Rohglasscheiben geschlossene Wandöffnungen erreicht. Zur Lüftung, d. h. Zuführung frischer Luft und Abführung verbrauchter Luft, dient ein in den Mauerpfeilern angeordnetes System lotrechter, vierfacher Röhren, sog. »Vierrichtungsventilatoren«, von denen je zwei nach der Windrichtung stets frische Luft einführen, die beiden anderen, unter dem Winddruck befindlichen Röhren die verdorbene Luft abführen. Die Herstellungs- und Unterhaltungskosten der Tiefbauten sind geringer als diejenigen einzelner Hofgebäude für denselben Zweck, weil ein sehr tiefer und grofser quadratischer Bau weniger Wände, namentlich starke Umfassungswände, erfordert als mehrere weniger tiefe, rechteckige Gebäude. Die Dachdeckung der Tiefbauten wird durch Dachpappe bewirkt, welche sich aber in Rücksicht auf ihre verhältnismäfsig hohen Unterhaltungskosten und ihre steilere Neigung für solche ungewöhnlich tiefe Gebäude wenig eignet; hier ist das Holzcementdach besonders geeignet.

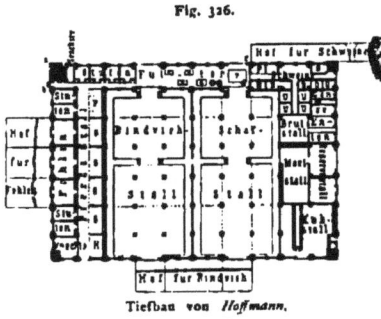

Fig. 326.

Tiefbau von *Hoffmann*.

Diesen vom Erfinder in einer Broschüre*) nachgewiesenen und unbestreitbaren Vorzügen des Tiefbaues stehen aber andererseits mehrere nicht unwesentliche Mängel gegenüber, so dafs es erklärlich ist, wenn Tiefbauten nur in geringer Anzahl zur Ausführung gekommen sind.

Als wesentliche Nachteile sind anzuführen: das leichte und schnelle Übertragen ansteckender Viehseuchen, das bei 4,50 bis 5,00 m Höhe des Erdgeschosses

---

*) Hoffmann, E. H. Ueber landwirthschaftliche feuersichere Tiefbauten. Neustadt 1868.

sehr erschwerte Einbringen der Erntefrüchte in die Bodenräume, der durch die starken Gewölbepfeiler erschwerte Verkehr, die geringe Übersichtlichkeit und schliefslich die für unsere heutigen Verhältnisse doch nicht genügende Billigkeit der Ausführung.

Wenn man daher heute das Tiefbausystem für gröfsere Gutshöfe kaum noch anwendet, weil für diese stets das Zerlegen in mehrere Gebäude den Vorzug hat, so ist der Tiefbau doch für kleine Bauernwirtschaften und einzelne Vorwerke nicht ganz auszuschliefsen und die darin verwirklichten Gedanken der möglichst quadratischen Gestaltung der Gebäude, die gelungene Anlage der Beleuchtung und Lüftung sind für die Ausführung tiefer Stallgebäude zweifelsohne von Wert.

228. Anordnung.

Als Beispiel für Tiefbauten möge der in Fig. 326 u. 327 abgebildete Grundrifs und das Schaubild eines von *Hoffmann* auf einem ostpreufsischen Gute von ca. 175 ʰᵃ Grundbesitz ausgeführten Tiefbaues dienen.

Derselbe umfafst zwei grofse Stallräume für 100 Haupt Rindvieh, bezw. 700 Stück Schafe, um welche sich eine Reihe kleiner Ställe gruppieren. In den grofsen Ställen geht das Vieh frei umher, und mit der Benutzung derselben wird, behufs Mischung des Rindviehdüngers mit dem Schafmist, gewechselt. Bansen- und Speicherräume, sowie Futterböden liegen über den Deckengewölben der Stallräume.

An den Pferdestall, worin *F* die Stände von Kutschpferden, *G* die Stände für Arbeitspferde in Gespannen zu je 4 Pferden und *H* die Reserveställe bezeichnet, schliefsen sich Laufställe für Stuten, Fohlenställe für drei Jahrgänge, eine Knechte- und eine Geschirrkammer an. Im Schweinestall dient *O* für die Eber, *P* für die Ferkel, *Q* für die Faselschweine, *R* für Zuchtsäue, und *U* sind Mastschweinebuchten. Über dem Gänsestall befindet sich der Stall für Puten und über dem Entenstall jener für Hühner; im Kuhstall haben 25 Stück Vieh Platz. In der Futterküche sind der Rübenschneider *1*, die Rübenwäsche *2*, die Kornquetsche *3*, der Elevator *4*, das Wasserkochfafs *5*, das Dampffafs *6* und die Viehwage *7* untergebracht.

Der Teil *a b c d* ist unterkellert. Im Keller befindet sich aufser dem Raum für Rüben und Knollen ein 2,60 ᵐ weiter Brunnen, aus dem mittels der durch Dampfkraft bewegten Pumpe das Wasser in einen gemauerten Behälter gehoben

Tiefbau von *Hoffmann*.

Fig. 327.

wird, welcher auf dem Vorboden steht; von hier wird das Wasser in Rohrleitungen nach sämtlichen Stallräumen geschafft, und zwar, wo erforderlich, gleich in die Krippen. Mit dem Dampfkessel steht in der Futterküche das Wasserkochfaß 5 und das Dampffaß 6 in Verbindung. Von der Dampfmaschine werden ferner der Elevator 4, die Kornquetsche 3, der Rübenschneider 1, die Rübenwäsche 2, sowie auf den Vorböden die Häcksel- und die Dreschmaschine bewegt. Vom Vorboden, welcher so groß wie der Keller a b c d ist, gelangt man in den Speicher, welcher, wie aus dem Schaubild zu erkennen ist, teils 2, teils 3 Böden hat und den Raum vom Westgiebel bis zum Rindviehstall einnimmt; der übrige Bodenraum dient als Scheunen- und Futterraum.

Litteratur
über »Gutswirtschaftliche und bäuerliche Gehöftanlagen«.
a) Anlage und Einrichtung.

WOLFF. Die Entwickelung des deutschen Bauernhauses. Wochbl. f. Baukde. 1887, S. 153, 165.
JASPERS, G. Der Bauernhof etc. Berlin 1890.
SCHMIDT, K. & E. KÜHN. Das landwirtschaftliche Mustergehöft auf der deutschen Bau-Ausstellung Dresden 1900 und die hierzu eingegangenen preisgekrönten Wettbewerbs-Entwürfe. Dresden 1900.
Denkschrift über die posener und westpreussischen Ansiedlungs-Gehöfte. Posen.

β) Ausführungen und Entwürfe.

HOFFMANN, C. W. Die in den Jahren 1852—1854 neuerbauten Wirthschaftsgebäude in der Niederlausitz, einem Gute Sr. Excellenz des Herrn Ministerpräsidenten Freiherrn von Manteuffel. ROMBERG's Zeitschr. f. prakt. Bauk. 1854, S. 289.
Hall's court farm near Bristol. Builder, Bd. 13, S. 340.
KNOBLAUCH, E. Wohnhaus und Wirthschaftsgebäude auf Marienberg bei Rosnowo. ROMBERG's Zeitschr. f. prakt. Bauk. 1857, S. 297.
Colonie agricole et ferme-modèle du Ruysselede (Belgique). Nouv. annales de la const. 1857, S. 70.
MARTENS, G. Der Wirthschaftshof der Baronin Wilhelmsborg in Jütland. Zeitschr. f. Bauw. 1859, S. 289.
Stanley farm, near Bristol. Builder, Bd. 18, S. 136.
HÜGEL, J. v. & G. F. SCHMIDT. Die Gestüte und Meiereien des Königs von Württemberg. Stuttgart 1861.
UHLENRUTH, E. Grundrisse und innere Einrichtung der Farm-Gehöfte in England und Schottland und der Bauernhöfe in Frankreich, den Niederlanden und Deutschland. ROMBERG's Zeitschr. f. prakt. Bauk. 1863, S. 219.
The prince consort's farms. Builder, Bd. 21, S. 94.
Kuhstall und Scheune auf dem Gute des Reichsgrafen W. v. SCHWERIN zu Göhren. HAARMANN's Zeitschr. f. Bauhdw. 1865, S. 6.
Stallgebäude zu Ortenstein. HAARMANN's Zeitschr. f. Bauhdw. 1867, S. 9.
Eine holländische Meierei. ROMBERG's Zeitschr. f. prakt. Baukunst 1868, S. 70.
Ein musterhaftes Wohn- und Wirthschaftsgebäude für ein Landgut von 500 Morgen. ROMBERG's Zeitschr. f. prakt. Bauk. 1868, S. 219.
TISSERAND, E. *Ferme impériale des tirés de Saint-Germain.* Nouv. annales de la const. 1869, S. 9.
Weaver bank farm. Building news, Bd. 17, S. 211.
BAUDOT, A. DE. *Ferme de Grignon.* Gaz. des arch. et du bât. 1869—70, S. 107, 144.
Ferme de M. . . . à Gouvieux. Encyclopédie d'arch. 1872; Pl. 81, 82, 87; 1873, S. 6 u. Pl. 95.
Maxims and memoranda relating to the arrangement and construction of farm buildings. Building news, Bd. 6, S. 311, 353, 433, 513, 568, 603; Bd. 7, S. 6, 158, 201, 569.
Stables, farm buildings etc. Building news, Bd. 18, S. 252.
Farm-house and homestead, the Coombe, Wadhurst. Building news, Bd. 24, S. 122.
Farmhouse and buildings at the Chasewoods farm, Haley. Building news, Bd. 26, S. 64.
Farmhouse and homestead at Perten-hall, Bedfordshire. Building news, Bd. 26, S. 606.
Farm buildings and bailiff's house at the Earlswood asylum for idiots, Red Hill, Surrey. Building news, Bd. 28, S. 150.
Ferme nationale de Vincennes, près Paris. Encyclopédie d'arch. 1877, S. 81 u. Pl. 452.
Ferme de Britannia, à Ghistelles. Encyclopédie d'arch. 1877, S. 81 u. Pl. 457.
Flemish-farm, du domaine royal de Windsor. Encyclopédie d'arch. 1877, S. 81 u. Pl. 467, 468.

BURNITZ, H. Der Louisenhof. Muster-Oekonomie des Herrn Freiherrn KARL v. ROTHSCHILD. Allg. Bauz. 1878, S. 89.
TRILLE, E. *Ferme de Kerguehennec*. Gaz. des arch. et du bât. 1878, S. 95, 111.
SHOLT, H. *Ferme de Horsington*. Gaz. des arch. et du bât. 1878, S. 134.
Farm buildings at Horsington, Somerset. Builder, Bd. 36, S. 11.
Farm plans. Building news, Bd. 35, S. 236.
TOLHAUSEN, A. Englische Pachtgüter (Farms). ROMBERG's Zeitschr. f. prakt. Bauk. 1879, S. 448.
Création de douze fermes-modèles et écoles d'agriculture en Algérie. Nouv. annales de la const. 1879, S. 129.
Farm plans at Kilburn. Building news, Bd. 37, S. 301.
Farm homestead at Lawford, Essex. Building news, Bd. 37, S. 522.
Silver medal dairy-farms plan. Building news, Bd. 37, S. 580.
Design for dairy-farm for 50 cows. Building news, Bd. 39, S. 702.
Landwirthschaftliche Gebäude ausgeführt nach den Angaben des Grafen VON SCHLIEFFEN AUF SCHLIEFFENSBERG in Mecklenburg. Centralbl. d. Bauverw. 1881, S. 191.
Vieh- und Pferdestall nebst Speicher auf Sängerau bei Thorn. HAARMANN's Zeitschr. f. Bauhdw. 1881, S. 50.
Ferme de Villers-Allerand. Encyclopédie d'arch. 1881, S. 39 u. Pl. 726, 727.
Farm buildings at Burstow park. Building news, Bd. 42, S. 446.
ROMSTORFER, C. A. Oekonomie-Gebäude des Herrn AUGUST KIFIN, Ritter v. Ehrenwalten in Seeburg an der Ybs. Allg. Bauz. 1884, S. 23.
GOSSET, A. *Ferme de Villers-Allerand*. Nouv. annales de la const. 1884, S. 1.
ENGEL, F. Der Wirthschaftshof in Wahrstorff bei Buchholtz in Mecklenburg. Baugwks.-Ztg. 1886, S. 126.
Wirthschaftshof in Middlesex. Baugwks.-Ztg. 1887, S. 852.
Musterplan für einen Wirthschaftshof im Erzgebirge. Deutsches Baugwksbl. 1888, S. 53.
Ferme de Beauregard. Nouv. annales de la const. 1880, S. 38.
Wettbewerbungs-Entwürfe zu Hofanlagen der deutschen Landwirthschaft-Gesellschaft. Berlin 1891.
REIMER & KÖRTE. Entwurf zu einer landwirthschaftlichen Gehöftanlage in Lothringen. Deutsche Bauz. 1892, S. 277.
SCHUBERT, A. Gehöftsanlage bei Chemnitz. Südd. Bauz. 1892, S. 518.
KICK, P. & P. LUCAS. Entwurf für ein landwirthschaftliches Gehöft in kupirtem Terrain bei gegebener Situation. Baugwks.-Ztg. 1893, S. 1154.
Stables and farm buildings, Wickham Hall, Kent. Builder, Bd. 78, S. 422.
Bauentwürfe zu kleinbäuerlichen Gehöften. Ministerium des Innern. Dresden.
WILLIAM & FARGE. *Le recueil d'architecture*. Paris.
    6e année, f. 12, 25, 26: *Métairie modèle*. *Propriété de M . . . . . à Jolimont*; von AIMAINDE HASE.
    7e année, f. 6, 7, 35: *Ferme à Chevry-Cossigny*; von ROBLIN.
    f. 63: *Ferme de la Trouillère*; von TAUQUENEL.
    8e année, f. 9, 66: *Exploitation agricole de Theneuille*. *Métairie de Jinsait*; von ROY.
    f. 32, 37, 38, 51, 52, 58: *Ferme du château d'Auferville-sur-Itou*; von ROUSSEL.
    10e année, f. 19, 20, 31: *Communs et dépendances; château de La Chesnaye*; von CUVILLIER.
    13e année, f. 21, 22: *Ferme d'Arcy-en-Brie*.

Wichtigstes Werk für Architekten,
Bau-Ingenieure, Maurer- und Zimmermeister, Bauunternehmer, Baubehörden.

Handbuch der Architektur.

Unter Mitwirkung von Fachgenossen
herausgegeben von Prof. Dr. E. Schmitt, Geh. Baurat in Darmstadt.

ERSTER TEIL.

ALLGEMEINE HOCHBAUKUNDE.

1. Band, Heft 1: **Einleitung.** (Theoretische und historische Uebersicht.) Von Geh.-Rat † Dr. A. v. Essenwein, Nürnberg. — **Die Technik der wichtigeren Baustoffe.** Von Hofrat Prof. Dr. W. F. Exner, Wien, Prof. † H. Hauenschild, Berlin, Geh. Baurat Prof. H. Koch, Berlin, Reg.-Rat Prof. Dr. G. Lauboeck, Wien und Geh. Baurat Prof. Dr. E. Schmitt, Darmstadt. Dritte Auflage. Preis: 12 Mark, in Halbfranz gebunden 15 Mark.

Heft 2: **Die Statik der Hochbaukonstruktionen.** Von Geh. Baurat Prof. Th. Landsberg, Darmstadt. Dritte Auflage. Preis: 15 Mark, in Halbfranz gebunden 18 Mark.

2. Band: **Die Bauformenlehre.** Von Prof. J. Bohlmann, München. Zweite Auflage.
Preis: 16 Mark, in Halbfranz gebunden 19 Mark.

3. Band: **Die Formenlehre des Ornaments.** Von Prof. H. Pfeifer, Braunschweig. Unter der Presse.

4. Band: **Die Keramik in der Baukunst.** Von Prof. R. Borrmann, Berlin.
Preis: 8 Mark, in Halbfranz gebunden 11 Mark.

5. Band: **Die Bauführung.** Von Geh. Baurat Prof. H. Koch, Berlin. Preis: 12 M., in Halbfrz. geb. 15 M.

ZWEITER TEIL.

DIE BAUSTILE.

Historische und technische Entwickelung.

1. Band: **Die Baukunst der Griechen.** Von Geh.-Rat Prof. Dr. J. Durm, Karlsruhe. Zweite Auflage. (Vergriffen.)

2. Band: **Die Baukunst der Etrusker und der Römer.** Von Geh.-Rat Prof. Dr. J. Durm, Karlsruhe. Zweite Auflage. Preis: 32 Mark, in Halbfranz gebunden 35 Mark.

3. Band, Erste Hälfte: **Die altchristliche und byzantinische Baukunst.** Zweite Auflage. Von Prof. Dr. H. Holtzinger, Hannover. Preis: 12 Mark, in Halbfranz gebunden 15 Mark.

Zweite Hälfte: **Die Baukunst des Islam.** Von Direktor J. Franz-Pascha, Kairo. Zweite Auflage. Preis: 12 Mark, in Halbfranz gebunden 15 Mark.

4. Band: **Die romanische und die gotische Baukunst.**

Heft 1: **Die Kriegsbaukunst.** Von Geh.-Rat † Dr. A. v. Essenwein, Nürnberg. (Vergriffen.)
Zweite Auflage in Vorbereitung.

Heft 2: **Der Wohnbau.** Von Geh.-Rat † Dr. A. v. Essenwein, Nürnberg. (Vergriffen.)
Zweite Auflage in Vorbereitung.

Heft 3: **Der Kirchenbau.** Von Reg.- u. Baurat M. Hasak, Berlin.
Preis: 16 Mark, in Halbfranz gebunden 19 Mark.

Heft 4: **Einzelheiten des Kirchenbaues.** Von Reg.- u. Baurat M. Hasak, Berlin.
Preis: 18 Mark, in Halbfranz gebunden 21 Mark.

5. Band: **Die Baukunst der Renaissance in Italien.** Von Geh.-Rat Prof. Dr. J. Durm, Karlsruhe.
Preis: 27 Mark, in Halbfranz gebunden 30 Mark.

6. Band: **Die Baukunst der Renaissance in Frankreich.** Von Architekt Dr. H. Baron v. Geymüller, Baden-Baden.

Heft 1: **Historische Darstellung der Entwickelung des Baustils.** (Vergriffen.)

Heft 2: **Struktive und ästhetische Stilrichtungen. — Kirchliche Baukunst.**
Preis: 16 Mark, in Halbfranz gebunden 19 Mark.

7. Band: **Die Baukunst der Renaissance in Deutschland, Holland, Belgien und Dänemark.** Von Direktor Dr. G. v. Bezold, Nürnberg. Preis: 16 Mark, in Halbfranz gebunden 19 Mark.

HANDBUCH DER ARCHITEKTUR.

DRITTER TEIL.
DIE HOCHBAUKONSTRUKTIONEN.

1. Band: **Konstruktionselemente** in Stein, Holz und Eisen. Von Geh. Regierungsrat Prof. G. BARKHAUSEN, Hannover, Geh. Regierungsrat Prof. Dr. F. HEINZERLING, Aachen und Geh. Baurat Prof. † E. MARX, Darmstadt. — **Fundamente.** Von Geh. Baurat Prof. Dr. E. SCHMITT, Darmstadt. Dritte Auflage. Preis: 15 Mark, in Halbfranz gebunden 18 Mark.

2. Band: **Raumbegrenzende Konstruktionen.**

    Heft 1: **Wände und Wandöffnungen.** Von Geh. Baurat Prof. † E. MARX, Darmstadt. Zweite Auflage. Preis: 24 Mark, in Halbfranz gebunden 27 Mark.

    Heft 2: **Einfriedigungen, Brüstungen und Geländer; Balkone, Altane und Erker.** Von Prof. † F. EWERBECK, Aachen und Geh. Baurat Prof. Dr. E. SCHMITT, Darmstadt. — **Gesimse.** Von Prof. † A. GÖLLER, Stuttgart. Zweite Auflage. Preis: 20 M., in Halbfranz geb. 23 M.

    Heft 3, a: **Balkendecken.** Von Geh. Regierungsrat Prof. G. BARKHAUSEN, Hannover. Zweite Aufl. Preis: 15 Mark, in Halbfranz gebunden 18 Mark.

    Heft 3, b: **Gewölbte Decken; verglaste Decken und Deckenlichter.** Von Geh. Hofrat Prof. C. KÖRNER, Braunschweig, Bau- und Betriebs-Inspektor A. SCHACHT, Celle, und Geh. Baurat Prof. Dr. E. SCHMITT, Darmstadt. Zweite Aufl. Preis: 24 Mark, in Halbfranz gebunden 27 Mark.

    Heft 4: **Dächer;** Dachformen. Von Geh. Baurat Prof. Dr. E. SCHMITT, Darmstadt. — Dachstuhlkonstruktionen. Von Geh. Baurat Prof. TH. LANDSBERG, Darmstadt. Zweite Auflage. Preis: 18 Mark, in Halbfranz gebunden 21 Mark.

    Heft 5: **Dachdeckungen;** verglaste Dächer und Dachlichter; massive Steindächer, Nebenanlagen der Dächer. Von Geh. Baurat Prof. H. KOCH, Berlin, Geh. Baurat Prof. † E. MARX, Darmstadt und Geh. Oberbaurat L. SCHWERING, St. Johann a. d. Saar. Zweite Auflage. Preis: 26 Mark, in Halbfranz gebunden 29 Mark.

3. Band, Heft 1: **Fenster, Thüren** und andere bewegliche Wandverschlüsse. Von Geh. Baurat Prof. H. KOCH, Berlin. Zweite Auflage. Preis: 21 Mark, in Halbfranz gebunden 24 Mark.

    Heft 2: **Anlagen zur Vermittelung des Verkehrs in den Gebäuden** (Treppen und innere Rampen; Aufzüge; Sprachrohre, Haus- und Zimmer-Telegraphen). Von Direktor † J. KRAMER, Frankenhausen, Kaiserl. Rat PH. MAYER, Wien, Baugewerkschullehrer O. SCHMIDT, Posen und Geh. Baurat Prof. Dr. E. SCHMITT, Darmstadt. Zweite Auflage. Preis: 14 Mark, in Halbfranz gebunden 17 Mark.

    Heft 3: **Ausbildung der Fussboden-, Wand- und Deckenflächen.** Von Geh. Baurat Prof. H. KOCH, Berlin. Preis: 18 Mark, in Halbfranz gebunden 21 Mark.

4. Band: **Anlagen zur Versorgung der Gebäude mit Licht und Luft, Wärme und Wasser.** Versorgung der Gebäude mit Sonnenlicht und Sonnenwärme. Von Geh. Baurat Prof. Dr. E. SCHMITT, Darmstadt. — Künstliche Beleuchtung der Räume. Von Geh. Regierungsrat Prof. H. FISCHER und Prof. Dr. W. KOHLRAUSCH, Hannover. — Heizung und Lüftung der Räume. Von Geh. Regierungsrat Prof. H. FISCHER, Hannover. — Wasserversorgung der Gebäude. Von Prof. Dr. O. LUEGER, Stuttgart. Zweite Auflage. Preis: 22 Mark, in Halbfranz gebunden 25 Mark.

5. Band: **Koch-, Spül-, Wasch- und Bade-Einrichtungen.** Von Geh. Bauräten Professoren † E. MARX und Dr. E. SCHMITT, Darmstadt. — **Entwässerung und Reinigung der Gebäude;** Ableitung des Haus-, Dach- und Hofwassers; Aborte und Pissoirs; Entfernung der Fäkalstoffe aus den Gebäuden. Von Privatdocent Bauinspektor M. KNAUFF, Berlin und Geh. Baurat Prof. Dr. E. SCHMITT, Darmstadt. Zweite Aufl. (Vergriffen.) Dritte Auflage in Vorbereitung.

6. Band: **Sicherungen gegen Einbruch.** Von Geh. Baurat Prof. † E. MARX, Darmstadt und Geh. Baurat Prof. H. KOCH, Berlin. — **Anlagen zur Erzielung einer guten Akustik.** Von Stadtbaurat A. STURMHOEFEL, Berlin. — **Glockenstühle.** Von Geh. Rat Dr. C. KÖPCKE, Dresden. — **Sicherungen gegen Feuer, Blitzschlag, Bodensenkungen und Erderschütterungen; Stützmauern.** Von Baurat E. SPILLNER, Essen. — **Terrassen und Perrons, Freitreppen und äussere Rampen.** Von Prof. † F. EWERBECK, Aachen. — **Vordächer.** Von Geh. Baurat Prof. Dr. E. SCHMITT, Darmstadt. — **Eisbehälter und Kühlanlagen mit künstlicher Kälteerzeugung.** Von Oberingenieur E. BRÜCKNER, Moskau und Baurat E. SPILLNER, Essen. Dritte Auflage. Preis: 14 Mark, in Halbfranz gebunden 17 Mark.

HANDBUCH DER ARCHITEKTUR.

VIERTER TEIL.
ENTWERFEN, ANLAGE UND EINRICHTUNG DER GEBÄUDE.

1. Halbband: **Architektonische Komposition.** Allgemeine Grundzüge. Von Geh. Baurat Prof. † Dr. H. WAGNER, Darmstadt. — Proportionen in der Architektur. Von Prof. A. THIERSCH, München. — Anlage des Gebäudes. Von Geh. Baurat Prof. † Dr. H. WAGNER, Darmstadt. — Gestaltung der äusseren und inneren Architektur. Von Prof. J. BÜHLMANN, München. — Vorräume, Treppen-, Hof- und Saal-Anlagen. Von Geh. Baurat Prof. † Dr. H. WAGNER, Darmstadt und Stadtbaurat A. STURMHOEFEL, Berlin. Dritte Auflage.
Preis: 18 Mark, in Halbfranz gebunden 21 Mark.

2. Halbband: **Gebäude für die Zwecke des Wohnens, des Handels und Verkehres.**
Heft 1: **Wohnhäuser.** Von Geh. Hofrat Prof. C. WEISSBACH, Dresden.
Preis: 21 Mark, in Halbfranz gebunden 24 Mark.
Heft 2: **Gebäude für Geschäfts- und Handelszwecke** (Geschäfts-, Kauf- und Warenhäuser, Gebäude für Banken und andere Geldinstitute, Passagen oder Galerien, Börsengebäude). Von Prof. Dr. H. AUER, Bern, Architekt P. KICK, Berlin, Prof. K. ZAAR, Berlin und Docent A. L. ZAAR, Berlin. Preis 16 Mark, in Halbfranz gebunden 19 Mark.
Heft 3: **Gebäude für den Post-, Telegraphen- und Fernsprechdienst.** Von Postbaurat R. NEUMANN, Erfurt. Preis: 10 Mark, in Halbfranz gebunden 13 Mark.
Heft 4: **Eisenbahnhochbauten.** Von Geh. Baurat A. RÜDELL, Berlin. In Vorbereitung.

3. Halbband: **Gebäude für die Zwecke der Landwirtschaft und der Lebensmittel-Versorgung.**
Heft 1: **Landwirtschaftliche Gebäude und verwandte Anlagen.** Von Prof. A. SCHUBERT, Kassel und Geh. Baurat Prof. Dr. E. SCHMITT, Darmstadt. Zweite Auflage.
Preis: 12 Mark, in Halbfranz gebunden 15 Mark.
Heft 2: **Gebäude für Lebensmittel-Versorgung.** (Schlachthöfe und Viehmärkte, Märkte für Lebensmittel; Märkte für Getreide; Märkte für Pferde und Hornvieh). Von Stadtbaurat † G. OSTHOFF, Berlin und Geh. Baurat Prof. Dr. E. SCHMITT, Darmstadt. Zweite Auflage. Preis: 16 Mark, in Halbfranz gebunden 19 Mark.

4. Halbband: **Gebäude für Erholungs-, Beherbergungs- und Vereinszwecke.**
Heft 1: **Schankstätten und Speisewirtschaften, Kaffeehäuser und Restaurants.** Von Geh. Baurat Prof. † Dr. H. WAGNER, Darmstadt und Geh. Baurat Prof. H. KOCH, Berlin. — **Volksküchen und Speiseanstalten für Arbeiter; Volkskaffeehäuser.** Von Geh. Baurat Prof. Dr. E. SCHMITT, Darmstadt. — **Oeffentliche Vergnügungsstätten.** Von Geh. Baurat Prof. † Dr. H. WAGNER, Darmstadt und Geh. Baurat Prof. H. KOCH, Berlin. — **Festhallen.** Von Geh.-Rat Prof. Dr. J. DURM, Karlsruhe. — **Gasthöfe höheren Ranges.** Von Geh. Baurat H. v. D. HUDE, Berlin. — **Gasthöfe niederen Ranges, Schlaf- und Herbergshäuser.** Von Geh. Baurat Prof. Dr. E. SCHMITT, Darmstadt. Dritte Auflage.
Preis 18 Mark, in Halbfranz gebunden 21 Mark.
Heft 2: **Baulichkeiten für Kur- und Badeorte.** Von Architekt † J. MYLIUS, Frankfurt a. M. und Geh. Baurat Prof. † Dr. H. WAGNER, Darmstadt. **Gebäude für Gesellschaften und Vereine.** Von Geh. Baurat Prof. Dr. E. SCHMITT und Geh. Baurat Prof. † Dr H. WAGNER, Darmstadt. — **Baulichkeiten für den Sport. Sonstige Baulichkeiten für Vergnügen und Erholung.** Von Geh.-Rat Prof. Dr. J. DURM, Karlsruhe, Architekt † J. LIEBLEIN, Frankfurt a. M., Oberbaurat Prof. R. v. REINHARDT, Stuttgart und Geh. Baurat Prof. † Dr. H. WAGNER, Darmstadt. Dritte Auflage. Preis 15 Mark, in Halbfranz gebunden 18 Mark.

5. Halbband: **Gebäude für Heil- und sonstige Wohlfahrts-Anstalten.**
Heft 1: **Krankenhäuser.** Von Prof. F. O. KUHN, Berlin. Zweite Auflage.
Preis: 32 Mark, in Halbfranz gebunden 35 Mark.
Heft 2: **Verschiedene Heil- und Pflege-Anstalten** (Irrenanstalten, Entbindungsanstalten, Heimstätten für Wöchnerinnen und für Schwangere, Sanatorien, Lungenheilstätten, Heimstätten für Genesende); **Versorgungs-, Pflege- und Zufluchtshäuser.** Von Geh Baurat G. BEHNKE, Frankfurt a. M., Prof. K. HENRICI, Aachen, Architekt F. SANDER, Frankfurt a. M., Geh. Baurat W. VOIGES, Wiesbaden, Bauinspektor H. WAGNER, Darmstadt, Geh. Oberbaurat V. v. WELTZIEN, Darmstadt und Stadtbaurat Dr. K. WOLFF, Hannover. Zweite Auflage. Preis: 15 Mark, in Halbfranz gebunden 18 Mark.
Heft 3: **Bade- und Schwimm-Anstalten.** Von Prof. F. GENZMER, Berlin.
Preis: 15 Mark, in Halbfranz gebunden 18 Mark.
Heft 4: **Wasch- und Desinfektions-Anstalten.** Von Prof. F. GENZMER, Berlin.
Preis: 9 Mark, in Halbfranz gebunden 12 Mark.

HANDBUCH DER ARCHITEKTUR.

6. Halbband: Gebäude für Erziehung, Wissenschaft und Kunst.

Heft 1: **Niedere und höhere Schulen.** (Schulbauwesen im allgemeinen; Volksschulen und andere niedere Schulen; niedere techn. Lehranstalten u. gewerbl. Fachschulen; Gymnasien und Realehranstalten, mittlere techn. Lehranstalten, höhere Mädchenschulen, sonstige höhere Lehranstalten; Pensionate u. Alumnate, Lehrer- u. Lehrerinnenseminare, Turnanstalten). Von Geh. Baurat G. BEHNKE, Frankfurt a. M., Prof. K. HINTRÄGER, Gries, Oberbaurat Prof. † H. LANG, Karlsruhe, Architekt † O. LINDHEIMER, Frankfurt a. M., Geh. Bauräten Prof. Dr. E. SCHMITT und † Dr. H. WAGNER, Darmstadt. Zweite Auflage. Preis: 18 Mark, in Halbfranz gebunden 21 Mark.

Heft 2, a: **Hochschulen I.** (Universitäten und Technische Hochschulen; Naturwissenschaftliche Institute). Von Geh. Oberbaurat H. EGGERT, Berlin, Baurat C. JUNK, Berlin, Geh. Hofrat Prof. C. KÖRNER, Braunschweig und Geh. Baurat Prof. Dr. E. SCHMITT, Darmstadt. Zweite Auflage. Preis: 24 Mark, in Halbfranz gebunden 27 Mark.

Heft 2, b: **Hochschulen II.** (Universitäts-Kliniken, Technische Laboratorien; Sternwarten und andere Observatorien). Von Landbauinspektor P. MUSSIGBRODT, Berlin, Oberbaudirektor † Dr. P. SPIEKER, Berlin und Geh. Regierungsrat L. v. TIEDEMANN, Potsdam. Zweite Auflage. Preis: 18 Mark, in Halbfranz gebunden 21 Mark.

Heft 3: **Künstler-Ateliers, Kunstakademien und Kunstgewerbeschulen; Konzerthäuser und Saalbauten.** Von Reg.-Baumeister C. SCHAUPERT, Nürnberg, Geh. Baurat Prof. Dr. E. SCHMITT, Darmstadt und Prof. C. WALTHER, Nürnberg. Preis: 15 Mark, in Halbfranz gebunden 18 Mark.

Heft 4: **Gebäude für Sammlungen und Ausstellungen** (Archive; Bibliotheken; Museen; Pflanzenhäuser; Aquarien; Ausstellungsbauten). Von Baurat † A. KERLER, Karlsruhe, Baurat A. KORTÜM, Halle, Architekt † O. LINDHEIMER, Frankfurt a. M., Prof. A. MESSEL, Berlin, Architekt R. OPFERMANN, Mainz, Geh. Bauräten Prof. Dr. E. SCHMITT und † Dr. H. WAGNER, Darmstadt. (Vergriffen.) Zweite Auflage unter der Presse.

Heft 5: **Theater.** Von Baurat M. SEMPER, Hamburg. Preis: 27 Mark, in Halbfranz gebunden 30 Mark.

Heft 6: **Zirkus- und Hippodromgebäude.** Von Geh. Baurat Prof. Dr. E. SCHMITT, Darmstadt. Preis: 6 Mark, in Halbfranz gebunden 9 Mark.

7. Halbband: Gebäude für Verwaltung, Rechtspflege und Gesetzgebung; Militärbauten.

Heft 1: **Gebäude für Verwaltung und Rechtspflege** (Stadt- und Rathäuser; Gebäude für Ministerien, Botschaften und Gesandtschaften; Geschäftshäuser für Provinz- und Kreisbehörden; Geschäftshäuser für sonstige öffentliche und private Verwaltungen; Leichenschauhäuser; Gerichtshäuser; Straf- und Besserungsanstalten). Von Baurat F. BLUNTSCHLI, Zürich, Baurat A. KORTÜM, Halle, Prof. G. LASIUS, Zürich, Stadtbaurat † G. OSTHOFF, Berlin, Geh. Baurat Prof. Dr. E. SCHMITT, Darmstadt, Baurat F. SCHWECHTEN, Berlin, Geh. Baurat Prof. † Dr. H. WAGNER, Darmstadt und Baudirektor † TH. v. LANDAUER, Stuttgart. Zweite Auflage. Preis: 27 Mark, in Halbfranz gebunden 30 Mark.

Heft 2: **Parlaments- und Ständehäuser; Gebäude für militärische Zwecke.** Von Geh. Baurat Prof. Dr. P. WALLOT, Dresden, Geh. Baurat Prof. † Dr. H. WAGNER, Darmstadt und Oberstleutnant F. RICHTER, Dresden. Zweite Aufl. Preis: 12 Mark, in Halbfranz gebunden 15 Mark.

8. Halbband: Kirchen, Denkmäler und Bestattungsanlagen.

Heft 1: **Kirchen.** Von Geh. Hofrat Prof. Dr. C. GURLITT, Dresden. Unter der Presse.

Heft 2 u. 3: **Denkmäler.** Von Architekt A. HOFMANN, Berlin. Unter der Presse.

Heft 4: **Bestattungsanlagen.** Von Städt. Baurat H. GRASSEL, München. In Vorbereitung.

9. Halbband: Der Städtebau. Von Ober- u. Geh. Baurat Dr. J. STÜBBEN, Berlin. (Vergriffen.) Zweite Auflage in Vorbereitung.

10. Halbband: Die Garten-Architektur. Von Baurat A. LAMBERT und Architekt E. STAHL, Stuttgart. Preis: 8 Mark, in Halbfranz gebunden 11 Mark.

Das »Handbuch der Architektur« ist zu beziehen durch die meisten Buchhandlungen, welche auf Verlangen auch einzelne Bände zur Ansicht vorlegen. Die meisten Buchhandlungen liefern das »Handbuch der Architektur« auf Verlangen sofort vollständig, soweit erschienen, oder eine beliebige Auswahl von Bänden, Halbbänden und Heften auch gegen monatliche Teilzahlungen. Die Verlagshandlung ist auf Wunsch bereit, solche Handlungen nachzuweisen.

Handbuch der Architektur.

Alphabetisches Sach-Register.

	Teil	Band	Heft
Ableitung des Haus-, Dach- und Hofwassers	III	5	
Aborte	III	5	
Akademien der bildenden Künste	IV	6	3
Akademien der Wissenschaften	IV	4	2
Akustik. Anlagen zur Erzielung einer guten Akustik	III	6	
Altane	III	2	2
Altchristliche Baukunst	II	3	1
Altersversorgungs-Anstalten	IV	5	2
Alumnate	IV	6	1
Anlage der Gebäude	IV		
Antike Baukunst	II	1/2	
Aquarien	IV	6	4
Arbeiterwohnhäuser	IV	2	1
Arbeitshäuser	IV	5	2
„	IV	7	1
Architekturformen. Gestaltung nach malerischen Grundsätzen	I	2	
Archive	IV	6	2
Armen-Arbeitshäuser	IV	5	2
Armen-Versorgungshäuser	IV	5	2
Asphalt als Material des Ausbaues	I	1	1
Ateliers	IV	6	3
Aufzüge	III	3	2
Ausbau. Konstruktionen des inneren Ausbaues	III	3,6	
Materialien des Ausbaues	I	1	1
Aussichtstürme	IV	4	2
Aussteigeöffnungen der Dächer	III	2	5
Ausstellungsbauten	IV	6	4
Bade-Anstalten	IV	5	3
Bade-Einrichtungen	III	5	
Balkendecken	III	2	3.a
Balkone	III	2	2
Balustraden	IV	10	
Bankgebäude	IV	2	2
Bauernhäuser	IV	2	1
Bauernhöfe	IV	3	1
„	IV	3	1
Bauformenlehre	I	2	
Bauführung	I	5	
Bauleitung	I	5	
Baumaschinen	I	5	
Bausteine	I	1	1
Baustile. Historische und technische Entwickelung	II	1/7	

	Teil	Band	Heft
Baustoffe. Technik der wichtigeren Baustoffe	I	1	1
Bazare	IV	2	2
Beherbergung. Gebäude für Beherbergungszwecke	IV	4	
Behörden, Gebäude für	IV	7	1
Beleuchtung, künstliche, der Räume	III	4	
Beleuchtungs-Anlagen	IV	9	
Bellevuen und Belvedere	IV	4	2
Besserungs-Anstalten	IV	7	1
Bestattungs-Anlagen	IV	8	4
Beton als Konstruktionsmaterial	I	1	1
Bibliotheken	IV	6	4
Blei als Baustoff	I	1	1
Blinden-Anstalten	IV	5	2
Blitzableiter	III	6	
Börsen	IV	2	2
Botschaften. Gebäude f. Botschaften	IV	7	1
Brüstungen	III	2	2
Buchdruck und Zeitungswesen	IV	7	1
Büchermagazine	IV	6	4
Bürgerschulen	IV	6	1
Bürgersteige, Befestigung der	III	6	
Byzantinische Baukunst	II	3	1
Chemische Institute	IV	6	2
Cirkusgebäude	IV	6	6
Concerthäuser	IV	6	3
Dächer	III	2	4
Massive Steindächer	III	2	5
Metalldächer	III	2	5
Nebenanlagen der Dächer	III	2	5
Schieferdächer	III	2	5
Verglaste Dächer	III	2	5
Ziegeldächer	III	2	5
Dachdeckungen	III	2	5
Dachfenster	III	2	5
Dachformen	III	2	4
Dachkämme	III	2	5
Dachlichter	III	2	5
Dachrinnen	III	2	5
Dachstühle. Statik der Dachstühle	I	1	2
Dachstuhlkonstruktionen	III	2	5
Decken	III	2	3
Deckenflächen, Ausbildung der	III	3	3
Deckenlichter	III	2	3,b
„	III	3	1

HANDBUCH DER ARCHITEKTUR.

	Teil	Band	Heft
Denkmäler	IV	8	2,3
Desinfektions-Anstalten	IV	5	4
Desinfektions-Einrichtungen	III	5	
Einfriedigungen	III	2	2
„	IV	10	
Einrichtung der Gebäude	IV	1,8	
Eisbehälter	III	6	
Eisen und Stahl als Konstruktionsmaterial	I	1	1
Eisenbahnhochbauten	IV	2	4
Eisenbahn-Verwaltungsgebäude	IV	7	1
Eislaufbahnen	IV	4	2
Elasticitäts- und Festigkeitslehre	I	1	2
Elektrische Beleuchtung	III	4	
Elektrotechnische Laboratorien	IV	6	2,b
Entbindungs-Anstalten	IV	5	2
Entwässerung der Dachflächen	III	2	5
Entwässerung der Gebäude	III	5	
Entwerfen der Gebäude	IV	1,8	
Entwürfe, Anfertigung der	I	5	
Erhellung der Räume mittels Sonnenlicht	III	3	1
Erholung. Gebäude für Erholungszwecke	IV	4	
Erker	III	2	2
Etrusker. Baukunst der Etrusker	II	2	
Exedren	IV	10	
Exerzierhäuser	IV	7	2
Fabrik- und Gewerbewesen	IV	7	1
Fahnenstangen	III	2	5
Fahrradbahnen	IV	4	2
Fahrstühle	III	3	2
Fäkalstoffe-Entfernung aus den Gebäuden	III	5	
Fassadenbildung	IV	1	
Fenster	III	3	1
Fenster- und Thüröffnungen	III	2	1
Fernsprechdienst, Gebäude für	IV	2	3
Fernsprech-Einrichtungen	III	3	2
Festhallen	IV	4	1
Festigkeitslehre	I	1	2
Findelhäuser	IV	5	2
Fluranlagen	IV	1	
Flussbau-Laboratorien	IV	6	2,b
Formenlehre des Ornaments	I	3	
Freimaurer-Logen	IV	4	2
Freitreppen	III	6	
„	IV	10	
Fundamente	III	1	
Fussböden	IV	3	2
Galerien und Passagen	IV	2	2
Garten-Architektur	IV	10	
Gartenhäuser	IV	10	
Gasbeleuchtung	III	4	
Gasthöfe	IV	4	1
Gebär-Anstalten	IV	5	2
Gebäudebildung	IV	1	
Gebäudelehre	IV	1,8	

	Teil	Band	Heft
Gefängnisse	IV	7	1
Geflügelzüchtereien	IV	3	1
Gehöftanlagen, landwirtschaftliche	IV	3	1
Geländer	III	2	2
Gerichtshäuser	IV	7	1
Gerüste	I	5	
Gesandtschaftsgebäude	IV	7	1
Geschäftshäuser	IV	2	2
Geschichte der Baukunst	II		
Antike Baukunst	II	1/2	
Mittelalterliche Baukunst	II	3/4	
Baukunst der Renaissance	II	5/7	
Gesimse	III	2	2
Gestaltung der äusseren und inneren Architektur	IV	1	
Gestüte	IV	3	1
Getreidemagazine	IV	3	1
Gewächshäuser	IV	6	4
Gewerbeschulen	IV	6	1
Gewölbe. Statik der Gewölbe	I	1	2
Gewölbte Decken	III	2	3,b
Giebelspitzen der Dächer	III	2	5
Glas als Material des Ausbaues	I	1	1
Glockenstühle	III	6	
Gotische Baukunst	II	4	
Griechen. Baukunst der Griechen	II	1	
Gutshöfe	IV	3	1
Gymnasien	IV	6	1
Handel. Gebäude für die Zwecke des Handels	IV	2	2
Handelsschulen	IV	6	1,b
Heil-Anstalten	IV	5	1,2
Heizung der Räume	IV	4	
Herbergshäuser	IV	4	1
Herrensitze	IV	2	1
Hippodromgebäude	IV	6	6
Hochbau-Konstruktionen	III	1,6	
Hochbaukunde, allgemeine	I	1/5	
Hochlicht	III	3	1
Hochschulen	IV	6	2
Hof-Anlagen	IV	1	
Hofflächen, Befestigung der	III	6	
Holz als Konstruktionsmaterial	I	1	1
Hospitäler	IV	5	1
Hotels	IV	4	1
Hydrotechnische Laboratorien	IV	6	2,b
Ingenieur-Laboratorien	IV	6	2,b
Innerer Ausbau	III	3/6	
Innungshäuser	IV		
Institute, wissenschaftliche	IV	6	2
Irren-Anstalten	IV	5	2
Islam. Baukunst des Islam	II	3	2
Isolier-Hospitäler (Absond.-Häuser)	IV	5	1
Justizpaläste	IV	7	1
Kadettenhäuser	IV	7	2
Kaffeehäuser	IV	4	1
Kasernen	IV	7	2
Kaufhäuser	IV	2	2

HANDBUCH DER ARCHITEKTUR.

	Teil	Band	Heft
Kegelbahnen	IV	4	2
Keramik in der Baukunst	I	4	
Keramische Erzeugnisse	I	1	1
Kinder-Bewahranstalten	IV	5	2
Kinderhorte	IV	5	2
Kinderkrankenhäuser	IV	5	1
Kioske	IV	4	2
Kirchen	IV	8	1
Kirchenbau, romanischer u. gotischer	II	4	3
Kleinkinderschulen	IV	6	1
Kliniken, medizinische	IV	6	2,b
Klubhäuser	IV	4	2
Koch-Einrichtungen	III	5	
Komposition, architektonische	IV	1	
Konstruktions-Elemente	III	1	
Konstruktionsmaterialien	I	1	1
Konversationshäuser	IV	4	2
Konzerthäuser	IV	6	3
Kostenanschläge	I	5	
Krankenhäuser	IV	5	1
Kreisbehörden	IV	7	1
Kriegsbaukunst, romanische und got.	II	4	1
Kriegsschulen	IV	7	2
Krippen	IV	5	2
Küchenausgusse	III	5	
Kühlanlagen	III	6	
Kunstakademien	IV	6	3
Kunstgewerbeschulen	IV	6	3
Künstler-Ateliers	IV	6	3
Kunstschulen	IV	6	3
Kunstvereins-Gebäude	IV	4	2
Kupfer als Baustoff	I	1	1
Kurhäuser	IV	4	2
Laboratorien	IV	6	2
Landhäuser	IV	2	1
Landwirtschaft. Gebäude für die Zwecke der Landwirtschaft	IV	3	1
Laufstege der Dächer	III	2	5
Lebensmittel-Versorgung. Gebäude für Lebensmittel-Versorgung	IV	3	2
Leichenhäuser	IV	5	1
Leichenschauhäuser	IV	7	1
Logen (Freimaurer)	IV	4	2
Lüftung der Räume	III	4	
Lungenheilstätten	IV	5	2
Luxuspferdeställe	IV	3	1
Mädchenschulen, höhere	IV	6	1
Märkte für Getreide, Lebensmittel, Pferde und Hornvieh	IV	3	2
Markthallen	IV	3	2
Marställe	IV	3	1
Maschinenlaboratorien	IV	6	2,b
Materialien des Ausbaues	I	1	1
Material-Prüfungsanstalten	IV	6	2,b
Mauern	III	2	
Mechanisch-technische Laboratorien	IV	6	2
Medizin. Lehranstalt. d. Universität.	IV	6	2
Messpaläste	IV	2	2

	Teil	Band	Heft
Metalle als Materialien des Ausbaues	I	1	1
Metalldächer	III	2	5
Militärbauten	IV	7	2
Militär-Hospitäler	IV	5	1
Ministerialgebäude	IV	7	1
Mittelalterliche Baukunst	II	3,4	
Mörtel als Konstruktionsmaterial	I	1	1
Museen	IV	6	4
Musikzelte	IV	4	2
Naturwissenschaftliche Institute	IV	6	2,a
Oberlicht	III	3	1
Observatorien	IV	6	2,b
Ornament. Formenlehre d. Ornaments	I	3	
Ortsbehörden	IV	7	1
Paläste	IV	2	1
Panoramen	IV	4	2
Parlamentshäuser	IV	7	2
Passagen	IV	2	2
Pavillons	IV	10	
Pensionate	IV	6	1
Pergolen	IV	10	
Perrons	III	6	
Pferdeställe	IV	3	1
Pflanzenhäuser	IV	6	4
„	IV	9	
Pflegeanstalten	IV	5	2
Physikalische Institute	IV	6	2,a
Pissoirs	III	5	
Post-Gebäude	IV	2	3
Proportionen in der Architektur	IV	1	
Provinzbehörden	IV	7	1
Quellenhäuser	IV	4	2
Rampen, äussere	III	6	
Rampen, innere	IV	3	2
Rathäuser	IV	7	1
Raum-Architektur	IV	1	
Raumbegrenzende Konstruktionen	IV	2	
Raumbildung	IV	1	
Rechtspflege. Gebäude f. Rechtspflege	IV	7	1
Reinigung der Gebäude	III	5	
Reitbahnen	IV	4	2
Reithäuser	IV	7	2
Renaissance. Baukunst der	II	5,7	
Renaissance in Italien	II	5	
Renaissance in Frankreich	II	6	
Renaissance in Deutschland, Holland, Belgien und Dänemark	II	7	
Rennbahnen	IV	4	2
Restaurants	IV	4	1
Rollschlittschuhbahnen	IV	4	2
Romanische Baukunst	II	4	
Römer. Baukunst der Römer	II	2	
Ruheplätze	IV	10	
Saal-Anlagen	IV	1	
Saalbauten	IV	6	3
Sammlungen	IV	6	4
Sanatorien	IV	5	
Schankstätten	IV	4	1

HANDBUCH DER ARCHITEKTUR.

	Teil	Band	Heft
Schaufenstereinrichtungen	IV	2	2
Scheunen	IV	3	1
Schieferdächer	III	2	5
Schiesshäuser	IV	7	2
Schiessstätten	IV	4	2
Schlachthöfe	IV	3	2
Schlafhäuser	IV	4	1
Schlösser	IV	2	1
Schneefänge der Dächer	III	2	5
Schulbaracken	IV	6	1
Schulbauwesen	IV	6	1
Schulen	IV	6	1
Schützenhäuser	IV	4	2
Schwachsinnige, Gebäude für	IV	5	2
Schwimm-Anstalten	IV	5	3
Seitenlicht	III	3	1
Seminare	IV	6	1
Sicherungen gegen Einbruch, Feuer, Blitzschlag, Bodensenkungen und Erderschütterungen	III	6	
Siechenhäuser	IV	5	2
Sonnenlicht. Versorgung der Gebäude mit Sonnenlicht	III	3	1
Sonnenwärme. Versorgung der Gebäude mit Sonnenwärme	III	4	
Sparkassengebäude	IV	2	2
Speiseanstalten für Arbeiter	IV	4	1
Speisewirtschaften	IV	4	1
Sprachrohre	III	3	2
Spül-Einrichtungen	III	5	
Stadthäuser	IV	7	1
Städtebau	IV	9	
Ställe	IV	3	1
Ständehäuser	IV	7	2
Statik der Hochbau-Konstruktionen	I	1	2
Stein als Konstruktionsmaterial	I	1	1
Sternwarten	IV	6	2,b
Stibadien	IV	10	
Straf-Anstalten	IV	7	1
Stützen. Statik der Stützen	I	1	2
Stützmauern	III	6	
Synagogen	IV	8	1
Taubstummen-Anstalten	IV	5	2
Technische Fachschulen	IV	6	1
Technische Hochschulen	IV	6	2,a
Technische Laboratorien	IV	6	2,b
Telegraphen. Haus- und Zimmertelegraphen	III	3	2
Telegraphen-Gebäude	IV	2	3
Tempel. Griechischer Tempel	II	1	
„ Römischer Tempel	II	2	
Terrassen	III	6	
„	IV	10	
Theater	IV	6	5
Thonerzeugnisse als Konstruktionsmaterialien	I	1	1
Thorwege	IV	1	
Thür- und Fenseröffnungen	III	2	1

	Teil	Band	Heft
Thüren und Thore	III	3	1
Tierhäuser	IV	3	1
Träger. Statik der Träger	I	1	2
Treppen	III	3	2
Treppen-Anlagen	IV	1	
Trinkhallen	IV	4	2
Turmkreuze	III	2	5
Turnanstalten	IV	6	1
Universitäten	IV	6	2
Veranden	IV	4	2
Veranschlagung	I	5	
Verdingung der Bauarbeiten	I	5	
Vereine. Gebäude für Vereinszwecke	IV	4	
Vereins-Häuser	IV	4	2
Vergnügungsstätten, öffentliche	IV	4	1
Verkehr. Anlagen zur Vermittlung des Verkehrs in den Gebäuden	III	3	2
Gebäude für Zwecke des Verkehrs	IV	2	2
Verkehrswesen	IV	7	1
Versicherungswesen	IV	7	1
Versorgungshäuser	IV	5	2
Verwaltung. Gebäude für Verwaltung	IV	7	1
Vestibül-Anlagen	IV	1	
Viehmärkte	IV	3	2
Villen	IV	2	1
Volksbelustigungsgärten	IV	4	1
Volks-Kaffeehäuser	IV	4	1
Volksküchen	IV	4	1
Volksschulen	IV	6	1
Vordächer	III	6	
Vorhallen	IV	1	
Vorräume	IV	1	
Wachgebäude	IV	7	2
Wagenremisen	IV	3	1
Waisenhäuser	IV	5	2
Wandelbahnen und Kolonnaden	IV	4	2
Wände und Wandöffnungen	III	2	1
Wandflächen, Ausbildung der	III	3	3
Wandverschlüsse, bewegliche	III	3	1
Warenhäuser	IV	2	2
Wärmeinrichtungen	III	5	
Wärmstuben	IV	5	2
Wasch-Anstalten	IV	5	4
Wasch-Einrichtungen	III	5	
Waschtisch-Einrichtungen	III	5	
Wasserkünste	IV	10	
Wasserversorgung der Gebäude	III	4	
Windfahnen	III	2	5
Wirtschaften	IV	4	1
Wohlfahrts-Anstalten	IV	5	
Wohnbau, romanischer und gotischer	II	4	2
Wohnhäuser	IV	2	1
Zenithlicht	III	3	1
Ziegeldächer	III	2	5
Zink als Baustoff	I	1	1
Zufluchtshäuser	IV	5	2
Zwangs-Arbeitshäuser	IV	7	1